39752

LA
LITTÉRATURE FRANÇAISE
AU XVIIIe SIÈCLE

OUVRAGES DU MÊME AUTEUR

PUBLIÉS PAR LA MÊME LIBRAIRIE :

La Poésie, études sur les chefs-d'œuvre des poëtes de tous les temps et de tous les pays ; 3ᵉ édition. 1 vol. in-12. . . . . 3 fr. 50

    Le même ouvrage, in-8. 5   »

La Prose, études sur les chefs-d'œuvre des prosateurs de tous les temps et de tous les pays ; 2ᵉ édition. 1 vol. in-12. . . 3 fr. 50

    Le même ouvrage, in-8. 5   »

La Littérature française, des origines à la fin du XVIᵉ siècle. 1 volume in-12. . . . . 3 fr. 50

    Le même ouvrage, in-8. 5   »

La Littérature française au XVIIᵉ siècle. 1 volume in-12. 3 fr. 50

    Le même ouvrage, in-8°. 5   »

Coulommiers. — Typog. A. MOUSSIN.

LA
LITTÉRATURE

FRANÇAISE

AU DIX-HUITIÈME SIÈCLE

PAR

PAUL ALBERT

MAITRE DE CONFÉRENCES A L'ÉCOLE NORMALE SUPÉRIEURE

PARIS
LIBRAIRIE HACHETTE ET Cie
79, BOULEVARD SAINT-GERMAIN, 79
—
1874

Tous droits réservés.

LA
LITTÉRATURE FRANÇAISE

AU XVIIIe SIÈCLE

LE DIX-HUITIÈME SIÈCLE

Caractères généraux du xviiie siècle. — Décadence des pouvoirs établis. — Situation des écrivains dans la société, leur action, leur œuvre. — Un esprit nouveau crée une forme nouvelle. — Légèreté apparente, sérieux réel.

Le xviiie siècle est le siècle de l'esprit (le mot est de Gœthe), le siècle des idées, le grand siècle. C'est lui qui a préparé la France que nous avons, celle que nous aurons. Tout ce qui s'est fait, tout ce qui se fera de grand dans notre siècle à nous, a eu et aura son point de départ dans la Révolution française, le fait le plus considérable de l'histoire du monde depuis la prédication de l'Évangile. Si divisés que soient les hommes de notre temps, sur ce point ils s'accordent tous ; tous font remonter à 1789 l'origine et la cause des événements qui se déroulent sous nos yeux. Les uns maudissent, les autres glorifient, nul ne méconnaît l'importance de l'œuvre accomplie. Est-il besoin de dire que, cette œuvre, je la regarde comme légitime et bienfaisante? Que seraient et que feraient sans la Révolution française, la plupart de ceux qui déclament contre elle? L'ingratitude n'est pas seulement un vice du cœur, elle fausse l'esprit.

Ce serait un travail d'un intérêt médiocre et le plus souvent sans portée, que de se borner à rechercher les modifications subies alors par tel ou tel genre littéraire; il faut le laisser à ces critiques que les idées épouvantent ou mettent mal à l'aise avec eux-mêmes. C'est le génie, c'est l'âme même du xviiie siècle que je voudrais saisir. Les littérateurs purs, ceux qui écrivent pour écrire, me seraient d'un faible secours : ils sont d'abord en fort petit nombre et tiennent une place bien chétive; enfin, il semble qu'ils ne soient pas de leur temps. L'attention publique se détourne bientôt de leurs bagatelles et se passionne pour ceux qui pensent et font penser. Philosophie, nature, raison, justice, voilà les mots qui reviennent sans cesse sous la plume des écrivains : ils sont la devise même du siècle; ils seront comme le programme de la révolution. Voilà un fait nouveau et capital. La littérature n'est plus un amusement d'oisifs; c'est une force redoutable, la plus active qui fût jamais. Ici, l'œuvre des politiques et des hommes d'état est bien peu de chose; eux-mêmes le reconnaissent, et disent hautement : ce sont les écrivains qui ont tout fait. La révolution, elle aussi, le proclame : elle porte à son origine l'empreinte toute vive du génie des philosophes. Elle ne se borne pas à réclamer telle ou telle réforme de détail : elle pose des principes absolus, universels. Libre aux politiques positifs de regretter que l'Assemblée nationale ait perdu plusieurs séances à rédiger la *Déclaration des droits de l'homme et du citoyen,* subtilités métaphysiques, à leur sens : c'était le fondement même de l'œuvre nouvelle. Estime-t-on que ce soit une gloire médiocre pour la France d'avoir la première promulgué à la face du monde les principes éternels et universels de la justice et du droit? Elle a bien mérité de l'humanité ; elle a montré la voie à tous les peuples; pour eux, elle a travaillé, affronté les plus terribles épreuves. Les Anglais, plus sages, moins généreux surtout, ont eu deux révolutions, l'une en 1640, l'autre en 1688, mais deux révolutions purement anglaises, toutes locales et bornées à un objet déterminé. Que cela soit plus politique, qui le nie? Mais où est la grande et féconde ouverture du cœur? C'est chez nous qu'elle fut. C'est un besoin pour la France de sortir d'elle-même, de rayonner. Ils savaient bien, les hommes de ce temps, qu'en lançant dans le monde les dogmes de la foi nouvelle, ils allaient soulever, exaspérer tous les despotismes : ils n'ont pas hésité cependant. C'est qu'ils avaient été formés à l'école des penseurs, des utopistes, si l'on veut, si c'est une utopie que de vouloir communiquer à tous les hommes les biens qui sont le plus sûr patrimoine de l'humanité.

Comment des gens de lettres, la plupart sans naissance, sans fortune, en butte à des persécutions de tout genre, purent-ils exercer une influence aussi considérable? Voilà ce qu'il faut d'abord expliquer : c'est l'introduction naturelle à ces études littéraires sur le xviiie siècle.

Rappelons en quelques mots quelle était la position des gens de lettres au xviie siècle. Rien de plus humble et de plus dépendant. Pauvres pour la plupart, aux gages d'un grand seigneur, ou pensionnés par Colbert (on sait avec quel discernement et quelle générosité), ils n'existent qu'autant qu'il plaît à la cour. C'est à la cour que se font et se défont les réputations. Être distingué par un ministre, par un prince, par le roi, voilà la plus haute ambition d'un écrivain. Racine et Boileau ne se croient des personnages que quand ils cessent d'être poëtes pour être promus à la dignité d'historiographes. Le vieux Corneille, qui ne plaît pas à la nouvelle cour, est délaissé et meurt dans l'indigence. Mézerai, qui prétend garder quelque indépendance, se voit supprimer sa pension. Dès 1672, le roi, en acceptant le protectorat de l'Académie française, supprime, sans y penser peut-être, le peu de liberté qu'avait cette compagnie. Sur un mot de lui, Boileau est admis, malgré la répugnance de ses confrères, Lafontaine est ajourné, Chaulieu est écarté, des grotesques comme l'évêque de Noyon et tant d'autres, sont imposés. L'Académie semble n'exister que pour célébrer la gloire de Louis XIV. Les mérites du roi, les vertus du roi, les perfections infinies du roi, voilà les seuls sujets qu'elle mette au concours pour les prix de poésie. On ne respire qu'une fade odeur d'encens qui écœure. En vain la nation misérable gémit sous le faix de ce despotisme bigot et égoïste; en vain les Fénelon et les Vauban osent élever la voix : leurs protestations, leurs supplications se perdent dans le concert de flatteries qui berce la conscience de Louis XIV et l'endort. Pas un acte de ce règne, pas un désordre du prince qui n'ait été absous, glorifié par les hérauts sonores de l'idolâtrie monarchique. Ont-ils une patrie, des concitoyens ? Se sont-ils jamais demandé ce que signifient ces mots, français après tout, liberté, droit, justice? On est réduit à ramasser, à citer toujours et partout le fameux morceau de La Bruyère, l'unique en son genre, sur *les animaux farouches*, cette perle de style où l'on croit voir briller une larme de pitié. Ils ont assisté à cette odieuse révocation de l'édit de Nantes; que de drames douloureux, épouvantables, ont dû frapper leurs yeux! Ont-ils été émus? Oui, d'admiration pour les bourreaux, de reconnaissance pour le grand roi qui exterminait l'hérésie. Près de mourir, et de mourir en exil par la volonté du roi, le grand Arnauld défend contre des Français chassés de leur patrie, le roi qui va bientôt ordonner la destruction de Port-Royal et faire jeter aux chiens les cadavres des solitaires. — Ils étaient de leur temps, me dira-t-on : il n'y avait alors en France que des sujets soumis et respectueux. — Triste temps! dirai-je à mon tour. — Aussi, cherchez quelle place tiennent dans la société les gens de lettres, quelle influence ils exercent : aucune. Versailles méprise Paris, qui méprise la province, qui méprise la campagne; de public proprement dit, il n'y en a pas. La littérature est un des accessoires de la royauté, une décoration du trône. Politique, religion, morale, tout cela lui est interdit, ou elle s'interdit tout cela, depuis Descartes, le circonspect. Une orthodoxie universelle et morne a nivelé toutes les intelligences, Bossuet et Dangeau ont les mêmes idées.

A la mort de Louis XIV, tout change. Les institutions subsistent, il est vrai, mais le prestige a disparu. En face de la royauté, de la noblesse, de l'Église, des parlements, se dresse une force nouvelle, la nation; les sujets se sentent et se proclament citoyens; ils s'arrogent le droit de juger les actes des pouvoirs établis. Il se forme une opinion publique, puissance redoutable, qui a toujours le dernier mot, et les gens de lettres en sont les porte-voix. Leur influence, très-vague d'abord, se précise et s'accroît de jour en jour, à mesure que l'autorité morale des gouvernants s'épuise. A la veille de 1789, rien ne semble changé extérieurement, tout est ruiné dans la base. Au premier choc, la vieille machine branlera.

Résumons en quelques traits rapides le tableau de cette décadence universelle.

L'idolâtrie monarchique ne survit guère à Louis XIV. La noblesse, le parlement, on peut déjà dire la nation tout entière, cassent le testament insolent du vieux roi en faveur de ses bâtards. On chasse le jésuite Tellier, la vieille Maintenon; on glorifie Fénelon, on le transfigure; on ira jusqu'à en faire un apôtre de la tolérance, un évêque à peine chrétien. Le *Télémaque* est imprimé; Massillon délaye en antithèses hardies les leçons du sage Mentor. L'abbé de Saint-Pierre, aumônier de Madame, fait l'inventaire des dépenses fastueuses du despote; l'auteur des *Lettres Persanes* assimile le gouvernement du grand roi à celui du grand Turc. Il se forme à la cour même du régent toute une école de politiques qui vont répétant la maxime divine, comme l'appelle Saint-Simon, que les rois sont faits pour les peuples et non les peuples pour les rois. Le régent lui-même songe à rapporter la révocation de l'édit de Nantes, cette monstrueuse et absurde iniquité du règne précédent. Voltaire commence déjà dans *la Henriade* cette immortelle campagne en faveur de la tolérance. Toutefois la nation tout entière est monarchique : elle aime le fils du duc de Bourgogne, ce petit Louis XV, en qui elle espère voir refleurir les vertus paternelles. Quelle opiniâtreté de foi et de tendresse chez nos pères du XVIIIe siècle! Pendant plus de vingt-cinq ans, ils voulurent tout attendre d'un prince qui n'aima jamais que les hontes dont il faisait sa vie. Rien de plus instructif, rien de plus triste en même temps que de suivre, année par année, cette ruine lente et cruelle des illusions des Français d'alors[1]. Tout ce qui se fait de mal dans le gouvernement, on l'impute aux ministres ; tout ce qui se fait de bien, on en fait honneur au roi. Tombe-t-il malade à Metz, la France entière est plongée dans la désolation ; elle est ivre de joie à la nouvelle de la victoire de Fontenoy. Mais lui, insensible, enfoncé dans un égoïsme sec, s'éloigne de plus en plus de ce peuple confiant et bon. Bientôt des bruits sinistres se répandent ; aux désastres des armées s'ajoutent les ignominies que Versailles et le Parc-aux-Cerfs ne peuvent étouffer. Sur le piédestal de la statue du roi on trouve des inscriptions méprisantes comme celle-ci : *statua statuæ*, ou indignées comme cette autre :

Il est ici comme à Versailles,
Il est sans cœur et sans entrailles.

En 1744, les fidèles sujets avaient commandé à Notre-Dame *six mille* messes pour la guérison du roi ; en 1757, lorsqu'il fut blessé par Damiens, on n'en commanda que *six cents ;* et en 1774, dans sa dernière maladie, on n'en commanda que *trois*. Louis XV a-t-il prononcé réelle-

---

[1]. Voir notamment les mémoires de d'Argenson et ceux du duc de Luynes.

ment le mot qu'on lui prête : « Après moi le déluge » ?...
Cela est possible et même vraisemblable, en tout cas, il avait tout fait pour que sa prophétie se réalisât.

Qu'est-ce que la décadence de la monarchie auprès de la décadence de l'Église? Les deux pouvoirs restèrent associés et leur impopularité s'en accrut. La religion d'état, qui avait encore une certaine majesté sous Louis XIV, n'échappe à l'odieux sous Louis XV que pour verser dans le ridicule. Qu'on se rappelle les interminables débats de la fameuse bulle *Unigenitus*, les sacrements administrés sous la pression de la force armée, les convulsionnaires, les miracles, toute cette fantasmagorie d'hallucinés qui se démènent ; l'intervention de l'autorité royale impuissante, la magistrature compromise, le public s'égayant aux dépens de tous. La Sorbonne constate chaque jour par l'impuissance de ses anathèmes le discrédit profond où elle est tombée. Elle condamne Voltaire, Montesquieu, Rousseau, Buffon, Marmontel, bien d'autres encore, et l'on rit de ses condamnations. Les Parlements, jaloux de la Sorbonne, lancent aussi des décrets, brûlent les livres, envoient au supplice des innocents comme Calas, des étourdis comme le chevalier La Barre; ils ne réussissent qu'à soulever l'indignation et le dégoût. L'opinion publique juge sévèrement ce clergé qui affiche l'intolérance, et qui est si indulgent pour lui-même. On sait ce que valent les princes de l'Église, les Dubois, les Tencin, les Bernis, les Rohan. Les abbés courent les salons, les boudoirs, les coulisses ; on les trouve partout, excepté où ils devraient être. Où sont les vertus? où sont les talents? Il n'est pas une institution, il n'est pas un dogme de l'Église qui ne soit attaqué par les philosophes : qui connaît le nom et l'œuvre d'un apologiste de la religion? Que dire enfin du clergé régulier? Les mémoires du temps ne tarissent pas sur les fredaines de ces moines de toute robe, riches, fainéants, dissolus. Les jésuites seuls furent chassés en 1762, comme plus compromis que les autres; mais s'ils étaient plus dangereux, ils n'étaient pas plus corrompus.

Eh bien! cette autorité morale qui échappe à la royauté, à l'Église, aux Parlements, à la Sorbonne, on peut bien dire aussi à la noblesse, ce sont les écrivains qui en héritent. Tantôt ils suivent, tantôt ils devancent l'opinion publique, signalent les abus, en demandent le redressement. Plusieurs d'entre eux (notamment Voltaire et Montesquieu) essayent d'engager le gouvernement à prendre l'initiative des réformes indispensables, mais ils ne réussissent qu'à se rendre suspects : le despotisme peut-il accomplir l'œuvre de la liberté? Déçus de ce côté, ils se font les interprètes des vœux de la nation. A la théorie de l'autorité de droit divin ils opposent le principe de la souveraineté du peuple, et celui d'un contrat entre le roi et les sujets ; d'autres comme Rousseau et Mably iront plus loin encore. Tous sont unanimes pour flétrir l'intolérance et réclamer la liberté de conscience, la liberté de penser et d'écrire. Ils font une guerre acharnée aux privilèges, à cette monstrueuse iniquité qui faisait peser toutes les charges du pays sur une seule classe, la plus méritante, celle qui n'était rien et allait bientôt être tout... Mais à quoi bon poursuivre cet inventaire? Rappelons seulement un fait. Lorsque l'on dépouilla les cahiers des trois ordres en 1789, on put constater que chacun des trois ordres demandait des réformes radicales qui devaient être supportées par les deux autres. — Ainsi l'opinion publique représentée par ses mandataires les plus autorisés, exigeait une révolution générale. Cela ne suffit-il pas pour en démontrer la parfaite légitimité ? Mais dira-t-on, pourquoi procéder ainsi d'une façon absolue et partant fort dangereuse ? Parce que ce ne sont pas des politiques de profession, mais des penseurs qui ont élaboré les plans de réformes, et que, ne se rendant pas compte des difficultés pratiques, ils ne voyaient et ne montraient que les principes. — « Ainsi, dit excellemment M. de Tocqueville, ainsi se bâtissait au-dessus de la société réelle une société imaginaire, où tout paraissait simple et coordonné, uniforme, équitable et conforme à la raison. » — Conforme à la raison, voilà un bel éloge et bien précieux.

Telle fut donc la fonction des écrivains. Qu'on se représente l'autorité qu'elle leur conféra dans une société que tourmentait le sentiment de ses misères de tout genre et qui en cherchait partout le remède ! Ce fut bien autre chose encore, quand les pouvoirs se mirent à sévir. L'arbitraire apparut à tous les yeux sous sa forme la plus révoltante et souleva toutes les consciences. Enfermer, exiler un auteur qui a osé dire ce que tout le monde pense, essayer de le flétrir par une condamnation ignominieuse, faire brûler son livre par la main du bourreau, le frapper au nom des trois pouvoirs exécutif, judiciaire, théologique, et cela, sans même l'entendre, quel abus et quelle imprudence ! Inconnu la veille, l'écrivain frappé devient un personnage ; il entre à la Bastille en martyr, il en sort en triomphateur. Son ouvrage, fût-il le plus médiocre du monde, fût-ce *Bélisaire*, est réimprimé clandestinement, colporté par des mains courageuses, dévoré, porté aux nues. Jusque dans la cour et parmi l'entourage même du prince, il excite les sympathies les plus vives. Malesherbes, le directeur de la librairie, est, sinon le collaborateur, au moins le complice de Rousseau et de Diderot : c'est chez lui que les manuscrits de l'Encyclopédie trouvent un refuge au moment où on va les saisir ; c'est lui qui reçoit les feuilles de l'*Émile* sortant de la presse. Une conspiration universelle, insaisissable, soutient, enflamme tous ceux qui battent en brèche l'édifice vermoulu des vieilles institutions. Relégués d'abord dans les cafés, au café Procope surtout, ils pénètrent bientôt dans les salons et y donnent le ton. Mme du Deffand, Mme Geoffrin, Mlle de Lespinasse ont une cour de philosophes. Les financiers se piquent d'émulation ; les Bouret, les La Popelinière, les d'Épinay, les Helvétius, les d'Holbach, se mettent en frais pour ménager à la philosophie et à ses représentants des lieux de réunion agréables, des asiles sûrs. Un prince du sang, Conti, un ami particulier du roi, Luxembourg, se disputent l'honneur de recueillir et de protéger Rousseau, le plus révolutionnaire de tous. Le roi de Pologne, le beau-père de Louis XV, lui fait l'honneur de discuter avec lui les idées de son premier discours. Que de faits analogues on pourrait rapporter ! — La popularité des écrivains se répandait à l'étranger, et y excitait un véritable enthousiasme. A toute sentence infamante qui atteignait un philosophe, les Frédéric, les Catherine, les Joseph, les rois de Danemarck et de Suède répondaient par les distinctions les plus flatteuses. —

Acceptez une pension que je suis trop honoré de vous offrir ; veuillez prendre la présidence de mon Académie de Berlin ; je vous supplie de vouloir bien vous charger de l'éducation de mon fils, destiné à régner sur un grand peuple ; je veux qu'il soit formé par vous à ce difficile métier de roi : vous serez le maître absolu de la direction à imprimer à ses études ; votre traitement annuel sera de cent mille livres. — On ferait un volume sur les rapports des gens de lettres avec les souverains étrangers, rapports d'un genre nouveau ; ici, c'est le roi qui implore, et l'écrivain qui fait la sourde oreille. La plupart d'entre eux en effet se montrèrent très-dignes, et, sans hauteur, refusèrent. Voltaire eut le tort d'attacher trop de prix à ces flatteries intéressées des rois : il se guérit de cette faiblesse, et dans les vingt dernières années de sa vie, il n'alla plus les chercher, il les attendit. Les plus fermes de tous furent Rousseau et d'Alembert, d'Alembert surtout, qui voulait que tout écrivain prît pour devise les trois mots : liberté, vérité, pauvreté. — Il faut reconnaître toutefois qu'il n'y avait pas grand mérite de la part des écrivains à faire preuve de désintéressement et d'indépendance, en France du moins. Le roi Louis XV était de sa nature peu porté vers des libéralités de ce genre : c'est à d'autres dépenses qu'il appliquait les trésors de l'État. Il eût d'ailleurs rencontré plus d'un refus. Montesquieu, si réservé cependant, accueillit assez rudement des ouvertures en ce sens. « N'ayant pas fait de bas-
« sesse, dit-il, je n'éprouve pas le besoin d'être con-
« solé par des grâces. » Il est évident qu'un homme qui se respecte ne peut être à la fois le critique et le

pensionné du pouvoir ; un Marmontel seul pouvait se flatter de concilier des rôles si incompatibles.

Voilà de bien graves symptômes : un gouvernement avisé en eût tenu compte ; il ne sut que s'obstiner dans une répression impuissante et qui ne nuisait qu'à lui-même. Et pourtant que d'avertissements significatifs lui étaient donnés ! Jusque vers le milieu du xviiie siècle, on put croire qu'il n'y avait pas péril en la demeure. Voltaire et Montesquieu, seuls en vue alors, n'étaient pas des révolutionnaires ; leurs plus vives hardiesses n'allaient que jusqu'à émettre des vœux timides. Ils étaient isolés d'ailleurs, fort différents de caractère et d'humeur, et peu faits pour s'entendre. Mais voici un combattant nouveau qui entre en lice, c'est Rousseau ; voici Diderot, le plus indépendant des réfractaires, qui fait appel à tous les gens de lettres et les convie à s'associer pour dresser cette machine de guerre, que l'on appelle l'Encyclopédie. Dès 1750, les gens de lettres sont organisés ; ils forment un parti, ils ont un nom : ce sont les philosophes. Leurs adversaires imagineront pour les désigner des appellations plus ou moins injurieuses, plus ou moins piquantes, celle de *Cacouacs*, par exemple, inventée par un certain Moreau, et dont je n'ai pu saisir la finesse, même après avoir lu le pamphlet de l'auteur. Injures, sobriquets, dénonciation au pouvoir, suspension de l'Encyclopédie, interdiction, lettres de cachet lancées contre tel ou tel rédacteur ; tout cela travaille pour eux, tout cela proclame qu'ils existent, qu'ils forment une association redoutable, qu'il faut compter avec eux. Dans les prospectus qu'ils lancent à profusion, les directeurs de l'Encyclopédie, Diderot et d'Alembert, ont bien soin d'apprendre au public que tous ceux qui ont un nom dans les lettres, les arts, les sciences, prennent part à la rédaction du grand dictionnaire. Montesquieu y figurera, même après sa mort ; on insérera l'article *goût* qu'il laissa inachevé ; Rousseau s'est chargé de l'article *Économie politique* et de la partie musicale ; d'Alembert, des mathématiques, Voltaire se prodiguera ; l'Encyclopédie aura même des théologiens : il est vrai qu'ils auront plus d'une fois maille à partir avec la Sorbonne.

Oublierai-je l'Académie ? C'était la première forteresse à enlever. Voltaire frappa trois fois à la porte et elle resta fermée : un des immortels déclara même qu'il ne serait jamais un sujet académique. Il y entra cependant, vers l'âge de cinquante-deux ans, et il songea à y faire entrer ses amis les philosophes. Mais bien avant qu'ils y fussent en majorité, l'illustre compagnie s'associa hautement au mouvement général des idées. Jusque vers l'année 1750, elle était restée fidèle au culte de Louis XIV : c'était toujours lui que devaient célébrer les concurrents au prix d'éloquence ou de poésie. On abandonne enfin ce sujet épuisé, les brûleurs d'encens devenant plus rares chaque jour, et les prêtres du dieu plus incrédules. On s'avise de substituer à l'éloge du grand roi l'éloge de simples grands hommes, comme Sully et Descartes. Ce fut toute une révolution. L'esprit nouveau qui se manifestait déjà par des élections significatives comme celle de Voltaire, de Duclos, de d'Alembert, qui imposait au comte de Clermont, un prince du sang, l'observation des règlements consacrant l'égalité de tous les académiciens, fit invasion le jour où les hardies déclamations de Thomas furent couronnées aux applaudissements universels. En vain Lefranc de Pompignan, s'élevait en pleine Académie contre cette « philosophie altière qui sape également le trône et l'autel »; en vain il se targuait de l'approbation du roi qui l'avait félicité sur son factum : le ridicule tombait sur lui si dru et de tant de côtés à la fois, qu'il alla cacher sa déconvenue dans sa bonne ville de Montauban, et n'osa plus reparaître à l'Académie.

A partir de 1765, les philosophes, bien que menacés toujours ou frappés par le pouvoir, sont si puissants, qu'on leur souhaite des adversaires. Il faut descendre bien avant dans les bas-fonds de la littérature pour leur en découvrir. M. de la Harpe lui-même, après sa conversion, c'est-à-dire, dans le paroxysme de la rage pieuse, n'a pas eu le courage d'évoquer de leurs ténèbres ces humiliants devanciers. Après Lefranc de Pompignan et Palissot, un présomptueux qui avait des visées, et un drôle méprisé de tous, il est pénible d'être forcé de se rabattre sur des Fréron, des Nonotte, des Abraham Chaumeix, des Moreau, et autres folliculaires que les curieux seuls connaissent. La vérité est que les institutions et les croyances établies furent attaquées d'une manière plus ou moins vive par tout ce qu'il y avait d'écrivains de talent, et ne furent défendues par personne. Quand un pays en est là, une révolution est non-seulement légitime, mais nécessaire. Voilà ce que ne devraient point oublier ceux qui prétendent ramener la France avant 1789. Croient-ils donc que nous ayons aujourd'hui la résignation plus facile que nos pères, et que nous soyons prêts à subir ce qu'ils rejetaient ? C'est la tradition, disent-ils. — Celle des oppresseurs peut-être : la France s'en est fait une autre.

Les critiques qui ne voient dans la littérature que des formes, prononcent sans hésiter la condamnation des œuvres du XVIIIe siècle. On n'a bien pensé, on n'a bien écrit que sous le règne de Louis XIV, et parce que Louis XIV régnait. Décadence! Décadence! s'écrient-ils, dès qu'ils rencontrent des chefs-d'œuvre comme *Charles XII*, l'*Esprit des lois*, la *Profession de foi du vicaire savoyard*. Cela est-il sérieux? La littérature du XVIIIe siècle revêt une forme nouvelle : comment en serait-il autrement? Un esprit nouveau se fait jour de tous côtés; les solutions longtemps subies par crainte ou par ignorance, sont soumises à un nouveau contrôle ; on cherche, on se porte dans toutes les directions à la fois; on veut associer le public à ses découvertes, on fait de vifs appels à l'attention de tous. Le nombre des lecteurs, si restreint au siècle précédent, augmente dans des proportions considérables. La cour n'est plus le souverain arbitre des œuvres d'esprit; c'est la ville, c'est Paris, qui prononce; la province elle-même que Vaugelas et Boileau déclaraient barbare, aura voix délibérative ; des académies se forment, donnent des prix, participent au mouvement général. Pas un événement politique ou religieux dont l'importance ne soit sentie de tous, signalée par quelque brochure, discutée en tous lieux. Un morne silence accueillait tous les actes du grand roi ; son successeur, ses ministres, ses maîtresses, les Parlements, la Sorbonne, tout est soumis à l'appréciation des sujets, qui déjà se sentent citoyens. Que seraient les écrivains, s'ils ne s'associaient à ces vifs élans de l'épinion publique? Gravité, majesté, solennité, voilà certes d'importantes qualités de style ; mais elles ne peuvent guère appartenir qu'aux porte-voix de l'autorité absolue sous toutes les formes. Bossuet rend des oracles; il démontre et décore ce qui est ; il est persuadé que ce qui est sera toujours; il a la sérénité de la force, et les amples développements d'une magnificence devant laquelle tout se prosterne. Les écrivains du xviiie siècle cheminent à l'étroit dans des voies inconnues, semées de précipices. Ils n'ont pas le secours toujours présent et si commode d'un texte consacré que l'on commente devant un auditoire convaincu d'avance. Les idées qu'ils émettent, nouvelles pour beaucoup, suspectes aux gens en place, il faut qu'elles arrivent au public, qu'elles frappent les esprits, qu'elles déterminent un mouvement dans l'opinion. Tragédie, roman, discours d'Académie, pamphlet, toutes les formes sont bonnes, pourvu que l'on soit lu. Il n'y a que le lieu commun solennel dont le public ne veuille plus. Il est las de la période sonore et vide, et du ton magistral, et de la glorification pompeuse des personnes et des choses qu'il a cessé de croire et de vénérer. De là cette vive allure de style chez les écrivains, ces traits brillants, ces réflexions hardies, ces fines allusions, ce désir de plaire et d'intéresser. Eh quoi ! tout cela, n'est-ce pas le génie même de la France? Nous aurons beau nous guinder aux sublimités du genre démonstratif : on est trop loin des autres là haut, et il y fait trop froid. Et puis, dans cette région des métaphores majestueuses, on perd le sens réel des choses, les objets n'apparaissent plus qu'à travers je ne sais quel voile qui, en les grossissant, les dénature, témoin Buffon, le seul des écrivains du XVIII⁰ siècle, qui ait voulu rester solennel à tout prix, ce qui lui a porté malheur.

Il faut néanmoins en convenir : on voudrait souvent plus de gravité dans le ton, surtout quand on pense à 1789, ce dénouement solennel. Ces légèretés, ces plaisanteries, ces peintures licencieuses, fatiguent, attristent, font l'effet d'un sacrilége. On est tenté de s'écrier : « Prenez garde ! Il n'y a pas d'œuvre plus sérieuse que la vôtre : vous êtes les éclaireurs, les conducteurs de l'esprit humain. C'est par vous que sera inaugurée dans le monde l'ère nouvelle, l'ère libératrice : ayez la conscience de votre mission et le recueillement des grandes choses. Il ne faut pas que la catastrophe vous surprenne riant et plaisantant : laissez tomber ce qui est, et songez à ce qui sera. » — Mais quoi ? Ces écrivains, ce sont les vrais enfants de la France, les fils de cette race légère, généreuse, hardie, qui va au combat en chantant, qui veut plaire et être applaudie. Ils sont de leur temps surtout, d'un temps où les esprits récemment affranchis, furent transportés, enivrés de l'indépendance qu'ils se sentaient. Esclaves, ils l'étaient; mais, à la différence de leurs pères, ils ne voulaient plus l'être. Les oppresseurs de tout état, de toute robe, avaient beau faire sentir le joug : on sentait qu'il allait tomber pour toujours; on souriait de la vaine fureur des maîtres, on souriait à la liberté qui rayonnait toujours plus proche. Qui s'étonnera, que dans un tel milieu, si vif, si impatient, si excitant, les écrivains eux aussi aient cédé à je sais quelle folle effervescence? Le courant les entraînait; les hardiesses de tout genre éclataient sur tous les points; chaque jour on découvrait un nouveau défaut à la cuirasse de l'ennemi, on aiguisait une épigramme, on décochait un trait, on faisait la guerre en courant. Que de ruses pour dépister la police du roi, pour échapper aux griffes du Parlement, aux robes noires de la Sorbonne! Bien des espiègleries, que nous qualifierions autrement aujourd'hui, étaient alors jugées de bonne guerrre, et légitimes. On datait de Londres ou d'Amsterdam un ouvrage imprimé à Paris; on prodiguait l'anonyme, le pseudonyme; on attribuait à d'honnêtes morts des livres dont le titre seul les eût fait frémir. Était-on pris et condamné? une rétractation ne coûtait rien; on riait de cette commode façon de se tirer d'affaire. C'était comme une lutte de malice entre le pouvoir et les écrivains. Ce fut le pouvoir qui y perdit le plus : rien ne discrédite l'autorité comme l'impuissance dans la répression; mais les écrivains y perdirent aussi. On ne recherche pas impunément la popularité à tout prix. On ne se contenta plus de s'adresser à la raison, on voulut frapper l'imagination, piquer la sensibilité et même la sensualité. La liste des préjugés à détruire s'allongea d'une manière effrayante. Après avoir supprimé les rois, on supprima Dieu, on supprima l'âme, on supprima la morale. Hâtons-nous d'ajouter qu'aucun des grands écrivains du siècle ne descendit jusque-là. Ces sortes de bravades étaient l'œuvre des enfants perdus de la littérature et des fruits secs de la philosophie. Le plus souvent d'ailleurs, ce sont les représentants des institutions qui font naître le mépris des institutions. Sous le règne d'un Louis XV, le respect n'avait plus où s'attacher : ceux qui en vivent l'avaient tué.

C'est ici qu'il faut admirer l'invincible solidité de l'esprit français. Il n'a pas la pesanteur allemande, mais il sait se débrouiller. Que cette frivolité tapageuse et licencieuse ne nous abuse pas : le triage se fera ; il est déjà fait au moment où disparaissent les grands meneurs du siècle, Voltaire et Rousseau. Il y a encore des amuseurs et des amusés, mais l'âme de la nation est sérieuse. Depuis que les Jésuites, les plus légers de tous les maîtres, n'affadissent plus les intelligences, les jeunes générations qui s'élèvent croissent tout imprégnées d'un esprit nouveau. Lequel? Celui qui se manifestera en 1789. Qu'on se rappelle l'admirable spectacle que donna cette Assemblée nationale, si jeune, si inexpérimentée, si sûre d'elle-même cependant et de sa mission. On put voir alors de quoi s'étaient nourris ces hommes à qui la France remettait ses destinées. Dès les premiers mots qu'ils prononcèrent une ère nouvelle commença. Qu'est devenue cette nation légère et rieuse qui égayait l'Europe? La voici qui apparaît grave, recueillie, et qui annonce aux peuples et aux rois l'Évangile du droit nouveau. A peine sera-t-il promulgué, deux décrets de la Législative et de la Convention ordonneront que les cendres de Voltaire et de Rousseau soient transférées au Panthéon.

L'ABBÉ DE SAINT-PIERRE

L'abbé de Saint-Pierre est l'introducteur des grands écrivains du xviiie siècle : c'est un réformateur universel. — Physionomie et caractère du personnage. — Ses premiers ouvrages et son expulsion de l'Académie. — Ses idées en politique, en religion, en morale, en littérature.

I

S'il y a un écrivain qu'on ne lit plus, c'est bien l'abbé de Saint-Pierre : il a cela de commun avec bien d'autres; seulement, s'il revenait au monde, l'indifférence du public pour ses ouvrages ne lui causerait aucun étonnement; il est même permis de supposer qu'il s'en réjouirait. Pourquoi? Après un coup d'œil jeté sur la société moderne, il dirait : « Voilà qui est bien : vous avez mis en pratique à peu près toutes mes idées; il ne reste plus guère que ma *Paix perpétuelle*; mais son tour viendra comme aux autres : vous n'avez donc plus besoin d'étudier mes livres. Si je les avais composés pour faire admirer mon esprit, comme tel et tel que je ne veux pas nommer (car il ne faut pas médire), il y aurait encore des oisifs pour s'y plaire; mais Dieu merci! des hommes sérieux, et, comme vous dites aujourd'hui, des hommes *pratiques*, ont mieux à lire. J'ai de nombreux disciples qui continuent bravement mon œuvre : voilà ceux qu'il faut étudier, encourager, écouter. » — Peut-être le détachement de la vanité d'auteur n'allait-il pas chez lui aussi loin; il était réel cependant, et de plus bien fondé. Si le nom de l'abbé de Saint-Pierre vit encore et est assuré de vivre, ce n'est pas aux mérites de son style qu'il le doit. Combien d'écrivains qui lui sont fort supérieurs n'obtiennent pas même une mention de l'histoire ! C'est qu'ils n'ont été que des arrangeurs de phrases périodiques ou rimées : lui, il a pensé, et il a fait penser. A ce titre, il est l'introducteur d'un siècle qui dans toutes les directions a ouvert des voies nouvelles, et, en définitive, nous a fait la patrie que nous avons.

Il est né en 1658, c'est-à-dire un peu trop tard pour être atteint de la contagion d'idolâtrie monarchique qui épargna si peu d'écrivains. De plus, il ne vint à Paris que vers 1686, ne vit et n'étudia la cour que dix ans plus tard, quand il eut acheté la charge de premier aumônier de Madame : il ne fut donc pas imprégné, saturé dès sa première jeunesse de cette admiration passionnée pour Louis XIV que l'on respirait comme l'air. Quand le Dieu lui apparut, la décadence était déjà visible et sensible ; Fénelon constatait les vices du système, Vauban, Bois-Guilbert poussaient ces généreux cris d'alarmes que le roi ne voulut point entendre ; Saint-Simon, Beauvilliers, Boulainvilliers élaboraient des plans de réforme ; le prestige de l'ancienne monarchie pâlissait ; bien des esprits entrevoyaient déjà comme les vagues linéaments d'une société nouvelle. Rien ne rattachait étroitement l'abbé de Saint-Pierre à l'état social de son temps. Il était d'origine noble, mais cadet de Normandie, sans fortune, d'une santé délicate, et par conséquent voué, ou si l'on veut, condamné à être d'Église : c'était le grand refuge. Il paraît que vers l'âge de dix-sept à dix-huit ans il se sentit un

semblant de vocation et songea à entrer dans les ordres.
Son compatriote Segrais, pauvre poëte, mais homme de
sens, lui remontra que c'était une petite vérole de l'esprit qui prenait d'ordinaire les jeunes gens vers cet âge
de transition. L'abbé de Saint-Pierre en fut quitte, comme
il le dit lui-même, pour une petite vérole volante et n'en
fut point marqué. Il ne conserva que juste ce qu'il fallait de vocation pour être abbé, et l'on sait ce qu'il en
fallait. A vingt-huit ans, un petit héritage qu'il fit, lui
permit d'aller vivre à Paris. Il y trouva un autre compatriote, Fontenelle, alors assez remuant, et qui, aux côtés
de Perrault, bataillait contre les anciens. Il fut par lui
introduit auprès des personnes les plus en vue. En sa
qualité de provincial, il était fort curieux, souvent indiscret, « il courait après les hommes célèbres » (c'est son
style) et recevait plus d'une rebuffade, mais sans se
rebuter. C'est lui que La Bruyère, en tout son antipode,
a peint sous les traits de *Mopse*. Il faut lire le portrait,
un peu chargé, comme toujours, mais qui donne une
idée assez juste de l'original vers cet âge de trente à
trente-cinq ans. En 1695, il entra dans la maison de
Madame comme premier aumônier. Cette charge était une
véritable sinécure, car la seconde femme de Monsieur,
bien que catholique extérieurement, était restée au fond
du cœur protestante, aussi bien qu'Allemande, et pardessus tout la plus laide personne de la cour; c'est elle
qui le dit :

— « Je n'ai aucuns traits, de petits yeux, un nez court
et gros, les lèvres longues et plates, de grandes joues pendantes, une longue figure... Je suis très-petite, grosse et

épaisse, le corps et les jambes courtes. En somme, je dois être une vilaine petite laideron. »

De tous les divertissements de la cour elle ne goûtait que la chasse ; il lui fallait des exercices violents, elle étouffait toujours. La cuisine française eût peut-être spiritualisé quelque peu cette épaisse nature, mais elle ne put s'y faire ; elle revenait toujours à sa soupe à la bière, à ses boudins, à ses choux au sucre. On la menait au sermon, où elle ne manquait jamais de s'endormir, parfois jusqu'à ronfler. En se réveillant, elle reprenait sa Bible, allait respirer au dehors, se chanter à elle-même un psaume. Un jour, dans l'orangerie de Saint-Cloud, un ouvrier, perché sur une échelle, l'entendit, et se précipita à ses pieds : c'était un coreligionnaire oublié par les révocateurs de l'Édit de Nantes. Le lendemain, il avait disparu, elle n'en entendit plus parler.

Il serait permis d'ignorer que l'abbé de Saint-Pierre fut de l'Académie française s'il n'en avait été expulsé. Il y entra sans aucun titre littéraire, il en sortit violemment le jour où il en eut acquis. Ce ne fut pas le *Projet de paix perpétuelle* dont les deux premiers volumes parurent en 1713 et le dernier en 1717, qui amena cette disgrâce, ce fut son second ouvrage, la *Polysynodie*, publié en 1718. C'était la question à l'ordre du jour, et le plan de l'abbé de Saint-Pierre n'était pas au fond plus chimérique que celui de Saint-Simon et de bien d'autres. Aussi l'Académie ne se fût pas scandalisée pour si peu ; mais l'abbé ne s'était pas contenté d'établir son système, il avait fait le procès du système suivi jusqu'alors, et ses critiques avaient atteint le roi Louis XIV lui-même. Il est à peu près permis aujourd'hui de juger l'œuvre du grand roi et de rabattre quelque chose des éloges sans mesure et sans fondement prodigués à sa personne ; je ne sais si l'on irait dans cette voie aussi loin que l'abbé de Saint-Pierre. Il attribuait uniquement au monarque toutes les calamités de ce long règne ; il rappelait la mauvaise éducation qu'il avait reçue, l'ignorance qui en avait été la suite ; il le montrait toujours dominé par l'égoïsme, l'amour du faste, la passion des conquêtes ; il le déclarait le seul auteur de la ruine du pays ; il faisait le compte des millions dépensés en guerres impolitiques et en constructions inutiles. Jamais roi d'Égypte n'avait été soumis à un aussi rigoureux jugement. L'Académie, qui avait contribué plus qu'aucun des corps de l'État à propager le culte du dieu, fut assez embarrassée. Ce fut le cardinal de Polignac qui se fit l'interprète des protestations de la compagnie. Dans une philippique préméditée, il montra aux académiciens les académiciens « frémissant à la lecture des articles odieux dont le livre était rempli ; » il fit sentir combien il serait honteux pour l'Académie comblée des bienfaits du feu roi et qui n'avait cessé de glorifier les moindres actes de son règne, de paraître ingrate. N'aurait-elle pas l'air de s'associer aux satires indignes dirigées contre Louis XIV par un de ses membres si elle ne les réprimait aussitôt par le seul moyen qui fût en son pouvoir ? En conséquence, il proposait l'expulsion de l'abbé de Saint-Pierre. Elle fut prononcée à l'unanimité des voix, sauf une. Quel était cet ami ? L'abbé de Saint-Pierre, qui ne manquait pas de malice, racontait qu'au sortir de la séance et dans les jours qui suivirent, tous les académiciens, sauf Polignac, vinrent lui faire leur compliment, et que chacun d'eux s'attribua le vote unique porté en sa faveur. C'est à Fontenelle qu'il revient. Cette exécution, pas plus que celle de Furetière, n'ajouta rien à la gloire de l'Académie, et n'ôta rien à l'estime dont jouissait l'abbé de Saint-Pierre.

Ce qu'il y a de certain, c'est qu'elle ne le guérit pas de son goût pour les réformes. Presque aussitôt après, on le retrouve dans ce fameux *club de l'Entre-sol*, où l'abbé Alary, le marquis d'Argenson, M. de Plélo et quelques autres, se réunissaient pour conférer sur toute espèce de questions. C'est là que l'abbé de Saint-Pierre donna lecture d'une quantité de mémoires et de projets qui ne tendaient à rien moins qu'à substituer à la société de son temps une société absolument nouvelle. Le cardinal Fleury, qui avait peur de tout et qui rêvait pour la France un éternel assoupissement, crut ou fit semblant de croire que l'abbé de Saint-Pierre était un conspirateur ; il le traita de « politique triste et désastreux », et pour plus de sûreté fit fermer le club de l'Entresol (1724-1731). L'abbé n'en continua pas moins sa propagande : il avait pris le titre de *solliciteur pour le bien public*, et son apostolat ne devait finir qu'avec sa vie. Malgré cette manie innocente et l'ennui dont il n'était pas toujours facile de se préserver dans sa compagnie, il était fort bien accueilli dans le monde, et s'y plaisait fort, car il était resté fort curieux. On ne sait s'il remarqua en 1742, un an avant sa mort, un jeune Genevois qui fit son entrée chez madame Dupin, et qui s'appelait Jean-Jacques Rousseau. Celui-ci à coup sûr le remarqua, et vingt ans plus tard essaya d'introduire un peu de lumière et d'éloquence dans les lourds factums où le philantrophe enseignait aux hommes les moyens infaillibles d'être heureux. L'abbé de Saint-Pierre mourut en 1743, âgé de quatre-vingt-cinq ans. Si l'on en croit d'Argenson, qui a été fort de ses amis, il consentit pour faire plaisir à sa famille, à remplir ses devoirs de chrétien ; mais quand il eut fini, il rappela le curé et lui dit : « qu'il n'avait à se reprocher que cette action, qu'il ne croyait pas un mot de tout cela, que c'était une vile complaisance pour sa famille et sa maison, qu'il voulait être le confesseur de la vérité toute sa vie. »

C'était un homme excellent, simple, droit, et dont on s'égayait quelque peu. Il n'avait pas l'esprit du monde, il ignorait l'art de lancer un trait satirique, et ne cachait pas l'aversion que lui inspiraient les médisants. Tout en se moquant de lui, on le redoutait un peu : il fallait un rare talent pour l'empêcher d'être ennuyeux. Mme Geoffrin y réussit un jour, et lui en témoigna sa surprise; il répondit : « Je ne suis qu'un mauvais instrument dont vous avez bien joué. » Il n'était pas toujours aussi heureux et il en avait conscience. Il se disait parfois qu'il ne manquait à ses idées pour valoir tout leur prix que de passer par une autre bouche. « Quel dommage, s'écriait-il, en entendant le joli langage d'une femme d'esprit, quel dommage qu'elle n'écrive pas ce que je pense ! » Ce n'est pas le moins naïf des mots qu'on lui attribue.

Venons à ses idées. Mais valent-elles la peine qu'on s'y arrête? Est-ce à nous, hommes du xixe siècle, à prendre au sérieux les utopies dont se raillaient les contemporains? A vrai dire, le bonhomme fut considéré par tous comme une espèce de grotesque ; l'Académie seule crut devoir le traiter en homme dangereux. Si le gouvernement fit fermer le club de l'Entresol, c'est qu'il s'y réunissait des personnages d'une tout autre portée ; du reste on laissa au réformateur toute liberté de publier ses mémoires et ses projets. Le cardinal Dubois les qualifiait de *Rêves d'un homme de bien*, et il en parut vers 1750 un résumé sous ce titre, sans que le pouvoir en prît le moindre ombrage. A cela on peut répondre qu'il ne faut pas être dupe du sans-façon avec lequel les contemporains s'expriment sur le compte de l'abbé de Saint-Pierre. On confondait volontiers sa personne qui prêtait parfois à rire, avec ses idées que l'on ne s'avisait guère d'approfondir; et puis, n'avait-on pas ce thème intarissable de plaisanteries, *la Paix perpétuelle?* Il a manqué à l'abbé de Saint-Pierre ce que rien ne remplace, l'autorité; mais il s'en faut bien que son œuvre ait été stérile. On n'ose pas invoquer son témoignage, on ne le cite jamais; il semble qu'il n'ait pas existé : comment se fait-il cependant que la plupart de ses idées se retrouvent dans Voltaire, dans Montesquieu, dans Rousseau? C'est qu'il n'a pas su leur donner cette forme définitive qui les consacre. Jamais homme n'eut style plus chétif; il ne se doutait même pas qu'il y eût un art d'écrire. S'il avait vécu vingt ans de plus, peut-être eût-il compris que dans tous les pays, surtout en France, il ne suffit pas d'avoir des idées, il faut savoir les rendre. C'est ce qu'exprimait si bien Buffon dix ans plus tard, dans son discours de réception à l'Académie :

— « Les ouvrages bien écrits sont les seuls qui passeront à la postérité. La multitude des connaissances, la singularité des faits, la nouveauté même des découvertes, ne sont pas de surs garants de l'immortalité ; si les ouvrages qui les contiennent ne roulent que sur de petits objets, s'ils sont écrits sans goût, sans noblesse et sans génie, ils périront, parce que les connaissances, les faits et les découvertes s'enlèvent aisément, se transportent et gagnent même à être mis en œuvre par des mains plus habiles. Ces choses sont hors de l'homme; le style est l'homme même. »

Voilà l'arrêt de condamnation de l'abbé de Saint-Pierre. En admettant qu'il ait fait des découvertes, elles se *sont transportées, elles ont gagné à être mises en œuvre par des mains plus habiles*. Voyons en quoi consistent ces découvertes.

Il est trop évident qu'il n'a pas trouvé le moyen de supprimer la guerre ; mais ceux qui de nos jours ont repris son œuvre, et dans des conditions qui semblaient bien plus favorables, ont-ils été plus heureux? Ce n'est pas parce que le *Projet de Paix perpétuelle* a échoué qu'il est mauvais, c'est parce qu'il porte en lui un vice irrémédiable. Ce n'est pas tout d'être philanthrope, il faut avoir quelque portée dans l'esprit. L'abbé était homme à imaginer une multitude de petits expédients plus ou moins ingénieux, plus ou moins pratiques : ce qui lui manquait absolument, c'était le principe fécond, générateur, d'où tout doit découler logiquement. Il méprisait profondément la métaphysique, et sur ce point il a fait école dans le XVIIIe siècle; mais il n'est pas moins certain qu'on n'édifie rien sans avoir une base. Son projet n'en avait pas. Il croyait bonnement attaquer le mal dans sa racine en démontrant que la guerre était un fléau, que dans un état bien policé, elle est interdite de famille à famille, de particulier à particulier, et que par conséquent il suffisait d'étendre cette interdiction d'État à État. C'est ici que commencent les difficultés, l'impraticable. Qu'est-ce que l'abbé entend par État ? Les États, pour lui, ce sont leurs représentants, les souverains ; ce sont les souverains qui doivent former une ligue, constituer un trésor commun, s'engager à soumettre tous leurs différends à un tribunal, s'unir pour contraindre par la force tout dissident à observer la paix. Cette dernière clause qui use de la guerre pour la supprimer, est certainement une idée fort ingénieuse. Il y avait aussi un paragraphe par lequel les rois se garantissaient les uns aux autres l'obéissance de leurs sujets, une sorte d'assurance mutuelle contre les révolutions. J'oubliais de dire que les Turcs étaient mis en dehors de la ligue : pourquoi? On ne sait. L'abbé qui était si peu chrétien, voulait-il mettre sérieusement au ban de l'Europe ces infidèles! Ou bien se flattait-il d'être le véritable interprète des idées qu'une tradition fort suspecte attribuait à Henri IV, dont il invoquait l'autorité? C'est Rousseau qui le premier a soulevé l'objection fondamentale contre le projet : jusqu'à lui, on avait plaisanté, il fit toucher du doigt l'impossibilité radicale, et en même temps laissa entrevoir la solution. C'était folie d'espérer que des princes, c'est-à-dire des hommes qui ont la prétention de ne relever que de Dieu et de leur épée, voulussent se soumettre à un arbitrage quelconque. On n'obtenait pas d'un simple gentilhomme qu'il se présentât devant le tribunal des maréchaux : un roi tout-puissant montrerait-il plus de condescendance? Ah! si les rois disparaissaient, si les peuples étaient les maîtres de leurs destinées, peut-être leur serait-il plus facile de renoncer à l'horrible droit de la force. C'était la seule solution raisonnable : Rousseau ne l'exprimait pas formellement; mais il n'était pas possible de s'y méprendre. En attendant que les peuples qui n'ont aucune raison pour se haïr, et qui en réalité ne se haïssent pas, établissent (eux seuls le peuvent) la paix perpétuelle, il serait à désirer qu'ils pussent obliger leurs maîtres qui se déclarent la guerre, à se la faire entre eux, puisque eux seuls en retirent l'honneur et le profit. On raconte qu'un empereur grec serré de près par un roi bulgare, lui proposa de vider leur querelle en champ clos; le barbare répondit : « Un forgeron qui a des tenailles ne retire pas avec sa main le fer chaud du brasier. » — Avis aux tenailles. — Que reste-t-il donc du fameux *Projet de Paix perpétuelle?* Une idée, ou plutôt un sentiment, l'horreur de la guerre, la ferme conviction que l'abominable droit de la force doit disparaître. C'est l'abbé de Saint-Pierre qui a fait entendre à ce sujet la première protestation. Il s'est montré ce jour-là plus véritablement chrétien que les représentants officiels de la religion. Si la solution qu'il a proposée est absolument chimérique, du moins il a l'honneur d'avoir mis le problème à l'ordre du jour. Il y restera, et la solution n'en est pas si éloignée qu'on pourrait le croire.

La *Polysynodie* est le plus curieux des ouvrages de l'abbé de Saint-Pierre. Comme le *Projet de paix perpétuelle*, elle a été inspirée par le despotisme de Louis XIV, car c'est Louis XIV qui a fait l'abbé de Saint-Pierre. On sait qu'il avait la prétention de concentrer dans ses mains tout le gouvernement; mais comme dans la pratique, cela était impossible, il confiait à tel ou tel ministre l'administration des affaires d'un département. L'élu du souverain était maître absolu dans son domaine, sauf intervention de la volonté royale. Il y avait eu bien des réclamations; les Saint-Simon, les Fénelon, les Boulainvilliers avaient à plus d'une reprise demandé une participation quelconque du reste de la nation au gouvernement; mais ce qu'ils entendaient par la nation, c'était surtout la noblesse et le haut clergé. Le régent, prince libéral et ouvert aux idées nouvelles, avait essayé de substituer à l'autocratie des ministres, des conseils formés de grands seigneurs, de magistrats, de roués : cela n'avait produit que confusion et désordre, une pétaudière, dit d'Argenson. Le plan proposé par l'abbé de Saint-Pierre était peut-être le plus impraticable de tous, mais il renfermait une idée qui a fait son chemin dans le monde : c'était de confier à l'élection la formation des conseils. Le scrutin, voilà, disait-il, le plus sûr *anthropomètre*, il ajoutait même, le plus sûr *basilimètre*. Le gouvernement issu de ces diverses manifestations de l'opinion publique serait infailliblement le meilleur qu'on pût établir; aussi l'appelait-il *aristomonarchie*. En conséquence, le réformateur, qui se piquait de logique, concluait pour l'établissement de la *despoticité*, forme légitime, nécessaire; car ce gouvernement étant le meilleur, il n'y avait que des séditieux incurables qui pussent songer à l'ébranler, et il importait qu'il fût armé contre ces perturbateurs du bonheur public des pouvoirs les plus étendus. En résumé, les sujets étaient condamnés à être heureux, heureux à la façon de l'abbé de Saint-Pierre. Sur ce point, on sait s'il a fait école. Il y avait bien une petite lacune dans la constitution rêvée par le réformateur. On y trouvait un roi, des ministres, un conseil d'État, une académie politique, un corps d'étudiants politiques : le peuple seul, c'est-à-dire les quatre cinquièmes de la nation, était exclu. Voltaire et Montesquieu ne se montreront pas plus démocrates que notre abbé, mais Rousseau reprendra la question et indiquera les véritables termes dans lesquels il faut la poser. Qui oserait affirmer que le *Contrat social* ne doit rien à la *Polysynodie?* Ce ne serait pas la première fois qu'un ouvrage médiocre aurait eu l'honneur d'en provoquer un remarquable. Avec quelle netteté, quelle pénétration Rousseau a saisi et mis en lumière l'irrémédiable impuissance des réformes proposées par son devancier! Rendre à la monarchie usée la vigueur qu'elle a perdue, quelle chimère! « C'était comme s'il eût dit à un vieillard décrépit et goutteux : Marchez, travaillez, servez-vous de vos bras et de vos jambes, car l'exercice est bon à la santé. » La royauté était malade assurément, mais il y avait quelqu'un de plus malade encore, et qui devait retrouver ses forces à mesure que la royauté les perdrait. L'abbé de Saint-Pierre était un médecin qui se trompe d'adresse. Mais que de vues justes, hardies, et pour cette fois vraiment libérales, semées çà et là dans cette chétive *Polysynodie!* J'y trouve l'abolition du droit d'aînesse proposée, celle de la vénalité des charges (Montesquieu n'ira pas jusque-là); la réformation de la taille rendue plus équitable, et dans une certaine mesure uniforme; le développement de l'enseignement primaire, la fondation d'un Moniteur officiel, que sais je encore?

L'abbé se rattrapait sur le détail, s'il échouait dans l'ensemble.

Ce n'était pas un esprit philosophique; voilà encore une des raisons qui l'ont empêché de prendre une place d'honneur parmi les élaborateurs de systèmes nouveaux : il ne savait lier entre eux que des détails; tout ce qui était scientifique lui répugnait et il rapportait tout à l'utilité directe et positive. De là son aversion pour la métaphysique. Ce qu'il veut, c'est « une philosophie qui n'ait rien de vain et d'abstrait et qui améliore les diverses conditions de la vie humaine. »

En conséquence, parmi les opinions philosophiques les plus généralement répandues, il adopte celles qui lui semblent les plus utiles au bonheur du genre humain. Sont-elles absolument certaines? peu lui importe; ce sont là d'oiseuses recherches. La croyance à l'existence de Dieu est bonne, salutaire, il l'admet; il admet aussi l'âme spirituelle et immortelle, l'autre vie, le paradis, l'enfer, le paradis surtout; il ne manquait jamais de terminer ses lettres par la formule : *Paradis aux bienfaisants*. Il voulait qu'on l'espérât, et lui-même s'appelait *un espérant passionné*. « Cela, disait-il, peut servir infiniment à diminuer nos maux et à augmenter nos biens. » — De là chez cet homme si bon la sévérité qu'il déploie contre les incrédules : il veut que le gouvernement frappe avec la dernière rigueur « le citoyen très-méchant et très-insensé » qui soutient l'opinion contraire. Nous retrouverons les mêmes idées et la même intolérance dans Rousseau. Est-il besoin de rappeler combien le déisme vulgaire de l'abbé de Saint-Pierre ressemble à cette fameuse religion naturelle qui régna pendant tout le XVIII⁰ siècle? Il avait cependant la prétention d'être un homme religieux; seulement il réduisait la religion à ce qu'il appelait l'*essentiel*, et il trouvait cet essentiel dans les deux préceptes suivants : — « Faites aux autres ce que vous voudriez qu'ils vous fissent. Aimez le Seigneur votre Dieu de tout votre cœur, de toute votre âme, de tout votre esprit; aimez votre prochain comme vous-même. » Voilà, ajoutait-il, ce que devraient prêcher les missionnaires, « au lieu de révéler des vérités incompréhensibles, telles que les mystères. » C'est ce que font les prêtres de Turquie, et le peuple s'en trouve bien; il n'entend parler à ses prédicateurs que de l'enfer et du paradis, et il règle ses mœurs et sa conduite en conséquence. — Voilà ces pauvres Turcs que la *Paix perpétuelle* devait anéantir, qui reviennent à la vie et servent de modèles aux nations chrétiennes. L'*essentiel* de la religion devait entraîner, comme on pense, bien des suppressions. La première fut celle des monastères. Qu'est-ce que des moines?

— « Des gens qui vivent en chartreux, en fainéants, séquestrés dans de petites cellules, et qui doivent être regardés comme des invalides, des imbéciles, de pauvres esprits, enclins à la singularité et à la paresse, des visionnaires et des fanatiques. »

Voltaire n'en a jamais tant dit. Seulement Voltaire renonce à utiliser les moines : l'abbé les marie d'abord, puis il les attache à des hôpitaux, à des colléges dont il réclame la création. Il faut que le moine lui-même travaille : le meilleur moyen d'imiter Dieu, c'est d'agir, d'être bienfaisant. Les prêtres eux aussi seront mariés;

l'intérêt de la population l'exige : c'est l'argument que développera Montesquieu. La religion ainsi perfectionnée, on verra s'éteindre les discussions théologiques, que le gouvernement d'ailleurs doit interdire formellement : c'est ce que ne cessera de répéter Voltaire. Il n'y aura plus de fanatisme : c'est le grand ennemi de Voltaire. Pourquoi? Parce que l'instruction sera répandue largement dans l'État, et que l'ignorance, la véritable source du fanatisme, sera supprimée. Plus de superstitions grossières, ridicules, immorales, qui rabaissent l'homme et Dieu : la connaissance des lois de la nature, l'explication des phénomènes, la science, en un mot, voilà l'infaillible moyen de guérir ces vieilles misères de l'humanité. Que ceux qui savent viennent donc en aide aux ignorants, que l'Académie des sciences fonde des prix pour encourager les recherches, qu'elle récompense ceux qui auront éclairé les esprits, banni le surnaturel, ruiné dans sa base la superstition. Voilà la profession de foi de l'abbé de Saint-Pierre : on en pensera ce qu'on voudra : c'est le fonds sur lequel a vécu le xviiie siècle.

Il est moins facile de constater son influence sur les idées de ses contemporains relativement à l'éducation, à la littérature, aux arts. C'est la partie la plus faible, on peut même dire la plus plate de son œuvre; cependant il a semé encore ici et là quelques observations de détail qui n'ont pas été perdues. *L'Emile* ne doit rien à l'abbé de Saint-Pierre; l'abbé voulait que l'éducation fût publique. Il fallait de bonne heure préparer les enfants au contact de leurs semblables, puisqu'ils étaient faits pour vivre en société. Il n'y a rien de tel que le frottement pour former les caractères et enseigner l'égalité. Les enfants des rois devaient être élevés aussi dans les colléges : était-ce pour leur apprendre l'égalité à eux qui ne devaient pas avoir d'égaux ? En tout cas, ils y apprendraient quelque chose. Quant aux matières de l'enseignement, c'était toute une révolution proposée : on essaie de l'accomplir de nos jours. Les langues anciennes étaient reléguées sur le second plan, les langues vivantes prenaient leur place; l'étude des sciences venait ensuite, puis celle de la politique et de la morale. L'excellent abbé offrait deux exemplaires de ses ouvrages pour aider à la propagation des bonnes doctrines. Les méthodes étaient complétement modifiées : les maîtres devaient avant tout chercher à rendre le travail attrayant; pour cela, il suffisait de mettre en action les préceptes. On enseignerait la morale au moyen de scènes vertueuses dont les écoliers seraient les acteurs; ils étaient du reste intimement associés à l'œuvre de leur éducation; ils se formaient en jurys pour décerner l'éloge et le blâme : en un mot, au lieu de tout attendre et de tout recevoir humblement, docilement des mains d'un maître enfoncé dans l'ornière de la routine, ils étaient élevés à la dignité de collaborateurs et préparés au combat de la vie. Nous n'en sommes pas encore là aujourd'hui, nous qui cherchons encore la conciliation de la liberté et de l'autorité. — Il devait y avoir aussi des colléges de filles, élevées à peu près comme les garçons, si ce n'est qu'on les privait d'enseignement littéraire, de peur de fournir encore des excitants à leur imagination trop disposée à se perdre dans les frivolités.

La littérature! les arts! Que de peine se donnera l'abbé pour *utiliser* ces superfluités! Sur ce point, il n'est pas de son siècle qui se montra si ardemment épris de tout ce qui pouvait agrandir et féconder le champ de l'intelligence humaine. Il ne faut pas oublier cependant que le premier ouvrage de Rousseau est une violente diatribe contre les lettres, les sciences et les arts; mais là doit s'arrêter le rapprochement. Rousseau était doublement artiste, comme musicien d'abord et comme écrivain; l'abbé de Saint-Pierre était en esthétique un véritable barbare. C'est une infirmité; mais quand on en est atteint, il convient d'être modeste et de ne pas injurier ce que l'on est incapable de sentir. Nous sommes disposés à plaindre un aveugle, mais à une condition, c'est qu'il ne s'érige pas en juge des couleurs. Contre les insolentes condamnations portées par ce bâtard de Lycurgue on se révolte et on le rappelle à la pudeur. Voici un échantillon de ses aménités en ce genre.

— « La peinture, la sculpture, la poésie, l'architecture prouvent le nombre des fainéants, leur goût pour la fainéantise, qui suffit à entretenir et à nourrir d'autres espèces de fainéants. Ce n'est pas que ces ouvriers illustres ne travaillent; ce n'est pas qu'ils ne fassent des ouvrages difficiles; mais c'est dommage de dépenser tant d'esprit dans des ouvrages si peu utiles pour le bonheur de la société. Qu'est-ce présentement que la nation italienne où les arts sont portés à une haute perfection? Ils sont gueux, fainéants, paresseux, vains, poltrons, occupés de niaiseries..... Un domestique nous fait tous les jours plus de plaisir, nous rend plus de services que le meilleur auteur ou le plus bel esprit par son ouvrage. »

Mais le moyen de bannir les arts! Les hommes ont la faiblesse d'y tenir. « Bénissez-les, heureux esclaves! » s'écriera plus tard Rousseau. Il faut donc faire une concession à ce besoin de divertissements qui est enraciné dans l'âme : soit; il y aura des théâtres, l'abbé y consent. Seulement est-il nécessaire que des milliers d'auteurs, « des fainéants, » passent leur vie à produire des pièces nouvelles, quand il y en a d'anciennes qui sont fort bonnes et peuvent encore servir? L'État devrait avoir un certain nombre d'ouvriers spéciaux qui seraient chargés de *raccommoder* les vieux ouvrages dramatiques, de les perfectionner en les adaptant au goût du jour. Chose horrible! il s'est trouvé plus tard des littérateurs pour faire les raccommodages proposés par ce Vandale! Marmontel a raccommodé Rotrou et Quinault; Ducis a arrangé Shakspeare. Que dis-je? Voltaire lui-même invite les amateurs à corriger les tragédies de Corneille [1]! En vérité, plus on avance dans l'examen des idées de l'abbé de Saint-Pierre, plus son rôle d'initiateur, d'introducteur acquiert d'importance. Il n'est certainement pas étranger à ce revirement général du goût qui rejeta au second rang les Pascal et les Bossuet pour exalter Fénelon et Massillon, les chimériques et les moralistes. N'avait-il

---

1. C'est en 1769 que Voltaire s'oublia à ce point. — Il faut lire son Épître dédicatoire de *Sophonisbe* à M. le Duc de La Vallière. Après avoir conseillé de refaire les tragédies de second ordre de Corneille, Voltaire ne s'arrête pas devant les chefs-d'œuvre, et il dit : « On pourrait même refaire quelques scènes de *Pompée*, de *Sertorius*, des *Horaces* et en retrancher d'autres, comme on a retranché entièrement les rôles de Livie et de l'Infante dans ses meilleures pièces. Ce serait à la fois rendre service à la mémoire de Corneille et à la scène française qui reprendrait une nouvelle vie. »
O abbé de Saint-Pierre, on te retrouve partout!

pas déclaré qu'il fallait guérir le pays de son goût déplorable pour l'éloquence? C'est lui qui divisait les écrivains en deux classes, les *discoureurs* et les *démontreurs*. Les *démontreurs*, c'étaient les gens comme lui, les esprits sensés, positifs. Quant aux *discoureurs*, c'étaient « *des hommes à imagination forte qui persuadent les ignorants par des galimatias bien arrangés.* » C'est le pendant du *résonnement de cloches*, ce barbare jeu de mots par lequel Grimm qualifiera l'éloquence de Bossuet. Il s'en faut que Pascal soit en faveur au XVIIIe siècle : c'est une des victimes de l'abbé. Il va jusqu'à oser écrire ces mots, *la sottise de Pascal*. Voltaire et Condorcet y mettront des formes plus douces, mais ils concluront de même. Les prédicateurs eux-mêmes *perfectionneront* leurs sermons, et se réduiront peu à peu à ne plus prêcher que *l'essentiel* de la religion. L'Académie enfin, l'Académie qui avait été si dure envers le détracteur de Louis XIV, et qui semblait vouée à perpétuité à la glorification du grand roi, on la verra quinze ans après la mort de l'abbé, accueillir enfin une des réformes proposées par lui, et qui consistait à mettre au concours les éloges des grands hommes : ce n'était rien moins que la nation substituée au souverain.

On s'imagine bien que l'abbé de Saint-Pierre, qui touchait à tout, a dû s'occuper de réformer l'orthographe. Elle était encore assez incertaine et fort compliquée ; elle est aujourd'hui plus certaine et presque aussi compliquée. Le plus brillant élève de l'abbé, c'est Voltaire, qui n'a pas toujours obtenu gain de cause, mais dont le système de simplification gagne chaque jour des adhérents. Il était impossible aussi que tant de modifications proposées ne fissent pas naître des mots nouveaux. L'abbé de Saint-Pierre est le grand néologiste du xviiiᵉ siècle. Il faut avouer qu'il n'a pas eu souvent la main heureuse ; mais on est disposé à lui pardonner bien des témérités en pensant qu'on lui doit ce beau mot, ce mot admirable, *bienfaisance*. Quand il l'employa pour la première fois, les puristes lui en firent reproche. A quoi bon ce vocable intrus? N'avait-on pas *charité?* Il répondit :

— « Depuis que j'ai vu que parmi les chrétiens on abusait du terme de *charité* dans la persécution que l'on faisait à ses ennemis, j'ai cherché un terme qui ne fût point encore devenu équivoque parmi les hommes; or j'espère que d'ici à longtemps on n'osera dire que c'est pour pratiquer la *bienfaisance* que l'on fait tout le mal que l'on peut à ceux qui ont le malheur d'être dans des opinions opposées aux nôtres. J'ai cherché un terme qui nous rappelât précisément l'idée de *faire du bien* aux autres, et je n'en ai point trouvé de plus propre à me faire entendre que le terme de *bienfaisance* : s'en servira qui voudra ; mais enfin il me fait entendre et n'est pas encore équivoque. »

Bienfaisance fut adopté par l'Académie française dans l'édition de son dictionnaire de 1762. Voilà un peu plus de cent ans que nous avons le mot : à quand la chose?

On trouvera peut-être que j'ai accordé à l'abbé de Saint-Pierre une place qui n'est pas en rapport avec son mérite, et le reproche serait assurément fondé, si l'importance des hommes se mesurait uniquement aux qualités de leur style. Mais c'est le xviiiᵉ siècle que j'étudie, le siècle des idées : de quel droit supprimerait-on l'écrivain, fort médiocre, on le reconnaît, mais qui après tout, a donné l'impulsion aux esprits? Les contemporains ne se faisaient aucune illusion sur la valeur des projets que le bonhomme jetait à tous les vents ; néanmoins il avait agité certains problèmes, posé certaines questions, qui restèrent à l'ordre du jour ; et j'ai montré que, sur bien des points, les solutions proposées par lui furent reprises par les plus grands esprits du XVIIIe siècle. C'est que, malgré l'incohérence et la bizarrerie de ses *rêves d'homme de bien*, l'abbé de Saint-Pierre fut soutenu, inspiré par une force supérieure et toute nouvelle, la foi au progrès. Il ne crut pas, comme Bossuet et Perrault lui-même, que le règne de Louis XIV était le suprême idéal en tout, et que de cet éminent degré de félicité et de gloire la France ne pouvait que descendre peu à peu la pente fatale de la décadence. Quand tous autour de lui ne rêvaient que l'immobilité et la conservation indéfinie d'un état politique, social et religieux qui était la négation de toute justice et qui déjà menaçait ruine, il affirma hautement que ce prétendu idéal était à refaire, que l'âge d'or n'était pas dans le passé, qu'il fallait forcer l'avenir à l'enfanter. Il se plaisait à répéter que ses contemporains étaient encore des enfants ; aux plus éclairés d'entre eux, à Fontenelle par exemple, il voulait bien accorder dix ans ; mais pour les autres il ne leur en donnait que sept. Quel âge eût-il donné à Voltaire, à Rousseau, aux hommes de 1789 ?

FONTENELLE ET LAMOTTE

Physionomie de Fontenelle : le tempérament, la constitution, les cent années d'existence. — Ses débuts, la transformation. — Le dogmatisme et le scepticisme de Fontenelle : ses hardiesses ; bornes de son esprit. — De la critique littéraire de Fontenelle et de Lamotte. — Inintelligence de l'antiquité. — Théorie du progrès dans les arts. — Les *images spirituelles*.

I

FONTENELLE

Fontenelle est le contemporain et le compatriote de l'abbé de Saint-Pierre ; tous deux sont normands ; tous deux, nés vers le milieu du XVIIe siècle, prolongèrent leur existence jusqu'au milieu du XVIIIe (l'abbé de Saint-Pierre mourut en 1743, Fontenelle en 1757, il avait cent ans moins trois mois) ; tous deux furent de l'Académie ; tous deux enfin, par la direction de leurs idées, appartiennent bien plus au siècle de Voltaire qu'à celui de Bossuet. Mais là s'arrêtent les ressemblances, ou plutôt là commencent les oppositions tranchées. Signalons la plus importante, celle qui suffira à les caractériser l'un et l'autre : autant l'abbé de Saint-Pierre avait la passion du bien public et ne cessait d'y travailler, autant Fontenelle était froid et indifférent à ce sujet ; autant l'un mettait d'empressement à confier au premier venu la moindre idée nouvelle qui lui montait à la tête, autant l'autre se montrait circonspect et réservé. On connaît sa maxime : « Si j'avais la main pleine de vérités, je me garderais bien de l'ouvrir. » En effet, il ne fit que l'entr'ouvrir et rarement, et elle n'était pas pleine de vérités, ce qui réduit en somme l'importance de Fontenelle à peu de chose. Cependant on n'a pas le droit de le passer sous silence : Fontenelle fut quelqu'un ; les contemporains l'ont bien un peu surfait, mais il n'en donna pas moins le ton pendant près de quarante années, quand il eut enterré les derniers survivants du parti des anciens. Il en enterra bien d'autres ! On a beau faire, on est toujours ramené malgré soi à cette longévité extraordinaire : c'est peut-être le trait le plus saillant de la physionomie du personnage. Comment a-t-il fait pour vivre cent ans ? Il naquit avec un corps bien constitué, il n'eut jamais d'infirmités graves ; les quelques attaques de goutte qu'il eut dans sa vieillesse furent peu douloureuses ; mais cela n'explique pas les cent ans. Ne voit-on pas tous les jours d'ailleurs les constitutions les plus solides, minées et détruites par cet ennemi du corps qu'on appelle l'âme ? L'âme de Fontenelle traita son enveloppe avec la plus tendre sollicitude, retranchant sur elle-même plutôt que de l'incommoder, se réduisant le plus possible pour laisser plus de jeu et de bien-être aux organes. C'était une de ses maximes qu'il faut en tout temps avoir le cœur froid et l'estomac chaud. Il la mit consciencieusement en pratique, et sans s'imposer de trop douloureux sacrifices. Ainsi il n'embarrassa point sa vie de ces devoirs pénibles, le mariage, la paternité ; il n'eut pas d'amitiés trop exigeantes ; il vécut beaucoup dans le monde, mais se prêtant et ne se donnant jamais, fort recherché, parce qu'il était aimable, spirituel, tournait fort bien un compliment, savait écouter, ne blessait personne, ne rompait en visière avec personne pour défendre qui que ce fût ou quoi que ce fût, et enfin ne se faisant d'ennemis qu'autant qu'il en fallait pour être tenu en haleine. « Tout est possible, » répétait-il souvent; ne nous engageons donc pas trop avant ni pour celui-ci, ni contre celui-là. Ce merveilleux équilibre ne se démentit pas un instant pendant une si longue carrière. Il avouait tout simplement, sans forfanterie et sans humilité, qu'il n'avait jamais pleuré; on lui demandait s'il n'avait jamais ri; il répondait : « Non, je n'ai jamais fait ah! ah! ah! » C'eût été une secousse. A quatre-vingt dix-sept ans, il disait : « Il y a quatre-vingts ans que j'ai relégué le sentiment dans l'*Églogue* »; il se vantait : il n'y a pas plus de sentiment dans ses *Églogues* que dans sa vie. Ses derniers vers, écrits à cet âge, trahissent la préoccupation qui le domina toujours, l'estomac :

>   Qu'on raisonne *ab hoc et ab hac*
>   De mon existence présente :
>   Je ne suis plus qu'un estomac;
>   C'est bien peu, mais je m'en contente.

Près de mourir, il répondit à ceux qui lui demandaient comment il se sentait : « Je ne sens qu'une difficulté d'être. »

Et Fontenelle était du sang de Corneille, le propre fils de sa sœur! O hérédité! O transmission! Ne dirait-on pas plutôt que la nature ayant été trop libérale envers l'oncle, se rattrapa sur le neveu, fit une économie d'héroïsme, qui se retrouva plus tard dans l'âme de Charlotte Corday? Fontenelle d'ailleurs parlait d'un ton assez dégagé de sa famille :

« Mon père était une bête, disait-il ; *mais* ma mère avait de l'esprit. Elle était quiétiste : c'était une petite femme douce, qui me disait souvent : « Mon fils, vous serez damné » ; mais cela ne lui faisait point de peine. »

Ni à lui non plus, car il n'y croyait pas. Voilà, si l'on en veut absolument trouver une, l'explication de cette longue vie. Les physiologistes modernes ont démontré que nous nous tuons nous-mêmes, que nous avons droit au moins à deux cents ans d'existence : Fontenelle tint à se conserver et se conserva. Il fut même pleuré (à l'Académie, s'entend et par métaphore), et très-convenablement regretté. On le mit en parallèle avec son oncle, et l'un des orateurs trouva cette ingénieuse image : — « Corneille semblait né pour l'Olympe, Fontenelle pour les riantes campagnes de l'Elysée. » — Seulement, un mois après on n'y pensait plus : il ne manquait à personne, ni nulle part.

Quand on embrasse l'ensemble des œuvres de Fontenelle et les diverses périodes de son existence littéraire, on est tout d'abord frappé de la persistance et de la flexibilité de ses facultés intellectuelles. A vrai dire, il n'a pas eu de décadence, phénomène déjà assez rare ; et de plus, il a été constamment en progrès. Les artistes, les poëtes, les créateurs en tout genre, ne survivent guère au refroidissement de l'imagination : or l'imagination était justement ce qu'il y avait de plus médiocre en Fontenelle. Quand le peu qu'il en avait, s'amortit, il perdit du même coup la plupart des défauts qu'il s'était donné tant de peine à acquérir; il eut du goût, de l'esprit de bon aloi, et tout cela fut nourri, fortifié d'une science sérieuse et d'une raison supérieure. A mesure que le bel esprit pâlit, le bon esprit apparut, et les succès équivoques qu'avait obtenus le premier se transformèrent en estime solide pour le second. C'est ce que ne voulurent point comprendre ceux que la première manière de Fontenelle agaça, Boileau par exemple, et La Bruyère, et J.-Baptiste Rousseau, les intraitables parmi les anciens, esprits raides, assez étroits, tout d'une pièce, et qui, eux, ne devaient pas se transformer. Fontenelle resta toujours pour eux un avorton du Parnasse, à la fois précieux, pédant, fat et fade. On ne peut disconvenir qu'il n'ait été d'abord un peu tout cela; mais il jetait sa gourme, et ne se pressait pas trop de passer à sa seconde manière : il sentait qu'il avait du temps devant lui.

Quoi qu'il en soit, les débuts faisaient assez mal augurer du neveu de Corneille. Nourri en Normandie et dans un milieu qui retardait, il en était encore aux Cotin, aux Scudéry, aux Benserade, Pavillon et autres, qui commençaient à passer fleur, quand il débarqua à Paris. A l'instar de Segrais, son compatriote, fort admiré des gens du crû, il se lança dans l'églogue : il y a de si beaux pâturages en Normandie! L'églogue a toujours été le plus faux de tous les genres et Fontenelle y est bien pour quelque chose. La plus cruelle critique de cette partie de son œuvre, c'est l'éloge qui en fût fait à l'Académie, lorsqu'au nom des immortels, le duc de Nivernois jeta les fleurs de la rhétorique sur la tombe de son confrère. — « On sut gré à Fontenelle, dit-il, d'avoir donné à ses bergers le ton de la bonne compagnie et de leur avoir appris à soupirer avec finesse. » C'est la période galante de sa vie. Il essaye du sentiment sous toutes les formes, on pourrait dire, à toutes les sauces. *Les lettres du chevalier d'Her****, écrites vers le même temps, et dans le même goût, mais avec des circonstances aggravantes, car la prose ne porte point ces fadeurs et ces raffinements fort équivoques, mirent le comble à la réputation de Fontenelle, je veux dire par là que, aux yeux des juges sérieux, il fut perdu, coulé, tandis que dans les ruelles il fit fureur. C'est à ce moment que La Bruyère, qui venait de crayonner sous le nom de *Mopse* le portrait de l'autre Normand, l'abbé de Saint-Pierre, inséra dans la dernière édition de ses *Caractères*, celui de *Cydias*, qui n'est autre que Fontenelle [1]. Malgré certains détails forcés et peut-être inexacts, notamment en ce qui touche l'esprit de contradiction, l'ensemble est frappant.

— « Ainsi que le musicien chante et que le joueur de luth touche son luth devant les personnes à qui il a été promis, Cydias, après avoir toussé, relevé sa manchette, étendu la main et ouvert les doigts, débite gravement ses pensées quintessenciées et ses raisonnements sophistiqués. ..... C'est, en un mot, un composé du pédant et du précieux, fait pour être admiré de la bourgeoisie et de la province, en qui néanmoins on n'aperçoit rien de grand que l'opinion qu'il a de lui-même. »

L'épigramme de Rousseau, qui fut décochée beaucoup

---

[1]. Voir La Bruyère. *De la Société et de la Conversation*.

plus tard, quand le Fontenelle qu'elle visait, avait à peu près disparu, complète le portrait.

> — « Depuis trente ans un vieux berger Normand
> Aux beaux esprits s'est donné pour modèle ;
> Il leur enseigne à traiter galamment
> Les grands sujets en style de ruelle.
> Ce n'est le tout : chez l'espèce femelle
> Il brille encor, malgré son poil grison.
> Il n'est caillette en honnête maison
> Qui ne se pâme à sa douce faconde.
> En vérité, caillettes ont raison ;
> C'est le pédant le plus joli du monde. »

Enfin, pour lui faire bonne mesure, rappelons une autre épigramme d'un maître en ce genre, le doux Racine, récemment converti, mais qui n'était pas encore assez chrétien pour ne pas se réjouir de voir un neveu de Corneille, un frondeur des anciens, éprouver au théâtre une de ces chutes qui font époque. L'insuccès d'*Aspar*, tragédie que Fontenelle ne fit pas imprimer, est de 1680, mais l'épigramme ne fut lancée que plusieurs années après quand Fontenelle se fut posé en lieutenant de Perrault.

> « Ces jours passés, chez un vieil histrion,
> Grand chroniqueur, s'émut en question
> Quand à Paris commença la méthode
> De ces sifflets qui sont tant à la mode.
> — « Ce fut, dit l'un, aux pièces de Boyer. »
> Gens pour Pradon voulurent parier :
> — « Non, dit l'acteur, je sais toute l'histoire,
> Que par degrés je vais vous débrouiller :
> Boyer apprit au parterre à bâiller ;
> Quant à Pradon, si j'ai bonne mémoire,
> Pommes sur lui volèrent largement ;
> Or, quand sifflets prirent commencement,
> C'est, j'y jouais, j'en suis témoin fidèle,
> C'est à l'*Aspar* du sieur de Fontenelle. »

Boyer, Pradon, Fontenelle, trois vengeances à la fois, trois victimes du même coup : ou reconnaît un maître. Voilà donc ce que pensaient (et il faudrait y joindre une ou deux boutades de Boileau, fort vives) des juges sévères, mais compétents après tout, et d'un goût sûr, quoique un peu étroit. Fontenelle sémillant, caquetant, coquetant, soupirant, était engagé dans l'impasse qui aboutit au ridicule : il s'en aperçut à temps, ou plutôt les dons supérieurs de sa nature trouvèrent leur emploi, et subordonnèrent de plus en plus ce qui était purement artificiel. La révolution ne se fit pas instantanément, à la Polyeucte, par un de ces coups de la grâce qui tuent le vieil homme et créent l'homme nouveau ; avec Fontenelle, il n'y a pas à songer aux miracles. Il fut plus sérieux sans cesser d'être enjoué; la raison se fit jour sous le badinage, enfin, pour parler comme lui, on vit sous les fleurs paraître les fruits. Dans les *Dialogues des morts*, qui sont de 1686, la transformation est déjà sensible, mais elle est loin d'être complète; à vrai dire, elle ne le sera jamais, le bel esprit surnagera toujours; néanmoins, si l'affectation subsiste, si le paradoxe maniéré saute aux yeux, on ne peut méconnaître l'homme qui pense. Les caillettes et les galantins retrouvaient encore leur Fontenelle dans des dialogues comme ceux d'*Alexandre et de Phryné*, de *Didon et de Stratonice*, de *Sapho et de Laure*, d'*Agnès Sorel et de Roxelane*, de *Callirhée et de Pauline*; mais le petit groupe des philosophes découvrait un des leurs dans les pages ironiques et hardies où Platon, Lucrèce, Scarron, Montaigne, Homère, Raimond Lulle, Sénèque mettaient à nu les fondements parfois bien ruineux de la plupart des opinions reçues. Ce scepticisme fort paisible, fort dégagé, et même assez impertinent, exaspérait les croyants en tout genre : c'était une note nouvelle et discordante dans le concert du grand siècle. Racine, Boileau, La Bruyère, avaient peut-être encore au cœur le souvenir de Pascal, et sa foi tragique et ses cris d'une éloquence déchirante : il ne leur était point venu à l'esprit que ce faiseur d'églogues pût rire et s'ébattre là où l'autre avait pleuré et gémi [1]. Hommes d'autorité, ils savaient bien que la raison humaine a ses limites, mais ils les mettaient ailleurs et pour ainsi dire plus haut : c'était les yeux au ciel qu'ils étudiaient les choses de la terre. L'auteur des *Dialogues* n'allait pas chercher si loin ses solutions : tout est possible, disait-il, tout est incertain, même la vertu, même le devoir. Ce qui maintient ce misérable monde « *c'est que l'ordre que la nature a voulu établir dans l'univers, va toujours son train; ce que la nature n'aurait pas obtenu de notre raison, elle l'obtient de notre folie.* » La vérité elle-même n'existe pas ; il n'y a de réel que les idées que nous nous en faisons, et elles sont fausses. — « *On perdrait courage, si on n'était soutenu par des idées fausses.* » Les sciences n'ont pas d'autre origine : à leur point de départ elles sont chimériques ; le but, elles ne l'atteindront jamais ; seulement, chemin faisant elles découvrent quelques vérités de détail, qui dans quelques mille ans seront traitées d'erreurs.

[1]. Voir les Dialogues entre Scarron et Sénèque, Raimond Lulle et Artémise, Straton et Raphaël, Lucrèce et Barbe Plomberge. — Cela vaut la peine d'être lu. Il serait bon de relire ensuite les Dialogues de Voltaire. On a deux anneaux d'une même chaîne.

— « Toutes les sciences ont leur chimère, après laquelle elles courent sans la pouvoir attraper ; mais elles attrapent en chemin d'autres connaissances fort utiles. Si la chimie a sa pierre philosophale, la géométrie a sa quadrature du cercle, l'astronomie ses longitudes, les mécaniques leur mouvement perpétuel : il est impossible de trouver tout cela, mais fort utile de le chercher... La morale a aussi sa chimère ; c'est le désintéressement, la parfaite amitié. On n'y parviendra jamais, mais il est bon que l'on prétende y parvenir : du moins en le prétendant, on parvient à beaucoup d'autres vertus ou à des actions dignes de louange et d'estime. »

La seule chose qui importe, c'est *que l'ordre de la nature aille toujours son train*, et il n'y a pas d'inquiétude à avoir de ce côté.

— « Les hommes ne se décourageront jamais. Puisque les modernes ne découvrent pas la vérité plus que les anciens, il est bien juste qu'ils aient au moins autant d'espérance de la découvrir. Cette espérance est toujours agréable, quoique vaine. Si la vérité n'est due ni aux uns, ni aux autres, du moins le plaisir de la même erreur leur est dû. »

Voilà le point de départ et l'esprit même du scepticisme philosophique au XVIIIe siècle : seulement Voltaire, et c'est là son éternel honneur, y ajoutera la conclusion pratique que l'on sait, et qu'il défendra avec la plus indomptable opiniâtreté ; laquelle ? Misérables humains, puisque nul d'entre vous ne peut se flatter de posséder la vérité, qu'il ne prétende pas l'imposer aux autres : tolérez-vous, ne vous brûlez pas au nom de vos erreurs.

Que chacun dans sa loi cherche en paix la lumière.

Ceci parfaitement indifférent à Fontenelle : il n'eût pas excité des chiens à se battre, mais encore moins eût-il cherché à les séparer.

C'est à cette même période de sa vie qu'appartiennent ses deux ouvrages les plus connus et les plus remarquables, les *Entretiens sur la pluralité des mondes*, et l'*Histoire des Oracles* (1686-1687) ; il faut y joindre la *Vie de Corneille*, qui n'était pas faite pour plaire à Racine, ses *Réflexions sur la poésie*, la *Digression sur les anciens et les modernes* : c'est le plein épanouissement de Fontenelle. Malgré le dédain qu'affectent pour lui les Boileau, les Racine et toute la tribu des anciens à outrance, il a conquis sa place et la gardera. On continue à railler le poëte dépourvu d'imagination et de sensibilité ; mais Fontenelle s'est fait justice tout le premier : il n'écrit plus en vers, et il n'est pas aussi facile d'avoir raison de sa prose. Elle est correcte et pure d'abord, et de plus l'auteur met en lumière certaines idées qui dérangent un peu la majestueuse ordonnance des vérités officielles, mais qui feront leur chemin. C'est lui qui souffle à Perrault le grand principe de l'immutabilité des lois de la nature [1]. Il démontre que « la nature a entre les mains une certaine pâte qui est toujours la même, qu'elle tourne et retourne sans cesse en mille façons et dont elle forme les hommes, les animaux et les plantes. » — Pourquoi donc ne naîtrait-il pas de nos jours autant de grands hommes qu'autrefois ? Sur quoi est fondée cette supers-

---

1. Voir notre dernier volume : *La littérature française au* XVIIe *siècle*. — *Charles Perrault*.

tition pour l'antiquité ? A vrai dire, on n'exalte tant Homère, Pindare, Sophocle, que pour rabaisser les modernes. N'est-il pas visible au contraire que le progrès est la loi du monde ? Que de découvertes en tout genre accomplies depuis trois mille ans ! Ne serait-il pas juste à la fin de renverser les termes et de déclarer que les anciens n'étaient que des enfants et que ce sont les modernes qui sont des hommes ? Fontenelle, comme Perrault d'ailleurs, confondait le progrès dans les arts d'imagination et le progrès dans les sciences d'observation, erreur grave, et que ses adversaires ne surent pas relever, parce qu'il eût fallu pour cela un peu de philosophie ; mais il agrandissait l'horizon et indiquait des perspectives nouvelles. C'est quand on le rapproche de ses contemporains du grand siècle que Fontenelle acquiert tout son prix : c'est un esprit ouvert, en avant et au-dessus des idées qui règnent. Supposez-lui plus d'ardeur, et, ce qui lui manqua toujours, la foi, le dévouement absolu à un principe, il sera grand, il inaugurera avec éclat le siècle de l'esprit. Il ne fit que le préparer discrètement, agréablement. A ce point de vue, rien de plus réussi que les *Entretiens sur la pluralité des mondes*. Voilà bientôt deux cents ans que ce petit livre a paru, combien y a-t-il de personnes parmi celles qu'on dit instruites, qui soient en état de faire la part du vrai, du faux, de l'hypothétique dans le système exposé par ce disciple de Descartes ? Ne soyons point si ambitieux : combien y a-t-il de personnes qui l'aient lu ? Nous nous croyons sérieux, parce que nous nous ennuyons les uns les autres, ou tout seuls, et nous n'hésitons pas à déclarer que ces gens du XVIIIe siècle étaient d'une étrange frivolité. Ils lisaient cependant, ils comprenaient des ouvrages de ce genre ; les femmes pour lesquelles ils étaient écrits, trouvaient le temps d'en prendre connaissance ; elles en parlaient, elles étaient en état de goûter ce que l'on appelle les jouissances de l'esprit, et que les gens dits du monde ont bien soin de laisser aux autres qui les laissent à leur tour aux gens spéciaux. C'est cependant un petit chef-d'œuvre que cet opuscule de Fontenelle : il y a bien encore par-ci par-là, un peu de galanterie et de fadeur ; mais n'y a-t-il pas un proverbe qui dit : « On ne prend pas les mouches avec du vinaigre ? » — Se faire lire, se faire comprendre, se faire goûter, voilà le premier secret à trouver ; mais les savants, d'ordinaire, aiment mieux ne s'adresser qu'aux savants ; le public ne comprend que quand l'un d'eux en dévore un autre.

Il y a moins d'originalité dans l'*Histoire des Oracles*, ouvrage imité d'un auteur hollandais, Van Dale ; mais la portée philosophique est bien supérieure : c'est le procédé de Bayle relevé çà et là par l'esprit de Voltaire : l'érudition, avec tout son appareil lourd et inoffensif en apparence, servant à masquer la hardiesse de la thèse, des conséquences d'une extrême gravité, insinuées avec une candeur jouée. Quoi de plus simple que d'examiner au point de vue critique si les anciens oracles avaient été rendus par des démons, ou si les prêtres et prêtresses qui annonçaient l'avenir étaient des charlatans ? C'est là une question que tout le monde peut se poser. Seulement, il y a un petit argument préjudiciel que l'auteur hasarde en passant, qui n'a l'air de rien, qui se glisse sous la forme d'une anecdote, et qui ne va à rien moins qu'à ruiner complètement l'opinion établie par les théologiens qui veulent que les oracles aient été rendus par les démons. Cet argument est celui-ci : ces oracles ont-ils été réellement rendus ? Ce n'est pas la première fois qu'on aurait discuté à perte de vue sur un fait qui n'existait pas. Exemple, la fameuse dent d'or :

— « En 1593, le bruit courut que les dents étant tombées à un enfant de Silésie, âgé de sept ans, il lui en était venu une d'or à la place d'une de ses grosses dents. Hortius, professeur en médecine dans l'université de Helmstad, écrivit, en 1595, l'histoire de cette dent, et prétendit qu'elle était en partie naturelle, en partie miraculeuse, et qu'elle avait été envoyée de Dieu à cet enfant pour consoler les chrétiens affligés par les Turcs. Figurez-vous quelle consolation et quel rapport de cette dent aux chrétiens ni aux Turcs! Et la même année, afin que cette dent d'or ne manquât pas d'historiens, Rullandus en écrit encore l'histoire. Deux ans après, Ingolsteterus, autre savant, écrit contre le sentiment que Rullandus avait de la dent d'or, et Rullandus fait aussitôt une belle et docte réplique. Un autre grand homme, nommé Libavius, ramasse tout ce qui avait été dit de la dent, et y ajoute son sentiment particulier. Il ne manquait autre chose à tant de beaux ouvrages sinon qu'il fût vrai que la dent était d'or. Quand un orfèvre l'eut examinée, il se trouva que c'était une feuille d'or appliquée à la dent avec beaucoup d'adresse ; mais on commença par faire des livres, et puis on consulta l'orfèvre. »

C'est déjà la méthode de Voltaire, timide encore, il est vrai, et osant à peine se faire jour ; mais le but apparaît néanmoins, et l'intention se devine. Ce n'est pas encore la phrase de Voltaire, si alerte, si vivement troussée, si libre des entraves de la période ; mais ce n'est déjà plus la prose monumentale du XVIIe siècle ; comme l'esprit, le style s'est allégé et vole.

C'est avec ces titres littéraires que Fontenelle entra à l'Académie Française, non point aussitôt qu'il l'eût souhaité, mais plus tôt que n'y était entré le grand Corneille : il n'avait que trente-quatre ans. C'était une recrue importante pour le parti des modernes qui, du reste, avait toujours eu la majorité et qui la conserva. On s'attendait peut-être de la part du nouvel élu à quelque vive attaque contre ceux qui l'avaient consigné pendant plusieurs années à la porte de l'Académie : il n'en fut rien, et c'est ici que se montre bien cette souplesse d'intelligence qui caractérise Fontenelle. Le monde des lettres sembla ne plus exister pour lui. Il planta là et pipeaux et houlettes, et le poignard de Melpomène, et la lyre et l'attirail des desservants des Muses et des hôtes de l'Hélicon, et se livra tout entier aux études scientifiques. Il paraît qu'il y réussit assez bien pour être bientôt admis à l'Académie, et, faveur plus distinguée, pour être peu de temps après nommé secrétaire perpétuel. Il n'a, il est vrai, attaché son nom à aucune découverte ; il n'a même pas l'honneur d'avoir perfectionné ou simplifié un procédé quelconque ou une méthode ; mais il fut l'homme de son temps qui sut le mieux se rendre compte à lui-même et aux autres des travaux de ses devanciers. Pendant quarante-deux ans, il tint le public au courant des ouvrages de l'Académie, et écrivit les Éloges des académiciens depuis la fondation. Par une innovation qui a bien son prix, il abandonna le latin barbare et inaccessible employé jusqu'alors, et y substitua cette langue claire, nette, rapide déjà, qui allait bientôt répandre dans le monde entier les hardiesses de l'esprit nouveau. C'est la dernière manière de Fontenelle : elle est à peu de chose près irréprochable. Il y a encore de l'agrément [1], mais à une dose permise, et tempéré par une gravité réelle qui ne sent point son pédant. Ce qui manque le plus, c'est l'enthousiasme : de l'intelligence, de la netteté, de l'esprit, de la grâce, les qualités les plus rares, sauf une, l'association chaleureuse de l'âme, ce qu'on appelle la foi. Bien que cartésien, jusque et y compris les *Tourbillons*, Fontenelle reste avant tout sceptique : il l'est surtout en métaphysique, et il fera école. Il faut voir comme il loue Malebranche ! Il y a dans son admiration je ne sais quoi de compatissant qui la tempère, et la réduit à un hommage de politesse qui n'engage à rien. Il ne dit pas comme Voltaire : « la métaphysique est le champ des doutes et le roman de l'âme » : il se contente de le penser.

Tel a été Fontenelle. Il ne faudrait pas dire avec un de ses panégyristes, le duc de Nivernois :

— « A son entrée dans la carrière des lettres, la lice était pleine d'athlètes couronnés ; tous les prix étaient distribués ; toutes les palmes étaient enlevées ; il ne restait à cueillir que celle de l'universalité : Fontenelle osa y aspirer et l'obtint. »

On n'est pas universel pour avoir échoué dans tous les genres qui exigent de l'imagination et de la sensibilité.

---

1. Voici un exemple de cet agrément, dernière manière. « Sauveur a été marié deux fois. A la première, il prit une précaution assez nouvelle : il ne voulut point voir celle qu'il devait épouser jusqu'à ce qu'il eût été chez le notaire pour faire rédiger par un écrit les conditions qu'il demandait : il craignait de n'en être pas assez le maître après avoir vu. La seconde fois, il était plus aguerri. »

(*Éloge de Sauveur.*)

Il y aurait bien aussi à rabattre quelque chose du compliment que Voltaire dans son *Temple du goût* adressait à l'octogénaire.

> — « C'était le discret Fontenelle,
> Qui, par les beaux arts entouré,
> Répandait sur eux à son gré
> Une clarté douce et nouvelle.
> D'une planète à tire d'aile
> En ce moment il revenait
> Dans ces lieux où le goût tenait
> Le siége heureux de son empire :
> Avec Quinault il badinait,
> Avec Mairan il raisonnait ;
> D'une main légère il prenait
> Le compas, la plume et la lyre. »

Il est douteux qu'il eût droit à la place qui lui était assignée entre Lucrèce et Leibnitz ; néanmoins un tel jugement prouve l'estime que l'on faisait de lui. C'est encore l'académicien Séguier, qui, dans le style usité en pareil cas, a défini de la manière la plus exacte et la plus agréable le vrai mérite de Fontenelle. « C'était, dit-il, un bel esprit philosophe, fait pour embellir la raison, et pour tenir d'une main légère la chaîne des sciences et des vérités. »

II

HOUDARD DE LAMOTTE

Fontenelle appelle Houdard de Lamotte ; on ne peut parler du premier sans évoquer aussitôt le souvenir du second ; mais il y a entre eux une différence bien essentielle : Fontenelle se retira d'assez bonne heure et d'assez bonne grâce de la littérature proprement dite, et ne la considéra plus que comme une distraction d'académicien et d'homme du monde, une matière à conversations piquantes et paradoxales, tandis qu'il réservait le meilleur de ses facultés à l'étude des questions scientifiques; Lamotte fut et resta toute sa vie (1672-1731) un pur littérateur, mais un littérateur de l'école de Perrault et de Fontenelle, c'est-à-dire un moderne déterminé. Il reprit pour son compte les assertions irrévérencieuses du premier et les théories fort téméraires du second, appliqua et lança dans le monde avec intrépidité toutes ces hérésies et les soutint avec infiniment de bonne grâce et d'esprit. Les histoires officielles nous répètent avec une touchante unanimité que Boileau écrasa Perrault, et fit triompher la cause dite du bon goût : j'ai déjà eu occasion de montrer[1] que l'issue de la lutte fut tout autre, et que d'ailleurs les arguments de Boileau n'avaient pas une grande portée. Le bon goût avait si peu triomphé que Boileau, vieux et infirme, se consolait de mourir en pensant qu'il ne verrait plus le règne de ceux qu'il appelait les *Topinambous*. Ce fut bien pis après lui. Dans les salons, dans les journaux (le *Mercure* surtout), à l'Académie, les modernes s'installèrent en maîtres ; et le dédain de l'antiquité, de l'antiquité grecque surtout, se propagea parmi toute la gent littéraire. On alla bien plus loin : la théorie de Fontenelle sur la poésie fut reprise et appliquée, et malgré une sorte de protestation de convenance, elle conserva pendant tout le XVIIIe siècle

---

1. Voir dans le volume précédent, *La littérature française au* XVIIe *siècle,* l'article *Charles Perrault.*

de nombreux et brillants disciples. — En quoi elle consistait, c'est ce que je dirai tout à l'heure, quand Lamotte m'en fournira une occasion toute naturelle.

Lamotte était un fort galant homme, d'une loyauté parfaite, d'une urbanité exquise, et qui avait du piquant dans l'esprit. Il est lié avec ce qu'il y a de plus considérable dans la république des Lettres ; c'est un des rares visiteurs que le vieux Boileau accueille ; il est en correspondance suivie avec Fénelon ; la petite cour de Sceaux où se réunissaient tant d'aimables esprits, le recherche et lui fait fête; de bonne heure l'Académie lui ouvre ses portes ; le roi Louis XIV lui fait l'honneur d'accepter la dédicace d'un de ses ouvrages, faveur qu'il accorda si rarement aux grands hommes des beaux jours de son règne. Fontenelle le protége et le pousse, Jean-Baptiste Rousseau et ce grotesque venimeux qui s'appelait *le poète sans fard*, le méprisé Gacon, l'attaquent en vers et en prose, ce qui ne nuit pas à sa réputation ; enfin il a l'honneur insigne de faire sortir de son atelier de travail, flamberge au vent, enseignes déployées, la véhémente madame Dacier, à qui les anciens avaient oublié d'apprendre la courtoisie, que Lamotte essaya de lui enseigner.

Lamotte mériterait bien plus que Fontenelle la palme de l'universalité, comme on disait à l'Académie, s'il suffisait pour cela d'avoir abordé hardiment tous les genres. Il a écrit des odes, des poésies légères, des fables, des opéras, des comédies, des tragédies en vers et en prose, un poëme épique, et même un éloge funèbre de Louis XIV. Qui trop embrasse mal étreint, dit un vieux proverbe; le judicieux Boileau avait dit de son côté :

> La nature fertile en esprits excellents
> Sait entre les auteurs partager les talents.

Et il ajoutait sagement :

> Mais souvent un esprit qui se flatte et qui s'aime,
> Méconnaît son génie et s'ignore soi-même.

Ce fut le tort de Lamotte : il n'eut pas la modestie de se connaître ; et comme il n'était réellement propre à aucun genre en particulier, il en conclut qu'il était également propre à tous. Il faut bien reconnaître qu'il fût encouragé dans cette illusion par ses contemporains. On lui fut plus qu'indulgent. Lamotte était un homme si aimable, d'un commerce si charmant et si sûr, et supportait avec tant de douceur la cruelle infirmité qui affligea ses dernières années ! Nul n'aurait eu le courage de contrister cet excellent homme, qui n'avait pas le génie d'Homère, mais qui du moins était aveugle.

C'est en 1713, deux ans après la mort de Boileau (il convient de le remarquer), que Lamotte fit paraître son poëme en douze chants, intitulé l'*Iliade d'Homère* par M. de Lamotte, avec un discours préliminaire où sont exposées les idées de l'auteur sur la personne et l'œuvre du poëte grec. Je dis, les *idées de l'auteur*, à tort ; il n'y en a pas une seule qui appartienne en propre à Lamotte. On n'a qu'à prendre le *Parallèle des anciens et des modernes* de Perrault (quatrième dialogue), on se convaincra sans peine que Lamotte n'a rien tiré de son propre fonds : il n'a d'autre mérite que celui de la mise en œuvre, une certaine élégance plus soutenue, de l'agrément, mais rien de solide, je dirai même rien de vif et de piquant : sur ce point l'avantage reste encore à

Perrault, qui était plus franchement, plus passionnément anti-homérique que son continuateur, esprit modéré après tout, et un peu de la famille de Fontenelle. Lamotte en effet ne se proposait pas de démontrer que l'*Iliade* était une œuvre absolument sans valeur : la thèse de Perrault était évidemment excessive, et il en fallait rabattre : il prétendait seulement que ce poëme renfermait bien des longueurs, bien des puérilités, bien des platitudes, bien des inconvenances, mais qu'après tout, il ne fallait pas absolument le jeter au feu; il suffisait (et c'était rendre à Homère un service signalé) de supprimer tout ce qu'il eût certainement supprimé lui-même, s'il avait eu le bonheur de vivre dans un siècle poli, aux approches de la Régence, par exemple ; ainsi allégé, ennobli, épuré, le poëme pouvait être supportable. Le public d'ailleurs allait en juger : Lamotte qui venait de lire Homère dans la traduction de madame Dacier, avait réduit les vingt-quatre chants de l'*Iliade* à douze et opéré aussi dans chaque chant certaines réductions indispensables. Le volume était orné d'un beau frontispice, qui représentait Lamotte à son bureau, recevant la visite d'Homère. Celui-ci descendait de l'empyrée, l'*Iliade* à la main, et la présentait gracieusement à son futur *raccommodeur* [1], en lui disant :

> « Homme, j'eus l'humaine faiblesse.
> Un encens superstitieux
> Au lieu de m'honorer me blesse :
> Choisis, tout n'est pas précieux.

[1]. On se rappelle (voir l'article précédent, l'*abbé de Saint-Pierre*) que l'abbé demandait que l'on se bornât à *raccommoder* les anciennes pièces, au lieu de perdre un temps précieux à en composer de nouvelles.

> Prends mes hardiesses sensées,
> Et du fonds vif de mes pensées
> Songe toujours à t'appuyer.
> Du reste, je te rends le maître :
> A quelque prix que ce puisse être,
> Sauve-moi l'affront d'ennuyer. »

Cet *à quelque prix que ce puisse être*, si élégant, si harmonieux, si poétique, fait frémir. Que ne va pas se permettre Lamotte si pleinement autorisé par Homère en personne ? Hélas ! Il s'en faut qu'il sauve à Homère *l'affront d'ennuyer :* il n'y a pas au monde de lecture plus absolument fastidieuse, nauséabonde que celle de cet impudent abrégé. En l'écrivant, en le publiant, Lamotte a conquis d'emblée une place dans le musée des grotesques. Il est difficile aujourd'hui où la critique est large, hospitalière, sympathique, où elle sait se faire une âme antique et comme retrouver la couleur du ciel d'Ionie et l'enchantement des sensations de ce monde jeune, simple, frémissant de vie et de passion, il est difficile de comprendre tant d'inintelligence et de sotte présomption. Qu'est-ce que Lamotte reproche à Agamemnon, à Achille, à tous les héros d'Homère ? De ne pas ressembler à Louis XIV et aux seigneurs de la cour, de dire ce qu'ils pensent, ce qu'ils sentent surtout, de se quereller, d'apprêter eux-mêmes leurs repas, d'avoir des dieux qui manquent de tenue et les idées les plus erronées en physique et en astronomie. Parlez-moi des héros de Racine, à la bonne heure ! Voilà des personnages polis, convenables, galants ! On peut continuer à l'infini sur cette note fausse et agaçante. Perrault avait écrit tout un volume dans ce goût, mais sous une forme vive et gaie en somme : il y avait de si singuliers arguments ! Une des preuves de la supériorité des modernes sur les anciens était tirée de la comparaison des jardins de Versailles avec ceux d'Alcinoüs, et la métairie de Laerte ! Cela désarme ; mais oser reprendre le sujet même d'Homère, ses personnages, ces êtres divins et sacrés que l'antiquité tout entière a adorés, ces enfants immortels du vieil aède, devant qui les Eschyle, les Sophocle, les Pindare ont pieusement ployé les genoux, que les Phidias et les Polyclète ont détachés vivants de l'œuvre féconde et que les yeux de tous ont reconnus, qui après avoir ravi les Hellènes et ceux des côtes d'Ionie, et ceux des îles charmantes éparses au sein des mers, et ceux de l'Attique et ceux du Péloponèse, ont projeté le pur rayon de leur beauté jusque sur les œuvres des fils du rude Latium ; qui aujourd'hui encore nous éblouissent, nous barbares, de leur rayonnement, toucher à toutes ces splendeurs que le monde n'a vues qu'une fois et dont il est encore charmé ; retrancher ici, ajouter là, plaquer du fard, des mouches, de l'esprit, de la philosophie même, Dieu me pardonne ; voilà qui pourrait révolter, si on ne se disait : chaque époque se fait un beau à son image et à sa taille. Un bel esprit qui n'a jamais vu lever le soleil, qui a poussé en serre chaude, au collége d'abord, puis dans les salons, dans les couloirs de l'Académie, dans les coulisses du théâtre, sous la blafarde lumière des quinquets, dont les membres chétifs sont impropres à tout effort viril, dont le cerveau fonctionne sous une vaste perruque, qui compte avec son estomac, et qui a des migraines, qui fait le galant auprès des belles dames ou joue au biribi, qui se travaille sans cesse pour dire un bon mot, tourner un madrigal ou un compliment, un être enfin qui est artificiel des pieds à la tête, qui l'est plus encore par l'imagination, par l'esprit, par les idées, par les goûts, qui l'est au point de ne plus pouvoir même se persuader qu'il y ait un autre horizon que celui dans lequel se trémousse sa chétive personnalité, un tel être devait traiter Homère comme il l'a traité, et l'on n'est surpris que d'une chose, c'est que les contemporains ne se soient pas écriés en chœur : Votre *Iliade* est supérieure à l'autre. Un reste de pudeur les arrêta, non pas tous, car Lamotte eut de nombreux partisans; seulement il sembla qu'Homère était un de ces anciens bien anciens, bien établi dans sa réputation, qu'il y avait au moins imprudence à contester des titres qui remontaient si loin. Quant à la profanation, quant à l'indécente parodie, elle n'excita guère d'indignation bien sentie que chez madame Dacier. On ne trouva pas le *raccommodage* parfaitement réussi, voilà tout; mais l'idée de *raccommoder l'Iliade* ne révolta personne. Qu'on me dispense d'analyser l'énorme factum de madame Dacier, intitulé *Des causes de la corruption du goût*. Il y a six cent quatorze pages ! On écrivait des livres de ce genre vers 1550, dans l'âge d'or des commentaires à la Lambin et des duels d'érudits à coups d'in-folio. Madame Dacier suit Lamotte pas à pas, cite, explique la citation, pose les principes qui vont la guider dans sa réfutation, réfute, accumule les textes, démontre, conclut ; puis elle passe à une autre assertion, et continue ainsi sans se lasser, je dirai même avec une volupté qu'on voudrait partager. Les personnes de son sexe n'étant pas obligées à la galanterie, elle s'en dispense tout naturellement. Elle n'a même pas cette douceur charmante qu'on se plaît à attribuer aux femmes, sans doute pour leur en donner l'idée ; et comme sa mémoire est fort riche, et que les personnes érudites, peu importe le sexe, prennent volontiers leurs souvenirs pour des idées, elle insinue ingénument, sur la foi d'auteurs anciens, qu'il serait assez juste d'infliger à monsieur de Lamotte, contempteur d'Homère, soit ce fameux soufflet qu'Alcibiade donna à un maître d'école qui n'avait pas l'*Iliade*, soit le supplice de la croix qu'un Ptolémée fit subir à Zoïle !

Des débats de ce genre n'ont jamais d'issue : les belligérants gardent leurs positions et leurs opinions, et le public, fort indifférent au fond, se moque de l'un et de l'autre. Peu à peu cependant il se forme une sorte de sentiment général qui constitue le goût d'une époque. L'érudition massive de madame Dacier pouvait-elle convaincre et charmer les Français de la Régence ? Au moment où tout se transformait, où l'on portait une main hardie sur toutes les parties de l'œuvre du grand roi, où l'on secouait l'hypocrisie étouffante pour arborer la licence, allait-on remettre sur son piédestal cette vieille idole d'Homère que Perrault avait déjà ébranlée, et que la main de Boileau avait vainement étayée ? Qu'y avait-il de commun entre l'art antique sous toutes ses formes, poésie, sculpture, architecture, et l'art nouveau qui allait éclore, entre Watteau qui s'annonce et Raphaël, entre Phidias et Coysevox, entre Ictinos et Soufflot ? Ce fut donc l'opinion de Lamotte qui l'emporta, non ouvertement, en vertu d'une décision publique, mais, ce qui est bien plus sûr, par une sorte de sympathie mystérieuse et profonde. On se défendait d'admirer son *Iliade*, mais ses arguments en prose faisaient leur chemin. Lamotte était comme un de ces enfants terribles que l'on gronde tout haut devant le monde et qu'on embrasse après : il avait dit le mot de la situation : au feu les vieilleries! Le respect de l'antiquité est un frein, frein salutaire, je dirai même délicieux; c'est une des formes de l'idéal, ce *sursum corda* de l'art. Avant de songer au jury contemporain, il est bon de se représenter cet autre jury qui n'est plus, mais qui domine encore et rayonne sur les hauteurs. Que d'œuvres médiocres ou mauvaises seraient épargnées à nos yeux, si les auteurs avaient songé à ceux qui ne sont plus! Mais c'était sans doute une nécessité que le XVIIIe siècle, qui avait une autre tâche à remplir, celle d'en finir avec le vieux monde, ne comprît, ni ne sentît le charme souverain du beau : il se fût oublié peut-être dans cette contemplation qui ravit toute l'âme, il se fût désintéressé de l'œuvre qui lui était réservée : la Grèce et l'Italie n'ont-elles pas pendant des siècles dédaigné les réalités cruelles de la vie pour se perdre dans les visions enivrantes? N'importe : ce m'est une douleur de me heurter à ce détachement de l'idéal, au moment même où nos pères vont le poursuivre d'une si ardente foi dans les régions de la vérité et du droit. Ne pouvait-on réserver une place à cet hôte divin? Il fût peut-être intervenu à son tour, aux jours terribles et sombres, dont l'expiation pèse encore sur nous; il eût empêché les violences hideuses qui souillèrent la plus sainte des causes; il eût mêlé sa pure et bienfaisante lumière à celle de la justice. Regrets chimériques! A chaque époque son esprit. Plus rien du passé ne doit subsister, non pas même la gloire du vieil Homère, et c'est un Lamotte qui gagne cette victoire! Cherchez, lisez, interrogez, de Voltaire à La Harpe, la note est la même : un salut en passant à Homère, une plaisanterie à l'adresse de Lamotte, et en fin de compte, l'opinion de Lamotte reproduite avec quelques variantes sans importance : voilà sur cette forme splendide de la poésie primitive qu'on appelle l'épopée, voilà l'opinion et le goût du XVIIIe siècle : les critiques les plus autorisés préfèrent l'*Enéide* et la *Jérusalem délivrée* à l'*Iliade*, et déclarent Dante un grotesque, Shakespeare un bouffon.

Est-ce tout? Il faut en finir avec Lamotte, ce désavoué qui fit école. Après avoir rimé faiblement, durement douze à quinze mille vers dont la moitié au moins fut fort applaudie (on alla jusqu'à attribuer à Racine une tragédie anonyme de Lamotte, *Les Machabées*), il fut pris d'une sorte de haine contre la poésie et demanda la suppression de cette inutilité. Pour appuyer d'un argument irrésistible cette thèse encore neuve, il fit une tragédie en prose, *Œdipe*, qui n'était ni meilleure ni pire que les tragédies en vers qui se jouaient alors; mais il était reçu qu'une tragédie ne pouvait être écrite qu'en alexandrins, et Lamotte fut houspillé plus sévèrement que pour son impiété à l'égard d'Homère. Voltaire, si clément envers Fontenelle, interdisait à Lamotte l'entrée du *Temple du goût* [1].

> « Parmi les flots de la foule insensée
> De ce parvis obstinément chassée,
> Tout doucement venait Lamotte Houdard,
> Lequel disait d'un ton de papelard :

[1]. Fontenelle vivait encore en 1732, date de la publication du *Temple du goût*, et était fort influent à l'Académie; Lamotte venait de mourir, Voltaire était candidat.

— « Ouvrez, messieurs, c'est mon *Œdipe* en prose.
Mes vers sont durs, d'accord, mais forts de chose.
De grâce, ouvrez; je veux à Despréaux
Contre les vers dire avec goût deux mots. »

Eh bien! cette théorie même du poëme en prose qui faisait jeter les hauts cris à Voltaire, elle n'appartient pas plus à Lamotte que les arguments contre Homère : elle est de Fontenelle, de Fontenelle déjà vieux, guéri de toute velléité poétique, et, comme bien des vieillards, niant ou dédaignant ce qui lui était interdit. Néanmoins ce que Fontenelle écrit (j'en excepte naturellement les vers) a toujours une valeur, et il y a bien des gens aujourd'hui encore qui pensent comme lui. Peu importe leur opinion, dira-t-on. Soit, mais Voltaire, mais le XVIIIe siècle tout entier a partagé les idées de Fontenelle, non pas sans quelques réserves, il est vrai, réserves de convenance, qui laissent le plus souvent subsister toute la thèse et sont illogiques. En voici le résumé sec. Fontenelle établit en principe que ce *qui fait l'essence et le mérite brillant de la poésie, c'est la gêne*. Voltaire le répétera cent fois; seulement il conclura que cette gêne vaincue est un mérite, et à vrai dire, constitue la supériorité de la poésie sur la prose. Poursuivons. — Il faut, dit Fontenelle, des images en poésie. Jusqu'ici on a vécu d'images empruntées au paganisme : elles commencent à être bien usées, et de plus il y a longtemps que l'on n'y croit plus, si tant est qu'on y ait jamais cru. Ne serait-il pas temps d'en trouver d'autres? On pourrait par exemple substituer à ces dieux, qui traînent partout, des abstractions personnifiées, comme *la Gloire, la Guerre, la Renommée, la*

Mort. C'est le merveilleux que Voltaire emploiera dans la *Henriade*. Il y a encore d'autres images, supérieures à celles-là, les images *spirituelles*, qui ne parlent qu'à l'esprit : l'esprit, c'est la raison, et la raison est bien supérieure à l'imagination. Enfin, il y a des images d'un ordre encore plus élevé, ce sont *les images de l'ordre général de l'univers, de l'espace, du temps, des esprits, de la divinité;* elles sont métaphysiques; et il citait à l'appui cette strophe ridicule de Lamotte :

> — La nature est mon seul guide.
> Représente-moi ce vuide
> A l'infini répandu.
> Dans ce qui s'offre à ma vue
> J'imagine l'*étendue*
> Et ne vois que l'*étendu.*
> La substance de ce vuide
> Entre le corps supposé
> Se répand comme un fluide :
> Ce n'est qu'un plein déguisé.

Voilà la charge du genre; mais Voltaire reprendra ces idées et écrira ses poëmes philosophiques, les *Discours sur l'homme*, *La religion naturelle*. Arrivons à la conclusion : elle ne fut pas admise, ai-je dit, mais qu'importe ? La faute n'en est pas à Fontenelle : on avait adopté ses prémisses ; si l'on n'alla pas jusqu'au bout, c'est que l'inconséquence n'est pas rare parmi les humains, et qu'il était plus facile de faire de mauvais vers que de n'en pas faire du tout. Fontenelle ajoutait donc que jusqu'alors l'*esprit* (traduisez *réflexion*) avait été subordonné au *talent* (traduisez *imagination*) : il fallait intervertir les termes. — « Les philosophes anciens, disait-il, étaient plus poëtes que philosophes ;

quand les poëtes modernes seraient plus philosophes que poëtes? On pourrait dire : chacun son tour. » — Ce temps viendra, ajoutait l'auteur de l'*Histoire des oracles;* il est proche; bientôt « on renoncera à des ornements pris dans un système absolument faux et ridicule, exposés depuis longtemps à tous les passants sur les grands chemins du Parnasse. » — Il se trompait, hélas! La fausse mythologie en avait encore pour près de cent ans; mais ne le chicanons pas pour si peu, et enregistrons sa dernière prophétie, son vœu suprême. En vertu du progrès qui est la loi du monde, du progrès, qui chaque jour détache un des anneaux de la chaîne forgée par l'ignorance et les préjugés, qui abattra toutes les idoles et fera tomber tous les fers, une heure viendra, heure bénie, où il n'y aura plus de poésie! On reconnaîtra alors : « *Qu'il y a de la puérilité à gêner son langage « uniquement pour flatter l'oreille, et le gêner au « point que souvent on en dit moins ce qu'on voulait, « et quelquefois, autre chose.* »

Puisque Fontenelle s'est mêlé de prophétiser, ce qui est interdit aux philosophes, ne pourrait-on pas se permettre une pointe dans la région du fantastique? Supposons donc que ce centenaire vient de quitter « les plaines riantes de l'Elysée », ou plutôt un de ces mondes qu'il décrivait si bien à la belle marquise, et qu'il vient de descendre à tire d'aile de Sirius ou de Saturne sur notre planète, et qu'avant de lui faire lire Laplace et Cuvier, on lui mette dans les mains les *Méditations* et les *Orientales.* Que pensera-t-il? Il était homme à demander qu'on le renvoyât dans Sirius. On se convertit à tout, excepté à la poésie.

MONTESQUIEU

Erreur de Voltaire qui range Montesquieu parmi les écrivains du xviie siècle. — L'homme, la vie, le caractère. — Un même esprit anime les diverses parties de l'œuvre. — Montesquieu est le premier des publicistes. — Les *Lettres persanes*, leur portée. Les *Considérations*. — Avènement de la critique historique. — L'*Esprit des Lois*. — La composition et le style de Montesquieu.

On a de la peine à comprendre pourquoi Voltaire a cru devoir ranger Montesquieu parmi les écrivains qui forment le cortége de Louis XIV. Prétendait-il se réserver à lui-même l'honneur d'inaugurer le xviiie siècle? C'est une ambition qui ne lui vint que plus tard, quand l'opinion publique se fut décidément prononcée pour les idées nouvelles et qu'il en fut le porte-voix le plus hardi et le plus infatigable. En tout cas, si Montesquieu (son aîné seulement de cinq ans : il est de 1689 et Voltaire de 1694) est né sous le règne du grand roi, ce qu'il en a pu voir l'a guéri mieux que Voltaire de l'admiration; et il faut ajouter qu'en ces matières il y regardait de plus près. Un homme qui déclarait Richelieu et Louvois « *les plus méchants citoyens de la France* », figure assez mal dans la galerie des adorateurs du pouvoir absolu. Par la date de ses ouvrages, il n'appartient pas davantage au pur xviie siècle; mais c'est par l'esprit surtout qu'il s'en détache. Tout est nouveau en lui, le fond aussi bien que la forme. Il est le

premier qui s'aventure dans cette région périlleuse de
la politique, où Descartes n'avait osé mettre le pied, où
Bossuet et les autres n'avaient vu que des maîtres et des
esclaves. Montesquieu découvre une classe inconnue à
ses illustres devanciers, *les citoyens*. Ce mot de *citoyens*,
il l'affectionne, au point d'oublier volontiers le vieux
mot de *sujets* ; il le met à la mode, il a la prétention
d'être un *bon citoyen* et de rendre tels ceux qui le
liront et le comprendront. Voilà bien des différences ;
en pénétrant dans le détail, une foule d'autres apparaîtront. Montesquieu est bien un homme du xviiie siècle,
du grand siècle, du siècle libérateur. Recherchons la
part qui lui revient dans ce travail des intelligences d'où
est sortie la France moderne. Elle est considérable. Son
influence, moins retentissante que celle de Voltaire et
de Rousseau, fut décisive à un moment sur les hommes
de 1789 et elle n'est pas encore épuisée ; mais avouerait-il pour disciples ceux qui de nos jours se réclament
de lui ?

Il importe d'abord de déterminer exactement les circonstances et le milieu dans lesquels il accomplit son
œuvre. Pour ne l'avoir point fait, certains critiques l'ont
déclaré timide, incertain, homme de préjugés étroits.
Il est évident que Montesquieu ne satisfait point, je
ne dis pas ces esprits absolus et tranchants qui n'admettent que les solutions à l'emporte-pièce, mais même
les libéraux modérés qui estiment que la politique ne
repousse pas les transactions. Voici, j'imagine, comment on pourrait expliquer la timidité, l'optimisme
même parfois excessif dont l'auteur de l'*Esprit des
lois* ne s'est jamais départi.

Montesquieu est né en 1689, et il est mort en 1755 ; l'*Esprit des lois* est de 1748. Ces dates ont une signification. Montesquieu a vu la fin du règne de Lous XIV et les calamités de tout genre, fruit légitime de la monarchie absolue. Il a assisté aux essais tentés avec plus ou moins de sincérité pour concilier l'autorité avec les réformes jugées nécessaires; il a, comme la plupart de ses contemporains, espéré un renouvellement, ou tout au moins un perfectionnement de la machine gouvernementale ; il a aussi sans doute, comme tous les Français d'alors, attendu de Louis XV, le Bien-aimé, ce qu'il était incapable de donner; et il est mort au moment même où les illusions longtemps nourries s'éteignaient, où l'on passait de l'amour et de l'espérance au mépris, à la colère, à la haine. Il n'a pas assisté à ces premières explosions de l'opinion indignée ; il n'a pas vu se produire les théories des Rousseau et des Mably, inaugurant la période révolutionnaire. Il est douteux que le fond de ses idées eût été modifié et qu'il eût renoncé à ce sage équilibre des pouvoirs publics qui était son idéal pratique; mais sur bien des points d'une importance extrême, notamment en ce qui concerne l'égalité, il est permis de croire que cet esprit si ouvert et équitable eût montré plus de décision. Voilà le premier point à constater, l'influence du milieu politique, qui fut, à tout prendre, tempéré : les ignominies éclatantes vinrent plus tard, et plus tard aussi fut constatée l'impuissance du pouvoir absolu à sauver le pays et lui-même, sans faire appel à la nation. Faut-il s'étonner que Montesquieu, qui était absolument étranger à la pratique directe du gouvernement, et qui d'ailleurs ne sortit jamais du domaine de la spéculation pure, n'ait pas élaboré dès 1748 une constitution nouvelle en rapport avec des idées et des besoins qui ne devaient se faire jour que quinze ou vingt ans plus tard? Il y a une autre raison encore, et il n'est pas permis de l'oublier en parlant de l'auteur qui le premier a mis au jour la théorie des climats : il est né dans cette belle province de Guyenne, terre heureuse et féconde, qui n'est ni le nord ni le midi, où les dons les plus exquis de la race se rencontrent dans un juste équilibre, esprit, verve, imagination, bon sens, hardiesse mesurée, aussi éloignée de la fougue aveugle que de la lenteur métaphysique, la patrie de Montaigne, celle des Girondins, cette brillante et charmante fleur de la Révolution. Ajoutez à ces influences celles des traditions de famille, de l'éducation première, des études, des fonctions remplies, fonctions qui insensiblement transformeraient un révolutionnaire en conservateur; ajoutez-y enfin la nature même du caractère qui était essentiellement tempéré, et vous comprendrez sans peine pourquoi Montesquieu a écrit l'*Esprit des lois* et non pas le *Contrat social*. Au-dessus du plaisir d'admirer et de critiquer quand même à tort et à travers, il y a celui de se rendre compte, de s'expliquer à soi-même les choses. A ce point de vue, rien de plus profitable qu'une lecture suivie de Montesquieu : on en retire cette jouissance exquise dont lui-même remplit sa vie, de sentir le jeu libre de son intelligence, de penser, de comprendre, et cela sans être tyrannisé par l'éloquence ou bercé vaguement dans les nuages du rêve.

La famille de Montesquieu était de bonne noblesse de robe et d'épée. Sans être infatué de sa naissance, il n'était pas insensible aux avantages qu'elle conférait alors, et que, selon lui, elle doit toujours posséder dans une monarchie bien constituée. « Je vais faire une assez sotte chose, dit-il, dans ses *Pensées;* c'est ma généalogie. » Sotte au point de vue de la raison pure, peut-être, mais non au point de vue de la raison pratique. La vie entière de Montesquieu, et tous ses ouvrages portent la marque de cette espèce de conciliation, de transaction entre l'absolu et le réel, entre ce qui devrait être et ce qui est. Il fut d'abord conseiller au Parlement de Bordeaux, président à mortier, par hérédité et dès l'âge de vingt-six ans. Cet abus du privilége ne révolta jamais Montesquieu : il y voyait une garantie pour les justiciables, et une sorte d'obligation morale imposée aux magistrats. Il s'acquitta de ses fonctions avec conscience, mais sans passion. Son esprit était ailleurs et cherchait pâture. Il songea d'abord à une histoire naturelle de la terre, travail colossal, surtout à cette époque, travail impossible, mais dont l'idée essentielle survécut, et se retrouvera dans la théorie des climats, vue nouvelle et féconde qui sera reprise avec éclat par la science de nos jours. La véritable vocation de Montesquieu n'était pas l'étude du globe, mais celles des sociétés humaines, de leurs institutions, de leurs mœurs. Les *Lettres Persanes*, qui parurent en 1721, furent une révélation, non pour le public du jour, qui ne goûta guère que les peintures scabreuses et le piquant de la satire, mais pour lui-même, qui avait trouvé enfin le véritable emploi de ses facultés. Aussi n'hésita-t-il point à vendre sa charge, qui était un assujettissement; il avoue d'ailleurs qu'il était absolument dépourvu d'une certaine aptitude requise chez un homme de robe.

— « Quant à mon métier de président, j'ai le cœur très-droit; je comprenais assez les questions en elles-mêmes; mais quant à la procédure, je n'y entendais rien. Je m'y suis pourtant appliqué; mais ce qui m'en dégoûtait le plus, c'est que je voyais à des bêtes le même talent qui me fuyait pour ainsi dire. »

Il n'y a pas d'événements dans la vie de Montesquieu; les dates sont celles de ses ouvrages; c'est le travail qui marque les jalons. Il faut bien cependant dire un mot de sa réception à l'Académie française, en 1729. Son seul titre littéraire était ces fameuses *Lettres Persanes*, qui n'effarouchaient guère les lecteurs d'alors; mais le cardinal Fleury, qui ne ressemblait en rien à Dubois, faisait quelques difficultés, non qu'il eût lu l'ouvrage : il ne lisait rien et avait peur de tout. Que fit Montesquieu? Il commanda une édition spéciale, expurgée, convenable, et la mit sous les yeux du ministre, qui leva l'opposition. De là part de Voltaire, cette espièglerie ne surprendrait point; on la trouve un peu forte venant d'un magistrat, du futur auteur de l'*Esprit des Lois*. Il n'attachait pas d'ailleurs à son titre d'académicien plus d'importance qu'il ne convient, et il ne prit pas une part bien sérieuse aux travaux de la compagnie. A peine élu, il se mit à voyager, et visita successivement l'Italie, la Hongrie, la Hollande et l'Angleterre. Il arriva dans ce dernier pays au moment même où Voltaire le quittait. Nous verrons ce qu'en rapportait celui-ci; quant à Montesquieu, on peut dire qu'il trouva enfin ce qu'il cherchait, un gouvernement régulier et un peuple libre. Rentré dans son château de la Brède, riche d'observations directes, il se remit à l'étude. En 1734, parurent les *Considérations sur les causes de la grandeur des Romains et de leur décadence*, un chef-d'œuvre. Quant au travail définitif, au monument, il ne vit le jour que quatorze ans plus tard, en 1748. Il ne serait pas difficile de découvrir dans les *Lettres Persanes* et dans les *Considérations* la trace des études et de la préoccupation incessante de l'auteur : depuis trente ans il portait, retournait, nourrissait, l'œuvre capitale. S'il y a un livre sérieux, élevé, fait pour honorer une époque et un pays, c'est assurément celui-là. Eh bien ! telle était la liberté dont on jouissait alors, telle était l'intelligence du gouvernement, que l'*Esprit des Lois* dut être imprimé à l'étranger, à Genève, en pays de liberté, dit Malesherbes, le directeur de la librairie, et qu'il parut subrepticement en France, sans nom d'auteur. On avait toléré les *Lettres Persanes*, qui ne blessaient que la morale et la religion; elles avaient même ouvert à Montesquieu les portes de l'Académie ; on n'autorisa point la publication d'un traité de la science du gouvernement, sans doute en vertu de ce principe qu'il ne faut pas faire de bruit dans la chambre d'un malade. L'ouvrage eut un succès prodigieux, surtout à l'étranger ; il s'en fit en une seule année vingt-deux éditions et il fut traduit dans toutes les langues. Le gouvernement garda le silence; mais un gazetier janséniste éleva la voix et accusa hautement Montesquieu de spinosisme et de déisme d'abord, puis de n'avoir point parlé du péché originel et de la grâce, et il conclut en demandant pourquoi la

Faculté de théologie ne condamnait pas formellement un livre si pernicieux. Elle eût pu répondre que cela n'était pas de sa compétence, en quoi elle eût sagement fait ; mais, pour éviter le reproche d'indifférence, elle entreprit l'examen de l'ouvrage dénoncé. Elle l'examinait encore, quand Montesquieu mourut; elle cessa son examen. Mais le gazetier eut une réponse, et qui valait bien celle de la Faculté de théologie. L'auteur de *l'Esprit des Lois* publia lui-même la *Défense* de son livre. Il prouva au critique qu'il était impossible d'être à la fois spinosiste et déiste, que le péché originel et la grâce n'avaient rien à faire dans un traité de politique et de jurisprudence, et qu'il ne fallait pas parler des choses qu'on n'entend pas. Cela est net, vif, d'une hauteur de dédain qui fait plaisir. Il est permis assurément à un écrivain de génie de ne pas répondre aux folliculaires qui essaient de le déchirer; mais il est bon que de temps en temps, le lion montre ses griffes. Voltaire avait la faiblesse de ferrailler à tort et à travers avec le premier venu, et sur le ton plaisant; il vaut mieux comme Rousseau et Montesquieu prendre corps à corps soit un mandement d'archevêque, soit un article de journal et en faire bonne et complète exécution. Il y a tant de gens à qui il faut prouver et reprouver qu'on est le plus fort!

Les dernières années de la vie de Montesquieu nous échappent. On sait qu'il avait commencé des études fort laborieuses sur le droit féodal, complément naturel de son grand ouvrage; mais il était fatigué, sa vue était gravement compromise; il mourut sept ans après le succès de *l'Esprit des Lois* en 1755. La seconde moitié du XVIIIe siècle, la moitié orageuse, de haute lutte, avait commencé. Les premiers volumes de l'*Encyclopédie* venaient de paraître, et les éditeurs avaient eu la satisfaction d'annoncer au public que l'illustre Montesquieu serait au nombre de leurs collaborateurs. Il avait écrit pour ce recueil l'article *goût*, auquel il n'eut pas le temps de mettre la dernière main, mais qui fut publié tel qu'il l'avait laissé : « Les premières pensées des grands maîtres, dit d'Alembert, méritent d'être conservées à la postérité, comme les esquisses des grands peintres. » — C'est en cette même année 1755 que Rousseau publie son fameux discours *Sur l'origine de l'inégalité parmi les hommes*, que Voltaire, échappé aux griffes de Frédéric, entonne son hymne à la liberté; de tous côtés apparaissent des signes menaçants. Il ne fut pas donné à Montesquieu d'assister à ces manifestations de plus en plus hardies de l'esprit nouveau, et ce fut un bonheur pour lui. Il mourut en pleine gloire, incontesté, salué de tous comme le premier explorateur et le roi de ce domaine nouveau de la politique où tant de téméraires allaient pousser des pointes en tous sens. Sa renommée pâlit un peu, ou du moins, il cessa d'occuper le premier plan; mais il resta le guide et l'oracle des esprits modérés, libéraux, qui, sans rejeter de parti pris toutes les nouveautés séduisantes, les contrôlaient pour ainsi dire en les soumettant à l'autorité d'un tel maître.

La vie de Montesquieu, on le voit, fut simple, ordonnée, régulière. Il conquit la gloire sans tapage; ses livres ne furent point brûlés, il ne fut pas mis à la Bastille, ni envoyé en exil; il remplit des fonctions publiques, il se maria, éleva sa famille, administra sagement sa fortune, et enfin, quoique philosophe, il mourut convenablement. Le prêtre qui l'assistait, s'évertuait à lui faire comprendre combien Dieu est grand : « Oui, répondit le mourant, et combien les hommes sont petits. »

C'était une nature essentiellement modérée, maîtresse d'elle-même, trouvant en elle-même ses ressources et sa félicité. Quelle sérénité dans ces lignes écrites quelques années seulement avant sa mort!

— « Je m'éveille le matin avec une joie secrète de voir la lumière ; je vois la lumière avec une espèce de ravissement, et tout le reste du jour je suis content. Je passe la nuit sans m'éveiller, et, le soir, quand je vais au lit, une espèce d'engourdissement m'empêche de faire des réflexions. »

Mais la vie la plus calme, la plus heureuse, a ses amertumes : lui, il possède un remède souverain, l'étude.

— « L'étude a été pour moi le souverain remède contre les dégoûts de la vie, n'ayant jamais eu de chagrin qu'une heure de lecture n'ait dissipé. »

Aussi, ajoutait-il avec raison :

— « J'aime mieux être tourmenté par mon cœur que par mon esprit. »

Il l'était moins. Il aimait la campagne, la solitude et aussi le monde, mais surtout celui où il pouvait « se tirer d'affaire avec son esprit de tous les jours. » Il y était du reste plutôt observateur qu'acteur, comme ceux qui pensent, et ne peuvent perdre absolument de vue au milieu du pétillement des conversations l'œuvre qui attend. C'était une sorte de repos pour lui, et il y était fort souvent distrait. A vrai dire, il y réussissait médiocrement, d'abord, parce qu'il « ne disait jamais de méchancetés; » ensuite, parce qu'il ne pouvait se mettre au ton général de bavardage évaporé.

— « Rire pour rire, et porter d'une maison dans l'autre une chose frivole, s'appelle science du monde : on craindrait de perdre celle-là si on s'appliquait à d'autre. »

N'oublions pas que le XVIIIe siècle est le siècle mondain par excellence, que par sa position, sa renommée, Montesquieu était fort recherché, que, si stoïque que l'on soit, il est difficile d'être insensible à ce murmure flatteur de l'admiration qui monte autour de vous. Mais que d'inconvénients attachés à la profession d'homme du monde ! Le moyen de concilier les exigences d'une telle existence avec le travail sérieux, suivi, le seul fécond, car la durée de l'effort en décuple l'énergie ! Rousseau ne produit ses chefs-d'œuvre que le jour où il s'enlace de lui-même, et fuit ses semblables; Buffon s'isole et domine; Diderot se gaspille et n'aboutit pas. Quel agrément pour un homme comme Montesquieu de voir parader et triompher des écervelés de salon, d'entendre raconter en trois semaines deux cent vingt-cinq fois la même histoire ! Ajoutez à cette fastidieuse perte de temps, la contrainte imposée par les convenances : on est à peu près obligé de faire bon visage à toutes les personnes que les maîtres de maison ont appelées; or, pour lui, cette hypocrisie reçue était un supplice. « Je méprisais, dit-il, ceux que je n'estimais pas. » Quoi d'étonnant après cela qu'il n'ait jamais songé à se produire à la cour ? Il

avoue qu'il a d'abord eu pour la plupart des grands
« une crainte puérile »; mais dès qu'il en a eu fait
connaissance, « il a passé presque sans milieu jusqu'au
mépris. » C'est une chose assez remarquable qu'il soit
le seul de tous les écrivains en vue, qui n'ait attiré
ni les faveurs ni les persécutions de la cour et des
autres pouvoirs établis. Buffon est comblé d'honneurs
par Louis XV, il est le seul qui ait trouvé grâce devant
ce monarque ; tous les autres furent plus ou moins in-
quiétés et frappés. Il y avait dans Montesquieu une certaine hauteur sèche qui tenait les gens à distance, j'entends les gens qui touchaient au pouvoir, car avec ses
égaux et ses inférieurs il était d'une bonhomie et d'une
affabilité charmantes. Il ne cherchait pas la persécution,
malgré tous les avantages qu'elle procure ; mais il fuyait
encore avec plus de soin les faveurs qui sont une chaîne
ou le salaire de complaisances qu'il n'était pas d'humeur à avoir. Quel dédain dans ces mots !

— « Un jour, N..., qui avait de certaines fins, me fit entendre qu'on me donnerait une pension. Je dis que, n'ayant
point fait de bassesses, je n'avais pas besoin d'être consolé
par des grâces. »

Encore un trait qui ne permet guère de le confondre
avec les pensionnés de Colbert. Peut-être trouvera-t-on
que j'insiste trop sur ces détails : mais il y a un si
intime rapport entre la physionomie de l'homme et le
caractère de son œuvre ! Il faut bien expliquer comment à une époque de fermentation générale qui devait bientôt aboutir à une explosion, Montesquieu garda
en toutes choses une si parfaite mesure. Il était né

équilibré, il avait conscience de son génie, et il ne ressentit jamais aucune de ces impatiences de gloire dont on voit toujours Voltaire frissonnant. De là ce jugement un peu sec, étroit même, qu'il a porté sur celui-ci.

— « Voltaire n'est pas beau ; il n'est que joli. Il n'écrira jamais une bonne histoire. Il est comme les moines qui n'écrivent pas pour le sujet qu'ils traitent, mais pour la gloire de leur ordre; Voltaire écrit pour son couvent. »

Le couvent de Voltaire ! Et notez qu'à l'époque où écrit Montesquieu, le parti philosophique n'est pas encore à l'œuvre ; Voltaire n'a encore publié aucun de ces ouvrages de polémique courante, qui après tout sont des chefs-d'œuvre pour la plupart. Au fond de ce jugement il y a ce qui est au fond de tous les jugements : je condamne ceci parce que j'aime mieux cela. La sérénité un peu froide, disons le mot, par trop indifférente de Montesquieu, fait le procès à la vivacité passionnée, de Voltaire. Montesquieu est optimiste, de tempérament, pour ainsi dire, et l'étude qu'il a faite des mœurs, des institutions, des préjugés qui régissent le monde, l'incline à penser que ce qui est doit être, et que tout le mouvement que se donneraient les hommes ne modifierait en rien les lois de la nature humaine : Voltaire aime l'humanité et il croit au progrès. Bien que monarchiste comme Montesquieu, plus que lui peut-être, je ne sais s'il eût jamais dit comme lui :

— « Je suis un bon citoyen, parce que j'aime le gouvernement où je suis né, sans le craindre, et que je n'en attends d'autre faveur que le bien inestimable que je partage avec mes compatriotes. »

Même en 1750, il s'en fallait que tous les Français fussent sensibles au *bien inestimable* d'être gouvernés comme ils l'étaient.

Telle est la physionomie de l'homme; il y manque bien encore ici ou là quelques traits, l'écrivain les fournira.

Le premier ouvrage de Montesquieu, les *Lettres Persanes*, échappe à l'analyse. Est-ce un roman? Il y a bien une sorte d'exposition et on pressent un dénouement, et même assez tragique, mais l'action manque absolument; c'était le moindre des soucis de l'auteur. Ce qu'il s'est proposé, c'est de présenter un tableau vif et saisissant des mœurs et des institutions de l'Orient et de l'Europe, vers le commencement du xviiie siècle : vous reconnaissez déjà à ce dessein le futur auteur de l'*Esprit des Lois*. Mais Montesquieu est jeune ; bien que magistrat, il est homme du monde, et du monde de la Régence; il est galant, il a l'imagination voluptueuse ; il est tout pénétré de la lecture du voyage en Perse du chevalier Chardin récemment publié; mahométisme, polygamie, despotisme, l'Orient tout entier lui apparaît, l'Orient silencieux, immobile, dont la vie échappe aux regards de l'étranger qui passe, car un seul pense et agit pour tout un peuple, et chaque habitant se renferme dans l'impénétrable solitude du harem. Mais sous ces apparences de mort une vie intense et fiévreuse couve; à chaque instant une explosion terrible, qui précipite le maître du trône, qui ensanglante le sérail. Usbek, le principal personnage des *Lettres Persanes*, est un sage qui a dû se soustraire aux dangers qui menacent la vertu dans une société corrompue et servile. Il a quitté sa patrie et ses femmes qu'il laisse à la garde du premier Eunuque noir, et il se met à visiter les divers pays de l'Europe. Ce sont ses lettres à quelques amis, à des prêtres de Perse, à ses femmes, à l'Eunuque, qui sont la matière même du roman. Usbek est un homme grave, réfléchi, observateur attentif, sans illusions. Rica, beaucoup plus jeune, est plus vif, plus piquant, presque sémillant. C'est un Oriental très-francisé. Ce que le sérieux d'Usbek ne lui permet pas de peindre, Rica s'en empare, et laisse courir la plus alerte des plumes. Les réponses des femmes, des eunuques, des amis de Perse, suffisent à maintenir le cadre qui flotte un peu : au fond, c'est l'Occident et surtout la France de 1712 à 1720, vue, dépeinte et critiquée par des Persans à qui Montesquieu a prêté son esprit. Sous le couvert d'Usbek et de Rica, le Français se met à l'aise avec ses compatriotes. Lois, institutions, religions, mœurs, coutumes, il n'est rien qui lui échappe. Quand la satire directe est impossible, il passe de France en Orient ; c'est le despotisme oriental, c'est l'Alcoran qui reçoivent les coups destinés au pouvoir absolu, à la Bible, aux pratiques du catholicisme. On se demande, et Voltaire tout le premier se demandait comment un tel livre avait été toléré, tandis qu'on avait poursuivi et brûlé les *Lettres anglaises* cent fois plus innocentes : c'est que Montesquieu était magistrat, homme sérieux, et qui n'inspirait pas d'inquiétudes au pouvoir, tandis que Voltaire avait déjà été mis deux fois à la Bastille et envoyé en exil ; c'est de plus que les *Lettres anglaises* étaient décentes, et que les *Lettres Persanes* étaient tout le contraire, et sous la Régence c'était une recommandation. Comment expliquer autrement l'indulgence au moins tacite qui favorisa le débit de l'ouvrage? La licence des peintures fit passer la hardiesse des critiques. Et je ne parle pas de ces agréables satires de la société d'alors, de ces portraits à La Bruyère, mais d'une touche plus vive, le fat, l'homme à bonnes fortunes, le pédant, le casuiste, le directeur de conscience, l'abbé de salon, l'Académie, et tant d'autres : quelle irrévérence ! quel ridicule jeté sur les cérémonies de la religion, sur les dogmes mêmes ! Comment tolérait-t-on, même de la part d'un Persan, cette définition du pape ? « Le pape est une vieille idole qu'on encense par habitude » — « c'est un grand magicien qui fait croire que trois ne font qu'un, que le pain qu'on mange n'est pas du pain. » — Montesquieu jette sa gourme. Mis en demeure plus tard, il rendra au christianisme un hommage dont la sincérité n'est pas absolument évidente ; mais alors ce sera un politique, et le politique n'a pas le droit de ne pas tenir compte d'un des éléments essentiels des sociétés humaines. Le publiciste, dans les *Lettres Persanes*, est peut-être plus hardi encore : il y a dans cet ouvrage de jeunesse une exubérance de raison passionnée que le temps ne calmera que trop. Montesquieu se fait alors de la justice et de la loi une idée plus haute, plus absolue ; plus tard, il les subordonnera trop timidement aux conventions humaines. L'aimable Rica laisse échapper un aveu dont l'auteur de l'*Esprit des Lois* ne voudra pas se souvenir.

— « Je ne puis comprendre comment les princes croient si aisément qu'ils sont tout, et comment les peuples sont si prêts à croire qu'ils ne sont rien. »

Plus tard, Montesquieu expliquera les rapports nécessaires qui relient les uns aux autres les divers ordres de l'État; il se complaira à démontrer le bel agencement des rouages de la machine : en 1721, il les observe séparément, les montre tels qu'ils sont, et la conclusion toute naturelle qu'on en tire, c'est que la machine, ainsi agencée, doit s'arrêter bientôt ou voler en éclats au premier choc.

— « Il y a en France trois sortes d'état, l'Église, l'épée et la robe. Chacun a un mépris souverain pour les deux autres. Tel, par exemple, qu'on devrait mépriser parce qu'il est un sot, ne l'est souvent que parce qu'il est homme de robe. »

Sous sa forme légère quelle profondeur dans cette observation ! Qu'on se rappelle les cahiers des États en 1789 : chacun des trois ordres demandait l'abolition des priviléges des deux autres. La nation tout entière réclamait une révolution.

Montesquieu considère le maintien de la noblesse et de ses privilèges comme une des conditions absolument nécessaires de la monarchie. Voici ce qu'il disait des nobles en 1721.

— « Un grand seigneur est un homme qui voit le roi, qui parle aux ministres, qui a des ancêtres, des dettes et des pensions. »

Simple boutade! dira-t-on; mais on retrouve dans ses *Pensées* écrites après l'*Esprit des Lois*, le passage suivant.

— « Je disais à un homme : Fi donc ! vous avez les sentiments aussi bas qu'un homme de qualité. Je hais Versailles parce que tout le monde y est petit; j'aime Paris parce que tout le monde y est grand. »

Et d'ailleurs, même dans l'*Esprit des Lois*, nous trouverons plus d'une page vibrante de mépris ; seulement c'est une illusion commune à bien des publicistes de croire que des individus, qui pris séparément ne valent rien, acquièrent, quand ils forment un corps, une valeur réelle, et que la noblesse est une excellente institution, quoique les nobles soient de détestables citoyens. Et le tiers état? On n'y pensait guère vers 1721. On en était toujours à la peinture de La Bruyère ; on admirait quelques hardis mouvements oratoires de Massillon, on savait gré à Fénelon d'avoir délayé dans *le Télémaque* les lieux communs d'humanité et de douceur que les grands lisent ou écoutent par devoir, et dont jamais ils n'ont tenu compte. Montesquieu lui-même négligera un peu cette partie de la nation sur qui pesaient toutes les charges, et qui n'avait aucun droit. Dans les *Lettres Persanes*, il n'est pas encore aussi résigné à l'oppression sans pitié et sans pudeur de ceux qui ne sont rien et doivent être tout. Quelle verve et quelle amertume d'ironie dans ce passage! C'est une ordonnance imaginaire qui vient d'être rendue :

— « Le courage infatigable de quelques-uns de nos sujets à nous demander des pensions, ayant exercé sans relâche notre magnificence royale, nous avons enfin cédé à la multitude des requêtes qu'ils nous ont présentées, lesquelles ont fait jusqu'ici la plus grande sollicitude du trône. Ils nous ont représenté qu'ils n'ont point manqué, depuis notre avénement à la couronne, de se trouver à notre lever, que nous les avons toujours vus sur notre passage, immobiles comme des bornes, et qu'ils se sont extrêmement élevés pour regarder sur les épaules les plus hautes Notre Sérénité. Nous avons même reçu plusieurs requêtes de la part de quelques personnes du beau sexe, qui nous ont supplié de faire attention qu'il est notoire qu'elles sont d'un entretien très-difficile ; quelques-unes même très-surannées, nous ont prié, branlant la tête, de faire attention qu'elles ont fait l'ornement de la cour des rois, nos prédécesseurs ; et que, si les généraux de leurs armées ont rendu l'état redoutable par leurs faits militaires, elles n'ont point rendu la cour moins célèbre par leurs intrigues. Ainsi, désirant traiter les suppliants avec bonté et leur accorder toutes leurs prières, nous avons ordonné ce qui suit :

« Que tout laboureur ayant cinq enfants retranchera journellement la cinquième partie du pain qu'il leur donne. Enjoignons aux pères de famille de faire la diminution sur chacun d'eux aussi juste que faire se pourra.

« Défendons expressément à tous ceux qui s'appliquent à la culture de leurs héritages, ou qui les ont donnés à titre de ferme, d'y faire aucune réparation, de quelque espèce que ce soit.

« Ordonnons que toutes personnes qui s'exercent à des travaux vils et mécaniques, lesquelles n'ont jamais été au lever de Notre Majesté, n'achètent désormais d'habits à eux, à leurs femmes et à leurs enfants, que de quatre ans en quatre ans ; leur interdisons en outre très-étroitement ces petites réjouissances qu'ils avaient coutume de faire dans leurs familles les principales fêtes de l'année.

« Et d'autant que nous demeurons averti que la plupart des bourgeois de nos bonnes villes sont entièrement occupés à pourvoir à l'établissement de leurs filles, lesquelles ne se sont rendues recommandables dans notre état que par une triste et ennuyeuse modestie, nous ordonnons qu'ils attendront à les marier jusqu'à ce que, ayant atteint l'âge limité par les ordonnances, elles viennent à les y contraindre. Défendons à nos magistrats de pourvoir à l'éducation de leurs enfants. »

Ce dernier trait est admirable. L'ensemble du morceau

est saisissant. Ce n'est pas la légère et brillante ingéniosité française; il y a ici quelque chose de sombre qui rappelle la plaisanterie féroce de Swift [1].

Voilà pour la noblesse et le tiers état; il s'en faut que le clergé soit mieux traité; quant au souverain (voir Lettre XXXVII), l'auteur est évidemment tenu à quelques ménagements; cela ne l'empêche de signaler tout d'abord l'analogie que les Persans découvrent entre son autorité et celle des despotes de l'Orient.

— « On lui a souvent entendu dire que de tous les gouvernements du monde, celui des Turcs, ou celui de notre auguste sultan lui plairait le mieux, tant il fait cas de la politique orientale! »

Il faut lire toute cette lettre XXXVII, résumé substantiel et énergique du règne et des misères d'esprit du grand monarque. Un trait seulement, mais singulièrement caractéristique :

— « Il ne croit pas que la grandeur souveraine doive être gênée dans la distribution des grâces; et, *sans examiner si celui qu'il comble de biens est homme de mérite, il croit que son choix va le rendre tel* : aussi lui a-t-on vu donner une petite pension à un homme qui avait fui deux lieues, et un beau gouvernement à un autre qui en avait fui quatre. »

Il ne serait pas téméraire de supposer qu'à cette date de 1724, Montesquieu était plus frappé des inconvénients que des avantages de la monarchie. Le fameux épisode

---

1. Voir surtout le pamphlet intitulé *Modeste proposition pour empêcher les enfants des pauvres en Irlande d'être à charge à leurs parents ou à leur pays et pour les rendre utiles au public*. Swift propose de les manger.

des Troglodytes (Lettres XI et suivantes) ne laisse aucun doute à ce sujet. Le jour où ce peuple fortuné et libre offre la couronne à un vieillard « vénérable par son âge et par une longue vertu, » celui-ci s'écrie : — « Je vois bien ce que c'est, ô Troglodytes, votre vertu commence à vous peser. » — Voilà le principe de la démocratie annoncé et glorifié plus de vingt-cinq ans avant *l'Esprit des Lois.*

Si les *Lettres Persanes* ont toutes les qualités et quelques-uns des défauts des ouvrages de jeunesse, notamment en ce qui touche la partie des mœurs [1], *Les Considérations* (1734) montrent l'auteur dans la forte maturité de l'âge et de l'esprit : c'est un vin généreux qui s'est dépouillé. Ce n'est pas dans l'ordonnance méthodique que se découvre l'originalité de Montesquieu : peu d'écrivains ont dédaigné ou ignoré à ce point les avantages et les mérites d'une composition savante; il n'a jamais pu s'y astreindre, même dans *l'Esprit des Lois. Les Considérations* sont bien, comme l'indique le titre, une suite d'observations sur les phases les plus importantes de l'histoire du peuple romain, depuis la fondation de Rome jusqu'à la destruction de l'empire d'Orient. Je me borne à indiquer l'esprit de l'ouvrage et la nouveauté du point de vue. Ce n'est guère que de nos jours que l'érudition et la critique ont commencé à débrouiller les nombreuses obscurités qui enveloppent les

---

1. Je ne peux que glisser sur cette partie de l'œuvre de Montesquieu. Indépendamment des réserves à faire quant au fond, la forme est médiocre ; pas de verve, pas de couleur; cela est nu, sec, sans grâce. Il est évident cependant que l'auteur avait des prétentions en ce genre. Il se croyait *sensible*, comme on dira plus tard. Ne dit-il pas dans ses *Pensées :* « à trente-cinq ans j'aimais encore ! »

premiers siècles de l'histoire romaine ; au temps où écrivait Montesquieu, la critique n'existait pas ; les beaux travaux de Beaufort [1], qui devaient frayer la voie à Niebuhr, ne parurent que plusieurs années après (1738-1766); Tite-Live, Plutarque et l'inepte Denys d'Halicarnasse, étaient acceptés sans contrôle ; on n'essayait même pas de les concilier quand ils n'étaient pas d'accord. Une des conséquences de ce défaut de critique était que l'histoire des Romains était considérée comme une espèce de cours de morale pratique ; on célébrait les vertus des grands hommes, la tempérance, la continence, la modération, la piété ; on les proposait en exemple aux princes ; on recommençait les éternelles déclamations contre le luxe, renouvelées de Senèque ou de l'insipide Valère Maxime ; on présentait la conquête du monde comme la récompense légitime des qualités morales de ce peuple unique. C'est ainsi que l'honnête Rollin entassait l'un sur l'autre les volumes de sa compilation ; Bossuet lui-même s'était attaché à mettre en lumière les admirables modèles légués par les historiens de l'antiquité. Dans ce concert unanime de louanges, c'est à peine si l'on distingue les spirituelles réclamations de Saint-Evremont qui, trouvant les Romains juchés dans les cieux, les ramenait sur terre, sur cette terre qu'ils avaient saisie d'une si vigoureuse étreinte pour se l'approprier et l'exploiter. Montesquieu ne nie pas les fortes qualités morales de Rome républicaine ; comment le ferait-il, lui qui dès les *Lettres Persanes* a découvert

---

1. Dissertation sur l'incertitude des cinq premiers siècles de la république romaine. — Histoire de la république romaine, ou Plan de l'ancien gouvernement de Rome.

le véritable principe de la démocratie, la vertu ? Mais la vertu ne suffit pas, on peut même dire que pour un conquérant, peuple ou roi, elle est un obstacle, une gêne. Laissons donc de côté les merveilles de la vie d'un Cincinnatus, d'un Dentatus : ce qui importe ici, ce n'est pas l'individu : il n'existait pas à Rome, c'est l'institution. On peut dire que l'ouvrage tout entier de Montesquieu est le développement libre de ce paragraphe de trois lignes :

— « Dans la naissance des sociétés, ce sont les chefs des républiques qui font l'institution, et c'est ensuite l'institution qui forme les chefs des républiques. »

L'institution, voilà ce qu'il s'applique tout d'abord à saisir. Il accepte sans contrôle suffisant l'histoire des rois de Rome, la part attribuée à chacun d'eux dans l'œuvre de l'institution ; mais peu importe, ce ne sont là que des détails. Que ce soit Numa, Servius Tullius ou tout autre, ou le peuple tout entier, qui ait fondé la religion et organisé la cité, les doctes en décideront ; cette institution, Montesquieu la découvre d'abord, il l'étudie, il l'analyse, il montre la force énorme qu'elle donnait à un peuple ; il la suit dans ses divers développements, il fait comprendre le lien qui rattache les progrès aux progrès, cette logique des choses humaines qui est un ravissement pour l'intelligence, car elle exclut le merveilleux, qui n'explique rien, et le particulier qui rétrécit tout. Avec lui, la réalité prend un corps ; on est moins édifié, mais on est éclairé. Ce nom de Romains n'éveillait jusqu'alors dans l'esprit qu'une vague idée de perfection surhumaine ; les saints s'évanouissent, nous avons sous les yeux des citoyens, les premiers citoyens du monde, ceux qui ont créé cette admirable et si simple expression, la chose publique (res publica); le sénat ne nous apparaît plus comme une assemblée de rois : cette ingénieuse flatterie du grec Cinéas ne nous fait point illusion. Le sénat est mieux que cela, c'est un corps de politiques consommés, hommes de guerre, administrateurs, diplomates, jurisconsultes, la substance même et la moelle du génie romain, le plus solide, le plus pratique qu'il y eut jamais. Quelle vigueur et quelle flexibilité dans l'organisation ! Comme toutes les forces vives sont utilisées ! Point de barrières infranchissables ; les cadres de la cité s'étendent, les vaincus eux-mêmes y trouveront place. Au dehors, les armées, commandées par des chefs qui, à l'expiration de leur charge, doivent rentrer dans la vie privée; au dedans, ce corps, l'élite de la nation qui seul dirige la politique générale, qui élabore et suit imperturbablement un plan régulier de domination universelle, qui sait isoler les ennemis de Rome, dissimuler les affronts subis, choisir son heure, frapper des coups inévitables, et, la conquête accomplie, l'organiser. Habileté, lenteur, prévoyance, ruses et tromperies, indomptable persévérance, tout est mis en usage. Les rhéteurs grecs et latins dissertent dans le vide, se demandant si c'est la vertu ou la fortune qui a donné à Rome l'empire du monde : c'est l'intelligence, c'est le génie, dit Montesquieu. Il faut lire et relire cet admirable chapitre VI, un chef-d'œuvre de reconstitution historique et de condensation. Un Rollin, un Vertot eût sans peine tiré de là un gros volume de développement : dix pages suffisent à Montesquieu, et rien n'est oublié. On pourrait se demander pourquoi il n'a point fondu dans le corps de l'ouvrage la dissertation publiée à part, sur la *politique des Romains dans la religion;* c'est un point de vue qu'il n'avait pas le droit de négliger : la religion est un des ressorts les plus puissants de l'énergie romaine. A-t-il craint les commentaires malveillants? On sait en effet qu'il représente la religion comme une invention des politiques, une exploitation de la crédulité populaire au point de vue de l'intérêt général ; c'est une des idées les plus chères au XVIIIe siècle, mais elle ne supporte pas un examen sérieux. Si dans les choses de la foi il y a souvent exploitation, ce n'est pas au début, tout est sincère alors ; la décadence ne se manifeste que quand ceux qui ne croient plus, mais qui ont intérêt à ce que les autres croient, s'obstinent à faire peser un joug dont les têtes sont lasses. Cette réserve faite, et, si l'on veut, le défaut de composition signalé, le manque de symétrie entre les deux parties, qui se seraient éclairées mutuellement d'une plus belle lumière, l'ouvrage, même aujourd'hui, après tant de découvertes de l'érudition, conserve toute sa valeur. Les faits douteux, les témoignages sans autorité suffisante, les erreurs même de détails, ne portent aucune atteinte à la solidité de l'ensemble. C'est un monument romain ; quelques pierres peuvent se détacher, la masse de l'édifice subsiste. Le voilà bien, ce grand, ce noble XVIIIe siècle, si humain, si ardemment épris de science et de vérité ! Les solutions commodes, les admirations convenues, l'artificiel, l'autorité traditionnelle, il n'en veut plus. Dans les œuvres des hommes il cherche, il découvre, il proclame le génie de l'homme, le travail de l'intelligence et de la volonté humaines. L'histoire n'est plus une énigme dont Dieu seul a le secret et que chacun interprète à sa fantaisie : il faut que tout s'explique, que les causes réelles apparaissent. A ce point de vue, il n'y avait pas de sujet mieux choisi, mieux circonscrit que celui de Montesquieu. Quel intéressant et fécond sujet d'étude que celui de la formation, de la croissance, des progrès, de la domination, de la décadence d'un peuple qui a exercé sur le développement des nations modernes une si profonde influence ! N'était-ce pas la préparation naturelle du grand ouvrage qui allait suivre ? Politique, jurisprudence, c'est le génie même de Rome. L'auteur qui a étudié chez de tels maîtres les principes de la science du gouvernement, n'a plus qu'à élargir son cadre : il porte déjà en lui l'*Esprit des Lois*.

Quand ce dernier ouvrage parut, l'impression dominante fut l'étonnement mêlé de respect. L'épigraphe hautaine *prolem sine matre creatam* [1] refroidissait les plus hardis à jeter dans les conversations mondaines de ces jugements légers et piquants, si fort goûtés en France. Le livre n'était pas d'une lecture facile d'abord ; mais on sait que cela n'arrête guère les jugeurs de salon ; et puis il était absolument nouveau ; les termes de comparaison manquaient : il n'y avait pas moyen de le rapprocher de la *Politique tirée de l'Écriture Sainte* de Bossuet, ni de la *Polysynodie* de l'abbé de Saint-

---

1. *Enfant né sans mère*, ce qui signifiait évidemment que Montesquieu n'avait pas eu de modèle. On dit que plus tard, dans le monde, il l'expliquait autrement. — *Sans mère*, voulait dire, sans liberté. — Mais rien n'est moins certain.

Pierre : il eût fallu remonter jusqu'à la *République* de Bodin, Grotius et Puffendorf, et qui connaissait ces vieilleries ? Bientôt cependant le mot de Mme du Deffand courut le monde. Elle avait changé le titre et appelé l'ouvrage *de l'esprit sur les lois*. Voltaire répéta le mot ; mais, peu de temps après, il lut à son tour, lança contre le Gazetier ecclésiastique son *Remercîment sincère*[1], un de ses plus heureux pamphlets, et enfin résuma son opinion dans cette phrase célèbre : « Le genre humain avait perdu ses titres, M. de Montesquieu les a retrouvés et les lui a rendus. » Le livre fit son chemin en silence, comme toutes les œuvres fortes et fécondes que la curiosité du moment ne peut épuiser, et qui suffisent pendant des années à nourrir les esprits. Quatorze ans après, parut le *Contrat social* (1762), et on lut dès la première page un jugement nouveau.

— « Le droit politique est encore à naître, et il est à présumer qu'il ne naîtra jamais..... Le seul moderne en état de créer cette grande et inutile science, eût été l'illustre Montesquieu. Mais il n'eut garde de traiter des principes du droit politique : il se contenta de traiter du droit positif des gouvernements établis, et rien au monde n'est plus différent que ces deux études. »

Pourquoi Montesquieu s'était-il renfermé dans le fait, au lieu de rechercher l'origine et la nature du droit ? Parce que cette dernière étude l'eût amené infailliblement à reconnaître le principe de la souveraineté du peuple, principe fort périlleux à émettre, et sans profit.

---

1. *Remercîment sincère à un homme charitable*. 1750. Facéties, tome Ier.

— « Le peuple ne donne ni chaires, ni pensions, ni places d'académies : qu'on juge comment ses droits doivent être établis par ces gens-là ! »

Ces gens-là, c'est Montesquieu, et les esprits de son bord. — On peut dire qu'à partir de ce moment l'influence de Montesquieu est diminuée : les principes absolus, les solutions *a priori* entrent en faveur ; l'Évangile de la Convention vient d'être promulgué. J'ai tenu d'abord à rapprocher ces circonstances et ces opinions diverses : c'est, à mon avis, la première caractéristique à donner du livre de Montesquieu. C'est un livre de science, non un livre de théorie pure. L'auteur se propose en effet d'étudier le *droit positif des gouvernements établis* ; il n'a pas l'ambition de démontrer qu'il n'y a qu'une forme de gouvernement qui satisfasse la raison et la justice, celle où la souveraineté réside réellement dans le peuple tout entier. — Jean-Jacques Rousseau est un excellent interprète de la pensée de Montesquieu ; on peut dire qu'il commence là où l'autre finit. Il plonge avec intrépidité dans ces abîmes sans fond de l'absolu, que Montesquieu côtoyait et évitait prudemment.

Mais est-il possible en telle matière de ne considérer que les faits, et de ne remonter jamais à certains principes généraux ? Peut-on dire que Montesquieu s'est borné à une analyse des diverses formes de gouvernements existants ? Est-ce un anatomiste froid et indifférent qui, après une dissection consciencieuse, dresse un inventaire exact des organes que son scalpel a détachés un à un ? Un inventaire de ce genre, impartial et complet, aurait déjà son mérite ; Montesquieu a fait plus. Les esprits sérieux et modérés ne s'y trompèrent pas.

Malgré la réserve de l'auteur et ses précautions excessives, si l'on veut, il ne leur fut pas difficile de démêler sa véritable pensée et ses préférences secrètes. Aussi, à partir de 1750, il se forma en France une école de politiques honnêtes dont il fut l'inspirateur, et qui, comme lui et grâce à lui, rêvèrent pour la France non-seulement un gouvernement régulier, mais le gouvernement représentatif: c'est l'école à laquelle appartiennent les Turgot, les Malesherbes, les Necker et tant d'autres. L'ouvrage de Montesquieu n'est donc pas purement historique et analytique; il est dans une certaine mesure dogmatique. L'auteur ne se borne pas à montrer ce qui est, il met sur la voie de ce qui devait être. C'est par là qu'il fut et qu'il peut être encore aujourd'hui efficace.

Le préambule est magnifique, mais il n'est pas dans un accord parfait avec le reste de l'ouvrage. Il semble qu'on va être introduit dans les régions vagues de la spéculation pure, tandis qu'au contraire, on pénètre tout d'abord dans les réalités les plus concrètes. L'auteur établit des définitions, des principes absolus, dont il ne poursuivra pas plus tard l'application. Lui qui expliquera la nature des lois écrites, leur but, leur rapport avec les diverses formes de gouvernement, avec les climats, avec les mœurs, avait-il besoin de définir la loi comme il le fait?

— « Les lois, dans la signification la plus étendue, sont les rapports nécessaires qui dérivent de la nature des choses ; et dans ce sens, tous les êtres ont leurs lois ; la divinité a ses lois, les intelligences supérieures à l'homme ont leurs lois, les bêtes ont leurs lois, l'homme a ses lois.

— « Il y a donc une raison primitive, et les lois sont les rapports qui se trouvent entre elle et les différents êtres, et les rapports de ces différents êtres entre eux.

— « Avant qu'il y eût des lois faites, il y avait des rapports de justice possibles. Dire qu'il n'y a rien de juste et d'injuste que ce qu'ordonnent ou défendent les lois positives, c'est dire qu'avant qu'on eût tracé des cercles, tous les rayons n'étaient pas égaux. »

Voilà pour l'absolu. Ceux qui voudront comprendre, comprendront. Montesquieu va placer sous leurs yeux l'infinie variété des lois positives; à eux de les soumettre au criterium qu'il a indiqué, la raison primitive, la justice. Pour lui, c'est une besogne qu'il ne fera pas, soit qu'il la juge inutile, soit qu'il craigne la malveillance.

Après ce premier livre, qui n'a pas plus de dix pages, nous entrons dans le vif du sujet. Montesquieu réduit à trois les diverses espèces de gouvernement, le *républicain*, le *monarchique*, le *despotique;* il les définit, il marque avec une précision parfaite la différence essentielle qu'il y a entre la *nature* d'un gouvernement et son *principe.* La nature du gouvernement, c'est ce qui le fait être tel : ainsi le gouvernement républicain est celui où le peuple a la souveraine puissance : voilà sa *nature*. — Quant au principe d'un gouvernement, c'est ce qui le fait agir : ainsi le principe du gouvernement républicain, c'est la *vertu*, c'est-à-dire le sacrifice permanent de l'intérêt personnel à l'intérêt public. — Le gouvernement monarchique est celui où un seul gouverne, mais par des lois fixes et établies : voilà sa nature; son principe, ou ce qui le fait agir, c'est l'*honneur*, c'est-à-dire le préjugé de chaque personne et de chaque condition. — Le gouvernement despotique est celui dans lequel un seul règne, sans loi et sans règle : voilà sa nature; quant à son principe, c'est la *crainte*. Telle est l'essence des divers gouvernements ; d'où il suit que le danger le plus sérieux pour chacun d'eux consiste dans l'abandon ou dans l'exagération de son principe. Ainsi un gouvernement despotique ne subsisterait pas longtemps si le despote abusait de la terreur au point de faire préférer tous les périls et tous les maux à l'horreur de vivre sous son joug; il serait infailliblement abattu. Et dans une monarchie? Recueillons les belles paroles de Montesquieu, et opposons-les à ceux qui l'accusent d'indifférence. Quel Français du XVIIIe siècle, en lisant ces lignes, n'était amené à s'écrier : il faut que le gouvernement de mon pays soit réformé ou périsse!

— « Le principe de la monarchie se corrompt lorsque les premières dignités sont les marques de la première servitude; lorsqu'on ôte aux grands le respect du peuple et qu'on les rend de vils instruments du pouvoir arbitraire. Il se corrompt plus encore, lorsque l'honneur a été mis en contradiction avec les honneurs, et que l'on peut à la fois être couvert d'infamie et de dignités. »

Voilà pour les grands, voici pour le monarque.

— « La monarchie se perd lorsqu'un prince croit qu'il montre plus sa puissance en changeant l'ordre des choses qu'en le suivant; lorsqu'il ôte les fonctions naturelles des uns pour les donner arbitrairement à d'autres, et lorsqu'il est plus amoureux de ses fantaisies que de ses volontés. La monarchie se perd lorsque le prince, rapportant tout uniquement à lui, appelle l'État à sa capitale, la capitale à sa cour, et sa cour à sa personne. » (*Esprit des Lois*, liv. VIII, chap. VI et VII.)

Quant au gouvernement républicain, son principe se corrompt, soit lorsque l'esprit d'égalité se perd, soit quand l'esprit d'égalité extrême s'introduit, « et que chacun veut être égal à ceux qu'il choisit pour lui commander. » — Il est évident en effet que, dans les deux cas, la vertu n'existe plus.

— « La place naturelle de la vertu, dit Montesquieu, est auprès de la liberté. Elle ne se trouve pas plus auprès de la liberté extrême qu'auprès de la servitude. »

Ces faits établis, car ce sont des faits, et Montesquieu y insiste à plusieurs reprises, il ne reste plus qu'à étudier les lois dans leur rapport avec la nature et le principe de chaque gouvernement. Telle loi excellente dans une république, sera pernicieuse dans une monarchie, et réciproquement. Une loi quelconque fixe et établie serait la ruine du despotisme, car son essence est de n'avoir aucune loi. C'est cette partie, la plus étendue, sinon la plus importante de l'œuvre, qui a provoqué les plus vives critiques contre Montesquieu. On l'a accusé de complétement oublier son noble préambule, la raison primitive, la justice, d'accepter les faits, de les expliquer, de les justifier même, uniquement parce qu'ils sont. On voudrait que la protestation fût à chaque page, que l'auteur n'eût pas l'air d'être le complice des législateurs iniques, des oppresseurs de tout genre. Il est certain que parfois l'auteur cède à une sorte de volupté intellectuelle qui consiste à saisir les rapports des choses, à les exposer, tels qu'ils sont, et qu'il ne songe plus à se demander si la justice et la raison ne sont pas outrageusement méconnues. On dirait qu'il enseigne aux despotes leur métier; il leur montre les moyens de maintenir la nature et le principe de leur abominable gouvernement; il les avertit charitablement de ce qui pourrait y porter atteinte. Telle loi que réprouverait sa conscience, s'il lui cédait la parole, lui semble à lui, le sagace anatomiste, s'adapter parfaitement bien au gouvernement, au pays et surtout au climat de tel ou tel peuple. C'est surtout contre l'influence du climat que les protestations les plus vives se sont élevées. C'est du pur fatalisme, a-t-on dit. Est-il possible cependant d'expliquer d'une autre manière les mœurs et les lois si absolument différentes des Occidentaux et des Orientaux ? Il est facile par exemple de déclamer contre la polygamie ; Montesquieu a préféré rechercher les causes d'une institution qui après tout existe, non à l'état d'exception, mais chez plus de cent millions d'hommes, et cela depuis les temps les plus reculés. Qu'il se soit trompé dans quelques-unes de ses explications, c'était inévitable : on ne connaissait guère l'Orient alors que par les relations des missionnaires qui étaient souvent prévenus, et n'avaient pas toujours l'intelligence nécessaire. Ce que je lui reprocherais plutôt, c'est de s'être trop complu à fouiller certaines bizarreries plus ou moins authentiques, et d'ailleurs sans signification générale. — Il y a là comme une recrudescence des curiosités érotiques qui avaient fait le succès des *Lettres Persanes*. Par ce côté encore Montesquieu est trop de son siècle. C'est dommage.

Où la haute et généreuse inspiration se réveille, c'est quand l'auteur rencontre par le monde de ces institutions, de ces lois abominables, la honte du genre humain, qui avaient trouvé à toutes les époques et trouvent encore de nos jours des admirateurs ou des apologistes, l'inquisition, la torture, l'esclavage surtout. N'oublions jamais que, si cette lèpre a à peu près disparu, c'est à nos philosophes du xviiiᵉ siècle qu'en revient l'honneur, à eux seuls. Les plus illustres porte-voix de l'Église, non-seulement n'avaient pas condamné l'esclavage, mais le plus éclatant de tous, Bossuet, l'avait justifié, je dirai presque sanctifié, en le rapportant à Dieu. C'est le réfugié protestant Jurieu qui, au xviiᵉ siècle, eut le courage de s'élever contre cet odieux abus du droit de la force. Il faut voir de quel ton Bossuet réfute ce pauvre ignorant, de quelle main il replace sur le cou de l'esclave le joug que Jurieu osait enlever. Il est bon ici de peser tous les mots.

— « L'origine de la servitude vient des lois d'une juste guerre, où le vainqueur ayant tout droit sur le vaincu, jusqu'à lui pouvoir ôter la vie, il la lui conserve, ce qui même, comme on sait, a donné naissance au mot *servi*, qui, devenu odieux dans la suite, a été dans son origine un terme de bienfait et de clémence..... De condamner cet état, ce serait entrer dans les sentiments de ceux qui trouvent toute guerre injuste ; ce serait non-seulement condamner le droit des gens où la servitude est admise, comme il paraît par toutes les lois, mais ce serait condamner le Saint-Esprit, qui ordonne aux esclaves par la bouche de saint Paul (I Cor., ch. vii, v. 7) de demeurer en leur état, et n'oblige point leurs maîtres à les affranchir... Si le droit de servitude est véritable, parce que c'est le droit du vainqueur sur le vaincu, comme tout un peuple peut être vaincu jusqu'à être obligé de se rendre à discrétion, tout un peuple peut être serf, en sorte que son seigneur en puisse disposer comme de son bien, jusqu'à le donner à un autre, sans demander son consentement, ainsi que Salomon donna à Hiram, roi de Tyr, vingt villes de la Galilée. »

Bossuet. (*Avertissement aux Protestants.* 5ᵉ aver.)

En regard des sophismes d'une prétendue orthodoxie, c'est une joie pour la conscience de placer l'irréfutable argumentation de la raison et de l'humanité. L'esclavage existe, il a existé surtout ; Montesquieu recherchera donc quelle en est l'origine, mais avant tout il déclarera hautement : 1° que l'esclavage est mauvais, mauvais pour l'esclave, mauvais pour le maître ; 2° que ce n'est pas un droit naturel, quoi qu'en dise Aristote, car tous les hommes naissent égaux, l'esclavage est donc contre la nature ; 3° qu'il ne peut être légitime en aucun cas, attendu que, même à la guerre, il n'est pas permis de tuer autrement que dans le cas de nécessité ; mais dès qu'un homme en a fait un autre esclave, on ne peut pas dire qu'il ait été dans la nécessité de le tuer, puisqu'il ne l'a pas fait. « Tout le droit que la guerre peut donner sur les captifs, est de s'assurer tellement de leur personne qu'ils ne puissent plus nuire ». 4° Que la prétendue vente qu'un homme fait à un autre de sa personne, est nulle et impossible en soi, attendu que le maître ne donnerait rien et l'esclave ne recevrait rien, n'étant plus une personne ; et que d'ailleurs la liberté de chaque citoyen est une partie de la liberté publique. 5° Enfin l'esclavage de naissance est encore plus inadmissible que les autres, et ne peut se produire qu'après les autres dont l'illégitimité absolue a été démontrée. « Si un homme n'a pu se vendre, encore moins a t-il pu vendre son fils qui n'était pas né ; si un prisonnier de guerre ne peut être réduit en servitude, encore moins ses enfants [1]. » Tout ceci visait plutôt l'esclavage antique, qui avait à peu près disparu ; mais il y en avait un autre, l'esclavage moderne, celui que les conquérants de l'Amérique avaient imposé aux vaincus,

---

1. Voir tout ce livre XV de l'*Esprit des Lois*.

sous prétexte de les convertir, et qui subsistait encore dans toutes les colonies. La conversion des vaincus, voilà l'argument invoqué par « ces brigands qui voulaient absolument être brigands et chrétiens, » argument qu'il suffit de rapporter pour en faire justice. Voici, selon Montesquieu, la seule manière dont on puisse justifier l'esclavage. Quelle éloquence dans cette ironie !

— « Si j'avais à soutenir le droit que nous avons eu de rendre les nègres esclaves, voici ce que je dirais :
Les peuples de l'Europe ayant exterminé ceux de l'Amérique, ils ont dû mettre en esclavage ceux de l'Afrique pour s'en servir à défricher tant de terres.
Le sucre serait trop cher si l'on ne faisait travailler la plante qui le produit par des esclaves.
Ceux dont il s'agit sont noirs depuis les pieds jusqu'à la tête ; et ils ont le nez si écrasé qu'il est presque impossible de les plaindre.
On ne peut se mettre dans l'esprit que Dieu, qui est un être très-sage, ait mis une âme, surtout une âme bonne, dans un corps tout noir.
. . . .
Une preuve que les nègres n'ont pas le sens commun, c'est qu'ils font plus de cas d'un collier de verre que de l'or, qui chez des nations policées est d'une si grande conséquence.
Il est impossible que nous supposions que ces gens-là soient des hommes, parce que, si nous les supposions des hommes, on commencerait à croire que nous ne sommes pas nous-mêmes chrétiens.
De petits esprits exagèrent trop l'injustice que l'on fait aux Africains ; car si elle était telle qu'ils le disent, ne serait-il pas venu dans la tête des princes d'Europe, qui font entre eux tant de conventions inutiles, d'en faire une générale en faveur de la miséricorde et de la pitié ? »

Ce ne fut pas un roi qui eut cet honneur ; ce fut la Convention nationale, la France républicaine (août 1793). Ce ne fut pas au nom de la miséricorde et de la pitié, mais ce qui vaut mieux, au nom de la justice et du droit.

Je me borne à signaler la condamnation formelle portée par Montesquieu contre la torture, alors encore en usage, et dont, dix ans plus tard, on déployait les plus horribles raffinements contre Damiens. Quand Beccaria publia en 1764 son beau traité *des Délits et des peines*, il déclara hautement qu'il était l'élève des philosophes français, et qu'il ne faisait que rendre au genre humain ce qu'il leur devait. Montesquieu a le droit de revendiquer la meilleure part de l'œuvre du jurisconsulte italien. — Enfin il s'éleva avec non moins d'énergie contre l'inquisition. Courage bien facile, dira-t-on. Pas autant qu'on se l'imagine. Car il comprenait dans la même condamnation que cet odieux tribunal, les lois portées par les hommes pour venger Dieu, les lois de sacrilége, et autres analogues, alors en pleine vigueur [1]. « Nul, dit-il, n'a le droit de venger la divinité : en ces sortes de choses, tout se passe entre l'homme et Dieu qui sait la mesure et le temps de ses vengeances. »

Voilà la partie impérissable et véritablement féconde de l'œuvre de Montesquieu. Politique et jurisconsulte, il a, le premier, avec une incontestable autorité, attaqué et condamné des institutions iniques, funestes, dont presque tous les gouvernements de l'Europe étaient comme infectés. Il s'en faut qu'il ait obtenu satisfaction

---

1. C'est dix-huit ans après l'*Esprit des Lois* qu'eut lieu le procès du chevalier La Barre, condamné à être brûlé vif pour avoir mutilé un crucifix (1766). — Voltaire souleva l'Europe contre les « Busiris en robe. »

sur-le-champ : lente est la marche de la vérité et de la justice dans le monde, furieuse la résistance des préjugés et des faux intérêts ; mais il a donné le signal des revendications. Dix ans après l'*Esprit des Lois*, l'*Encyclopédie* publie les articles *droit*, *autorité*, *gouvernement*, où les principes établis par le maître sont repris, développés, vulgarisés. Voici bientôt venir Rousseau, puis Mably, qui iront au delà ; enfin les procès abominable des Calas, des Sirven, des La Barre donneront à Voltaire l'occasion de rappeler, d'enflammer de tout le feu d'une indignation généreuse les arguments théoriques exposés par son illustre et plus froid devancier. L'éloquent et diffus pamphlet qu'on appelle l'*Histoire philosophique des Établissements et du commerce des Européens dans les deux Indes*, et qui fit à ce triste abbé Raynal une réputation européenne, c'est Montesquieu qui en fut l'inspirateur. De quelque côté qu'on se tourne, l'*Esprit des Lois* apparaît et domine toute la seconde moitié du xviiie siècle. C'est un de ces livres qui font époque, qui servent de point de départ. La génération contemporaine s'en nourrit et ne va guère au delà ; la génération qui suit tire une à une toutes les conséquences, et découvre de nouvelles terres et d'immenses horizons.

Revenons à la partie politique proprement dite : c'est celle que les publicistes préfèrent, sans doute parce qu'elle peut alimenter indéfiniment les discussions, et ils oublient volontiers l'autre, la partie philosophique, celle qui a absolument triomphé. La seule question de quelque intérêt qu'on puisse se poser est celle-ci : quel est des divers gouvernements décrits par Montesquieu celui qu'il préfère ? La réponse ne semble pas difficile. Il suffit de lire la belle et lumineuse analyse de la constitution anglaise, qu'il annonce en ces termes :

— « Il y a une nation dans le monde qui a pour objet direct de sa constitution la liberté politique. Nous allons examiner les principes sur lesquels elle la fonde. S'ils sont bons, la liberté y paraîtra comme dans un miroir. »

Ces principes, il les trouve bons, cela va sans dire. Le gouvernement représentatif lui paraît le dernier mot de la science politique. Il admire particulièrement la sage division des trois pouvoirs, législatif, exécutif, judiciaire, si exactement délimités, que « le pouvoir arrête le pouvoir, » qu'il n'y a jamais de confusion possible, et que chacun opérant dans la sphère qui lui est propre, il résulte de leur action séparée mais concordante la plus parfaite harmonie. Ce qui est le fléau, le vice corrupteur de bien des monarchies, et même de certaines républiques d'Italie, c'est justement la confusion des trois pouvoirs. Là, dit-il, car il ne peut prendre ses exemples en France,

« Là, le même corps de magistrature a, comme exécuteur des lois, toute la puissance qu'il s'est donnée comme législateur. Il peut ravager l'État par ses volontés générales ; et, comme il a encore la puissance de juger, il peut détruire chaque citoyen par ses volontés particulières. »

Il n'est pas inutile de remarquer que cette confusion des pouvoirs était justement un des vices introduits dans l'antique monarchie française par le despotisme de Louis XIV, et que Montesquieu ne pouvait faire l'éloge de la constitution anglaise, sans faire du même coup la critique d'un gouvernement qui se rapprochait bien plus du despotisme pur que de la monarchie proprement dite.

Or quelles sont les conditions essentielles de la monarchie représentative, l'idéal de Montesquieu? C'est ici que l'on se heurte à ces préjugés d'éducation, de milieu, de caste, dont cet esprit si ferme cependant n'a pu s'affranchir. Il reconnaît bien à la nation en corps le pouvoir législatif, en même temps qu'il maintient entre les mains d'un monarque le pouvoir exécutif; mais il intercale entre la nation et le roi, un troisième corps, qu'il appelle *puissance vigilante*, et qui est destiné à tempérer les deux autres. Ce corps, c'est *la noblesse*. Pourquoi la noblesse formerait-elle un corps à part? Ne fait-elle pas partie de la nation? N'exerce-t-elle pas les mêmes droits politiques? N'a-t-elle pas sa part dans le pouvoir législatif? Montesquieu exige pour elle davantage. Il est vrai que les raisons qu'il donne sont d'une si étrange faiblesse qu'on serait disposé à croire que c'est une simple concession aux préjugés de son temps et de son milieu.

— « Il y a toujours dans un état, dit-il, des gens distingués par la naissance, les richesses ou les honneurs ; mais *s'ils étaient confondus parmi le peuple*, et s'ils n'y avaient qu'une voix, *la liberté commune serait leur esclavage*, et ils n'auraient aucun intérêt à la défendre, parce que la plupart des résolutions seraient contre eux. »

En conséquence, dans la monarchie préférée de Montesquieu, il y aura des priviléges, et les plus insupportables de tous, ceux qui ne reposent que sur le hasard de la naissance et que le plus souvent aucun mérite personnel ne relève. Il ira dans cette voie jusqu'à maintenir la vénalité et l'hérédité des offices de magistrature. C'en est trop, et Voltaire ici ne peut se contenir : « La fonction divine de rendre la justice, de disposer de la fortune et de la vie des hommes, un métier de famille ! » — Comment expliquer cette défaillance d'esprit ? Est-ce que Montesquieu croyait sincèrement, avec les Bossuet et autres, que les nobles étaient d'une race supérieure, et qu'ils savaient tout sans avoir rien appris ? On a vu plus haut comment il traite les *grands* et *les hommes de qualité*. Mais cela n'est rien auprès du passage sérieux, tiré non des *Pensées* ou des *Lettres Persanes*, mais bien de l'*Esprit des Lois*. Qu'est-ce que la cour, séjour obligé des grands ? Pesons tous les mots.

— « L'ambition dans l'oisiveté, la bassesse dans l'orgueil, le désir de s'enrichir sans travail, l'aversion pour la vérité, la flatterie, la trahison, la perfidie, l'abandon de tous ses engagements, le mépris des devoirs du citoyen, la crainte de la vertu du prince, l'espérance de ses faiblesses, et plus que tout cela, le ridicule perpétuel jeté sur la vertu, forment, je crois, le caractère du plus grand nombre des courtisans marqués dans tous les lieux et dans tous les temps. Or il est malaisé que la plupart des principaux d'un état soient malhonnêtes gens, et que les inférieurs soient gens de bien ; que ceux-là soient trompeurs, et que ceux-ci consentent à n'être que dupes. »

Rapprochons de cette peinture là définition du principe de la monarchie (ce qui la fait agir), « le préjugé de chaque personne et de chaque condition, » et tirons les conséquences. J'ai bien peur qu'elles ne soient pas favorables à la monarchie, et que l'*honneur* ne soit pas le meilleur ressort de gouvernement. Montesquieu se faisait-il illusion à ce sujet ? Cela est douteux. Quoi qu'il en soit, la lecture impartiale de son livre ne conduit pas invariablement à préférer ce qu'il préférait, et l'on comprend que ceux qui sont venus après lui, soient allés au delà et ailleurs.

Il a ouvert la voie, voilà sa gloire. C'est un écrivain qui fait penser. Je n'irai pas jusqu'à dire avec M. Joubert, qu'il semble enseigner l'art de faire des empires, et que toutes les fois qu'on le lit, on est tenté d'en construire un ; ce serait à tout prendre un assez mince éloge et dont il serait peu satisfait. Il n'a au contraire rien d'un utopiste ni d'un rêveur ; il n'est à aucun degré de la famille des abbé de Saint-Pierre et des Rousseau. Il n'a aucun penchant à créer des systèmes, mais il aime à les analyser et il apporte dans cette opération une sagacité merveilleuse. Il a l'intelligence des rapports et comme l'intuition ; il est amoureux d'harmonie et d'ordre ; les moindres discordances, les anomalies, les dérogations aux principes le choquent. C'est par là surtout qu'il a éclairé ses contemporains. Vers 1750, on était mal à l'aise, on sentait vaguement que les choses allaient mal ; quand on eut médité l'*Esprit des Lois*, on comprit pourquoi.

L'écrivain est supérieur, sans être irréprochable. Il avait au plus haut degré deux qualités bien rares, le respect de son œuvre et celui du public. Seulement il était trop préoccupé de plaire; il avait trop peur d'ennuyer. Ses contemporains, il est vrai, n'étaient pas de ces intrépides lecteurs que rien ne rebute ; ils voulaient que sur les matières les plus arides on jetât quelques fleurs. Montesquieu en a toujours à la main. C'est sur les observations répétées de son éditeur de Genève qu'il se résigna à ne pas placer en tête du deuxième volume de l'*Esprit des Lois*, une invocation aux Muses, commençant par ces mots : « Vierges du mont Piérie... inspirez-moi... mettez dans mon esprit ce charme et cette douceur que je sentais autrefois et qui fuit loin de moi. Vous n'êtes jamais si divines que quand vous menez à la sagesse et à la vérité par le plaisir... » Dans sa jeunesse il s'était attardé aux fades peintures mythologiques et galantes ; il semblait annoncer un continuateur de d'Urfé, moins la grâce, car Montesquieu est toujours un peu sec, même dans le *Temple de Gnide*, dans *Arsace et Isménie*. Avec l'âge, ces oripeaux tombèrent ; mais il les regretta toujours quelque peu ; il lui sembla que les progrès de son goût étaient un vol des années, et que sa raison n'était devenue plus sûre, que parce que son imagination avait perdu sa fraîcheur. Fort peu sensible à la poésie, il aimait cependant le tour poétique et les descriptions gracieuses ; de là sa préférence pour l'Arioste, qu'il place sans hésiter au-dessus de tous les autres poëtes. Le *Télémaque*, qui n'est ni prose ni vers, et qui touche à la politique, comme le papillon touche aux fleurs, le ravissait absolument. De toute la littérature espagnole il ne tolérait que le *Don Quichotte*, et encore parce que ce livre fait voir le ridicule de tous les autres. Il comparait naïvement La Motte à Rembrand et Chapelain à Albert Durer ! Évidemment ce grand esprit était faiblement doué sous le rapport esthétique. Ce qu'il y a de supérieur dans son style, c'est la concentration et la force. Quand sur ces qualités maîtresses vient à rayonner l'image, rien de plus saisissant ; on a l'impression du sublime, on découvre des perspectives immenses. Même lorsque l'affectation est sensible, l'effet se produit, moindre à la vérité. Ces petits chapitres de *l'Esprit des Lois* qui n'ont parfois que deux ou trois lignes, sont de véritables guet-apens : l'auteur vous saisit au passage et vous force à vous arrêter, à réfléchir. — Ainsi au livre V, ch. XIII, on lit :

— « Quand les sauvages de la Louisiane veulent avoir du fruit, ils coupent l'arbre au pied et coupent le fruit. Voilà le gouvernement despotique. »

Il est rare qu'il s'installe à son aise dans un sujet, pour le traiter amplement, le retourner sous toutes ses faces ; il est plus rare encore qu'il prenne le ton oratoire à la Bossuet, à la Rousseau : au fond, c'est un penseur, et un penseur froid, mais profond et vigoureux. On ne le lit pas assez en France, on ne l'étudie pas dans les collèges, bien à tort : il dégoûterait les esprits bien faits de cette insupportable rhétorique qui tient tant de place dans nos études et en mérite si peu !

VOLTAIRE

I

BIOGRAPHIE DE VOLTAIRE

La critique n'a pas encore prononcé d'une façon définitive sur Voltaire. — Pourquoi ? — C'est un homme de lutte. — Ce qui doit tomber, ce qui restera. — Biographie de Voltaire. — Combien il importe de distinguer les diverses périodes. — Le premier milieu, l'éducation, les Jésuites et la société de Ninon. — L'exil en Angleterre. — — Ce que Voltaire découvre dans ce pays de liberté. — Voltaire et Frédéric. — Le retour en France. — Voltaire à Ferney. — La dernière période : les Calas, Sirven, La Barre. — La rentrée à Paris, le triomphe. — Mort de Voltaire.

L'être particulier que l'on appelait *voltairien*, et qui

florissait il y a une cinquantaine d'années, a décidément
disparu : c'est un bonheur pour tout le monde, pour Voltaire tout le premier. Il est douteux qu'il eût avoué pour
descendants légitimes ceux qui se paraient de son nom.
C'étaient au fond de fort braves gens, et qui, après tout,
ont soutenu la cause du bon sens et de la liberté. N'oublions pas que 1830 est leur œuvre. Nous les trouvons
aujourd'hui un peu étroits, un peu attardés ; mais tout
est relatif en ce monde. Leurs adversaires ne leur avaient
pas laissé le choix des armes ; au fanatisme qui relevait
la tête, ils opposèrent le parti pris de l'incrédulité railleuse. La savante exégèse moderne eût sans doute procédé autrement, mais aurait-elle eu le dernier mot ?

Tout cela est tombé. Depuis une trentaine d'années,
la critique est plus sérieuse, du moins dans la forme. Il
n'est pas impossible que la lassitude et l'indifférence y
soient pour quelque chose. Il y a bien encore des retardataires qui injurient et calomnient [1], mais qui s'avise
de les prendre au sérieux ? Le dépouillement se fait :
on peut en attendre la fin sans inquiétude. Ce que Voltaire y perdra, il y a longtemps que ses amis l'ont abandonné ; ce qui restera ne sera jamais entamé. Le temps
est bien passé où l'on faisait de ce grand homme un envoyé du diable ou un envoyé de Dieu. De telles incarnations sont rares dans l'histoire, si elles ont jamais existé ;
en tout cas, il n'y a peut-être pas d'homme qui plus

1. M. Courtat, un voltairien de la vieille roche, s'est amusé à recueillir dans son livre intitulé *Défense de Voltaire contre ses amis et ses ennemis* (Lainé, 1872), les dernières drôleries des successeurs de Fréron et de Nonotte. Ces messieurs qualifient Voltaire de *drôle*, *franche canaille*, *imbécile malpropre*, *idiot*, etc. Il n'y a rien à répondre à cela.

que Voltaire résiste à une transformation surnaturelle.

C'était un homme, et un homme de son temps. Jamais on ne fut plus de son temps. Là fut le secret de sa force; c'est aussi par là qu'il ne satisfait plus. Il y a toute une partie de son œuvre qui doit tomber, qui est décidément mauvaise. Ce n'est pas celle à laquelle les contemporains attachaient le moins de prix; c'est à ce signe qu'ils le reconnaissaient un des leurs, qu'ils le saluaient, le glorifiaient. Ces applaudissements, ce contact incessant et intime avec ses semblables, Voltaire en avait besoin : c'était son pain quotidien, son stimulant. Il n'était pas de ces esprits fiers et tristes qui s'isolent, et poursuivent une œuvre unique dans le recueillement. Il aimait la lutte, elle éveillait son génie, créait en lui un perpétuel rajeunissement. C'est un grand avantage pour un écrivain de rester toujours en communication d'idées avec le public : il ne risque pas de se perdre dans les nuages de la fantaisie personnelle; mais c'est aussi un grand inconvénient : quand on s'est engagé si avant dans la mêlée, on perd de vue les hauteurs; les choses n'apparaissent plus dans leur ensemble; on n'en découvre qu'un côté, celui vers lequel les coups se dirigent. Au-dessus des brouillards qui flottent sur la terre resplendit l'azur immobile et serein ; les génies complets écartent les brouillards pour mieux voir le ciel : Voltaire ne songeait qu'à purifier l'air. C'est beaucoup, ce n'est pas assez.

Bien que les divisions de ce genre soient parfois assez arbitraires, je partagerai sa vie en trois périodes, et j'essaierai de caractériser chacune d'elle par des traits précis. Le xviiie siècle, malgré son unité réelle, présente des évolutions diverses et bien tranchées; comment n'y aurait-il pas des évolutions analogues dans la vie d'un écrivain si passionnément mêlé au mouvement des idées ? La première période s'étend de sa naissance au retour d'Angleterre (1694-1730); la seconde va de 1730 à 1755, date de son retour de Prusse et de son installation aux Délices; la troisième comprend les vingt-trois dernières années passées à Ferney, et le voyage à Paris (1755-1778).

Voltaire est né à Paris, le 22 novembre 1694. Son nom de famille est Arouet. Ses parents, tous deux d'origine poitevine, appartenaient à cette bonne bourgeoisie d'où étaient sortis les Corneille, les Racine, les Boileau, les Pascal. Les Poitevins ont du bon sens et de l'opiniâtreté, mais aucun élan, aucune initiative : cela lui vint d'ailleurs, de Paris. Il naquit extrêmement chétif et le fut toujours, mais sans aucun vice constitutionnel. A l'entendre, il est toujours prêt à rendre l'âme, ce qui ne l'empêcha pas de vivre quatre-vingt-quatre ans, au grand dépit des malavisés qui, sur sa mauvaise mine, s'étaient engagés à lui servir des rentes viagères. Dans cette frêle machine le ressort est d'une énergie merveilleuse : elle semble à chaque instant se détraquer, une brusque saccade de l'âme la remonte. Un régime qui eût tué tout autre, entretient en lui la vitalité la plus intense et la plus alerte : peu de nourriture, peu de sommeil, beaucoup de café; avec cela une dépense prodigieuse de mouvement et d'esprit, soit dans le monde, soit dans le cabinet de travail; mais aussi une grande variété dans les relations et dans les sujets d'étude. Les tribulations de tout genre ne lui ont pas manqué, et il les sentait vivement, sans perdre cœur néanmoins; mais il ne s'est jamais ennuyé, sauf peut-être à la cour du roi Louis XV où il ne fit que passer.

L'éducation fut déplorable. Il perdit sa mère à l'âge de sept ans ; et son père qui, en sa qualité de notaire de Ninon de Lenclos et de la société du Temple, avait des relations avec ce monde fort libre de propos et d'allures, ne songea pas à en éloigner l'enfant, qui fut un des légataires de Ninon. Les Jésuites du collège Louis-le-Grand furent ses maîtres : il y en avait parmi eux de fort estimables, et à qui Voltaire resta quelque peu attaché, le Père Porée, le Père Tournemine, d'Olivet, et qui le lui rendaient. En 1763, lorsque la compagnie fut expulsée de France, il recueillit à Ferney le Père Adam, Jésuite d'un excellent appétit, et qui savait perdre aux échecs ; il obtint même du Saint-Père l'autorisation pour le Père Adam qui était chauve, de porter une perruque. Les Jésuites ne sont pas de bons éducateurs moraux. Leur objet n'est pas de corrompre les mœurs, comme dit fort bien Pascal ; mais ils veulent dominer, et la souveraineté du but les rend assez indifférents sur le choix des moyens. On ne voit que trop que Voltaire a été à leur école. Il est fécond en ruses ; même quand il sert la cause de la vérité et de la justice, il a recours à de certaines habiletés, à des détours qui irritent. Je retrouve encore l'influence des Jésuites dans une certaine étroitesse de critique dont il ne se débarrassa jamais. L'art jésuite est mesquin, le fleuri et l'allégorie y surabondent ; ce ne sont que colifichets et petits ornements. Le grand goût leur fait absolument défaut. Latinistes passables, ils n'ont jamais rien compris à la noble simplicité de l'art grec : cela est trop nu pour eux, trop près de la nature ; il faut qu'ils embellissent tout, recouvrent tout d'un vernis rance, qui fatigue l'œil et l'odorat. Voltaire ne goûtera jamais ni Homère, ni

Eschyle, ni Pindare, ni Dante ; il mourra en protestant contre l'invasion de Shakespeare ; il restera jusqu'au bout un fidèle observateur de la division des genres.

Après l'éducation du collége vint celle du monde, pire encore. Il obtint ses premiers succès dans la société des Châteauneuf, des Vendôme, des Sulli, des abbé Servien, viveurs effrénés et libertins scandaleux ; puis vint la Régence, véritable débâcle morale. Le père, sans aucune autorité, n'intervient que quand les fredaines semblent dépasser toute mesure ; il chasse deux fois son fils, l'enferme chez un procureur, prétend le mater de force. Voltaire s'échappe, se réfugie en Hollande, revient en France où il est accueilli dans les châteaux des grands seigneurs, des magistrats, et désarme enfin son père par le succès éclatant d'*Œdipe*. Le voilà homme de lettres, poëte en vue à vingt et un ans. Il ne tarde pas à payer cher ses premiers succès. Il est mis trois fois à la Bastille, la première fois, sans l'avoir en rien mérité, uniquement parce qu'on lui attribue les vers satiriques d'un autre ; la seconde fois pour avoir écrit le *Puero regnante*, épigramme satirique en latin contre le régent ; la troisième fois, pour s'être permis de demander raison à un certain chevalier Rohan-Chabot qui l'avait fait bâtonner par ses gens. Il ne sortit de la Bastille que pour être exilé en Angleterre [1]. Il avait trente ans : il avait donné au théâtre trois tragédies : *Œdipe*, *Artémise*, *Mariamne*, et il avait écrit la *Henriade*, dont le roi Louis XV refusa la dédicace, en même temps que le ministère en interdisait l'impression. Il se trouvait sans ressources, sans recomman-

---

1. Je ne compte pas les menus exils en France, au nombre de quatre ou cinq, de 1716 à 1723.

dations, abandonné de ses amis, atteint dans son honneur, perdu dans un pays dont il ne savait pas la langue. Tout autre fût tombé dans le désespoir. On n'a retrouvé que fort peu de lettres de cette période de sa vie. Sans doute les amis qui le délaissèrent, notamment le vil Thieriot, ne conservèrent pas les autographes où leur lâcheté était écrite; et peut-être se lassa-t-il lui-même de faire appel à la compassion des uns, à l'équité des autres. Ce qui est certain, c'est que la défaillance dura peu. Il se dit qu'il y a un plaisir plus viril que celui d'accuser les hommes et la destinée, c'est de se raidir, de lutter, d'être le plus fort : tout sourit aux vainqueurs. Le voilà donc à l'œuvre avec cette vivacité, cette énergie, cet entregent qui étaient merveilleux chez lui. Il commence par changer de nom; il ne s'appellera plus que Voltaire. On refuse en France le privilége pour la *Henriade* et la dédicace au roi : il fait imprimer le poëme en Angleterre et le dédie à la reine qui accepte. L'édition, magnifiquement exécutée, lui rapporte 150 000 livres; c'est le seul ouvrage qu'il se soit jamais fait payer. Il comprend que la fortune c'est l'indépendance; il sera donc riche et laissera à sa mort 218 000 livres de rente qui valent aujourd'hui sept à huit millions. Il aura des protecteurs puissants, afin d'opposer l'arbitraire à l'arbitraire; il leur prêtera de l'argent, comme au duc de Richelieu, pour être plus sûr de leur zèle à le servir. Il sera prudent, il tâchera du moins, afin d'avoir contre les hommes d'Église qu'il entend combattre, l'appui des grands qu'il veut gagner. Voilà pour la vie extérieure. Le jeune homme évaporé, indiscret, va disparaître; le calculateur, le politique prendra sa place; il le croit du moins, et il s'y applique consciencieusement. Voilà le premier service que lui rendit son exil. Il nous est permis, à nous, de ne pas en être très-vivement touchés : le Voltaire politique, retors en affaires, courtisan, que l'Angleterre nous renvoie, nous n'y tenons guère. Mais là ne s'arrêta pas la réforme. Ces quatre années passées dans un pays libre ouvrirent à son esprit fort incertain encore et flottant, des perspectives nouvelles et fécondes. Il ne se flatta pas qu'il pût contribuer à établir en France la liberté politique de nos voisins ; au fond il était peu sensible à cet avantage dont jouissait à peu près seul un corps privilégié ; mais la liberté politique entraînait la liberté individuelle, ce fameux *habeas corpus* qui est la devise et la sûreté du dernier citoyen anglais ; elle entraînait la liberté de conscience ; elle entraînait la liberté d'écrire : voilà ce qui le touchait. En France, le régime du bon plaisir, la Bastille, les lettres de cachet, la révocation de l'édit de Nantes, dont l'iniquité et les funestes effets devenaient chaque jour plus sensibles, les entraves de tout genre imposées aux gens de lettres, privilége pour l'impression, censure politique, censure ecclésiastique, censure littéraire, tout pour la servitude, rien pour la liberté. Il se trouvait dans le pays où l'aristocratie de race est le plus solidement constituée ; mais auprès d'elle se formait chaque jour une aristocratie nouvelle, la seule légitime, celle du mérite, qui se recrutait dans toutes les classes de la société : le marchand Falkener devenait ambassadeur. Les gens de lettres en France, sans considération, sans fortune, sans indépendance, végétaient dans les bourbiers d'Hippocrène ou dans les antichambres des grands seigneurs ; en Angleterre, Prior, Addison, Dryden, Swifft,

Newton, Pope, Congrève jouissaient non-seulement du respect de tous, mais ils étaient appelés aux postes les plus importants de l'État. Il voyait la nation tout entière rendre les honneurs funèbres les plus éclatants à la dépouille de Newton qui était déposée dans la sépulture des rois à Westminster. Ce qui le confondait d'étonnement, lui qui sortait d'un pays où toute discussion en matière de foi était sévèrement interdite, c'était de voir l'Angleterre divisée en innombrables sectes, toujours aux prises les unes avec les autres, sans que la paix publique fût jamais troublée. Déistes, libres penseurs, athées même, théologiens de tout bord, Clarke, Shaftesbury, Warburton, Collins, Tindal, Tolland, les esprits les plus distingués, les plus hardis, se donnaient librement carrière. Partout le mouvement, la force, la vie dans ses innombrables et rayonnantes manifestations : en France, l'immobilité morne, la peur servile ou l'intempérance dévergondée. Quel spectacle pour un homme comme lui ! Montesquieu, qui lui succéda en Angleterre, fit connaître aux Français le mécanisme admirable de cette constitution où le pouvoir arrête le pouvoir ; Voltaire, lui, contracta en Angleterre la passion de la liberté de conscience, de la liberté d'écrire, de la liberté individuelle, et le reste de sa vie fut consacré à les réclamer pour son pays. Est-ce tout ? Non. Quelle supériorité un pays libre n'a-t-il pas sur les autres ? La plus certaine, c'est qu'aucune de ses richesses naturelles n'est perdue ; tout germe sain et fécond peut éclore, tandis que l'inepte despotisme étouffe de préférence tout ce qui ne rampe pas. En France, on avait inquiété Descartes, on avait proscrit sa doctrine, on l'avait contraint à s'exiler en Hollande, en Suède ; chez les Anglais, la nation tout entière s'était associée aux travaux de Newton, et avait applaudi à ses découvertes. Locke avait pu, sans être persécuté, mettre au jour un système nouveau qui ruinait la fameuse théorie des *idées innées*, service immense rendu à la philosophie, qui ne peut se fixer sans mourir. Un système nouveau, qu'est-ce sinon l'apparition d'un élément nouveau de connaissance, jusque-là ignoré, méconnu ou subordonné à tort? Faites place à ce nouveau-venu, demandez-lui d'où il vient, où il va, interrogez-le, examinez-le, mais ne le chassez pas sans l'entendre. L'intolérance en métaphysique, y a-t-il absurdité plus manifeste! Interdire à quelqu'un de chercher, quand personne n'a trouvé et ne trouvera jamais! Quoi qu'il en soit, Voltaire, encore naïf à cette époque, supposa que les Français lui sauraient gré de leur faire connaître la physique de Newton et la métaphysique de Locke. — *Les Éléments de la physique de Newton*, qu'il fit imprimer en 1736, furent interdits par le chancelier d'Aguesseau, fanatique disciple de Descartes. Quant à la métaphysique de Locke, il en avait à peine touché quelques mots dans sa treizième *Lettre philosophique*; l'ouvrage fut condamné par le Parlement à *être lacéré et brûlé par l'exécuteur de la Haute Justice*, ce qui n'empêcha pas, comme on le sait, la physique de Newton et la philosophie de Locke, introduites en France par Voltaire, d'y régner pendant tout le XVIIIe siècle. Voilà ce que Voltaire vit en Angleterre. On peut dire qu'il en revint transformé. Il y aura encore bien des défaillances dans sa conduite; il s'obstinera encore contre toute vraisemblance à espérer des sots gouvernants un peu d'intelligence et d'équité, et il fera pour obtenir leur appui les plus tristes concessions ; mais sur les points essentiels son esprit est fixé. Ici finit la première période de sa vie.

La seconde période (1730-1755) pourrait avoir pour titre : Voltaire chez les rois. Les rois sont Stanislas de Pologne, duc de Lorraine, Louis XV, et Frédéric de Prusse. Elle se termine le jour où Voltaire écrit : « Après avoir vécu chez les rois, je me suis fait roi chez moi. » Signalons d'abord les ouvrages les plus importants qui appartiennent à cette période. Il donne au théâtre *Brutus* (1730), *La mort de César* (1731), *Ériphyle*, *Zaïre* (1732), *Adélaïde du Guesclin* (1734), *L'enfant prodigue*, *Alzire* (1736), *Zulime* (1740), *Mahomet* (1742), *Mérope* (1743), *Sémiramis* (1748), *Nanine* (1749), *Oreste* (1750), *Le duc de Foix*, *Rome sauvée* (1752). Outre cela, il publie divers poëmes dont plusieurs sont des chefs-d'œuvre : les *Discours en vers sur l'Homme*, le *Mondain*, et d'autres pièces légères. En prose, il donne l'*Histoire de Charles XII* (1731), les *Lettres philosophiques*, *Le Temple du goût* (moitié vers, moitié prose), les *Éléments de philosophie de Newton*, ses premiers contes et romans, *Cosi Sancta*, *Memnon*, *Zadig*, *Le monde comme il va*, *Le siècle de Louis XIV*, la *Diatribe d'Akakia*, *Le tombeau de la Sorbonne*. On voit par cette énumération encore fort incomplète, car je n'ai point parlé des commandes qu'il reçut à la cour, que, si son métier de courtisan lui fit perdre bien du temps, il n'oublia point qu'il était avant tout un écrivain. Veut-on savoir maintenant quel fut le sort de ces divers ouvrages, qui sont parmi les plus parfaits de l'auteur? Les *Lettres philosophiques*, ou *Lettres anglaises*, furent brûlées, et Voltaire dut s'expatrier; l'*Histoire de Charles XII* fut interdite, sous prétexte qu'elle pourrait déplaire à Auguste, roi de Pologne ; l'*Épître à Uranie* fit citer Voltaire devant le lieutenant de police, et il ne se tira d'affaire qu'en l'attribuant à Chaulieu, qui était mort; la préface de *Zaïre* fut mutilée par la censure ; *Le Temple du goût* fit craindre à Voltaire une lettre de cachet ; le privilége pour *La mort de César* fut refusé ; le *Mondain* le força à fuir pendant deux mois ; *Mahomet* fut interdit après deux représentations. Nous voilà arrivés à l'année 1743. Voltaire a quarante-neuf ans ; il est évidemment le premier, le plus illustre écrivain de son temps ; il a été exilé sept ou huit fois, mis trois fois à la Bastille ; presque tous ses ouvrages ont été poursuivis ; l'Académie lui a deux fois fermé ses portes ; un des immortels a même déclaré que Voltaire ne serait jamais un *sujet académique*. Il avait certes l'intention d'être prudent ; et de bonne foi, il croyait l'avoir été ; mais dès 1731, à peine de retour, il avait vu les restes d'Adrienne Lecouvreur déposés furtivement au coin d'une borne, et il n'avait pu contenir son indignation, lui qui en Angleterre venait d'assister à la pompe funèbre de miss Oldfield, une actrice, ensevelie à Westminster. La publication des *Lettres anglaises*, faite sans son aveu, le rendit tout à fait suspect. Fleury, le timide et onctueux Fleury, régnait alors, et ne voulait pas entendre le moindre bruit. Il mourut enfin en 1742. C'est alors que Voltaire apparaît à la cour. Il a des amis puissants, les d'Argenson, ses camarades de collége, Richelieu, Mme de Pompadour ; le pape lui écrit des lettres aimables ; il reçoit du prince royal de Prusse, le futur Frédéric, les déclarations les plus vives de tendresse et d'admiration. Le gouvernement veut utiliser cette passion et faire de Voltaire une sorte d'agent diplomatique. Mais la chose n'allait pas de soi. Le roi Louis XV lui fit toujours froid accueil et ne le subit qu'à contre-cœur. Le poëte ne savait pas flatter, j'entends flatter au goût du roi : il se permettait d'appeler Louis XV Trajan : est-on plus irrespectueux ? Il y eut là une perte sèche de quatre années, de ces années de pleine maturité que Voltaire regretta toujours. Poëte de cour, il écrivit les tristes rapsodies qu'on appelle les *Événements de l'année* 1744, poëme, *Le Poëme de Fontenoi*, *La Princesse de Navarre*, opéra, *Le Temple de la Gloire*, autre opéra. Ce qu'il reçut en échange ne valait guère mieux : il fut nommé gentilhomme de la chambre du roi et historiographe ; enfin le gouvernement consentit à ce qu'il fût reçu à l'Académie française, en 1746. Il avait alors cinquante-deux ans ! Mais avant d'y entrer, il dut faire une confession de foi, adressée au Jésuite le père de la Tour. On se doute bien que cette pièce n'a pas été perdue. Du reste, il faut l'entendre lui-même apprécier cette triste période de sa vie. Une épigramme d'abord, écrite en pleine faveur, après le succès du ridicule opéra *Le Temple de la gloire*.

> Mon Henri quatre, ma Zaïre,
> Et mon américaine Alzire
> Ne m'ont valu jamais un seul regard du roi :
> J'avais mille ennemis avec très-peu de gloire.
> Les honneurs et les biens pleuvent enfin sur moi
> Pour une farce de la foire.

Trente ans plus tard, il n'était pas encore consolé. Je lis dans une lettre à l'abbé Duvernet (1776) le passage suivant.

— « Ceux qui vous ont dit qu'en 1744 et 1745 je fus courtisan, ont avancé une triste vérité. Je le fus, je m'en corrigeai en 1746, et je m'en repentis en 1747. De tout le temps que j'ai perdu en ma vie, c'est sans doute celui-là que je regrette le plus. Ce ne fut pas le temps de ma gloire, si j'en eus jamais. J'élevai cependant dans le cours de l'année 1745 un *Temple à la gloire*. C'était un ouvrage de commande, comme M. le maréchal de Richelieu et M. le duc de la Vallière peuvent le dire. Le public ne trouva pas agréable l'architecture de ce temple, je ne la trouvai pas moi-même trop bonne. Piron y logea des rats ; j'aurais pu le loger lui-même dans la caverne de l'Envie, que j'avais placée à l'entrée du Temple de la gloire. Mes amis m'ont assuré que dans la seule bonne pièce que nous ayons de lui, il m'avait fait jouer un rôle fort ridicule. J'aurais pu le lui rendre, j'étais aussi malin que lui, mais j'étais plus occupé. Il a passé sa vie à boire, à chanter, à dire des bons mots..... à ne rien faire de bien utile. Le temps et les talents, quand on en a, doivent, ce me semble, être mieux employés. On en meurt plus content. »

Belle parole : ce sera la dernière qu'il tracera de sa main mourante, en apprenant la réhabilitation de Lally : « Je meurs content. »

Il faut dire qu'il n'était pas seul à la cour de Stanislas et à celle de Louis XV, et que peut-être il n'y fût pas demeuré si longtemps, sans la marquise du Châtelet, la docte Émilie, qui, après avoir passé plusieurs années avec Voltaire dans le commerce de Newton, avait pris goût à des distractions d'un autre genre. Trompé par cette amie, qui lui préféra le jeune Saint-Lambert et mourut peu de temps après, abandonné par le gouvernement qui fit supprimer la courageuse brochure *La voix du sage et du peuple* [1], il ne résista plus aux instances

---

1. Voltaire y défendait les droits de l'État contre les priviléges exorbitants et iniques du clergé. Quarante ans plus tard, la nation entière lui donnait raison.

de plus en plus pressantes de Frédéric qui l'appelait. Frédéric était roi cependant, oui, mais c'était un roi philosophe ; il faisait les avances, il promettait... que ne promettait-il pas ? Bref, Voltaire fut séduit. Il quitta Paris le 28 juin 1750 ; il ne devait y revenir que vingt-huit ans plus tard, pour y mourir.

On connaît par une foule de relations, et surtout par les Mémoires écrits plus tard par Voltaire lui-même, l'histoire de ce curieux épisode. Voltaire, dégrisé, attribue la prétendue tendresse du roi au désir qu'il avait de se perfectionner dans la langue française.

— « Il était bien sûr, dit-il, à la vérité que ses vers et sa prose étaient fort au-dessus de ma prose et de mes vers, quant au fond des choses ; mais il croyait que pour la forme, je pouvais en qualité d'académicien, donner quelque tournure à ses écrits : il n'y eut point de séduction flatteuse qu'il n'employât pour me faire venir. Le moyen de résister à un roi victorieux, poëte, musicien et philosophe, et qui faisait semblant de m'aimer ! Je crus que je l'aimais. »

Amitié bizarre de part et d'autre, réelle cependant, car, s'ils ne se revirent plus après s'être séparés, ils continuèrent à s'écrire, et des lettres assez tendres. S'ils ne s'aimaient pas, ils se goûtaient extrêmement : il y avait entente entre leurs esprits, mais la sympathie n'allait guère au delà ; pas d'abandon réel, pas de confiance, une fausse égalité dont ils sortaient à chaque instant blessés et irrités l'un contre l'autre. L'esprit de Voltaire ravissait le roi ; mais il y avait des moments où il lui en trouvait trop, et ne s'en trouvait pas autant à lui-même, et il voyait bien que telle était aussi l'opinion des convives de ces soupers philosophiques qui faisaient tant d'envieux ; cela le mordait au vif. Et puis quelle contrainte de soumettre à ce Français si caustique une prose tudesque et des vers boiteux ! Lui, rabotait tout cela, redressait les hémistiches, effaçait les hiatus, appariait les rimes ; mais que pensait-il au fond des produits littéraires de Sa Majesté? Il lui échappa un jour le mot de *linge sale à laver*. Justement Frédéric disait de son côté : « Laissez faire, on presse l'orange, et on la jette quand on a avalé le jus. » Le propos fut naturellement rapporté à Voltaire, et il résolut dès lors, « de mettre en sûreté les pelures de l'orange. » Il était chambellan, il avait vingt mille livres de pension, le roi le comblait de caresses ; mais il sentait la griffe, et avait l'orange sur le cœur. Il voyait d'ailleurs comment Frédéric traitait les malheureux étrangers qui avaient été appelés par lui, et admis dans sa familiarité la plus étroite, le pauvre d'Argens, La Mettrie, l'athée du roi, Target, le brave Charost, qui avait sauvé la vie au roi, et n'en était pas plus riche, d'Algarotti, et ce triste baron de Pollnitz, le point de mire ordinaire des sarcasmes les plus cruels de Frédéric. Tous ces malheureux, il leur faisait sentir qu'ils étaient à lui, qu'il les tenait, qu'il leur fallait vivre sous sa dépendance sous peine de mourir de faim ailleurs. Qu'ils payaient cher le pain que la ladrerie du despote leur mesurait ! Prendre toutes les libertés possibles avec Dieu, cela ne console guère d'être l'esclave et la propriété d'un homme. Voltaire n'en était pas là. Il prétendait garder ses coudées franches, même avec le roi : il pouvait se passer des vingt mille livres de pension, de la clef de chambellan, du délicieux climat de la Prusse, des soupers philosophiques et surtout de l'honneur d'être le blanchisseur en chef du linge sale royal. Le jour où

Frédéric trouva mauvais qu'il se moquât du président de son Académie, le Malouin Maupertuis, dont la cervelle était un peu dérangée [1], il se sentit un besoin pressant de changer d'air et d'aller prendre les eaux de Plombières. Son départ ressembla quelque peu à une évasion. Parvenu à Francfort sur le Mein, ville impériale, il fut arrêté, gardé à vue, lui, sa nièce et ses gens, par un résident prussien, escorté de douze soldats, la baïonnette au bout du fusil, et qui tenaient lieu à la nièce de Voltaire de rideaux et de femme de chambre. Il paraît que Voltaire avait emporté par mégarde ce que le résident appelait « *l'œuvre de poëshie du roi mon maître* », apparemment quelque loque oubliée du linge sale. Il fallut attendre que le précieux manuscrit resté à Leipzig avec les autres bagages, fût retrouvé. Il en coûta gros à Voltaire, et on comprend qu'il en ait quelquefois rafraîchi la mémoire à Frédéric, qui oubliait volontiers ses torts. Enfin il arrive en France ; mais où se fixer ? On lui fit entendre que le séjour de Paris lui était interdit, qu'on ne le verrait pas avec plaisir s'établir à Lyon, ni en Lorraine, ni ailleurs. Il se trouvait à plus de soixante ans, sans patrie, sans retraite assurée. Mais il était riche, il acheta près de Genève, en pays neutre, une terre qu'il appela *les Délices*, il acheta une maison à Lausanne pour y passer les hivers, puis le domaine de Tournay avec tous les droits seigneuriaux y attachés, et enfin en 1758, la belle terre de Ferney. C'est vers ces années de 1755 à 1758, que finit la seconde période de sa vie.

---

1. C'est ici que se place la charmante brochure intitulée *Diatribe du docteur Akakia*.

Bien que je me borne en ce moment à la partie biographique de cette étude, il est une réflexion que je ne puis m'empêcher de faire. Dans la plupart des dictionnaires ou manuels, destinés à donner des idées fausses aux malheureux sans défense, on lit des phrases sonores et vides dans le goût de celle-ci : pendant soixante ans, Voltaire ne cessa d'outrager ce que tous les hommes respectent. — Je demande qu'on signale dans les ouvrages publiés jusqu'en 1753, les outrages convenus. Est-ce que l'on approuverait les sept ou huit exils dont il fut frappé, les trois emprisonnements à la Bastille, l'interdiction de *Charles XII*, de *la Henriade*, de *Mahomet*, la condamnation de tant d'autres œuvres ? Si l'on est avec la Sorbonne, le parlement, la police, le conseil du roi contre l'écrivain, fort bien ; mais en général, ceux qui condamnent Voltaire d'un mot, condamnent aussi les procédés de l'ancien régime, censure, priviléges, lettres de cachet, intolérance. Il faudrait pourtant choisir. Quoi qu'il en soit, vers cette époque, en 1755, ce que l'on appelle l'œuvre de Voltaire, était encore à naître. Si indépendant que fût son esprit, il usait de ménagements, et la raison en est bien simple : il voulait se concilier la protection des rois. Il alla de Stanislas à Louis XV, de Louis XV à Frédéric, il se fit courtisan, et ne gagna rien : une fois roi chez lui, comme il disait, ce fut tout autre chose.

On reste confondu de l'activité prodigieuse qu'il déploya dans les vingt-quatre dernières années de sa vie. La liste de ses ouvrages formerait à elle seule sept ou huit pages, sans compter la correspondance qui prit une extension considérable. Signalons les plus importants. —

Au théâtre, *l'Orphelin de la Chine* (1755), *Socrate* (1758), *Tancrède, l'Ecossaise* (1760), *Saül, Olympie, Le Triumvirat* (1764), *Les Scythes, Les Guèbres, Les lois de Minos, Irène*, etc. Parmi les poëmes, la *Pucelle*, le plus condamnable de ses ouvrages, et, il faut bien le dire, celui qui charmait particulièrement les contemporains : ce triste poëme qui ne fut publié par l'auteur qu'en 1762, remontait à plus de trente années : c'était un divertissement de société. Quelle société ! *Le désastre de Lisbonne, La loi naturelle* (1756), les satires intitulées *Le pauvre diable, Le Russe à Paris, La Vanité*, de purs chefs-d'œuvre, *l'Épître à Boileau, l'Épître à Horace, Les Cabales, Les systèmes*, etc. Les œuvres en prose ne sont pas moins importantes : c'est d'abord l'*Essai sur les mœurs et l'Esprit des nations* (1756), le *Dictionnaire philosophique*, la *Philosophie de l'histoire*, le *Précis du siècle de Louis XV*, l'*Histoire du parlement*, le *Traité de la Tolérance*, les romans, *Candide, Le blanc et le noir, L'Homme aux quarante écus, L'Ingénu, La Princesse de Babylone, Histoire de Jenni, Le Taureau blanc*, le *Voyage de la raison*, etc., etc. Quant aux écrits de polémique courante, ils sont innombrables, et presque tous supérieurs. Est-il nécessaire d'ajouter que presque tous les ouvrages de cette période parurent sans nom d'auteur ou sous des pseudonymes, et que presque tous furent poursuivis, condamnés, et par conséquent dévorés par le public? L'impuissance manifeste de la répression en augmentait la violence. Cela se termina, comme on le sait, par le triomphe et le couronnement de Voltaire à Paris, en attendant l'apothéose qui eut lieu en 1791. Mais revenons au début de cette période.

Bien que banni de France, ou du moins tenu à distance par le gouvernement, Voltaire n'était pas de ces sages qui acceptent la retraite, s'y enferment, et oubliant tout le reste, ne songent qu'à rendre tranquilles et douces les dernières années de leur vie. En face des Alpes, sur les bords du lac de Genève, c'est à Paris qu'il songeait. Des correspondants nombreux le tenaient au courant des moindres événements de chaque jour, Thieriot, d'Argental, Cideville, d'Alembert, la marquise du Deffand ; les salons, l'Académie, la cour, le théâtre, les cafés, les tribunaux, la Sorbonne, la librairie, régulière ou clandestine, tout aboutissait à Ferney, comme à son centre naturel. Libre de toute entrave, guéri de l'ambition, il se porta tout entier dans la mêlée. Elle commençait alors ; l'insurrection éclatait sur tous les points à la fois. *L'Esprit des Lois* avait paru, Rousseau allait lancer son second discours sur l'*Origine de l'inégalité parmi les hommes* ; Diderot, après des hardiesses philosophiques assez vives (*Lettre sur les aveugles*, 1749), venait de fonder l'*Encyclopédie*, et du même coup le parti philosophique. L'Académie elle-même était comme effleurée d'un souffle de libéralisme ; elle élisait, elle couronnait des philosophes ; elle remplaçait les éternels panégyriques de Louis XIV et de saint Louis par l'éloge des hommes grands par eux-mêmes ; les jeunes gens qui débutaient dans la carrière des lettres arboraient le drapeau de la philosophie. Les pouvoirs publics étaient aux abois ; les tribunaux ordinaires et extraordinaires, parlements, Sorbonne, conseil du roi, police, ne savaient plus qu'imaginer comme moyens de répression ; l'opinion publique était avec les écrivains frappés, et dans l'administration même ils trouvaient des protecteurs. Dès que Voltaire, libéré de Prusse, se mit résolûment à la tête du parti, la victoire définitive ne fut plus douteuse. Il apportait aux philosophes un nom célèbre, une influence réelle, même à la cour, et malgré le roi, un savoir immense, les ressources infinies de l'esprit le plus vif qu'il y eut jamais, et, ce que les autres n'avaient pas au même degré, un amour actif de l'humanité et de la justice. Tout s'élève en lui à ce moment. L'homme des salons et des cours transplanté dans l'air sain d'un pays libre, mis en présence des splendeurs pacifiques de la nature, aperçoit enfin et sent Dieu ; ce qui n'avait été pour lui jusqu'alors qu'une vérité philosophique, devient presque un besoin de son cœur. Quand sa pensée redescend des hauteurs sur la terre, il découvre cette innombrable multitude de déshérités qui en tous pays travaille, souffre et meurt, sans que ceux qui l'écrasent et l'exploitent aient pitié. Il disait autrefois : « je n'écris pas pour la canaille » ; depuis qu'il sait par expérience ce que valent « les honnêtes gens », c'est au peuple qu'il songe, c'est lui qu'il veut éclairer, soulager, défendre. Je n'invente rien ; cette transformation de Voltaire est réelle. Avait-il jusqu'alors élevé la voix en faveur des opprimés ? Et certes les opprimés ne manquaient pas. Quoi de plus insensible, de plus indifférent que ce fameux *Siècle de Louis XIV*, écrit dans les antichambres des rois ? Une fois à Ferney, il se déclare hautement le dénonciateur de toutes les iniquités, l'avocat de toutes les victimes de l'arbitraire. Il commence par retirer chez lui, doter et marier la petite nièce du grand Corneille, que le gouvernement laissait sans une aumône ; il apprend qu'à Toulouse des magistrats ont emprisonné, condamné, brûlé vif un protestant du nom de Calas, accusé faussement d'avoir mis à mort un de ses fils qui avait l'intention de se faire catholique : il signale ce crime juridique inspiré par le fanatisme à l'Europe entière qu'il soulève d'indignation ; il poursuit avec une opiniâtreté infatigable la réhabilitation de Calas et les réparations dues à sa famille. Il l'obtient enfin après trois années, et pendant ces trois années, « il ne m'est pas arrivé une fois de rire, dit-il, sans me l'être reproché. » — Peu de temps après, c'est Sirven, autre protestant poursuivi pour un crime semblable, et qu'il arrache aux griffes de ces parlementaires féroces et stupides. Il proteste contre la condamnation de Lally, et a la joie en mourant d'apprendre enfin sa réhabilitation. Il dénonce à la colère publique l'épouvantable supplice du jeune La Barre, décapité et brûlé à Arras, pour avoir mutilé un crucifix ; il défend Montbailly, il plaide la cause des serfs du Mont-Jura. Comme intermède à ses fonctions de justicier, il saisit et livre à la risée publique les rodomonts délateurs, comme Lefranc de Pompignan, la Sorbonne qui censure *Bélisaire,* les fanatiques, les intolérants, les hypocrites. Il prend tous les noms, crée ou renouvelle tous les genres connus de polémique, se dépense avec une incroyable prodigalité, sans s'épuiser. On dirait qu'il est présent sur tous les points à la fois, toujours alerte, toujours insaisissable. Cette campagne qui dura près de vingt-cinq ans, et dans laquelle il fut toujours au premier rang, est certainement un des phénomènes les plus extraordinaires de l'histoire. Les encouragements, les applaudissements, la reconnaissance publique ne lui firent pas défaut. Les écrivains saluèrent en lui leur chef et leur maître ; on lui décerna le nom de patriarche ; de tous les points de l'Europe il recevait des témoignages d'admiration et de respect; les rois n'étaient pas les derniers à faire leur cour à Voltaire et Voltaire les félicitait à son tour des réformes qu'ils introduisaient dans leurs États. Dans les dernières années de sa vie, il était devenu l'arbitre de l'opinion publique en Europe. On peut en gémir, mais on ne peut le contester. — A la mort de Louis XV (1774), le nouveau roi prend des ministres parmi les amis et les disciples de Voltaire, Turgot, Malesherbes, Necker ; les lettres de cachet sont supprimées [1], en attendant la Bastille et le reste. On peut dire qu'à ce moment, l'opinion a donné gain de cause à Voltaire sur tous les points. Les gens de lettres qui, dès 1770, s'étaient cotisés pour lui élever une statue, le décident enfin à quitter Ferney pour venir à Paris jouir de sa gloire. Le gouvernement n'osa ni autoriser ni interdir ce voyage. Il toléra l'entrée de Voltaire, les honneurs qui lui furent rendus à l'Académie, au théâtre, où son buste fut couronné sur la scène, au milieu d'applaudissements frénétiques. Cette ivresse de deux mois épuisa le vieillard, qui s'éteignit le 30 mai 1778, à l'âge de quatre-vingt-quatre ans. Il ne fut pas enterré à Paris, le clergé s'y opposa, mais à l'abbaye de Scellières, dont l'abbé était son neveu. Ses restes furent transportés au Panthéon en 1791. Sous la Restauration, des mains pieuses les en arrachèrent pour les jeter à la voirie. Son cœur est à la bibliothèque natio-

---

1. Voltaire encore jeune dit un jour à M. Hérault, lieutenant de police : — Qu'est-ce que l'on fait à ceux qui fabriquent de fausses lettres de cachet? — On les pend. — C'est fort bien fait, en attendant qu'on en fasse autant à ceux qui en fabriquent de vraies.

nale. Peu de jours avant sa mort, il reçut la visite de Francklin qui lui présenta son petit-fils et le pria de le bénir : Voltaire mit les mains sur la tête de l'enfant et prononça ces deux mots : Dieu et liberté. — Est-il besoin de rappeler le roman malpropre et absurde que certains biographes ont imaginé des derniers instants de Voltaire, le délire du remords, les excréments dévorés et le reste ? M. Courtat, que rien ne rebute, a pris la peine de discuter ces inventions aussi niaises que malpropres : elles restent décidément pour compte à leurs auteurs. Voltaire, ni durant sa vie, ni à sa mort, n'eut absolument rien de commun avec le prophète Ezéchiel.

Il y eut du vivant même de Voltaire une multitude de pamphlets dirigés contre lui : il y en eut après sa mort, il y en eut sous la Restauration, il s'en produit encore de nos jours : mais quelle triste littérature ! Je lis dans un de ces factums, qui remonte à l'année 1817 et qui a pour auteur un certain M. Lepan, le passage suivant, vers la fin d'une *Vie de Voltaire*.

— « De tous les faits qui ont été rapportés, on doit conclure qu'Arouet-Voltaire fut mauvais fils, mauvais citoyen, ami faux, envieux, flatteur, ingrat, calomniateur, intéressé, intrigant, peu délicat, vindicatif, ambitieux de places, d'honneurs et de dignités, hypocrite, avare, intolérant, méchant, inhumain, despote, violent. »

Et tout cela est accompagné de renvois justificatifs ! Qui prouve trop ne prouve rien, ou prouve contre soi-même. Comment expliquer, si Voltaire était tel, qu'à deux reprises, en 1778 et en 1791, la France entière lui ait décerné des honneurs publics tels que ni roi, ni vainqueur n'en a jamais obtenu ? Et ce qui est plus grave, comment a-t-il pu porter à des institutions qui comptaient des milliers d'années d'existence, des coups tels qu'elles ne s'en sont jamais relevées ? C'est que sans doute il valait encore mieux que ces institutions. — Je l'ai dit en commençant, c'était un homme et un homme de son temps. Ses mœurs n'étaient ni meilleures ni pires que celles de la plupart de ses contemporains; elles valaient mieux à tout prendre que celles de beaucoup de princes de l'Église et d'abbés, que celles du Régent, de Louis XV, du duc de Richelieu. Il ignore la pudeur. Y a-t-il au XVIIIe siècle beaucoup d'écrivains qui la respectent ? Est-ce lui qui a créé ce genre de corruption, où l'a-t-il trouvé établi ? La licence des écrits et la licence des mœurs sont les fruits naturels du despotisme. Quand la vie publique manque, la vie privée se déprave. Il n'y a que la liberté qui élève et nourrisse les cœurs. Que l'on blâme un écrivain supérieur par les dons de l'esprit de ne pas s'être élevé au-dessus des vices de son temps, soit ; mais il est ridicule et inique de le présenter comme une exception monstrueuse. On a versé des pleurs plus ou moins désintéressés sur ceux qui eurent la maladresse de se faire les ennemis de Voltaire, les Desfontaines, les Fréron, les La Beaumelle : en vérité, voilà de jolis clients à défendre ! Disons tout simplement que Voltaire eut le tort de se commettre avec de tels drôles; qu'il n'était pas digne de lui de relever les calomnies et les outrages partis de si bas. Ajoutons même qu'il fut impitoyable dans ses représailles, qu'à plusieurs reprises, les misérables demandèrent grâce, et qu'il continua à les frapper à terre. Je veux bien blâmer cet acharnement, mais j'avoue qu'il m'est impossible de plaindre les victimes. Il ne savait aimer ni haïr à demi. On l'a accusé d'avoir été jaloux, envieux même. Il y a dans la tragédie de Trancrède un vers qui souleva à la représentation de 1760 les applaudissements de toute la salle ; elle en fit aussitôt l'application à l'auteur :

— De qui, dans l'univers, peut-il être jaloux ?

De Jean-Baptiste Rousseau, notre grand lyrique, comme on disait alors, de Crébillon, notre grand tragique, de Montesquieu, de Rousseau, de Buffon ? Qu'il ait été agacé de se voir sans cesse jeter à la tête les noms de Jean-Baptiste Rousseau et de Crébillon qu'on ne louait tant que pour le rabaisser, cela est certain ; qu'il ait été impatient de les remettre à leur place et de prendre la sienne, on ne peut en douter : il avait la conscience de sa valeur, il était poëte, irritable, et il voyait bien qu'on ne cherchait qu'à lui faire pièce. Quant à Montesquieu et à Buffon, il leur rendait justice, mais les aimait peu. Il exécrait Rousseau, et se déchaîna contre lui. Il y avait entre eux la plus complète antipathie de nature. Cela n'excuse pas les torts de Voltaire, mais cela les explique. Quant aux autres gens de lettres, il fut leur protecteur et leur ami. Il offrit à Diderot et à d'Alembert persécutés à Paris, de venir s'installer avec leurs collaborateurs à Ferney, pour y achever paisiblement l'*Encyclopédie;* il lança Marmontel, accabla de ses bienfaits Laharpe, qui plus tard ne s'en souvint guère. — Il y a des gens qui ne peuvent lui pardonner sa fortune ; mais il leur faut bien reconnaître qu'elle est inattaquable dans sa source : ils se rabattent donc sur l'usage qu'il en fit, et le traitent hardiment d'avare. Cet avare fondait à ses frais une colonie d'ouvriers à Ferney ;

il distribuait en temps de disette du blé de Sicile au-dessous des prix d'achat ; il payait les dettes des malheureux jetés en prison. On peut consulter à ce sujet Waguière, Luchet, Duvernet, Palissot lui-même, et j'y ajoute M. Nicolardot, dont le livre intitulé *Ménage et finances de Voltaire*, démontre absolument le contraire de ce que prétend l'auteur. Mais qu'importent ces misères ! Peu de temps avant sa mort, Voltaire écrivait le vers si simple et si touchant :

— J'ai fait un peu de bien, c'est mon meilleur ouvrage [1].

Qui oserait prétendre qu'il n'en eût pas le droit ? Il disait encore :

J'ai fait plus en mon temps que Luther et Calvin.

C'est ce que je vais examiner.

II

LES IDÉES DE VOLTAIRE

En quoi consiste la philosophie de Voltaire. — Ses idées sur Dieu, le monde, le mal physique, le mal moral, l'âme, la liberté, l'autre vie. — Caractère de ses attaques contre le Christianisme. — Ce qu'il a détruit, ce qu'il ne pouvait détruire.

Ici encore, il faut d'abord écarter les broussailles. Si la biographie de Voltaire est encore à faire, que dire de son œuvre ? M. Joseph de Maistre, le plus éloquent des déclamateurs, esprit si étroit qu'il se mêle de prophétiser, fai-

---

1. *A Horace*, 1772.

sait du moins à Voltaire l'honneur de l'appeler « un homme unique à qui l'Enfer avait remis ses pouvoirs. » C'est la note qui résonna le plus sous la Restauration : cela était commode, et les prédicateurs y trouvaient leur profit. Depuis, on a compris qu'il y avait quelque danger à surfaire l'ennemi : on a changé de ton ; Voltaire n'est plus qu'un « imbécile ». Quant au troupeau, interrogez le premier venu de ces gens à qui il faut des opinions de commande, il répondra : Voltaire est un athée, un révolutionnaire, un matérialiste, il ne croyait à rien, etc., etc. — Chose lamentable ! nos poëtes, et les plus chers, se sont faits à un moment l'écho de ces inepties. Victor Hugo, dans une pièce qui a pour titre : *Regard jeté dans une mansarde* (les *Rayons* et les *Ombres*), dépeint la chambre modeste d'une jeune ouvrière. Sur la cheminée brille la croix d'honneur de son père ; le mobilier, l'arrangement, tout respire l'innocence et la pureté ; mais dans un coin, au-dessus d'une armoire, embusqué, prêt à fondre sur sa proie, l'ennemi veille. L'ennemi, c'est un volume de Voltaire, déposé là on ne sait par qui, sans doute par Satan. Qu'est-ce que Voltaire ?

> Voltaire alors régnait, ce singe de génie,
> Chez l'homme en mission par le diable envoyé ?...

Voilà *l'homme unique à qui l'enfer avait remis ses pouvoirs*. Le poëte ne nous apprend pas si la jeune fille placée entre la croix de son père et ce fatal volume, résiste ou cède à la tentation ; mais il la supplie en termes si éloquents de ne pas toucher à ces pages infernales, qu'elle sera, nous l'espérons, sauvée. Les grisettes de 1839, quand elles lisaient, lisaient les romans de Paul de

Kock ; mais le moyen de tirer de là un effet quelconque !
Un autre, celui-là moins excusable, Alfred de Musset,
nous montre dans *Rolla* un jeune débauché, ruiné, qui
après une dernière orgie, se tue. C'est ce qu'il a de mieux
à faire. Quelle est la fatale influence qui a amené ce dénouement ? C'est la faute à Voltaire, comme on disait sous
la Restauration. De là l'apostrophe fameuse :

Dors-tu content, Voltaire, et ton hideux sourire...

Ainsi l'homme dont la longue existence fut remplie par le
travail, l'homme qui se fit l'avocat infatigable de la justice, le défenseur de tous les opprimés, c'est lui qui a
poussé un coureur de mauvais lieux à finir par le suicide
une vie déshonorée et inutile ! O poëtes ! âmes sonores,
légères, cruelles ! Le divin Platon, un de vos ancêtres,
avait donc raison, quand il disait : « Couronnons-les de
fleurs et reconduisons-les hors du territoire de la république ». — Après les poëtes, les...... comment les appel-
lerai-je ? Ils ont bien de la peine à se définir eux-mêmes,
les critiques « qui marchent dans la grande ligne de l'esprit humain » : c'est ainsi que l'un d'eux se caractérise
lui-même. Pour ces esprits supérieurs, qui savent tout,
comprennent tout, expliquent tout, et qui dans les vastes
champs de l'exégèse se rencontrent, se pillent, et s'injurient, Voltaire est un pauvre homme qui a pris « un
rôle facile », mais auquel il suffisait. Il a nié la divinité
de Jésus-Christ, la belle affaire ! M. Renan aussi prouve
que Jésus-Christ n'est pas Dieu ; seulement à la dernière
page, soulevé par l'enthousiasme, il s'écrie :

— « Repose maintenant dans ta gloire, noble initiateur.
Ton œuvre est achevée ; *ta divinité est fondée.* »

Voilà un des plus beaux triomphes de l'exégèse, inconnue à Voltaire ! Quant aux philosophes de profession, ils sont encore plus méprisants que les exégètes. Songez donc ! Voltaire n'a mis au jour aucun de ces systèmes fameux, comme les tourbillons, la vision en Dieu, l'harmonie préétablie, qui classent un homme parmi les penseurs, et fournissent pâture aux faiseurs de catalogues. Il n'avait que du bon sens, du jugement, de l'esprit, de la passion, bref, il ne compte pas. Eh bien, mettons-le à part.

Il y a plusieurs classes parmi les philosophes. La première catégorie est celle des métaphysiciens. Ils occupent les régions supérieures, les sommets sublimes, tout près des nuages : ce sont les aristocrates du pays. Voltaire n'est pas digne de s'asseoir en si illustre compagnie. Tout comme un autre à son heure et à plusieurs reprises, il a senti l'aiguillon de cette noble curiosité qui sonde l'inconnu, agite et retourne en tous sens les quatre ou cinq problèmes dont la solution est interdite à l'homme ; seulement il a reconnu les limites imposées à l'intelligence et il a défini la métaphysique « *le champ des doutes et le roman de l'âme.* » Selon lui, elle ne comprend que deux choses : « *tout ce que les hommes de bon sens savent, et tout ce qu'ils ne sauront jamais.* » S'il s'était arrêté là, il serait un sceptique comme il y en a tant, il ne serait pas Voltaire, c'est-à-dire, l'homme dont la plus ardente passion fut de servir l'humanité. Il va plus loin : c'est peu de déclarer la métaphysique inutile, il démontre qu'elle est dangereuse. C'est la métaphysique qui a donné naissance au dogmatisme, à l'intolérance, à la persécution. Du jour où on a prétendu avoir trouvé la solution de problèmes insolubles, on a voulu l'imposer aux autres. Ce n'est plus au nom de l'évidence et de la raison que les hommes ont parlé aux hommes : ils ont fait intervenir des autorités supérieures, écrasantes; ils ont fait appel au bras séculier, ils ont commencé cette épouvantable guerre d'extermination qui a ensanglanté l'empire romain au IVe siècle, qui a précipité le torrent de l'invasion sur les riches cités des Albigeois, et au delà des mers, en Palestine, qui a allumé les bûchers de l'inquisition, qui a anéanti les Américains, qui a soulevé les horribles guerres et les assassinats du XVIe siècle, qui a inspiré la révocation de l'Édit de Nantes, qui met encore aux prises Jésuites et Jansénistes, Sorbonne et Parlements. Il faut purger l'esprit humain de ces subtilités funestes, ne lui présenter que des vérités simples, accessibles à tous, véritablement utiles. Quelles sont ces vérités? — Ici commence le *credo* de Voltaire.

La première croyance est celle de Dieu. Il croit en Dieu, non pas, comme on l'a prétendu, en passant, à ses heures, et sous bénéfice d'inventaire; il y croit fermement [1], absolument, j'ajoute, courageusement, et je le montrerai. On chercherait en vain dans la vaste collection de ses œuvres un passage, un seul qui infirme cette croyance. Ce qui est remarquable surtout, c'est qu'à mesure qu'il vieillit, elle descend de plus en plus de son esprit dans son cœur; c'est un besoin pour lui de la manifester, de la propager. Une fois installé à Ferney, il élève un temple, avec cette inscription : *Deo erexit Vol-*

---

[1]. Consultez l'excellent résumé de la philosophie de Voltaire de M. Bersot. Les citations nombreuses, bien choisies, bien distribuées, convaincraient un inquisiteur, si un inquisiteur lisait.

taire ; mourant, il donne pour bénédiction au petit-fils de Franklin ces deux mots : *Dieu et liberté.* L'étude de la philosophie de Newton, si profondément religieuse sans cesser d'être scientifique, affermit et épura en lui cette foi qui jusque vers trente ans était comme inconsciente. En 1738, il écrivait ces beaux vers, tout vibrants du double enthousiasme qu'éveillent en lui les lois immuables de la nature et leur incommensurable auteur :

> Confidents du Très-Haut, substances éternelles,
> Qui brûlez de ses feux, qui couvrez de vos ailes
> Le trône où votre maître est assis parmi vous :
> Parlez : du grand Newton n'étiez-vous point jaloux ?
> . . . .
> Que ces objets sont beaux ! que notre âme épurée
> Vole à ces vérités dont elle est éclairée !
> Oui, dans le sein de Dieu, loin de ce corps mortel
> L'esprit semble écouter la voix de l'Éternel.

Plus tard, en Prusse, ni les railleries de Fréderic, ni les facéties de La Mettrie et des athées qui faisaient leur cour, rien ne peut l'ébranler. A peine de retour en France, la tentation devient plus pressante. Ce sont des amis, presque des disciples à lui, les Helvétius, les d'Holbach, les Diderot, Saint-Lambert lui-même, qui entrent en campagne contre Dieu. Pénible situation ! Va-t-il les suivre dans cette voie ? S'il se sépare d'eux, son prestige est gravement compromis ; on se moquera de sa pusillanimité, on le laissera là avec son Dieu suranné, on suivra d'autres chefs ; la direction de l'opinion va lui échapper. Il n'hésite pas, il sacrifie sa popularité à sa conscience. De Ferney, il entend les ricanements de la nouvelle école, les plaisanteries des agapes philosophiques, le terrible refrain qui lui revient de tous côtés : « le patriarche baisse ! » Jamais il ne fut plus jeune et plus intrépide, c'est-à-dire plus ferme dans sa foi. Il ne craint pas de l'appuyer sur ces vieux arguments toujours nouveaux, toujours invincibles, mais tournés alors en ridicule, les arguments des causes finales.

> Le monde m'importune, et je ne puis songer
> Que cette horloge existe et n'ait point d'horloger.

Et il ajoute :

— « Si une horloge n'est pas faite pour montrer l'heure, j'avouerai alors que les causes finales sont des chimères, et je trouverai bon qu'on m'appelle *cause finalier*, c'est-à-dire imbécile. »

On ne s'en faisait pas faute [1]. On essayait de lui faire comprendre que son Dieu créateur, conservateur, rémunérateur et vengeur, avait fait son temps, qu'on avait trouvé mieux que cela. Quoi ? La nature. C'est la devise du siècle, grand mot, grande chose, trop méconnue jusqu'alors et qu'il fallait rappeler aux hommes ; mais la nature s'explique-t-elle elle-même ? — Voici ce qu'elle répond à ceux qui l'interrogent sur les premiers principes : « Je n'en sais rien. » — Ils insistent, elle les renvoie, en leur disant : « Allez interroger celui qui m'a faite. »

Cette fin de non recevoir, il l'oppose sans hésiter aux athées qui invoquent l'universalité des choses ; mais alors ils se retournent contre lui, et lui disent : Qu'est-ce donc que ton Dieu ? Une abstraction, un préjugé, pis que cela, une idole au nom de laquelle les crimes les plus abomi-

---

[1]. Voir la belle pièce intitulée les *Cabales*.

nables se sont répandus sur la terre. — C'est au nom de Dieu... Et on lui déroule les sanglantes annales du genre humain. Supprimons Dieu, et nous empêchons à jamais le retour de ces abominations. — Il répond : ce n'est pas Dieu qui a commandé ces crimes ; ce sont des hommes qui prétendaient parler en son nom. Arrachons-leur le glaive sacré qu'ils brandissent encore, enseignons aux rois et aux peuples que nul n'a reçu mission ici-bas de punir et de détruire au nom de Dieu ; que la conscience est un sanctuaire inviolable, et le fanatisme est désarmé et meurt. — Que d'esprit et quelle profondeur, dans cette simple réponse !

— « Croit-on avoir anéanti le maître pour avoir redit qu'il a été souvent servi par des fripons ? »

Dans l'*Histoire de Jenni*, il met en scène un athée, il le harcèle, il le force dans ses derniers retranchements, et quand celui-ci est contraint de s'avouer vaincu, il lui accorde, comme consolation, le droit dont il usait si largement lui-même, de respecter le maître, mais de dauber sur les valets. N'est-ce pas lui qui a dit ? « Dieu a fait l'homme à son image, soit ; mais l'homme le lui a bien rendu. » — Eh bien, il faut refaire Dieu, non à l'image de l'homme, c'est-à-dire avec toutes les passions de l'homme, mais tel qu'il a gravé lui-même son image en nous, telle qu'elle nous apparaît à ces heures bénies de méditation et de recueillement mélancolique, où mesurant le vide des choses terrestres, et contemplant l'idéale beauté des choses d'en haut, notre âme sur les ailes du désir et de l'amour vole et se plonge dans la vision de l'infini. Ce Dieu-là, ceux-là mêmes qui se disent ses ministres, ne peuvent lui nuire ; c'est à lui que nous en appelons contre lui-même. Il est le consolateur des opprimés, les persécuteurs trouveront en lui un juge inexorable.

> — « Consulte Zoroastre et Minos et Solon,
> Et le martyr Socrate et le grand Cicéron :
> Ils ont adoré tous un maître, un juge, un père.
> Ce système sublime à l'homme est nécessaire.
> C'est le sacré lien de la société,
> Le premier fondement de la sainte équité,
> Le frein du scélérat, l'espérance du juste.
> Si les cieux, dépouillés de son empreinte auguste,
> Pouvaient cesser jamais de le manifester,
> Si Dieu n'existait pas, il faudrait l'inventer.
> Que le sage l'annonce et que les rois le craignent.
> Rois, si vous m'opprimez, si vos grandeurs dédaignent
> Les pleurs de l'innocent que vous faites couler,
> Mon vengeur est au ciel : apprenez à trembler ! »

Une objection l'a troublé, et combien d'autres elle a troublés avant lui ! C'est l'existence du mal physique et du mal moral dans le monde. Que le mal existe, cela est incontestable. Que de calamités répandues sur la race des mortels ! pestes, guerres, famines, tremblements de terre, inondations, que sais-je ? Quant au mal moral, même en laissant de côté le redoutable problème de la perversion de la nature humaine, quel spectacle offre le monde à l'observateur ! Partout le vice et le crime triomphants, la justice violée, la vérité persécutée, les sages et les vertueux abreuvés d'ignominies, traînés à la mort. Tous ces désordres physiques et moraux qui confondent la raison et révoltent la conscience, Dieu, le créateur et le conservateur du monde, pouvait les empêcher ; il le pouvait, sans quoi sa puissance serait bornée, et un Dieu qui n'est pas tout-puissant n'existe pas. Il devait les empêcher, car ils nous obligent à douter de sa justice et de sa bonté, et un Dieu qui n'est ni juste, ni bon, n'existe pas. C'est ce que déclara hautement Diagoras, le jour où il vit nier aux pieds des autels un dépôt reçu. La foudre de Jupiter n'écrasa point le parjure : il sortit triomphant de l'épreuve, Diagoras en sortit athée. Bien des justifications de Dieu avaient été essayées; la plus récente et la mieux coordonnée était l'optimisme de Leibniz : elle se résumait dans cet aphorisme célèbre : *tout est pour le mieux dans le meilleur des mondes possible*, ce qui ne veut pas dire : tout est bien, car Leibniz reconnaît sans difficulté les nombreuses irrégularités, au moins apparentes, que présente le spectacle du monde : mais il soutient que de toutes les combinaisons possibles, Dieu a choisi celle qui était la plus parfaite. Bien des détails nous choquent et nous révoltent, nous chétifs mortels, prompts à la plainte, et bornés dans nos horizons ; c'est que nous ne pouvons embrasser l'ensemble des choses universelles, ensemble qui comprend non-seulement tous les phénomènes présents, mais l'harmonieuse série des choses futures : c'est ainsi que se maintiennent dans l'œuvre de Dieu, la variété, le mouvement, l'ordre, l'infaillible justice. La terre, ce misérable point dans l'univers, attire seul et désole nos regards : élevons-nous par la pensée jusqu'à ces milliers de mondes reliés les uns aux autres par la loi souveraine du Créateur, dont la mesure n'est pas notre mesure. Réponse admirable! mais quoi! Nos impatiences et nos révoltes, un moment comprimées, éclatent de nouveau : faire crédit à Dieu, voilà le difficile ! Nul n'était plus dépourvu que Voltaire de cette sérénité, de cette impassibilité, de cette résignation confiante que recommandait Leibniz. L'épouvantable désastre de Lisbonne, détruite presque en entier par un tremblement de terre, le bouleversa (1755). De là, ce beau poëme, qui débute par un cri de révolte, poursuit par un gémissement, et finit par un soupir d'espérance. L'optimisme au fond ne peut le satisfaire absolument. N'est-ce pas une des formes du fatalisme? Si tout est pour le mieux dans le meilleur des mondes possible, à quoi bon se tourmenter, travailler, lutter? Croisons-nous les bras; assistons indifférents et résignés au développement régulier et impénétrable des combinaisons divines. Mais quoi! Que devient le ressort de l'activité humaine? Est-ce pour n'en pas faire usage que Dieu a mis en nous ces énergies, cet ardent désir du mieux, cette foi dans le progrès humain? Ce progrès, l'optimisme semble l'ajourner à une date que le faible entendement humain ne peut concevoir : il l'acceptera cependant.

Un jour tout sera bien, voilà notre espérance.

Mais ce qu'il ne veut pas, c'est que l'on déclare que tout est bien dès à présent :

Tout est bien aujourd'hui, voilà l'illusion.

Non, tout n'est pas bien. Il y a des erreurs à combattre, des préjugés à détruire, des vérités à annoncer. L'ignorance, le fanatisme, les misères de tout genre, les tyrannies, pèsent sur les mortels et les écrasent. Quelle dérision de leur dire : l'ensemble des choses vous échappe; tout est bien au point de vue de l'harmonie universelle! Ceci encore est de la métaphysique, du roman. Le monde est une énigme; mais ce qui est certain, c'est que l'homme n'est pas fait pour languir dans l'inertie. A l'œuvre donc, et, puisque le mal existe certainement, pour nous du moins, diminuons la somme du mal. La devise de l'homme ne sera donc pas : tout est bien; elle sera :

Que tout soit bien ou mal, faisons que tout soit mieux. La solution du problème final est réservée; les problèmes de la vie de chaque jour sont hardiment abordés et résolus. Voilà la correction que Voltaire propose à l'optimisme. — Il s'incline devant la toute-puissance de Dieu :

> Je ne sais que souffrir et non pas murmurer.

Mais il ne croit pas l'offenser en usant des dons qu'il en a reçus pour servir ses semblables, et il garde au cœur l'espérance.

> Un calife autrefois, à son heure dernière,
> Au Dieu qu'il adorait dit pour toute prière :
>
> « Je t'apporte, ô seul roi, seul être illimité,
> Tout ce que tu n'as pas dans ton immensité,
> Les défauts, le regret, les maux et l'ignorance. »
> Mais il pouvait encore ajouter l'*espérance*. »

L'espérance! Ce n'est pas tout à fait la foi. Il n'est pas allé jusque-là. — Il disait que de toutes les fables de l'antiquité la plus belle était celle de Pandore.

Et cependant il a écrit *Candide*, cette œuvre d'amère saveur, désolée et railleuse, véritable débauche d'ironie désespérée. Mais quel est le dernier mot de *Candide?* La devise même de Voltaire. Il faut travailler son jardin. Chacun a son jardin, petit ou grand, qu'il le travaille.

« Le travail éloigne de nous trois grands maux, l'ennui, le vice et le besoin. »

A qui bon insister davantage ? Non-seulement Voltaire croit en Dieu, déclare l'existence de Dieu absolument nécessaire,

Si Dieu n'existait pas, il faudrait l'inventer,

mais il a défendu cette croyance contre des amis, et des disciples fourvoyés : on connaît ses protestations, véritables chefs-d'œuvre de bon sens, d'esprit, et même d'éloquence [1]. Il est malheureux que les défenseurs officiels de la religion au XVIIIe siècle n'en aient pas laissé de semblables ; mais sans doute on aimait mieux alors brûler les livres que d'y répondre.

Sur les autres questions métaphysiques Voltaire est incomplet, j'ajouterai même si l'on veut, superficiel. A propos de la nature de l'âme, il me semble avoir à peu près pensé comme Mahomet que Dieu nous a laissé à ce sujet bien peu de lumière. Y a-t-il en nous une substance d'une essence particulière, qui pense, juge, raisonne ? Dieu ne peut-il pas avoir attaché à la matière l'attribut de la pensée ? il n'en sait rien, il estime que nul n'en peut rien savoir, et il ajoute que la recherche de ces problèmes n'est d'aucune utilité. Il s'égaie en plus d'un endroit aux dépens de la fameuse théorie des *idées innées*, qu'il a contribué plus que personne à ruiner dans l'esprit

---

[1]. Citer les preuves à l'appui, cela mènerait bien loin : mais que ceux qui connaissent les belles pièces *les Cabales*, *les Systèmes*, *à l'Auteur du livre des trois imposteurs*, s'y reportent ; que les autres les lisent. — Il serait cruel d'inviter les lecteurs à comparer ces chefs-d'œuvre à l'épître de Boileau sur *l'amour de Dieu*.

de ses contemporains ; mais le fond des arguments ne lui appartient pas, c'est à Locke qu'il l'a emprunté. Seulement Locke n'aurait de sitôt franchi le détroit, si Voltaire ne l'eût emporté avec lui vers 1730, et habillé à la française. Si on le compare aux philosophes de son temps, il les égale en profondeur, ce qui n'est pas beaucoup dire, et il les surpasse en élévation [1]. Conséquents avec eux-mêmes, les athées et les matérialistes de France et de Prusse, Helvétius, d'Holbach, La Mettrie, Frédéric, niaient la liberté morale, la responsabilité, l'autre vie. Pour eux, la distinction du juste et de l'injuste était le résultat de conventions humaines et non la conscience même de l'humanité ; et il n'y avait d'autre loi morale que celle de l'intérêt et du plaisir. Voltaire a constamment défendu le libre arbitre, contre Frédéric d'abord, qui n'étant encore que prince royal, lui adressait d'interminables mémoires contre la liberté, instinct de despote ; puis contre Helvétius qu'il aimait, les Holbachiens qu'il goûtait peu, et enfin, peu de temps avant sa mort, contre un médecin fort obscur qui n'était autre que le fameux Marat. Avec ce bon sens lumineux et vif qui le caractérise, il prenait ces architectes du néant en flagrant délit de contradiction. Si l'homme n'était pas libre, que signifiaient donc ces déclamations incessantes contre les despotes et les tyrans de tout état, de toute robe ? Ils faisaient ce qu'il était dans leur nature de faire. Lui du moins pouvait leur montrer un Dieu rémunérateur et vengeur ; mais si Dieu n'existe pas, s'il n'y a pas d'autre vie, à quoi bon se gêner en celle-ci ? à quoi bon se refuser le plaisir d'em-

---

[1]. En étudiant Rousseau, je reviendrai sur ce point.

prisonner, d'exiler, de dépouiller? A tous ces déclamateurs étroits il oppose (*Discours sur l'homme* — *La loi naturelle*) l'universalité de la loi morale. On a beau citer, rappeler les mœurs bizarres de certains peuples, des institutions monstrueuses, des lois incompréhensibles : il n'en est pas moins vrai que dans tous les temps, sous tous les climats, la conscience du genre humain a distingué le juste de l'injuste. Sur ce point, plus de diversité, aucune dissonance. Écartons cette vaine fantasmagorie de la variété des coutumes, et saisissons l'unité essentielle des races et des peuples : c'est dans la notion de la justice qu'elle se révèle.

> Usages, intérêts, cultes, lois, tout diffère,
> Qu'on soit juste, il suffit; le reste est arbitraire.

Qu'on soit juste, il suffit. Cela suffit-il? Les anciens définissaient la justice : *Neminem lœdere*, *suum cuique tribuere*, ne faire tort à personne, rendre à chacun ce qui lui est dû. Les stoïques allaient au delà : ils exigeaient que le sage aimât les hommes, qu'il se considérât comme un membre d'un vaste corps, créé non pour lui-même, mais pour tout l'univers. *Membra sumus corporis magni.*

> *Non sibi, sed toti genitum se credere mundo*

Le Christianisme primitif a joint la pratique à la théorie, et c'est par là qu'il a conquis le monde. Voltaire n'est pas si éloigné du Christianisme primitif qu'on le suppose : il définit la vraie vertu, non pas l'égoïsme pieux qui pousse l'homme à fuir ses semblables, à s'imposer macérations et jeûnes, mais l'amour des hommes et le service de l'humanité. Il n'hésite pas à citer en exemple la parole même de Jésus-Christ.

> Le monde est médisant, vain, léger, envieux ;
> Le fuir est très-bien fait, le servir encor mieux.
> — « Quand l'ennemi divin des scribes et des prêtres,
> Chez Pilate autrefois fut traîné par des traîtres,
> De cet air insolent qu'on nomme dignité,
> Le Romain demanda : « Qu'est-ce que vérité ?
> L'homme Dieu qui pouvait l'instruire et le confondre,
> A ce juge orgueilleux dédaigna de répondre...
> Mais lorsque, pénétré d'une ardeur ingénue,
> Un simple citoyen l'aborda dans la rue,
> Et que, disciple sage, il prétendit savoir
> Quel est l'état de l'homme, et quel est son devoir :
> Sur ce grand intérêt, sur ce point qui nous touche,
> Celui qui savait tout ouvrit alors la bouche ;
> Et dictant d'un seul mot ses décrets solennels,
> « Aimez Dieu, lui dit-il, mais aimez les mortels. »
> Voilà l'homme et sa loi, c'est assez : le ciel même
> A daigné tout nous dire en ordonnant qu'on aime.

Ajoutons une dernière citation, qui nous rappellera l'abbé de Saint-Pierre, dont les idées jusqu'ici, on l'a vu, ont un rapport frappant avec celles de Voltaire.

> Certain législateur, dont la plume féconde
> Fit tant de vains projets pour le bien de ce monde,
> Et qui depuis trente ans écrit pour des ingrats,
> Vient de créer un mot qui manque à Vaugelas :
> Ce mot est *bienfaisance* : il me plaît, il rassemble,
> Si le cœur en est cru, bien des vertus ensemble.
> Petits grammairiens, grands précepteurs des sots,
> Qui pesez la parole et mesurez les mots,
> Pareille expression vous semble hasardée :
> Mais l'univers entier en doit chérir l'idée.

La politique a d'étroits rapports avec la morale, théoriquement s'entend, car dans la pratique c'est toute autre chose. Ce n'est pas la partie la plus brillante de l'œuvre de Voltaire. Il est certain qu'auprès de Montesquieu, de

Rousseau et même de Mably, il fait assez pauvre figure [1], et qu'il n'a pas toujours bien saisi le sens et la portée de *l'Esprit des Lois* et du *Contrat social*. Au fond, il était monarchique, il l'était d'instinct, pour ainsi dire et de nature, comme J.-J. Rousseau était républicain. Quelle monarchie a ses préférences ? Celle qu'il a trouvée établie en Angleterre. Dix huit ans avant *l'Esprit des Lois*, il disait :

— « Il en a coûté sans doute pour établir la liberté en Angleterre; c'est dans des mers de sang qu'on a noyé l'idole du pouvoir despotique ; mais les Anglais ne croient point avoir acheté trop cher leurs lois. »

En 1765, il semble encore plus hardi : il est vrai qu'à ce moment il a acquis de l'expérience, et qu'après avoir vécu chez les rois, il s'est fait roi chez lui. Voici l'image qu'il présente du gouvernement arbitraire, que par dérision, sans doute, les publicistes autoritaires appelaient paternel.

— « Une société d'hommes gouvernée arbitrairement, ressemble parfaitement à un troupeau de bœufs mis au joug pour le service du maître. Il ne les nourrit qu'afin qu'ils soient en état de le servir ; il ne les panse dans leurs maladies qu'afin qu'ils lui soient utiles en santé ; il les engraisse pour se nourrir de leur substance ; et il se sert de la peau des uns pour attacher les autres à la charrue. »

Voilà qui est bien, mais on chercherait en vain dans

---

1. Il y a cependant dans ses œuvres trois volumes de *Politique et législation*. C'est là que se trouvent tout ce qui a rapport aux Calas, aux Sirven, le *Traité de la Tolérance*, le commentaire sur le *Traité des délits et des peines*, de Beccaria, les requêtes en faveur des habitants du pays de Gex et des serfs du Mont Jura.

ses écrits un ensemble d'idées sur la matière dont on pût former un système. Républicain, il n'est pas éloigné de l'être dans ses vingt dernières années ; seulement il exclurait du gouvernement ceux qui ne possèdent rien : c'est l'*aristomonarchie* de l'abbé de Saint-Pierre. Pas plus que Montesquieu, il n'aime l'égalité ; autant et plus que lui peut-être, il réclame la liberté de penser, la liberté individuelle, la liberté de conscience. Quant aux lois qui doivent régler les rapports entre l'Église et l'État, on imagine bien quelles sont celles qu'il établirait s'il était le maître. De son temps, les deux tyrannies se donnaient la main ; on n'échappait à l'une que pour tomber sous les coups de l'autre. On ne voit pas ce que l'Église et l'État ont gagné à cette alliance, on sait ce que chacun d'eux y a perdu. On les a enfin séparés, légalement s'entend, car il y a encore de temps à autre des rapprochements dont la liberté fait les frais. Voltaire a senti que cette séparation était nécessaire et juste ; mais il l'a senti en homme de lutte, c'est-à-dire vivement et sans se fixer à des principes immuables. Il a couru au plus pressé. Ce qu'il lui fallait à lui, c'était la sécurité du côté de l'Église ; pour l'obtenir, il faisait bon marché de la liberté ; il était prêt à contracter alliance avec le pouvoir ; il voulait qu'il intervînt sans cesse, même dans les disputes théologiques, au moins pour imposer silence aux deux parties, absolument comme le demandait l'abbé de Saint-Pierre. Désarmer le fanatisme, voilà sa première préoccupation. Elle était légitime ; mais ce n'est pas le despotisme qui devait avoir cet honneur, c'est la liberté. Il n'a eu que trop de disciples en ce point. Sous la Restauration, les Voltairiens ne cessaient de déclamer contre le clergé qui refusait ses prières et ses sacrements aux gens morts sans confession, et menaçait des peines éternelles les incrédules : c'était le droit du clergé ; et il était au moins bizarre d'entendre réclamer par des gens qui ne croyaient pas et pour des gens qui ne croyaient pas, des prières et des cérémonies dont ils se moquaient. Mais ce n'est pas en un jour que les hommes apprennent la pratique de la liberté ; même quand les chaînes sont brisées, elles pèsent encore sur les mains.

Un mot en finissant sur les attaques dirigées par Voltaire contre le Christianisme. Essayons d'en déterminer la nature et la portée.

On cite bien des mots de lui à ce sujet. Le lieutenant de police Hérault lui dit un jour : « Vous aurez beau faire, vous ne détruirez pas le Christianisme » ; il répondit : « nous verrons. » — Et que mettrez-vous à la place ? lui demanda-t-on une autre fois. — Comment, répliqua-t-il, je vous délivre d'une bête féroce qui allait vous dévorer, et vous me demandez ce que je mettrai à la place ! » Il n'a pas détruit le Christianisme, cela est évident ; mais il a détruit ce qu'il considérait à tort comme le Christianisme. C'était l'opinion, générale au xviiie siècle, que les religions positives étaient l'œuvre des politiques et des prêtres associés pour exploiter la crédulité publique et assurer leur domination. La critique historique était encore faible et mal assurée dans ses principes ; on ne remontait guère aux sources ; on confondait dans la même condamnation les origines et les développements ultérieurs des grandes doctrines religieuses qui se partagent le monde. L'antique Orient était peu connu et mal connu ; le mahométisme qui régnait sur une grande partie de l'Orient moderne, apparaissait visiblement comme l'œuvre d'un homme supérieur à ses contemporains, mais qui avait plus d'une fois employé la ruse et l'artifice pour en imposer à la multitude. Il était permis de le penser, il était permis de le dire. Le *Mahomet* de Voltaire, la plus injuste et la plus étroite critique qui ait été faite du législateur des Arabes, était applaudi de tous, et le pape acceptait la dédicace de la tragédie. Il s'en fallait que l'on eût les mêmes libertés à l'égard du Christianisme. L'Église puissamment organisée, riche, influente, intimement alliée aux rois, réprimait avec la dernière rigueur les moindres essais de révolte et jusqu'aux critiques les plus modérées. Elle ne pouvait cependant supprimer l'histoire. Il n'était pas besoin d'une grande science pour découvrir que le Protestantisme n'était pas le Catholicisme, que le Catholicisme lui-même ne ressemblait guère au Christianisme des trois premiers siècles. Comment l'Église avait-elle acquis ses immenses richesses ? D'où lui venait sa puissance temporelle ? Quel usage avait-elle fait de l'un et de l'autre depuis le VIe siècle jusqu'à la révocation de l'édit de Nantes ? Les Grégoire VII, les Jules II, les Borgia étaient-ils les représentants et les successeurs légitimes de Jésus-Christ ? Comment concilier avec les textes, avec l'esprit de l'Évangile l'opulence du clergé, la domination sur tous les trônes revendiquée par les papes, les croisades prêchées, les Albigeois, les Américains anéantis, l'Inquisition, les dragonnades, les bûchers de Jean Huss, de Dolet, de Vanini, les persécutions sans nombre dirigées contre les plus glorieux représentants de la raison humaine, Galilée, Descartes et tant d'autres ? Eh bien ! cette histoire que nul n'avait encore osé faire, qui sommeillait pour ainsi dire au fond des consciences avec l'épouvante et le mépris, Voltaire l'a faite et refaite cent fois. Pendant soixante ans il a fouillé avec une ardeur prodigieuse les annales de l'Église, il en a exhumé avec joie tous les scandales, toutes les usurpations, tous les crimes ; il les a étalés en pleine lumière ; il les a dénoncés à l'indignation du monde ; il a supplié les rois et les peuples de briser le joug qui les opprimait et les déshonorait. A-t-il eu tort ? Il a eu cent fois raison. Quel intérêt auraient donc les vrais chrétiens à accepter le sanglant héritage du fanatisme, à se déclarer solidaires des bourreaux ? La tolérance que réclamait Voltaire, il l'a obtenue ; il a obtenu davantage, la liberté, la liberté qui est écrite dans les lois, et ce qui vaut mieux, dans la conscience de tous. En ce sens, il a rendu au Christianisme un service inappréciable : il l'a débarrassé à jamais de toute alliance adultère avec la force ; en lui arrachant sa puissance temporelle, ses biens corrupteurs, ses moyens matériels d'action, il l'a purifié, il a accru son autorité morale, il a préparé son renouvellement. C'est par là qu'il se rattache à Luther et à Calvin, et continue leur œuvre. Bossuet lui-même reconnaissait qu'au commencement du XVIe siècle il était absolument nécessaire que l'Église se réformât : deux cent-cinquante ans plus tard, cela était plus nécessaire encore. Il faut se rappeler ce que Voltaire avait sous les yeux. Où sont les grands théologiens ? Il n'y en a plus, Bossuet est le dernier. Où sont les grands orateurs ? Il n'y en a plus. Les apologistes ? Il n'y en a plus. Que sont les princes de l'Église ? Dubois, Tencin, Bernis, Rohan, en attendant Maury et Talleyrand. Que sont devenus les ordres religieux ? Les jésuites sont expulsés de France, de Portugal et d'Espagne, comme banqueroutiers, conspirateurs et corrupteurs. Faut-il parler des mœurs du clergé? Le Jansénisme s'éteint dans le ridicule ; la Sorbonne brandit des foudres fumeux ; les parlements qui viennent en aide à l'intolérance, qui brûlent les livres, décrètent les auteurs, assassinent Calas et la Barre, tombent à leur tour dans l'impopularité et le mépris. Que dire de la dévotion d'un Louis XV, confessé, absous, admis aux sacrements, passant du Parc aux Cerfs à la sainte table ? De tels scandales étaient-ils faits pour relever dans l'opinion publique la religion et ses ministres? Que l'on accuse, si l'on veut, le XVIIIe siècle d'impiété ; mais que l'accusation retombe sur tous indistinctement et non sur ceux qui ont dénoncé les abus et les turpitudes. Que l'on commence par justifier les accusés, si l'on peut, on fera ensuite le procès aux accusateurs. Si la France, si l'Europe tout entière n'avaient pas été avec eux, où auraient-ils pris leur point d'appui? Mais à quoi bon insister sur ce point ? Voltaire a eu raison d'attaquer le Christianisme faux, corrompu, persécuteur ; il en a triomphé, et l'on ne peut que s'en réjouir.

Il y en a un autre, le vrai, celui qui de bonne heure s'appela lui-même *la bonne nouvelle*. Qu'est-ce ? C'est d'abord la ferme croyance en une autre vie, et par suite le détachement des biens périssables, des plaisirs qui passent et ne laissent dans l'âme que vide ou remords ; c'est encore le mépris des maux d'ici-bas, pauvreté, exil, deuils; mépris, non, mais acceptation résignée et douce : ce sont là des épreuves envoyées de Dieu, et comme une marque particulière de son affection. Pour le chrétien, point de douleur si cruelle qu'elle ne porte avec elle sa joie et une invincible espérance. Heureux ceux qui pleurent, car ils seront consolés ! Le Christianisme, c'est encore le ciel ouvert à tous, sans distinction d'origine, de fortune, de condition ; c'est l'égalité universelle aux yeux de Dieu. Grecs, Romains, barbares, vainqueurs et vaincus, maîtres opulents et esclaves courbés sous le fouet, tous peuvent entrer dans la cité céleste, tous sont les fils d'un même Dieu, tous ont droit aux mêmes récompenses. Le pauvre, l'esclave, le vagabond qui meurt au bord de la route, le prisonnier que l'on égorge dans l'arène, tous ceux que rejette ou écrase la cité des hommes, ils ont làhaut une patrie. Le Christianisme, c'est encore la loi d'amour apportée au monde. Les stoïques l'avaient annoncé dans les écoles et dans les livres, que tous les hommes étaient égaux, que tous les hommes étaient frères ; mais ce n'était pas assez d'éclairer les esprits, il fallait unir les âmes. Purs, forts, tristes, ne laissant au monde pour adieu que quelques nobles paroles, ils avaient passé, solitaires et sans daigner se mêler à ces multitudes d'ignorants et de déshérités, dont nul n'avait souci. C'est à ceux-là d'abord que le Christianisme révéla la loi d'amour : ne devaient-ils pas être les premiers aimés et consolés ? C'est par eux que commença à se former la grande, l'universelle famille qui se fonde ici-bas et se retrouve làhaut. Eh bien ! tout cela Voltaire ne l'a pas compris, ne l'a pas senti, est-il besoin d'ajouter, ne l'a pas détruit ? Qui le détruirait ? Ce sont les racines mêmes de l'âme humaine ; c'est la substance de tout ce que l'humanité a cru, rêvé, espéré dans tous les temps ; c'est le lien qui rattache à travers les âges aux Socrate et aux Épictète les Las Casas et les Vincent de Paul. Homme de lutte, homme de passion, Voltaire n'a vu que le présent, ou, s'il a interrogé le passé, c'est pour y découvir les dérogations à la doctrine primitive. Il fallait les rappeler, il a eu raison de le faire ; mais lui, qui savait si bien séparer la cause de Dieu de celle des prêtres, comment a-t-il confondu dans la même condamnation le Catholicisme et le Christianisme ? Comment n'a-t-il pas reconnu dans le Catholicisme lui-même une grandeur incontestable, une autorité parfois tutélaire, des titres à la reconnaissance du genre humain? Pourquoi ? Les hommes sont des hommes, et un soldat qui se bat ne songe guère à se demander si l'ennemi ne pourrait pas avoir raison. Parmi les catholiques ardents, y en a-t-il beaucoup qui rendent justice à Voltaire ? Il y a cependant une partie de son œuvre qui subsiste ; l'autre, le temps et les progrès de la raison publique en ont fait justice.

Il faut conclure. Je voudrais sur un point si délicat céder la parole à Voltaire lui-même. Je choisis dans le *Dictionnaire philosophique*, à l'article *Religion*, le fragment que l'on va lire, et qui remonte aux dernières années de la vie de l'auteur. Je m'assure que ceux qui ne le connaissent pas en seront fort surpris. Ils se demanderont si l'homme qui a écrit ces pages, était bien cet ennemi acharné et partial du Christianisme que représentent certains biographes.

— « Je méditais cette nuit ; j'étais absorbé dans la contemplation de la nature ; j'admirais l'immensité, le cours, les rapports de ces globes infinis que le vulgaire ne sait pas admirer.

J'admirais encore plus l'intelligence qui préside à ces

vastes ressorts. Je me disais : Il faut être aveugle pour n'être pas ébloui de ce spectacle ; il faut être stupide pour n'en pas reconnaître l'auteur ; il faut être fou pour ne pas l'adorer. Quel tribut d'adoration dois-je lui rendre? Ce tribut ne doit-il pas être le même dans toute l'étendue de l'espace, puisque c'est le même pouvoir suprême qui règne également dans cette étendue?

Un être pensant, qui habite dans une étoile de la voie lactée, ne lui doit-il pas le même hommage que l'être pensant sur ce petit globe où nous sommes? La lumière est uniforme pour l'astre de Sirius et pour nous ; la morale doit être uniforme. Si un animal, sentant et pensant dans Sirius, est né d'un père et d'une mère tendres qui aient été occupés de son bonheur, il leur doit autant d'amour et de soins que nous en devons ici à nos parents. Si quelqu'un, dans la voie lactée, voit un indigent estropié, s'il peut le soulager, et s'il ne le fait pas, il est coupable envers tous les globes.

Le cœur a partout les mêmes devoirs, sur les marches du trône de Dieu, s'il a un trône ; et au fond de l'abîme, s'il est un abîme.

J'étais plongé dans ces idées, quand un de ces génies qui remplissent les intermondes descendit vers moi. Je reconnus cette même créature aérienne qui m'avait apparu autrefois pour m'apprendre combien les jugements de Dieu diffèrent des nôtres, et combien une bonne action est préférable à la controverse.

Il me transporta dans un désert tout couvert d'ossements entassés ; et entre ces monceaux de morts, il y avait des allées d'arbres toujours verts, et au bout de chaque allée, un grand homme, d'un aspect auguste, qui regardait avec compassion ces tristes restes.

— Hélas! mon archange, lui dis-je, où m'avez-vous mené? — A la désolation, me répondit-il. — Et qui sont ces beaux patriarches que je vois immobiles et attendris au bout de ces allées vertes, et qui semblent pleurer sur cette foule innombrable de morts? — Tu le sauras, pauvre créature humaine, me répliqua le génie des intermondes ; mais auparavant il faut que tu pleures.

Il commença par le premier amas. — Ceux-ci, dit-il, sont les vingt-trois mille Juifs qui dansèrent devant un veau, avec les vingt-quatre mille qui furent tués avec des filles madianites.

Le nombre des massacrés pour des délits ou des méprises pareilles se monte à près de deux cent mille.

Aux allées suivantes sont les charniers des chrétiens égorgés les uns par les autres pour des disputes métaphysiques. Ils sont divisés en plusieurs monceaux de quatre siècles chacun. Un seul aurait monté jusqu'au ciel; il a fallu les partager.

— Quoi! m'écriai-je, des frères ont traité ainsi leurs frères et j'ai le malheur d'être dans cette confrérie!

— Voici, dit l'esprit, les douze millions d'Américains tués dans leur patrie, parce qu'ils n'avaient pas été baptisés. — Hé! mon Dieu! que ne laissiez-vous ces ossements affreux se dessécher dans l'hémisphère où leurs corps naquirent, et où ils furent livrés à tant de trépas différents? Pourquoi réunir ici tous ces monuments abominables de la barbarie et du fanatisme?

— Pour t'instruire.

Un peu au delà de ces piles de morts, nous trouvâmes d'autres piles : c'étaient des sacs d'or et d'argent, et chacune avait son étiquette : *Substance des hérétiques massacrés au* XVIII*e siècle, au* XVII*e, au* XVI*e, et ainsi en remontant.* — *Or et argent des Américains égorgés.* Et toutes ces piles étaient surmontées de croix, de mitres, de crosses, de tiares enrichies de pierreries.

— Quoi, mon génie, ce fut donc pour avoir ces richesses qu'on accumula ces morts? — Oui, mon fils.

Je versai des larmes; et quand j'eus mérité par ma douleur qu'il me menât au bout des allées vertes, il m'y conduisit.

— Contemple, me dit-il, les héros de l'humanité qui ont été les bienfaiteurs de la terre, et qui se sont tous réunis à bannir du monde, autant qu'ils l'ont pu, la violence et la rapine. Interroge-les. »

Parmi ces législateurs et ces *héros de l'humanité*,

Voltaire reconnaît et salue Numa Pompilius, qui enseigna à des brigands la vertu et le culte de Dieu ; puis il s'entretient avec le sage Pythagore, Zoroastre, Zaleucus, Thalès, Anaximandre, et enfin il aborde Socrate, adorateur d'un seul Dieu, Socrate, le dernier et le plus illustre des sages de l'antiquité, Socrate, victime de la superstition et de l'hypocrisie, Socrate enfin, que Rousseau avait déjà rapproché de Jésus-Christ.

— « Après avoir joui quelque temps de l'entretien de Socrate, je m'avançai avec mon guide dans un bosquet *situé au-dessus des bocages* où tous ces sages de l'antiquité semblaient goûter un doux repos.

Je vis un homme, d'une figure douce et simple, qui me parut âgé d'environ trente-cinq ans. Il jetait de loin des regards de compassion sur cet amas d'ossements blanchis, à travers lesquels on m'avait fait passer pour arriver à la demeure des sages. Je fus étonné de lui trouver les pieds enflés et sanglants, les mains de même, le flanc percé et les côtes écorchées de coups de fouet. — Eh ! bon Dieu, lui dis-je, est-il possible qu'un juste, un sage soit dans cet état ? Je viens d'en voir un qui a été traité d'une manière bien odieuse, mais il n'y a pas de comparaison entre son supplice et le vôtre. De mauvais prêtres et de mauvais juges l'ont empoisonné ; est-ce aussi par des prêtres et par des juges que vous avez été assassiné si cruellement ?

Il me répondit oui avec beaucoup d'affabilité.

— Et qui étaient donc ces monstres ?

— C'étaient des hypocrites.

— Ah ! c'est tout dire ; je comprends par ce seul mot qu'ils durent vous condamner au dernier supplice. Vous leur aviez donc prouvé, comme Socrate, que la lune n'était pas une déesse, et que Mercure n'était pas un Dieu ?

— Non, il n'était pas question de ces planètes. Mes compatriotes ne savaient point du tout ce que c'est qu'une planète ; ils étaient tous de francs ignorants. Leurs superstitions étaient toutes différentes de celles des Grecs.

— Vous voulûtes donc leur enseigner une nouvelle religion?

— Point du tout; je leur disais simplement : Aimez Dieu de tout votre cœur et votre prochain comme vous-même, car c'est là tout l'homme. Jugez si ce précepte n'est pas aussi ancien que tout l'univers; jugez si je leur apportais un culte nouveau. Je ne cessais de leur dire que j'étais venu non pour abolir la loi, mais pour l'accomplir; j'avais observé tous leurs rites; circoncis comme ils l'étaient tous, baptisé comme l'étaient les plus zélés d'entre eux, je payais comme eux le corban; je faisais comme eux la Pâque, en mangeant debout un agneau cuit dans des laitues. Moi et mes amis nous allions prier dans le temple; mes amis même fréquentèrent ce temple après ma mort; en un mot j'accomplis toutes leurs lois sans en excepter une.

— Quoi! ces misérables n'avaient pas même à vous reprocher de vous être écarté de leurs lois?

— Non, sans doute.

— Pourquoi donc vous ont-ils mis dans l'état où je vous vois?

— Que voulez-vous que je vous dise! ils étaient fort orgueilleux et intéressés. Ils virent que je les connaissais; ils surent que je les faisais connaître aux citoyens; ils étaient les plus forts, ils m'ôtèrent la vie; et leurs semblables en feront toujours autant, s'ils le peuvent, à quiconque leur aura trop rendu justice.

— Mais ne dites-vous, ne fîtes-vous rien qui pût leur servir de prétexte?

— Tout sert de prétexte aux méchants.

. . . .
. . . .

— Vous n'avez donc contribué en rien par vos discours, ou mal rendus ou mal interprétés, à ces monceaux d'affreux ossements que j'ai vus sur ma route, en venant vous consulter?

— Je n'ai vu qu'avec horreur ceux qui se sont rendus coupables de tous ces meurtres.

— Et ces monuments de puissance et de richesse, d'orgueil et d'avarice, ces trésors, ces ornements, ces signes de grandeur que j'ai vus accumulés sur la route en cherchant la sagesse, viennent-ils de vous?

— Cela est impossible; j'ai vécu moi et les miens dans la pauvreté et la bassesse. Ma grandeur n'était que dans la vertu.

J'étais près de le supplier de vouloir bien me dire au juste qui il était. Mon guide m'avertit de n'en rien faire. Il me dit que je n'étais pas fait pour comprendre ces mystères sublimes. Je le conjurai seulement de m'apprendre en quoi consistait la vraie religion.

— Ne vous l'ai-je pas déjà dit? Aimez Dieu et votre prochain comme vous-même.

— Quoi! en aimant Dieu, on pourrait manger gras le vendredi?

— J'ai toujours mangé ce qu'on m'a donné; car j'étais trop pauvre pour donner à dîner à personne.

— En aimant Dieu, en étant juste, ne pourrait-on pas être assez prudent pour ne point confier toutes les aventures de sa vie à un inconnu?

— C'est ainsi que j'en ai toujours usé.

— Ne pourrais-je, en faisant du bien, me dispenser d'aller en pélerinage à Saint-Jacques-de-Compostelle?

— Je n'ai jamais été dans ce pays-là.

— Faudrait-il me confiner dans une retraite avec des sots?

— Pour moi, j'ai toujours fait de petits voyages de ville en ville.

— Me faudrait-il prendre parti pour l'Église grecque ou pour la latine?

— Je ne fis aucune différence entre le Juif et le Samaritain, quand je fus au monde.

— Eh bien! s'il en est ainsi, je vous prends pour mon seul maître.

Alors il me fit un signe de tête qui me remplit de consolation; la vision disparut, et la bonne conscience me resta. »

III

VOLTAIRE ÉCRIVAIN

1° LE POÈTE

Comment Voltaire se rattache à l'école de Fontenelle et de Lamotte. Faiblesse de l'invention poétique. — La *Henriade*, les allégories. — L'originalité du théâtre de Voltaire. — Voltaire et Shakespeare. — Les tragédies philosophiques. — Ce que l'on appelle les *poésies légères*. — Supériorité de Voltaire en ce genre.

L'œuvre de Voltaire se partage à peu près également entre la prose et les vers. Il passait d'un style à l'autre avec la plus extrême facilité ; c'était pour lui une distraction, un renouvellement. Les contemporains et la génération qui a suivi admiraient fort le poëte ; La Harpe, même après sa conversion, le place sans hésiter parmi les plus grands ; Marmontel, Condorcet, Ducis, qui lui succéda à l'Académie, l'abbé de Radonvilliers, qui reçut Ducis, malgré des réserves formelles quant au fond, Frédéric, qui fit lire l'éloge de Voltaire dans son académie, tous glorifient en lui un des plus illustres favoris des Muses. Même sous la Restauration, les ennemis les plus ardents du *philosophisme*, comme on disait alors, ne pouvaient que gémir sur l'abus que cet homme extraordinaire avait fait de ses dons supérieurs. M. Lepan, que j'ai déjà cité, s'exprime ainsi :

— « Les tablettes de *Calliope* avaient jusque-là été négligées, Voltaire en sut faire usage ; il arracha à Campistron et à Crébillon le sceptre de *Melpomène* ; il essaya d'ôter à Destouches et à Dufresny le masque de *Thalie* ; emprunta de Rollin et de Vertot les pinceaux de *Clio* ; s'appropria la lyre d'*Erato*, et voulut inutilement dépouiller Montesquieu du manteau de *Polymnie.* »

Voilà le style à la mode dans une certaine école vers 1821. Ce sont des élégances mythologiques dans le goût jésuite. Voltaire n'en est pas exempt : faisons-en équitablement honneur à ses maîtres. On n'écrit plus ainsi aujourd'hui, même, je crois, chez les jésuites, et l'on ne pense plus ainsi. La gloire poétique de Voltaire a subi un terrible déchet ; elle subsiste néanmoins, mais il me semble qu'elle doit être transportée. Pour parler comme M. Lepan, je dirais que sur les représentations du Dieu du Goût, Apollon a enlevé à Voltaire le siége d'honneur qu'il occupait indûment sur les hautes cimes du Parnasse, et lui a assigné à mi-côte une charmante petite place dans un riant bocage, non loin d'Horace, de Boileau, de Pope, d'Addison. Disons plus simplement que l'auteur des *Satires*, des *Épîtres*, des *Discours* et des *Contes* en vers est infiniment supérieur à l'auteur de la *Henriade* et même au poëte dramatique. Je ne sais d'ailleurs si les grands poëtes, les poëtes de race sont faits pour écrire en prose, et s'ils s'y résignent aisément. On pourra citer des exceptions, mais en bien petit nombre et peu concluantes. On a de la peine à se représenter Homère, Pindare, Eschyle, Lucrèce, Virgile, Dante soumis à la paisible allure de la prose et cheminant dans les sentiers où marchent les vulgaires mortels. Ne les entendez-vous pas s'écrier : « Quelle joie d'aller boire à la source où nulle lèvre humaine ne s'est encore penchée, et de fouler une terre vierge de pas humains, et de tresser en couronne pour le front les fleurs des sommets que vous

ne connaissez point, ô chétifs habitants des lieux bas ! »
Et ils disent vrai. Leurs chants arrivent jusqu'à nous,
mais ils viennent d'ailleurs. Quand ils se résignent à
parler notre langage, leur embarras se trahit ; ils ne savent que faire de ces ailes qui voudraient s'ouvrir, et de
ces pieds qui les attachent à la terre. Voltaire, lui, n'est
véritablement à son aise et ne vaut tout son prix que
quand il écrit en prose ou dans les genres qui se rapprochent le plus de la prose. Faut-il se déployer hardiment
en pleine et haute poésie, on le sent entravé, hésitant à
chaque coup d'aile, toujours en danger de retomber sur
la terre que ne peuvent quitter ses yeux ni sa pensée.
C'est bien ici encore un homme de son temps, un vrai
disciple des Fontenelle et des Lamotte. Comme eux, il
déclare que s'il faut au poëte de l'imagination, il faut
qu'avant tout il ait de la raison. Il ose dire, le barbare !
que la poésie est peu nécessaire, qu'elle ne doit être
qu'un passe-temps, « un amusement qui ne doit pas nous
dérober à des occupations plus utiles. » — Enfin, s'il
défend la rime attaquée par Fontenelle et par Lamotte,
il reconnaît néanmoins qu'elle est une entrave, que les
Grecs et les Latins plus heureux que nous, ne s'y soumettaient pas, comme s'ils n'avaient pas des rhythmes
bien plus impérieux ! Et il ne la maintient que parce que
la difficulté vaincue est un mérite. On sait d'ailleurs qu'il
rima toujours très-faiblement. Est-il besoin après cela de
rappeler ses jugements sur les princes de la poésie ? Il
préfère Virgile, l'Arioste, le Tasse, à Homère : il ne comprend rien à Lucrèce, dont il exalte la doctrine, déclare
que Dante est *un fou*, et son ouvrage un *monstre*. Ces
idées, il les garda toute sa vie ; toute sa vie, il n'eut d'autre

poétique que celle de Boileau, agrémentée de quelques additions disparates qu'il emprunta à Fontenelle. Qu'on s'étonne après cela de la faiblesse de *la Henriade!* Les contemporains crurent naïvement et Voltaire crut tout le premier que la France avait enfin une épopée : elle en avait une de plus, très-courte il est vrai, mais presque aussi ennuyeuse, et à coup sûr, aussi fausse que les autres [1]. Indiquons rapidement le vice essentiel de l'œuvre. Voltaire croit avec le Père Le Bossu, avec Boileau et tous les prétendus disciples d'Aristote, que le ressort essentiel de l'épopée ce sont les *machines*, appelées aussi *merveilleux*. Mais il croit aussi avec Fontenelle que le merveilleux païen (Vénus, Mars, Mercure, Neptune, Éole, etc.), est bien usé, et que d'ailleurs un sujet emprunté aux temps modernes n'en comporte guère l'emploi. Il faut du merveilleux cependant, sinon pas d'épopée. Justement, Fontenelle avait proposé ce qu'il appelait *des images spirituelles* des choses, en attendant que l'on pût se passer absolument d'images, révolution que devait amener infailliblement le progrès de la raison humaine. Qu'est-ce que des *images spirituelles?* Ce sont tout simplement des allégories. On met Mars à la retraite, on le remplace par la Guerre ; on crée les pâles fantômes de la Discorde, de la Politique, du Fanatisme ; les passions humaines sont mises en mouvement par des entités métaphysiques. Voilà ce qui ravit les contemporains. Novateurs, avides d'indépendance, comme ils l'étaient, en se voyant affranchis des vieilleries mytho-

---

[1]. Cette question a été traitée plus longuement dans mon volume : *La Poésie;* j'y renvoie le lecteur.

logiques, ils ne se sentirent pas de joie. Il y avait des images, et elles étaient raisonnables ! Ce n'étaient plus des dieux impossibles qui se jouaient dans le poëme; les personnages n'obéissaient qu'à des sentiments, à des idées incarnées en des êtres qui n'avaient pas d'histoire, qui n'avaient pas encore servi, et que l'on savait bien ne pas exister. Rien de plus bizarre et de plus misérable au point de vue poétique que ce mélange de raison et d'impuissance créatrice. Là fut une des causes du succès de Voltaire. Il y en a une autre. Le poëme respirait d'un bout à l'autre l'horreur du fanatisme et l'enthousiasme de la tolérance; or ces deux passions sincères et généreuses sont l'âme même du siècle. Ajoutez qu'elles sont incarnées en la personne d'un roi, le premier des Bourbons, dans tous les sens, et que tout le monde adressait au ciel des vœux pour le frêle descendant de cette race, le sauveur espéré, le déplorable Louis XV. Le poëme était donc dans le courant du goût public, il était national, monarchique et philosophique. Ce n'est pas la faute de Voltaire si nous ne comprenons plus ainsi le patriotisme, et si notre philosophie est plus exigeante que la sienne. Les Français n'ont pas la tête épique, dit-il quelque part, et le mot a fait fortune. Peut-être est-il vrai, peut-être ne signifie-t-il pas grand'chose : tout dépend de ce que l'on entend par épopée. Je surprendrai peut-être bien des gens en avançant que Voltaire avait tout ce qu'il faut pour produire un chef-d'œuvre en ce genre, et qu'il en a tracé le cadre qui est d'une grande beauté. Il avait la foi d'abord : j'appelle ainsi la conviction profonde et passionnée qu'il communiqua à tous ses contemporains, que le pire des fléaux qui ait désolé l'humanité, c'est l'intolérance. Y eut-il jamais, je le demande, un homme plus intimement pénétré de cette vérité? Or, cette foi, c'est la première condition requise pour créer une œuvre vivante et qui entraîne. Il avait de plus l'imagination, c'est-à-dire cette faculté qui représente vivement à l'esprit les événements avec les circonstances, les personnages avec leurs sentiments. Il avait enfin la passion, toutes les passions qui animent un vaste récit, colère, indignation, pitié, épouvante. Il y a dans Platon un rapsode qui dit à Socrate : « Quand ces grandes figures homériques m'apparaissent, mes cheveux se dressent sur ma tête et mon cœur bondit. » Tous les ans, le 24 août, jour anniversaire de la Saint-Barthélemy, Voltaire était malade, il avait la fièvre ; il entendait le beffroi de Saint-Germain, il voyait les assassins, la torche d'une main, la dague de l'autre ; il entendait les cris des tués ; il voyait la Seine rouge de sang. Il remontait le cours des âges, et de tous les points du globe, en France, en Allemagne, en Amérique, en Palestine, il lui semblait ouïr la plainte confuse des égorgés ; il voyait se dérouler à l'infini le cortége sanglant de tous les misérables offerts en sacrifice au Dieu des miséricordes ; les autels fumaient, les temples étaient magnifiquement ornés ; les bourreaux, chauds encore du carnage, s'agenouillaient et envoyaient au ciel l'hymne d'actions de grâces ; puis, avec les prêtres et les rois, ils allaient vers les monceaux gigantesques des dépouilles entassées, et le partage se faisait entre eux. Est-ce un tableau de fantaisie que je viens de tracer? Mais Voltaire a vu tout cela, il l'a vu, comme les poëtes voient, comme Dante a vu l'enfer, comme Milton a vu l'Éden, comme Michel-Ange a vu le jugement dernier.

Cette horrible vision, elle ne l'a jamais quitté ; quand l'âge et la fatigue le courbaient, implacable, elle le secouait ; elle le forçait à reprendre le combat contre l'éternel ennemi du genre humain, le fanatisme. Comment expliquer autrement cette ardeur avec laquelle il se porte au secours des Calas et des Sirven? Il les connaît depuis longtemps, il les aime, il a pleuré sur eux les larmes les plus amères. Calas, Sirven, ils s'appelaient autrefois Ramus, Vanini, Servet, Jean Huss, Galilée. « Les Busiris en robe » qui ont décapité La Barre, il les a déjà vus à l'œuvre, dans les cachots de l'Inquisition, devant la grande table du Parlement, près des bûchers qu'ils alimentent. Voilà l'épopée qu'il portait en lui. En brisant les vers du vieil Ennius, on retrouvait les membres dispersés du poëte ; ici, rien de tel, rien que ce passage étrange que j'ai cité plus haut, le cadre de l'œuvre, avec l'idée mère. L'obsession incessante, l'hallucination enfin n'a trouvé qu'une forme incomplète ; mais combien cette ébauche est plus poétique et plus dramatique que toute la *Henriade!*

Le poëte dramatique est bien supérieur au faiseur d'épopée. Voltaire avait du feu, de la sensibilité, de la vivacité ; ses pièces se font lire, et à la représentation, elles produisent leur effet. Je ferais mieux de dire, elles produisaient, car on ne les joue plus guère. Au XVIIIe siècle des acteurs formés par lui, Lekain, Mlle Gaussin et Mlle Clairon enlevaient la salle. Le style qui est généralement faible et vague, passait à la faveur du mouvement rapide de l'action, et grâce au jeu des comédiens. Ses grands et légitimes succès sont postérieurs à son retour d'Angleterre. De 1718, date d'*Œdipe*, jusqu'en 1725, date de son exil, Voltaire s'agite dans une impasse. C'est un simple continuateur des traditions du XVIIe siècle : il refait avec une constance et une facilité déplorables la tragédie classique que feront tous les débutants, y compris les Piron, les Marivaux, les Dorat, les Marmontel, qui n'étaient guère de taille à arracher à Melpomène son poignard. On connaissait les procédés du genre, les recettes à employer, les personnages à mettre en scène, les incidents permis, les dénouements autorisés. Il ne s'agissait que de trouver un sujet quelconque, et d'ajuster à des alexandrins sonores et vides les trois ou quatre cents rimes consacrées. Il est édifiant de voir l'orthodoxie de Voltaire. Il croit aux unités de temps, de lieu, d'action, et réprimande même le vieux Corneille qui a pris quelques licences à cet endroit ; il n'admet que les sujets anciens, bien qu'il ne se dissimule pas que de tels sujets condamnent le poëte à n'employer que de fausses couleurs historiques. Fidèle disciple de Racine, il fera de l'amour le principal ressort de l'action. Il dira avec Boileau :

> Ce qu'on ne doit point voir, qu'un récit nous l'expose.
> Les yeux en la voyant saisiraient mieux la chose ;
> Mais il est des objets qu'un art judicieux,
> Doit montrer à l'esprit et reculer des yeux.

Le nombre de ces objets que l'on ne montrait pas, avait encore augmenté depuis Racine : cela s'appelait *respecter les bienséances*. On les respectait à un point tel que tout se passait dans les coulisses et se racontait en périphrases. Le style, qui appartenait au genre sublime, était déjà un peu vague, un peu faible dans Racine ; l'élégance soutenue, la noblesse, les tirades de longue haleine répandaient comme un fade vernis sur les situations, et refroidissaient l'élan de la passion, qui a un tout autre langage. Toutes ces conventions érigées en lois, Voltaire les accepte. Il passe à Racine ses *chiens* dans *Athalie;* mais il ne passera jamais à l'*Othello* de Shakespeare son mouchoir. Il ne peut tolérer ces vers délicieux de *Rodogune* :

> Il est des nœuds secrets, il est des sympathies
> Dont par le doux rapport les âmes assorties
> S'attachent l'une à l'autre, et se laissent piquer
> Par ce je ne sais quoi qu'on ne peut expliquer.

Rien de plus messéant. Que Melpomène abandonne ce style à Thalie. En revanche, il loue particulièrement les platitudes abstraites que voici :

> — Sur les plus turbulents j'ai versé les *faveurs*.
> A la *fidélité* réservant la *disgrâce*,
> Mon adroite *indulgence* a caressé l'*audace*.

On ne voit pas non plus que dans cette première période il ait protesté contre l'envahissement de la scène par les spectateurs, contre les faux décors, les faux costumes, la fausse déclamation. Tout cela était un legs du grand siècle, et Voltaire qui entendait les Chaulieu, les Châteauneuf, les Caumartin, et autres débris, vanter les magnificences de l'ancienne cour, les splendeurs des spectacles, les chefs-d'œuvre en tout genre, ne rêvait alors que la gloire modeste de continuer ou de faire revivre la grande époque. Sur un point seulement, il faisait ses réserves, mais formelles : il n'admettait pas que les poëtes dramatiques fussent « des empoisonneurs publics, non des corps, mais des âmes, » comme l'assurait le rigoureux Nicole ; il laissait pour compte à Bossuet les sublimes anathèmes fulminés contre Corneille, Molière, Racine, Quinault; il se promettait bien de ne pas imiter dans leur pénitence ces deux derniers poëtes. Loin d'être une école de corruption, le théâtre lui paraissait « ce que l'esprit humain a jamais inventé de plus noble et de plus utile pour former les mœurs et pour les polir. » Il allait même plus loin, et le déclarait « l'école des plaisirs, des *vertus* et du monde ». Fort jeune encore, il sentait bien que c'était le moyen d'action le plus efficace qu'un auteur qui ose penser pût avoir sur ses semblables; les leçons du plaisir ne sont-elles pas celles que l'homme recherche le plus avidement? Enfin il s'indignait de la situation que les préjugés théologiques et sociaux faisaient aux comédiens, ces précieux auxiliaires des poëtes. Les dures paroles de Bossuet le révoltaient.

« On prive de sacrements à la vie, à la mort, ceux qui jouent la comédie; on les passe à la sainte table comme des pécheurs publics; enfin la sépulture ecclésiastique leur est déniée. »

Toute sa vie, il plaidera la cause de ces parias de l'Église et du monde, et sur ce point encore il aura raison des préjugés. Aussi avec quel enthousiasme les comédiens reconnaissants couronnèrent sur la scène le buste de leur bienfaiteur!

Revenons à *Œdipe*. Ce fut un grand succès. Le poëte de vingt-trois ans envoya sa pièce à ses maîtres de la société de Jésus, et leur cœur paternel en fut ému. Quel brillant élève sortait de leurs mains! Avec quelle scrupuleuse fidélité il avait observé les règles du poëme dramatique! Comme il avait bien su atténuer pour un public poli et délicat les horreurs du sujet antique! Avec quel art il avait enchâssé dans le drame un peu nu, un peu sec, un peu froid de Sophocle, l'agréable épisode des amours de Jocaste et de Philoctète ! Quelle douce surprise pour le spectateur d'ouïr les tendres soupirs de cette reine, veuve de Laïus, mère et épouse d'Œdipe, qui avait été trente ans auparavant promise au bonhomme Philoctète ! Il n'était pas jusqu'au style qui n'eût des charmes particuliers : en l'étudiant de près, comme font les connaisseurs, on retrouvait dans l'œuvre du jeune poëte cent vers au moins qu'il avait su habilement emprunter à Racine. Imiter, corriger les modèles, voilà ce que ses maîtres lui avaient appris, et quels heureux fruits portait cet enseignement ! Il y avait bien par-ci par-là quelques vers suspects ; mais après tout Philoctète, un Grec, contemporain d'Hercule, avait bien le droit de dire :

> Un roi pour ses sujets est un Dieu qu'on révère :
> Pour Hercule et pour moi c'est un homme ordinaire.

Et l'on ne pouvait de bonne foi blâmer Œdipe d'estimer peu les prêtres des faux dieux.

> Les prêtres ne sont pas ce qu'un vain peuple pense :
> Notre crédulité fait toute leur science.

Après *Œdipe*, le public moins indulgent siffle *Artemise* et *Mariamne*. Voltaire allait sans doute prendre sa revanche et refaire un *Œdipe* quelconque : heureusement il est chassé de France et débarque en Angleterre. J'ai dit plus haut la révolution qui s'opéra dans ses idées à ce moment : il découvrit un nouveau monde, des horizons nouveaux, un art dramatique nouveau. Voltaire et Shakespeare se rencontrant, quel contraste ! L'énergie, la rudesse, la profondeur, l'élan lyrique, la libre allure, le mélange du comique et du tragique, des vers, de la prose, la variété infinie dans les sujets, les situations, les personnages, la vérité expressive et qui ne recule devant aucun détail ; tout ce qu'un génie puissant, indépendant, hardi au delà de toute expression, peut jeter en pâture à un public barbare mais simple, naïf, frémissant. Hélas ! le premier mouvement de ce Français de la Régence fut l'horreur et le dégoût : cela se comprend, à la rigueur; mais s'il eût été de la famille de Shakespeare, ils se seraient reconnus. Ce qui est vraiment grand et dramatique l'est dans tous les temps et dans tous les pays, j'entends pour le peuple, qui ne sait pas sa poétique par cœur et s'abandonne à son instinct. Les préjugés d'éducation et de milieu, voilà l'invincible barrière qui arrête l'expansion et le rayonnement de l'art. Voltaire fut révolté d'abord, puis étonné, puis à demi subjugué ; à demi est peut-être un peu fort; la conquête n'alla pas si loin. Son bon sens, qui n'était pas toujours sublime, interrogeait ces œuvres inégales, disproportionnées, d'une invraisemblance intrépide : il y a là quelque chose, se disait-il; on pourrait tirer de tout ce fatras de quoi rajeunir notre Melpomène; mais que de précautions à prendre! Le goût français n'est pas le goût anglais. En Angleterre même, il n'y a guère que le peuple qui passe à ce bouffon de Gilles ses grossièretés sans nombre et son sans façon; la bonne compagnie, les Addison, les Dryden, les Pope, ne le défendent guère que par vanité nationale. Comment acclimater chez nous certaines libertés de cet art encore rude, mais qui n'est pas sans puissance? Les changements de décors à chaque scène, il n'y faut pas songer ; cela est contraire à l'unité de lieu, d'abord; de plus, cela déroute le public, et enfin cela est trop commode, et l'art, on le sait, consiste dans la difficulté vaincue. Mais qui empêche d'introduire ces changements à chaque acte? L'unité de lieu, il est vrai, en gémira; mais après tout, il faut oser quelquefois. La scène anglaise est très-vaste; non-seulement les principaux personnages ont un espace suffisant pour se mouvoir (et Dieu sait comme s'agitent les acteurs anglais!), mais à de certains moments, c'est le peuple, le Sénat, des combattants, des conjurés, qui se pressent sous les yeux des spectateurs. Ce Shakespeare n'a-t-il pas eu l'idée de mettre sur la scène le peuple romain, en plein forum, la tribune aux harangues, Antoine étalant aux regards des citoyens le cadavre de César, comptant ses blessures, enflammant les colères? Cela est peut-être excessif, mais cela est dramatique, et réussirait peut-être en France. Il se disait encore : le monologue d'Hamlet est admirable; il n'y a rien de tel chez nous; mais la scène du cimetière est du dernier grotesque et souverainement inconvenante. Cependant ces hallucinations du héros, ces fantômes qui passent devant ses yeux et lui jettent l'encouragement au meurtre, cela est saisissant, d'une horreur réellement tragique... Chacun peut étendre à son gré, et suivant ses souvenirs, les réflexions que le théâtre anglais éveilla dans l'esprit de Voltaire : l'action de Shakespeare sur lui est incontestable, action fort restreinte, mais en somme très-efficace. C'est dans cette seconde période que se placent les œuvres supérieures, *Zaïre*, *Mahomet*, *Brutus*, *Sémiramis*, *Zulime*, *Alzire*, *La mort de César*, *L'Orphelin de la Chine*, *Tancrède*, toutes tragédies d'une allure plus dégagée, d'une facture plus large. *Mérope*, pièce imitée de l'italien, rentre plutôt dans la tradition classique. Le chef-d'œuvre, c'est *Zaïre*. Cela est jeune, vif, passionné, intéressant. On sent bien le voisinage d'*Othello*, on entend bien comme un écho mourant des rugissements de ce fils du désert; mais le drame conserve son unité de ton et de couleur. Si Voltaire n'a pas le grand goût, il a la sûreté du goût. Quand il imite, il ne copie pas; il ne fait guère que s'inspirer. Tout lui appartient dans *Zaïre*, sauf l'idée de la jalousie dans l'amour, idée qui est, pour ainsi dire, du domaine public. La peinture de cette passion, c'est la partie la plus forte, la plus horriblement dramatique de l'œuvre de Shakespeare, et l'infériorité de Voltaire ici est manifeste. Jamais il ne se fût résigné à incarner la passion maîtresse dans un noir, déjà vieux, laid, sans naissance, aventurier et condottiere, grossier et violent : tout cela cependant, c'est l'explication même de la jalousie. Quelle scène que celle où Othello, blessé d'un premier soupçon, se voit tel qu'il est, se dit avec une amère clairvoyance : « Après tout, pourquoi m'aimerait-elle? » Voltaire remplace le vieux condottiere par le brillant Orosmane, un de ces charmants jeunes premiers à la Racine, faits pour être adorés et non pour être jaloux. Shakespeare a fait de Desdémone la femme d'Othello, conception bien simple, mais essentiellement tragique. Être menacé de perdre un bien que l'on possède, voir passer à un autre l'amour dont on a fait sa vie, amour tardif, consolation suprême où tout le cœur s'abandonne, quelle torture! Le jeune Orosmane peut-il connaître ce supplice, lui, prince d'Orient, maître absolu dans ses États, préservé des ravages de l'amour par les mœurs mêmes de son pays! Voilà bien des timidités dans l'œuvre ; et je ne parle pas de l'amour de Zaïre comparé à celui de Desdémone, la Vénitienne qui dans les longues soirées d'hiver écoute avidement les récits de l'aventurier, pleure sur ses misères et, vaincue par la pitié, met la main dans sa main. Malgré tout, *Zaïre* attache et remue. Les contemporains furent ravis. C'était la première tragédie dont le sujet fût emprunté aux fastes héroïques de notre histoire. Lusignan, Nérestan, ces types de l'antique chevalerie, réveillaient les souvenirs de l'enthousiasme des croisades. On sortait enfin des vieilleries mythologiques usées et fausses ; la tragédie se rapprochait des spectateurs ; elle devenait française et chrétienne ; le vieux ressort cornélien, la lutte entre l'amour et le devoir, en reliait et vivifiait toutes les parties. C'était une innovation, ce n'était pas une révolution : les plus timides, comme les plus hardis, pouvaient s'en accommoder. Pendant près de trente années Voltaire règne en maître sur la scène ; la mort le débarrasse du vieux Crébillon que les envieux se plaisaient à lui opposer ; les jeunes auteurs débutent sous ses auspices ; il savoure tous les enivrements de la gloire. Il faut bien le reconnaître aussi, le souvenir de Shakespeare va s'effaçant ; la secousse d'imagination qui a donné naissance à *Zaïre*, ne se produit plus, ou aboutit faiblement. Après les belles, mais froides études à l'Addison, de *Brutus*, *La mort de César*, après les esquisses brillantes, mais trop rapides d'*Alzire*, de *Zulime*, de *L'Orphelin de la Chine*, de *Tancrède*, le filon assez maigre de veine dramatique semble épuisé. Les innovations annoncées restent en chemin. Voltaire, tout-puissant alors, n'use de son autorité que timidement. Il obtient l'élargissement matériel de la scène, qui était encombrée de banquettes où prenaient place les élégants de ce temps-là ; mais il faudrait la remplir, cette scène devenue libre, y jeter une action vive, riche en incidents et en personnages, à la Shakespeare enfin : il n'ose, ou ne peut; et nul n'essaiera ce que le maître ne juge pas à propos de faire. Il obtient aussi la suppression des costumes modernes si ridicules : ils sont remplacés par des costumes empruntés aux temps et aux pays où vivaient les personnages. C'est la couleur locale qui s'introduit sur la scène française. Amènera-t-elle à la suite la vérité historique ou tout au moins une vraisemblance suffisante? Hélas! non. Turcs, Chinois, Américains, Espagnols, Grecs et Romains, les personnages n'auront de leur pays que l'uniforme plus ou moins exact. Ils auront l'air de n'être pas Français, voilà tout, mais ce seront bien des compatriotes des spectateurs et surtout des contemporains. Une seule réforme fut sérieuse et porta des fruits. Lekain et Mlle Clairon remplacèrent définitivement la déclamation chantante du XVIIe siècle par un débit plus simple, plus naturel et par conséquent plus dramatique. Il est vrai que les vers un peu maigres de Voltaire se prêtaient difficilement à la mélopée rythmique du récitatif. En somme, il y eut défaillance de la part du poëte ; il ne poursuivit pas l'œuvre brillamment inaugurée. L'âge avait refroidi sa verve, et son esprit était ailleurs. A partir de 1760, date de *Tancrède*, les questions d'art disparaissent pour lui. Il ne renoncera pas à la poésie dramatique, mais il fera du théâtre ce qu'il ne saurait être sans déchoir, une tribune. Rien d'étonnant à cela. Voltaire n'est pas un poëte de race; c'est un homme de lutte. Or, vers 1760, la bataille était engagée à fond entre les philosophes et leurs adversaires. Il s'y précipita, entraînant à sa suite Melpomène bien étonnée.

La plupart des tragédies de la dernière période (1760-1778) furent bâclées en huit ou dix jours, et n'arrivèrent jamais à la représentation. Elles étaient publiées cependant et enrichies d'un commentaire historique et philosophique, qui en indiquait l'esprit et en faisait tout le mérite. Telle pièce n'avait été imaginée que pour le dénouement ; telle autre pour une scène signalée d'avance aux amis et que le public allait chercher tout d'abord; telle autre enfin pour une tirade qui était un véritable manifeste. Je ne sais si la fameuse théorie de l'art pour l'art s'applique au théâtre : en tout cas, comment admettre que l'auteur dramatique, qui fait un appel si direct au goût du public, ne cherche pas le succès dans certaines complaisances même involontaires ? N'est-il pas lui-même entraîné par le courant général ? Il ne vit pas au-dessus et en dehors de ses contemporains, mais avec eux, et dans la plus étroite communion d'idées et de sentiments : sa supériorité, son originalité, si l'on veut, ce qui le fait poëte, c'est de trouver une action et de créer des types à plein relief, où s'incarnent les opinions confuses, les revendications, les protestations de la multitude. C'est par là que l'œuvre vit, c'est par là qu'elle dure. Elle charme, elle saisit les contemporains, ce qui est le but immédiat de l'auteur, car on pense d'abord aux vivants qui applaudissent avant de rêver l'admiration de la postérité ; et cette admiration ne fait pas défaut, si l'œuvre, bien que chaude encore de l'inspiration du jour, va au delà, reproduit les traits généraux et essentiels de la nature humaine, et couronne la réalité passagère de ce rayon d'éternelle vérité qu'on appelle l'idéal. Ainsi procèdent Corneille, Shakespeare, Molière : ils sont de leur temps et de tous les temps. Si cette puissance de création fait défaut, l'œuvre peut plaire encore, mais elle ne plaira qu'aux contemporains, et par les côtés qui la destinent à périr ; elle plaira comme une production de circonstance, accommodée au goût du jour; elle excitera des transports, des acclamations frénétiques, non parce qu'elle sera belle et vraie, mais parce que tel ou tel personnage débitera telle tirade contre un abus, un préjugé régnant, ou prêchera telle réforme réclamée en vain par l'opinion publique, mais à la veille de triompher. Dix ans après, si l'on reprend la pièce, le public reste froid ; on se dit : comme cela a vieilli ! C'est que les spectateurs ont changé et la pièce est restée la même. Elle ne leur dit plus rien : les passions qui la soutenaient sont tombées, et avec elles le charme qui la faisait vivre. Ce qui ne vieillit pas, c'est ce qui est essentiellement vrai. Les dernières tragédies de Voltaire ne sont que des œuvres de circonstance et des manifestes. Au point de vue historique, et si l'on veut bien se rendre compte de l'état d'esprit de l'auteur, rien de plus curieux à étudier; on a d'ailleurs le commentaire vivant, passionné de chaque tragédie : il suffit de lire la correspondance. Sous l'impression vive de tel ou tel événement qui intéresse la cause de la philosophie, Voltaire s'échauffe, il se met à l'œuvre. Ce sont d'abord trois ou quatre lettres très-chaudes adressées à ses correspondants ordinaires dans des directions différentes, à la cour (Choiseul ou Richelieu), à l'Académie, aux philosophes (Laharpe, d'Alembert, Marmontel); puis c'est une satire, ou une épître en vers, ou une brochure, ou un mémoire ; enfin, sous l'obsession de la passion, il écrit une tragédie, et cela en une semaine ou deux. Ici, se manifeste bien clairement la faiblesse native de l'inspiration tragique. — Poëmes, mémoires, brochures, lettres écrites en courant, tout cela est admirable. Quelle que soit la forme que revête le sentiment, l'œuvre est supérieure. Mais sitôt que la passion rencontre cette forme artificielle de la tragédie, elle s'arrête, elle se fige. Les actes, les scènes semblent autant d'entraves qui la paralysent, le factice saute aux yeux ; ce ne sont plus des hommes de chair et d'os, mais des théories, des thèses juxtaposées ; bourreaux et victimes n'échangent que des arguments ; c'est un rabâchage fastidieux de lieux communs ; au point de vue dramatique cela ne supporte pas l'examen. Si l'on replace chacune de ces pièces à sa date dans l'ensemble de l'œuvre de Voltaire, si on groupe les circonstances dans lesquelles elle a pris naissance, si enfin on la considère comme un des épisodes du grand combat qui se livrait alors, et comme un coup lancé par l'infatigable lutteur, l'intérêt est réel, car l'œuvre s'explique. Les gens de loisir peuvent faire ces rapprochements : je ne puis que les indiquer ici. Dans presque toutes ces tragédies, figurent des grands prêtres, hiérophantes, prêtres de Pluton, et autres représentants du fanatisme. En 1762, Voltaire est encore assez doux à leur égard : il n'a pas encore été bouleversé par les assassinats juridiques de Calas et de la Barre : aussi se contente-t-il de les prier de vouloir bien rester dans l'enceinte du sanctuaire. L'hiérophante *d'Olympie* (acte III, sc. II) s'exprime en ces termes :

> — « Me préservent les cieux de passer les limites
> Que mon culte paisible à mon zèle a prescrites !
> Les intrigues des cours, les cris des factions,
> Des humains que je fuis les tristes passions,
> N'ont point encor troublé nos retraites obscures :
> Au Dieu que nous servons nous levons des mains pures.
> Les débats des grands rois prompts à se diviser
> Ne sont connus de nous que pour les apaiser,
> Et nous ignorerions leurs grandeurs passagères,
> Sans le fatal besoin qu'ils ont de nos prières. »

Quelques années après, l'hiérophante paisible est remplacé par les prêtres de Pluton, des monstres altérés de sang. Que s'est-il donc passé ? Calas a été roué, Sirven menacé du même sort, La Barre a été décapité. Voltaire ne se possède plus ; il écrit mémoires sur mémoires, lettres sur lettres, pamphlets, *Traité de la Tolérance*; il faut qu'il obtienne justice ; il faut surtout qu'il jette au dehors l'indignation, la pitié douloureuse dont il est possédé. De là la tragédie des *Guèbres*, qui évidemment ne pouvait être représentée. Cette fois, l'empereur (on ne sait lequel) vient arracher aux bourreaux leur victime, et abolit l'horrible sacerdoce. Il y aura encore des prêtres, mais ils seront sous la main du pouvoir, emprisonnés dans leurs temples, condamnés à la douceur perpétuelle.

> — « Je ne veux désormais
> Dans les prêtres des Dieux que des hommes de paix,
> Des ministres chéris, de bonté, de clémence,
> Jaloux de leurs devoirs et non de leur puissance.
> Honorés et soumis, par les lois soutenus,
> Et par ces mêmes lois sagement contenus,
> Loin des pompes du monde enfermés dans leur temple,
> Donnant aux nations le précepte et l'exemple ;
> D'autant plus révérés qu'ils voudront l'être moins,
> Dignes de vos respects et dignes de mes soins :
> C'est l'intérêt du peuple et c'est celui du maître. »

Et plus loin, ce vers admirable :

« Que chacun dans sa loi cherche en paix la lumière. »

Voilà le programme du Concordat. Qu'on me permette encore un rapprochement. On a vivement blâmé Voltaire d'avoir approuvé le coup d'État du chancelier Maupou contre les Parlements ; on a représenté ces corps privilégiés et dont les attributions étaient mal définies, comme les adversaires courageux du despotisme, qui ne pouvant les corrompre, les détruisit. Sans vouloir discuter cette opinion, je rappellerai seulement que l'assemblée nationale supprima les Parlements, et qu'aucun gouvernement n'a songé à les rétablir. S'ils faisaient une opposition taquine au pouvoir, ce qui était fort indifférent à Voltaire, ils brûlaient les livres des philosophes, les décrétaient de prise de corps; et faisaient rouer de temps à autre quelque protestant. Aussitôt après leur suppression, Voltaire écrit sa tragédie *Les lois de Minos*. Les allusions, les applications aux événements du jour sautent aux yeux ; on ne peut se méprendre sur les intentions de l'auteur. C'est un appel pressant à la royauté, contre la Sorbonne et les Parlements. *Teucer*, le roi de Crète, arrache au grand prêtre Pharès une tendre victime, qui se trouve à la fin être sa propre fille : Pharès soulève une émeute, le Parlement de Crète fait cause commune avec les prêtres. Teucer livre aux flammes les autels homicides, immole Pharès, fait prisonnier Mérione, le chef du sénat-Parlement, et proclame l'abolition des lois abominables de Minos. Quoi de plus clair ? Voltaire espéra toujours que les rois se mettraient à la tête de la guerre sainte contre le fanatisme, et cette illusion excuse jusqu'à un certain point les compromissions et les défaillances du courtisan. Que de fois il a repris sa fameuse thèse que les philosophes n'ont jamais excité de troubles dans un État, qu'ils n'ont jamais conspiré, qu'ils sont les alliés naturels du pouvoir, tandis que les prêtres sèment la discorde, usurpent sur l'autorité royale, prêchent l'assassinat des rois! Louis XV restait sourd à ces éloquentes démonstrations : les despotismes sont frères, comme les libertés sont sœurs. Depuis des siècles le trône et l'autel se prêtaient un mutuel appui; on ne pouvait toucher à l'un sans ébranler l'autre : ils devaient avoir même destinée; le roi était rivé par sa chaîne aux gens de justice et aux gens d'Église. Voltaire, repoussé de ce côté, se rejette violemment vers ceux qui n'avaient rien été jusque-là et qui allaient être tout, vers le peuple. Dans la tragédie d'*Agathocle*, son dernier ouvrage, représenté après sa mort, il met en scène un tyran qui abdique en faveur de son fils. Celui-ci, à son tour, abdique en faveur de la république! Voici les paroles qu'il adresse au peuple :

— Peuples, j'use un moment de mon autorité.
Je règne; votre roi vous rend la liberté.
Agathocle à son fils vient de rendre justice,
Je vous la fais à tous. Puisse le ciel propice
Commencer dès ce jour un siècle de bonheur,
Un siècle de vertu, plutôt que de grandeur!

(Puis se tournant vers celle qui doit être sa femme) :

O mon auguste épouse, ô *noble citoyenne*,
Ce peuple vous chérit; vous êtes plus que reine.

On trouvera peut-être que j'ai trop insisté sur cette partie évidemment très-faible de l'œuvre dramatique de

Voltaire; c'est que la critique, à ce qu'il me semble, ne doit pas se borner à rendre des arrêts. Elle est tenue de les motiver. Ces tragédies de la vieillesse de Voltaire portent toute vive l'empreinte de ses sentiments; ce sont des appels véhéments à l'opinion publique. Représentées, ou interdites par la censure, elles arrivaient toujours au public; elles entretenaient dans les esprits les idées que le xviiie siècle a eu la gloire de lancer dans le monde et de faire triompher. Plus les gouvernements sévissaient, plus les principes de liberté politique et religieuse, d'égalité, entraient avant dans la conscience de tous. Peu importait alors au public la valeur d'une œuvre : si elle répondait au sentiment général, elle était bonne, elle réussissait du moins, elle atteignait le but que s'était proposé l'auteur. Aux approches de la révolution, les tragédies de J. Chénier, tant applaudies, n'ont pas d'autre mérite. En 1792-1793, on reprenait les pièces de Voltaire, non qu'on les trouvât admirables, mais parce qu'elles abondaient en sentences vibrantes qui allaient au cœur de tous. On applaudissait avec transport des vers comme ceux-ci :

> Je suis fils de Brutus, et je porte en mon cœur
> La liberté gravée et les rois en horreur.
> . . . .
> Le droit de commander n'est plus un avantage
> Transmis par la nature ainsi qu'un héritage.
> . . . .
> L'injustice à la fin produit l'indépendance.
> . . . .
> Qui naquit dans la pourpre en est rarement digne.
> Le premier qui fut roi fut un soldat heureux.

Vers appliqué plus tard par les flatteurs à Napoléon.

> Qui sert bien son pays n'a pas besoin d'aïeux.
> Les mortels sont égaux : ce n'est pas la naissance,
> C'est la seule vertu qui fait leur différence.

Enfin on faisait subir une légère modification aux vers suivants :

> Arrêter un Romain sur de simples soupçons
> C'est imiter les rois, nous qui les punissons.

L'acteur disait :

> Arrêter un Romain sur un simple soupçon
> Ne peut être permis qu'en révolution.

Pauvre style ! Pauvres rimes ! mais dans le ton du jour.

Et maintenant, on peut se demander pourquoi il n'est pas allé au delà ; pourquoi, lui, homme de foi, l'homme le plus pénétré qu'il y eut jamais de l'horreur du fanatisme et de l'amour de la justice, il n'a pas réussi à produire une œuvre véritablement dramatique, à créer un type qui s'impose éternellement, comme Tartuffe, pourquoi il n'a jamais pu s'élever au-dessus du *Séide* de *Mahomet*, type rudimentaire, incomplet, quoique fort remarquable. C'est qu'il était trop philosophe et pas assez poëte, poëte dans le sens antique, c'est-à-dire créateur. Le vieux Corneille dit quelque part (*Discours sur le poëme dramatique*), que le poëte dramatique agit par *la peinture naïve* des caractères. Voilà en effet tout le secret de la vie dans les choses de l'art. Combien d'œuvres imparfaites, inexpérimentées sont empreintes d'une grâce charmante qui va droit au cœur ! La main est encore mal assurée, les contours indécis, les proportions irrégulières, mais cela est senti, cela a été vu, longtemps caressé dans les mystérieuses profondeurs de l'âme. Voltaire était incapable de cette lente et féconde incubation qui est la volupté suprême de l'artiste. Il ne vivait pas dans la société intime de ses personnages ; ce n'étaient pas les enfants de ses entrailles : jamais il n'eût dit le mot sublime de Richardson, à qui l'on reprochait d'avoir fait mourir Clarisse Harlove : « Tant pis pour elle, elle n'avait qu'à ne pas quitter la maison paternelle ! » Ils naissaient sous sa plume au jour le jour, pour ainsi dire, enfantés par un caprice dans une heure de surexcitation, ou pour incarner telle théorie chère au philosophe. Ils étaient faits pour démontrer ceci ou cela : il ne leur manquait qu'une chose, c'est de vivre. Les allégories, les abstractions si chères au xviiie siècle, sont la mort de toute poésie. Qu'est-ce qu'un poëte qui s'adresse à la raison ? C'est un logicien impuissant à créer. Est-ce que nous tirons une conclusion quelconque d'*Othello*, d'*Hamlet*, du *Misanthrope* ? Non, nous sommes saisis, dominés, ravis. Voltaire, poëte dramatique, est trop souvent, est presque toujours prédicateur. Il veut inspirer l'horreur du fanatisme, et il ne trouve que des tirades déclamatoires. Un véritable poëte eût vu, non des yeux de la raison, mais avec son imagination, la souveraine créatrice, il eût vu à l'œuvre ces êtres formidables, qui se croient les interprètes et les vengeurs du Très-Haut, qui anathématisent, emprisonnent, brûlent, sans scrupule, dans l'inaltérable sérénité de leur foi ; il eût compris que ces hommes n'étaient ni des charlatans, ni des fourbes, qu'ils accomplissaient l'œuvre de leur conscience, que le sang par eux répandu était une délicieuse rosée pour leur cœur, et que, l'heure venue, ils s'endormaient confiants et dans la paix du Seigneur. Tels il les eût montrés. Fanatisme ! Fanatisme ! Ce mot suffisait à le mettre hors de lui ; il n'avait plus ce calme fécond de la méditation créatrice. Comme le taureau que le rouge affole, il courait droit à l'ennemi. Et pourtant, il avait lu, il avait étudié Corneille. Que de fanatiques il a créés ! Est-il possible d'incarner une passion quelconque dans un personnage sans créer un des types du fanatisme ? Qu'est-ce que le vieil Horace, et le jeune Horace ? des fanatiques. Et Émilie, et tant d'autres ? Il acceptait, il admirait ceux-là ; mais il se raidissait contre Polyeucte, le destructeur des idoles. Quels tristes vers que ceux-ci !

> De Polyeucte la belle âme
> Aurait faiblement attendri ;
> Et les vers chrétiens qu'il déclame
> Seraient tombés dans le décri,
> N'eût été l'amour de sa femme
> Pour ce païen son favori,
> Qui méritait bien mieux sa flamme
> Que son bon dévot de mari.

Et Athalie ! Il déclare d'abord que c'est « le chef-d'œuvre de l'esprit humain. » Mais attendez : quand il sera engagé dans la lutte active contre l'intolérance, il reviendra sur cette exclamation de l'enthousiasme ; le philosophe pèsera sur le critique. Il condamnera le rôle de Joad, ce prêtre fanatique, séditieux, régicide. Ce jugement est l'arrêt de mort du poëte. Du jour où il ne peut plus distinguer la vérité poétique de la vérité philosophique, il n'existe plus. Disons pour conclure que ce dénouement était inévitable. Il y a toujours en nous deux hommes dont l'un tue l'autre. Dans Voltaire, c'est le philosophe qui tua le poëte : il faut ajouter que cela se fit sans une lutte trop violente : l'un avait toujours été plus fort que l'autre. Il mourut sur ce point, comme sur tant d'autres, dans l'impénitence finale. Une de ses dernières et plus instantes recommandations adressée à l'Académie française, c'est de s'opposer à l'invasion du mauvais goût. Quel était ce péril qui alarmait le vieillard ? Letourneur venait de donner une traduction complète de Shakespeare et de jeunes poëtes, comme Ducis, commençaient à imiter le poëte anglais. Il supplie les académiciens de faire bonne garde autour de la sacro-sainte tragédie française, et pour plus de sûreté, il confie à un vaillant athlète, au plus solide représentant du bon goût la défense de notre Melpomène. Quel est ce paladin qui va dire à Shakespeare : on ne passe pas ? C'est M. de la Harpe.

Les contemporains, éblouis des splendeurs de la *Henriade* et des tragédies, ne semblent pas s'être doutés que les titres de Voltaire au nom de poëte étaient ailleurs. La tradition littéraire avait décrété que parmi les Muses, celle de l'épopée et celle de la poésie dramatique tenaient le premier rang et les plus enviables couronnes. La Muse de la comédie et celle de l'ode venaient ensuite. Quant à tous les autres genres, on leur appliquait en bloc la qualification dédaigneuse de genres secondaires ; c'étaient les bourgeois et les manants du Parnasse ; ils avaient leur humble cabane aux pieds du mont, tandis que les élus siégeaient à la double cime. C'est là que l'on jucha l'auteur de *la Henriade* et de *Zaïre* si haut dans l'espace et si loin de la terre ! Il faut le rapprocher de nous ; aussi bien il ne se plaisait point dans ces nobles régions que la tempête tourmente, et que le vertige assiége, et se hâtait d'en redescendre, les mains pleines de ces fleurs simples et brillantes qui croissent à mi-côte. C'est à peine si l'on remarqua de son vivant les pièces, dites légères, que le poëte saturé de style sublime, et à demi submergé, rimait en se jouant, pour reprendre pied, et abandonnait aux hasards d'une publication le plus souvent clandestine. Quand la première édition de ses œuvres complètes parut, huit ans après sa mort environ, l'opinion publique avait des préoccupations d'un autre genre, et les critiques en renom avaient leur siége fait. Le Voltaire que j'appellerai artificiel, l'élève des Jésuites, le disciple de Boileau, voilà celui qu'on voyait seul, que seul on admirait. Le véritable Voltaire, celui des contes, des satires, des épîtres, des poésies légères, le Voltaire des pamphlets enfin recueillis, le Voltaire de la correspondance, on n'eut pas le temps de s'en aviser : la Révolution était là. De nos jours même, où l'on publie tant de recueils, c'est encore dans la *Henriade* et dans les tragédies que l'on va puiser. A peine ose-t-on adjoindre à ces extraits fastidieux quelques fragments des poëmes philosophiques, les fragments orthodoxes sur l'existence de Dieu, la loi morale, toujours des échantillons du style sublime! On veut faire connaître un auteur et on le prend de préférence où il n'est pas! Esprit, grâce, sentiment, malice, le naturel, la vivacité, la clarté joyeuse et bienfaisante, voilà nos dons, les plus charmants de tous assurément, s'ils ne sont pas les premiers ; nous possédons un écrivain qui les réunit tous et dans un degré éminent, et c'est à peine si cette partie de son œuvre existe pour nous! On charge la mémoire des enfants des épîtres massives de Boileau, on leur en fait admirer l'ingéniosité, la légèreté, le piquant, les transitions aisées, tout ce qui leur manque enfin ; et Voltaire, si supérieur en ce genre, n'est pas même mentionné ! Il n'y a peut-être pas cinq cents Français qui aient lu l'*Épître à Boileau*, l'*Épître à Horace*, les *Systèmes*, de purs chefs-d'œuvre.

Cela n'est pas de la poésie, dit-on ; c'est tout au plus une prose rimée avec quelques ornements. Il est certain que Voltaire n'a point puisé à ces riches sources qui n'ont jailli que de notre temps ; ce n'est pas un lyrique ; sa personnalité si supérieure et si vive, ne déborde point en mouvements passionnés ; il ne connaît ni les tourments de l'infini, ni le vague du cœur. Est-ce à dire, pour cela, qu'il n'ait pas eu son inspiration ? Il l'a eue, et c'est dans ces poëmes qu'elle apparaît. Les genres officiels n'ont pas étouffé en lui le poëte, ils ne l'ont pour ainsi dire que déplacé, et comme ajourné. Les innombrables alexandrins qu'il alignait, soit dans l'épopée, soit au théâtre, n'épuisaient que l'arsenal de cette poésie factice que réclamait le goût du jour. Quant à l'autre, la vraie, elle trouva toujours dans cette longue existence si turbulente, son jour et son heure pour se produire. Railleuse et parfois cynique au début, mais singulièrement originale et condensée avec un relief merveilleux dans le vers de dix syllabes, le vers français par excellence, elle éclate dans les premières satires, *le Mondain*, *le Pauvre Diable*, bientôt suivies de ces pièces cruelles qui assomment Lefranc de Pompignan, *La vanité*, *le Russe à Paris*. Peut-on la méconnaître, plus haute cette fois et, malgré l'irrégularité du rhythme, emportée d'un vif mouvement lyrique, soit dans les vers *Sur la mort de mademoiselle Lecouvreur*, soit dans l'épître dont Voltaire salue à soixante ans et pour la première fois, la déesse nouvelle que lui ont révélée les rois, la liberté? C'est la poésie qui anime et soutient ces discours philosophiques si sincères, si fermes, si éloquents parfois, et tout vibrants des angoisses d'un noble esprit altéré de justice et de vérité. Il y a plus de couleur dans le *Désespoir* de Lamartine, la note est moins vraie : c'est une imprécation de fantaisie. Tournez la page, la réfutation apparaît.

J'ai montré plus haut quelle transformation s'était accomplie dans les idées, les sentiments, la conduite de Voltaire, du jour où, après avoir vécu chez les rois, il s'était fait roi chez lui. C'est dans les quinze dernières années de sa vie qu'il a écrit ses plus beaux vers. Tout s'élève en lui, le cœur et l'imagination. Que pense-t-on d'un vieillard de quatre-vingts ans, enfoncé jusque-là dans le fatras mythologique, et qui trace des vers comme ceux-ci?

— « Le travail est mon Dieu, lui seul régit le monde,
Il est l'âme de tout : c'est en vain qu'on nous dit
Que les dieux sont à table ou dorment dans leur lit.
J'interroge les cieux, l'air et la terre, et l'onde :
Le puissant Jupiter fait son tour en dix ans,
Son vieux père, Saturne, avance à pas plus lents,
Mais il termine enfin son immense carrière ;
Et dès qu'elle est finie, il recommence encor.
Sur son char de rubis, mêlés d'azur et d'or,
Apollon va lançant des torrents de lumière.
Quand il quitta les cieux, il se fit médecin,
Architecte, berger, ménétrier, devin.
Il travailla toujours. Sa sœur l'aventurière
Est Hécate aux enfers, Diane dans les bois,
Lune pendant les nuits, et remplit trois emplois.
Neptune chaque jour est occupé six heures
A soulever des eaux les profondes demeures,
Et les fait dans leur lit retomber par leur poids.
Vulcain noir et crasseux, courbé sur son enclume,
Forge à coups de marteau les foudres qu'il allume.

Il se fit en lui dans cette dernière période une sorte de rajeunissement. L'avénement de Louis XVI, les espérances universelles qui accueillaient le jeune roi, l'entrée aux affaires de Turgot et de Malesherbes, amis, disciples de Voltaire, la victoire désormais certaine des idées dont il avait été toute sa vie l'infatigable propagateur ; sa gloire chaque jour grandissante dont tous les pays de l'Europe lui renvoyaient l'écho, j'ajouterai même, cette pacifique et grandiose nature des Alpes qu'il avait sous les yeux, et dont la majesté entrait en son cœur ; la prospérité de sa colonie de Ferney, qui fut pour lui la réhabilitation, la glorification du travail : que d'impressions nouvelles et d'un ordre supérieur ! Chez les êtres richement doués, le developpement de l'esprit ne s'arrête jamais : ils se transforment, ils s'étendent pour ainsi dire, et, tout en restant ce que Dieu les a faits, ils apparaissent dans une lumière nouvelle. Voltaire fut toujours ce vif esprit des jeunes années, si curieux, si prêt à se porter dans toutes les directions, à qui rien de ce qui intéresse les hommes ne pouvait rester étranger ; mais la paix descendit en lui ; il y eut recueillement. Une sérénité douce et confiante, la plus belle parure des vieillards, et le plus sûr témoignage d'une vie bien remplie, décora d'une grâce suprême les derniers vers qu'il composa. Quand il embrassait par la pensée les parties de son œuvre, si vaste, si mêlée, si féconde cependant, il s'écriait avec orgueil :

J'ai fait plus en mon temps que Luther et Calvin.

Il disait encore à plus de quatre-vingts ans, avec le vieux Lusignan !

Mon Dieu, j'ai combattu soixante ans pour ta gloire.

Puis, il sentait les imperfections de cette œuvre, et songeait avec une certaine tristesse au partage sévère que préparait déjà la postérité. En vain, le coursier du Parnasse, Pégase, l'invitait à fournir une dernière course, il disait :

> On ne va point, mon fils, fût-on sur toi monté,
> Avec ce gros bagage à la postérité.

Enfin, à l'approche de l'heure suprême, il se demandait s'il ne paraîtrait point les mains vides devant Dieu, et sa conscience le rassurait :

> J'ai fait un peu de bien; c'est mon meilleur ouvrage.

Les jeunes et bruyants athées l'appelaient à eux, raillaient ses scrupules, et lui criaient :

> « Acceptez à la fin votre brevet d'athée.

Il répondait :

> — « Ah! vous êtes trop bon : je sens au fond du cœur
> Tout le prix qu'on doit mettre à cet excès d'honneur.
> Il est vrai, j'ai raillé saint Médard et la bulle ;
> Mais j'ai sur la nature encor quelque scrupule.
> L'univers m'embarrasse, et je ne puis songer
> Que cette horloge existe et n'ait point d'horloger. »

La malice même perdait ses droits sur lui; Pégase avait beau faire luire à ses yeux les joies de la vengeance.

> — « Viens donc rire avec nous; viens fouler à tes pieds
> De tes sots ennemis les fronts humiliés :
> Aux sons de ton sifflet, vois rouler dans la crotte
> Sabatier sur Clément, Patouillet sur Nonotte;
> Leurs clameurs un moment pourraient te divertir. »

Il restait insensible. La pitié était descendue en son cœur, et lui dictait ce vers si simple et si touchant:

> Les cris des malheureux ne me font pas plaisir.

Je ne puis qu'indiquer les traits généraux de ces poésies qu'on appelle je ne sais pourquoi poésies légères, genre secondaire. Ce qu'il y a de léger et de secondaire dans Voltaire, c'est l'épopée, c'est la tragédie. Dans ces compositions solennelles et artificielles, il n'apporte que son esprit et l'idée philosophique qu'il veut répandre ; il subit la tyrannie de la forme consacrée, du jargon noble consacré; il n'a pas ce don du génie qui crée pour des pensées nouvelles et des besoins nouveaux, des formes nouvelles; il est timide, routinier; les grandes figures de ses devanciers du XVIIe siècle sont toujours devant lui, l'arrêtent, le paralysent. Il croit fermement qu'il n'y a qu'égarement possible hors des voies qu'ils ont ouvertes. Il se mit plus à son aise avec la satire, l'épître, le conte, genres de peu d'importance ; il ne se crut pas forcé de mettre ses pas sur les pas de Boileau; il s'abandonna librement à son humeur, à cet esprit charmant et aisé, sa plus puissante séduction. Son imagination trouvait sans effort un cadre ingénieux pour ces petits poëmes; une lumière douce et égale en éclairait toutes les parties; une idée philosophique les soutenait ; à mesure qu'il approchait du terme de sa vie, une mélancolie gracieuse et résignée imprimait à l'accent une note plus grave.

IV

LE PROSATEUR

Si les Français avaient pu être guéris du goût qu'ils ont pour la haute éloquence, disons le mot, pour la déclamation, Voltaire eût opéré ce miracle. Jamais écrivain ne porta plus loin l'horreur de l'emphase. Singulièrement original et hardi dans les idées, passionné au delà de toute expression, il resta toujours simple et naturel dans son langage. Il soulageait ses velléités de tirade, s'il en eut jamais, dans ses tragédies : c'était le ton du genre. Les contemporains n'étaient pas insensibles assurément aux qualités exquises de son style; mais dès qu'ils entendaient les périodes glorieuses de Buffon ou les éclatantes invectives de Rousseau, ils couraient au bruit et s'en repaissaient avidement. Nous n'avons pas dégénéré, je veux dire que sur ce point nous ressemblons beaucoup à nos ancêtres. Pour nous plaire et nous persuader, il n'est pas nécessaire de parler juste, il faut crier fort. Le malheur, c'est que la vérité et la raison n'aiment guère le tapage.

Rien de plus sain pour le goût que la lecture des œuvres en prose de Voltaire : cela ramène au sentiment de la mesure, de la convenance, du naturel, de la clarté, qualités secondaires, dira-t-on, qualités indispensables, et qui ne sont que l'expression de la justesse d'esprit. Il a su y joindre une élégance parfaite, une sobriété exquise. Si jamais écrivain mérita d'être appelé classique, c'est lui. On peut même le trouver trop timide. Il est si jaloux de maintenir intacte la pureté de la langue qu'il condamne parfois chez les grands écrivains des libertés heureuses. Il répétait volontiers que la langue française est une grande dame, gueuse, mais fière, et qui ne veut pas qu'on lui fasse l'aumône. Je ne sais s'il a ajouté au vocabulaire un seul mot nouveau. C'est sur d'autres points que portèrent ses innovations. Historien, philosophe, critique, romancier, pamphlétaire, il a modifié profondément l'esprit et la forme de tous les genres. Et je ne parle pas de sa correspondance, la partie la plus originale de son œuvre, une de nos plus précieuses richesses littéraires.

Il aimait l'histoire, il s'en est occupé toute sa vie avec une véritable passion. Il a plu à certains critiques d'une érudition équivoque, de contester la science de Voltaire, sans doute parce qu'il n'en faisait point étalage. Il a été vengé de ces imputations légères par les juges les plus compétents. Je ne sais s'il y a rien de plus parfait que son *Histoire de Charles XII*, et il a été démontré récemment que rien n'était plus exact. Mais que de gens se refusent à considérer comme sérieux un ouvrage qui ne les ennuie pas! Voltaire savait, Voltaire n'a point altéré la vérité : seulement, il lui est arrivé parfois de se tromper dans l'interprétation des faits. Le fameux *Siècle de Louis XIV* en est un exemple. Il avait été élevé dans une sorte d'admiration légendaire pour cette mémorable époque. Enfant, jeune homme, il en entendait vanter et regretter par des vieillards moroses les incomparables splendeurs. Il ne vit que ce qu'on lui montrait et ce qui s'étalait dans les documents officiels; il ne songea point à secouer ces fastueuses apparences, à mettre à nu le vide et la misère réelle qu'elles voilaient. Il se figura même dans la première partie de sa vie que ce fameux siècle « était le plus éclairé qui fût jamais. » — Plus tard, il le définit plus exactement, lorsqu'il l'appela :

« Siècle de grands talents, bien plus que de lumières. »

Mais il sacrifia d'abord à l'idole : « c'est le seul préjugé qu'il ait conservé, » dit son biographe, Condorcet. Il n'avait pas encore trouvé son point de vue. Sa critique éclairée et judicieuse dans les détails, manquait de base : il s'était de parti pris voué à l'admiration. Les fautes, les crimes du gouvernement, il ne les dissimulait pas; mais il ne les considérait que comme des accidents, des ombres au tableau. Il eût fallu montrer que ces prétendus accidents étaient la conséquence même du système; que tout gouvernement absolu est condamné par sa nature à des actes de ce genre. Mais Voltaire avait l'âme monarchique; il écrivait sous le successeur et l'arrière-petit-fils de Louis XIV; il était ou allait être historiographe; il versa tout naturellement dans le panégyrique. Quelle influence n'a pas un ouvrage supérieurement écrit ! C'est Voltaire qui a créé cette fameuse division de l'histoire de l'humanité en quatre époques mémorables, dont la dernière et la plus brillante est justement le siècle de Louis XIV; et cette division commode et artificielle, pour ne pas dire fausse, fait encore autorité aujourd'hui dans les écoles. Nos habitudes monarchiques seraient désorientées si l'on n'incarnait en un Périclès, en un Auguste, en un Léon X, en un Louis XIV le génie de toute une période historique.

Il retrouva plus tard son indépendance et la sûreté de son jugement. L'*Essai sur les mœurs et l'esprit des nations* n'est pas un modèle de composition : cela ne se tient pas; il y a du désordre, des hors-d'œuvre, des lacunes, mais la critique historique a enfin trouvé ses principes. Voltaire rompt décidément avec la vieille tradition littéraire, celle qui inspirait les historiographes et dont le Père Rapin avait rédigé le code. Quel code! L'histoire, pour le Père Rapin, n'était pas une science, mais un art, et comme une dépendance de ce vaste domaine qu'on appelait du nom pompeux d'éloquence. Ce qu'il y avait de plus *essentiel* dans l'histoire, c'était la forme. L'historien devait assurément se préoccuper de rechercher la vérité; mais où? « dans le fond des cœurs. » — Devait-il la dire franchement? — Non, quand elle pouvait nuire aux têtes couronnées. A ces entraves artificielles et puériles qui pesaient sur le genre littéraire, se joignaient les sévérités toujours menaçantes du pouvoir. Mézeray avait été frappé, Fréret avait été mis à la Bastille; le Parlement et la Sorbonne, toujours à l'affût, condamnaient, anathématisaient, brûlaient tout ouvrage suspect d'indépendance. Enfin il était reçu généralement qu'il n'y avait d'autre histoire que celle des rois, que les peuples n'étaient que des troupeaux dont le berger seul devait intéresser; que ceux-là seuls enfin méritaient quelque attention, qui avaient eu quelques rapports avec le peuple de Dieu : tel est le cadre de Bossuet. Ce point de vue étroit, cette indifférence dédaigneuse pour la science, étaient une des traditions du grand siècle, un des legs de la philosophie cartésienne, qui, comme on sait, avait le plus profond mépris pour les réalités contingentes, et ne se proposait en tout que l'absolu. L'*Essai sur les Mœurs* fut une émancipation et une révélation; le point de vue changea en même temps que la méthode; un esprit nouveau se fit jour.

« Si les hommes étaient raisonnables, ils ne voudraient d'histoires que celles qui mettraient *les droits des peuples* sous leurs yeux, les lois suivant lesquelles chaque père de famille peut disposer de son bien, les événements qui intéressent toute une nation, les traités qui la lient aux nations voisines, *les abus qui exposent continuellement le grand nombre à la tyrannie du petit;* mais cette manière d'écrire l'histoire est aussi difficile que dangereuse. Ce serait une étude pour le lecteur et non un délassement. Le public aime mieux les fables : on lui en donne. »

Il essaya cependant de lui donner et lui donna autre chose, non sans danger, on le pense bien ; mais cela ne comptait guère pour lui. Il commença par agrandir, disons mieux, par briser le cadre de Bossuet. Il fit entrer dans la grande famille humaine les Indous, les Chinois, les Turcs, les Américains, c'est-à-dire les deux tiers au moins de la population du globe. Mais ce qui importait bien autrement, c'était de trouver un point de vue d'où l'on pût embrasser cet immense déroulement des annales des peuples, et ramener à des principes fixes l'étonnante variété qui s'y rencontre.

« Trois choses, dit Voltaire, influent sans cesse sur l'esprit des hommes : le climat, le gouvernement, la religion.... C'est la seule manière d'expliquer l'énigme du monde. »

Expliquer l'énigme du monde ! N'est-ce pas le but même de la science ? Il y a peut-être d'autres éléments de connaissance que l'étude du climat, du gouvernement, de la religion, mais quelle vue nouvelle et féconde alors ! Il ne s'arrêta point là. Il lui sembla que presque partout l'histoire convenue, traditionnelle, était à réviser. Presque partout, c'étaient les vainqueurs qui avaient écrit l'histoire des vaincus, histoire plus que suspecte. Pas de pays qui n'eût eu ses guerres civiles ou religieuses, des partis acharnés, des sectes, des écoles rivales. Le moyen d'accepter aveuglément des témoignages si manifestement dictés par la passion! Il était frappé aussi et effrayé de cet amas de forfaits et d'horreurs qui sont comme l'héritage des générations aux générations. Il voulait douter que l'espèce humaine se fût réellement montrée si féroce et si aveugle. Il fallait donc soumettre à un contrôle sévère non-seulement les histoires écrites, mais les monuments eux-mêmes, les sources premières. Voilà l'avénement de la critique historique. On sait quel usage souvent téméraire il en a fait dans l'examen des origines et des développements du Christianisme. En passant condamnation sur ce point, on oublie trop qu'il a fait justice de bien des erreurs accréditées. Plaignons-le d'avoir été insensible au charme de certaines légendes; sachons-lui gré d'avoir osé dire que c'étaient des légendes. La haine n'aveugle pas toujours; souvent elle aiguise la clairvoyance. L'érudition moderne, plus riche en documents, mieux assurée dans sa marche, plus libre surtout, a résolu d'une façon victorieuse certains problèmes historiques complexes et délicats; mais ces problèmes, qui les a signalés le premier, qui les a discutés, si ce n'est Voltaire? Il a enseigné aux historiens futurs à douter : n'est-ce pas la première obligation de la critique? Si l'on a poussé plus avant le contrôle des témoignages, si l'on a découvert des documents nouveaux dont l'importance lui avait échappé, n'est-ce pas lui qui a donné le signal? On peut dire qu'avant lui, l'histoire était providentielle et monarchique; il la fit descendre du ciel sur la terre, il la rendit humaine. Elle avait l'allure du panégyrique ou de l'oraison funèbre, toujours guindée au ton du style sublime, écartant les détails bas, ne mettant en scène que des personnages illustres ; il introduisit sur le théâtre du monde de nouveaux acteurs, les peuples ; il les étudia dans leur esprit, dans leurs institutions, dans leurs mœurs ; il les unit par la pensée et en forma la grande famille humaine ; il suivit, dans le cours des âges et dans tous les pays, le développement général de la civilisation et la marche du progrès. Il plaça l'idéal de l'humanité non pas en arrière et dans la prétendue félicité d'un âge d'innocence qui n'a jamais existé, mais dans un avenir que les conquêtes de la raison, le sentiment de plus en plus vif de la justice et du droit rapprochaient chaque jour davantage. S'il avait eu le moindre goût, ou, si l'on veut, la moindre vocation pour l'éloquence grandiose et sonore, à la Bossuet, quelle admirable matière lui offrait l'histoire ainsi renouvelée et agrandie ! Il donna aux écrivains futurs l'exemple de la simplicité. On ne va se perdre dans les nues que quand on ne sait pas marcher sur terre ; le ton d'Isaïe ne convient qu'aux interprètes des conseils de la divine providence. Quand on parle aux hommes d'événements et d'intérêts humains, il faut être clair, exact et précis. Ce n'est pas assez de bannir le surnaturel de l'histoire, il ne faut pas le conserver dans son style.

L'influence exercée par Voltaire sur les idées et le goût public, non-seulement en France, mais dans presque tous les pays de l'Europe, a été profonde et a duré plus de cent années : la voilà seulement qui commence à s'affaiblir. Il n'y a pas dans l'histoire des lettres d'autre exemple d'une si longue et si complète domination. Si elle avait disparu avec lui, on pourrait prétendre avec certains critiques que cet homme extraordinaire fut comme l'incarnation de son siècle et que les contemporains s'adorèrent en l'adorant. Mais en 1791, je constate le même enthousiasme, plus vif encore, et cela au milieu même des plus graves préoccupations des affaires publiques. Trente ans plus tard, sous la Restauration, il se produit une nouvelle explosion d'admiration ; on réimprime, on multiplie à l'infini les éditions de ses œuvres ; enfin, il y a quelques années, on lui élevait une statue à l'aide d'une souscription populaire. Il y a eu pendant longtemps, il y a encore des Voltairiens, il est probable qu'il y en aura toujours. Il ne s'agit donc pas ici d'engouement passager. Dans son ensemble, l'œuvre a survécu et survit. Il y a des choses que Voltaire a détruites et qui ne reviendront pas ; il y a des choses qu'il a fondées et qui ne périront point. Ce n'est pas le poëte, ce n'est pas le littérateur proprement dit qui se maintient et se maintiendra, c'est le philosophe. Il a donné un sens nouveau à ce mot ; il a créé, il a propagé sous le nom de philosophie un ensemble d'idées dont l'action fut irrésistible. On fait à Condillac, à Helvétius, à Saint-Lambert et autres matérialistes, l'honneur de les classer parmi les chefs d'école : ils sont tous à un degré quelconque les disciples de Locke, et c'est Voltaire qui a fait connaître Locke aux Français. Malgré la sincère admiration qu'il avait pour cet étranger, dont il vante assez hors de propos la modestie, il ne se laisse point emprisonner dans ce sensualisme étroit ; il maintient contre le maître les droits de la raison et de la liberté morale. Inconséquence, dira-t-on. D'accord ; mais c'est par là qu'il exerça et conserva son empire sur les esprits. Il écarta toujours les vues systématiques et ambitieuses, il eut le courage de dire hautement qu'il ne savait pas et que l'on ne saurait jamais ; il fit incessamment appel au bon sens, et combattit sans trêve ni pitié l'intolérance sous toutes ses formes; il versa la lumière à pleine main sur les origines ténébreuses et sacro-saintes de toutes les usurpations ; il affranchit la raison humaine. Descartes, dira-t-on, l'avait fait avant lui. — On oublie que Descartes avait réservé la religion, la politique et même la morale. Il émancipait le métaphysicien ; quant à l'homme, quant au citoyen, il lui conseillait de s'accommoder le mieux possible aux institutions de son pays, fussent-elles contraires à la raison et à la justice. Voltaire ne pouvait avoir la même résignation ni la recommander aux autres. Il entra hardiment en campagne, seul d'abord, se fit emprisonner, exiler, condamner, mais sans perdre cœur, et poussant toujours en avant. Vers 1755, il y a un parti qu'on appelle *les philosophes;* en 1778, tout le monde est philosophe en France, même les ministres du roi, Turgot et Malesherbes.

Comment s'était propagée cette philosophie, la philosophie de Voltaire ? Il eut de puissants auxiliaires dans le gouvernement, les parlements et la Sorbonne qui décrétèrent, anathématisèrent, brûlèrent à peu près tous ses ouvrages, ce qui les recommanda à la sympathie du public ; mais son moyen d'action le plus efficace, ce fut la forme même sous laquelle se produisirent ses idées. Ouvrez au hasard un volume quelconque des cent volumes de Voltaire ; théâtre, poëmes, histoire, romans, correspondance, facéties, politique, physique, peu importe le titre et la nature de l'ouvrage, Voltaire est là tout entier.

La variété des formes est merveilleuse, un même esprit circule partout. Qu'on se représente cette société spirituelle, légère, mais singulièrement vive et passionnée pour les choses de la littérature et des arts, dévorant les nouveautés, les commentant dans les salons, dans les journaux, au théâtre ; Voltaire la tient sans cesse en éveil ; il jette à son ardente curiosité la pâture qu'elle réclame. Quelque sujet qu'il traite, sous quelque pseudonyme qu'il se déguise (et il en eut jusqu'à cent onze), on le reconnaît : il n'y a que lui qui sache écrire ainsi, avec tant de grâce, tant de naturel, une si piquante vivacité ; c'est bien là l'auteur homme du monde, qui ne déclame point, n'a rien d'affecté, se trouve tout simplement à la portée de ses lecteurs. Et de quoi leur parle-t-il ? De ceci, de cela, qu'importe ? Il y aura toujours au fond une idée, une de ses idées. Plaire est un besoin pour lui, mais il ne veut plaire qu'en éclairant. Éclairer pour lui, c'est signaler un préjugé, un abus, une injustice, livrer à la risée publique un sot persécuteur, flétrir des magistrats fanatiques et sanguinaires, lancer un commentaire ironique ou burlesque de quelques mandements d'évêques. Mais qui pourrait énumérer toutes les formes que prend cet infatigable Protée ? Pamphlets, satires, épîtres, mémoires judiciaires, romans, contes en vers, dictionnaire, tragédies, dialogues, correspondance, il ne laisse pas un instant de répit à l'attention publique, il poursuit son œuvre, et l'impose. Que penser de ceux qui le traitent de sceptique ? Qui donc montra jamais plus d'ardeur dans ses convictions et plus de constance ? Qui donc se dévoua plus absolument au service d'une idée ?

Et cependant, il ne satisfait pas, je dirai plus, il y

a des moments où il attriste, lui, l'immortel rieur. On le quitte alors, et on va à Pascal, Pascal qu'il a si pauvrement réfuté. Le livre des *Pensées* ne console point ; mais il entretient dans l'âme le sentiment douloureux et sain de l'incomplet de notre destinée. Plus ce sentiment est vif, plus l'esprit monte, et contemple les horizons mystérieux, et rêve par delà, une patrie. Cette patrie, Voltaire n'y croyait guère et son cœur n'y aspira jamais. Entre le ciel et lui, il y eut toujours comme un nuage épais formé d'inquisiteurs, de prêtres, de moines, il ne put jamais le percer pour pénétrer jusqu'à Dieu, ce Dieu qu'il déclarait nécessaire, mais qu'il ne sentait point assez. L'œuvre formidable, en somme, qu'il avait entreprise, on voudrait parfois qu'il en fût effrayé, qu'il eût des doutes, qu'il s'arrêtât irrésolu. On comprend cette obsession de bûchers, cette vision incessante de ces immenses cortéges de victimes dévorées par le fanatisme : ces cris de douleur et d'indignation sont d'une âme généreuse et nous crions et maudissons avec lui ; mais que n'a-t-il tourné les yeux ? Voilà à l'autre bord de l'horizon, dans une pure et blanche lumière, la longue procession des âmes qui ont vécu innocentes et heureuses à l'ombre de la croix. La terre ne les a point souillées, une divine espérance les a soutenues, et elles ont passé en faisant le bien. Mais une telle impartialité n'était ni de son temps, ni de son humeur. Homme de lutte, il se battait et ne voyait que l'ennemi. La société élégante et polie, qui le voyait faire et l'encourageait, ne lisait pas l'Évangile, et les abbés de ce temps le lisaient encore moins.

Il n'y a pas d'ouvrage de Voltaire dont on puisse dire : c'est son monument. Il a trop écrit au jour le jour, il a trop subi le joug de préoccupations étrangères à l'art, il a trop vécu dans le monde ou pour le monde. Tandis que les plus illustres de ses contemporains cherchent la solitude et le recueillement, Montesquieu à la Brède, Buffon à Montbard, Rousseau à Montmorency, lui, toujours errant, toujours remuant, toujours à l'affût des moindres événements, se prodigue et s'éparpille. Il n'a pu condenser dans une œuvre forte, composée lentement et avec amour, tous les dons supérieurs qui étaient en lui. L'idéal d'ailleurs lui manqua toujours, et l'idéal est le rayon des œuvres de génie. Tel qu'il est cependant, il est à regretter qu'on ne le lise pas davantage. La littérature de notre temps possède bien des qualités qui manquaient à Voltaire, mais elle n'a pas les qualités de Voltaire, et elle a des défauts qu'il n'avait pas.

JEAN-JACQUES ROUSSEAU

I

LA VIE

Jean-Jacques et le jugement dernier. — Sa place parmi les écrivains du xviiie siècle. — Les trois périodes de sa vie. La révolution qui le sépare des philosophes, les persécutions, l'enthousiasme du public. — Les dernières années.

— « Que la trompette du Jugement dernier sonne quand elle voudra, je viendrai, ce livre à la main, devant le souverain Juge. Je dirai hautement : voilà ce que j'ai fait, ce que j'ai pensé, ce que je fus. Je me suis montré tel que je fus, méprisable et vil quand je l'ai été ; bon, généreux, sublime, quand je l'ai été. J'ai dévoilé mon intérieur, tel que tu l'as vu toi-même, Être éternel. Rassemble autour de moi l'innombrable multitude de mes semblables : qu'ils écoutent mes confessions, qu'ils gémissent de mes indignités, qu'ils rougissent de mes misères. Que chacun d'eux découvre à son tour son cœur au pied de ton trône, avec la même sincérité ; et puis qu'un seul te dise : *Je fus meilleur que cet homme-là !* »

Tel est le début des *Confessions*. Ce n'est pas, cela va sans dire, à ce point de vue du jugement dernier que je me placerai pour apprécier Rousseau : c'est affaire à ceux qui canonisent et qui damnent. Je ne m'embarrasserai pas non plus de tous les procès encore pendants entre lui et ses ennemis ; enfin, je ne m'engagerai pas à sa suite dans ce qu'il appelle lui même « un labyrinthe obscur et fangeux », c'est-à-dire l'histoire détaillée de sa vie. Que ce superbe interpelle l'Être éternel, qu'il réclame là-haut la place à part qu'il voulut se faire ici-bas, cela est un trait de caractère qu'il est bon de relever d'abord ; mais ce n'est pas à la critique à assigner des rangs de vertu. Si extraordinaire, si grand, si digne d'intérêt que Rousseau paraisse à Rousseau, il y a quelque chose de plus intéressant encore : quoi ? Le XVIIIe siècle tout entier. Il y tient une place considérable, et je me croirais quitte envers cette exigeante personnalité, si je réussissais à la déterminer exactement. Cela n'est pas facile.

Il y a en lui de l'apôtre, du fanatique, si l'on aime mieux ; il eut à un moment décisif sa révélation, il se sentit chargé d'une mission, et prêt à tout souffrir pour s'en acquitter. Ce qu'il y a de certain, c'est que dès qu'il a élevé la voix, le xviii⁰ siècle prend une direction nouvelle ; l'impulsion que lui ont donnée les Saint-Pierre, les Fontenelle, les Montesquieu, les Voltaire, est épuisée; il en faut une autre. Or les débuts de Rousseau comme écrivain coïncident justement avec cette évolution du xviii⁰ siècle, et la caractérisent dans ses traits les plus frappants. C'est lui qui inaugure la période révolutionnaire. Tout le préparait à ce rôle. Et d'abord, ce n'est pas un Français, né dans la servitude et pour la servitude. Il est né à Genève, cité républicaine et calviniste. Ses ancêtres, qui étaient Français, s'étaient expatriés au xvi⁰ siècle pour garder leur foi. Souvent on dirait que ce citoyen de Genève nourrit en lui les âpres ressentiments de ses pères et je ne sais quel mépris pour les fils des persécuteurs qui portent si légèrement leur double joug de sujets et de catholiques. — Dès qu'il a poussé son premier cri, il s'isole, il se replie sur lui-même, s'enlace de lui-même, et jette bientôt au dehors tout le monde d'idées, de sentiments, de rêves, qui bouillonnait en lui depuis vingt ans. Cette fièvre d'éruption tombe, et il traîne pendant quinze années une vie épuisée; mais son œuvre grandit à mesure qu'il s'affaisse et la catastrophe est imminente.

Comment s'est formé cet écrivain qui frappa si vivement l'imagination des contemporains, et dont l'action, si puissante pendant la révolution, est loin d'être épuisée?

Sa première éducation fut nulle ou déplorable. Il perdit sa mère en naissant, et l'on ne voit que trop combien elle lui a manqué : ce n'est pas le plus léger, mais c'est le moins chaste des écrivains du xviii⁰ siècle. Son père, moitié artiste, moitié ouvrier, fort occupé de ses plaisirs, ne songeait guère à ses enfants. Un frère de Rousseau disparut de la maison paternelle vers l'âge de seize ans et l'on n'en entendit plus parler. Quand l'enfant sut lire, son père lui mit des romans entre les mains, et les dévora avec lui. « Quelquefois mon père entendait le matin « les hirondelles et disait : allons nous coucher ; je suis « plus enfant que toi. » — Puis il passe entre les mains d'un oncle, entre celles d'un ministre et de sa sœur, sans rencontrer nulle part une ferme direction morale. Il semble au contraire que tous se soient donné le mot pour développer uniquement une sensibilité déjà très-ardente et qui avait quelque chose de maladif. Même incurie, quand il s'agit du choix d'une profession : on ne peut se résoudre à en faire un ouvrier, et l'on ne cherche pas sérieusement à en faire autre chose. Plus tard, ce seront les hasards de la vie qui le porteront ici ou là, dans les antichambres avec les laquais, ou dans le monde des financiers et des gens de lettres. Lorsque son âme malade se mit à évoquer les souvenirs de ses jeunes années, il se revit tel que l'avait fait vers l'âge de quinze ans l'éducation dont il avait été victime.

— « Ainsi commençait à se former en moi ce cœur, à la fois si fier et si tendre, ce caractère efféminé, mais pourtant indomptable, qui, flottant toujours entre la faiblesse et le courage, entre la mollesse et la vertu, m'a jusqu'au bout, mis en contradiction avec moi-même, et a fait que l'abstinence et la jouissance, le plaisir et la sagesse, m'ont également échappé. »

On remarquera que même à cet âge de plus de cinquante ans, c'est encore la sensibilité qui parle, jamais la raison, jamais le devoir.

L'étude corrige souvent les défauts de l'éducation. Combien d'enfants, délaissés à eux-mêmes, se sont sauvés en donnant à leur esprit la nourriture que l'on refusait à leur âme! Quand la véritable famille manque, on se fait une famille imaginaire, qui soutient et console ; le hasard parfois en décide, mais d'ordinaire c'est l'instinct qui guide. Jean-Jacques n'était pas de ces dévoreurs de livres, à qui tout est bon, qui absorbent tout et restent toujours vides. De bonne heure la rêverie l'attira et le conquit. Il pouvait dire comme le Werther de Goëthe : « Je rentre en moi-même et j'y trouve un monde. » Le monde qu'il trouvait et celui qu'il cherchait en sortant de lui-même, c'était l'idéal, l'idéal sous toutes ses formes. Les romans développèrent singulièrement ce penchant au vagabondage d'imagination. Ils renferment tout juste assez de réalité pour produire une sorte d'illusion ; on se croit encore sur terre et voilà que déjà l'on flotte dans ces vagues et charmantes régions où glissent d'adorables fantômes, où tout est noble, délicat, touchant, où l'amour s'épanouit avec une grâce divine. Il crut avoir trouvé un antidote dans la lecture de Plutarque. Plutarque, c'est encore l'idéal, plus viril, il est vrai, plus fortifiant, mais non moins décevant, plus peut-être. Le romancier ne nous abuse qu'autant que nous le voulons bien, et si nous tenons à nous faire son complice : les héros de Plutarque sont des personnages historiques ; ils ont existé, et l'auteur qui nous les présente, nous les présente en même temps comme modèles. Quelle tentation pour une âme généreuse de se monter à ce ton sublime! Elle s'enivre de vertu, d'héroïsme ; elle rêve une destinée exceptionnelle ; les vulgarités de la vie réelle lui répugnent, et les devoirs mesquins lui semblent indignes d'elle. Plutarque fit de Rousseau, républicain de naissance, un républicain d'imagination, un contemporain d'Agis et de Cléomène [1]. Ce ne fut pas une médiocre originalité dans cette société monarchique du XVIIIe siècle. Après les romans et Plutarque, ce qu'il a le plus aimé, c'est la botanique et la musique. La botanique était surtout, j'imagine, un prétexte à promenades, une manière de fuir ses semblables; car on ne voit pas qu'il ait poussé bien loin cette étude, où il eût été assez facile alors de se faire un nom : Linné venait d'ouvrir la voie. Pour la musique, il l'aima réellement, avec passion, et son *Devin du villlage* obtint grand succès. La musique est un bercement de l'âme. Elle ne stimule pas la réflexion, elle l'endort plutôt; elle est admirable pour ouvrir les vagues espaces où s'élance la fantaisie. Une mélodie, qu'est-ce ? Rien de déterminé, mais une sorte de caresse qui flotte; on sort de soi-même et cependant on reste soi ; la rêverie commencée se poursuit, et peu à peu le monde réel s'efface; il n'y a plus qu'une sorte d'assoupissement voluptueux dont on a conscience. Les natures actives, les esprits nets et vigoureux, goûtent peu la musique : elle les détourne de leur objet. Les natures contemplatives en font leurs délices. Comme tout s'enchaîne ! Comme tout, dans l'éducation première, dans les lectures, dans les goûts, acheminait, insensiblement et comme fatalement, Rousseau à devenir ce qu'il a été ! Comme on comprend bien l'antipathie qu'un homme formé de la sorte, éprouva toujours pour les plus français de nos écrivains, Lafontaine, Molière, Voltaire ! Voit-on celui-ci lisant les lignes suivantes ?

1. Il l'appelle *son maître* et *son consolateur.*

— « J'aime à m'occuper à faire des riens, à commencer cent choses et à n'en achever aucune, à aller et venir comme la tête me chante, à changer à chaque instant de projet, à suivre une mouche dans toutes ses allures, à vouloir déraciner un rocher pour voir ce qui est dessous, à entreprendre avec ardeur un travail de dix ans, et à l'abandonner sans regrets au bout de dix minutes, à muser enfin toute la journée, sans ordre et sans suite, et à ne suivre en toute chose que le caprice du moment. »

C'est ainsi préparé qu'il fut lancé vers l'âge de seize ans dans le combat de la vie. De métier, il n'en avait pas et ne se souciait guère d'en avoir. On l'avait mis chez un procureur, chez un graveur, mais sans succès : il n'y avait appris que des vices. C'est pour les fuir et fuir tout travail régulier, qu'il se mit à battre la campagne, couchant à la belle étoile, mangeant et jeûnant comme il plaisait à Dieu, à peu près insensible aux privations et aux humiliations, car l'ivresse de la liberté et de la fantaisie surabondait. Mais il fallut un jour sacrifier tout cela pour avoir du pain. Le curé de Pontverre et Mme de Warens, convertisseurs de profession, l'avaient expédié à Turin, où l'on endoctrinait sommairement les calvinistes d'occasion recueillis dans un hospice. Le milieu était immonde, l'enseignement de vile qualité : c'est à ce prix, en y ajoutant les vingt francs que l'on donnait au catéchumène en le mettant à la porte, que l'on assurait le salut d'une âme. Pour mériter tous ces bienfaits, il dut abjurer la religion de sa famille, il abjura. Ce fut la première flétrissure réelle qu'il sentit. Quarante ans plus tard, l'impression en était encore vive.

— « Je ne pus me dissimuler que la sainte œuvre que j'allais faire, n'était au fond que l'action d'un bandit. Tout jeune encore, je sentis que, quelque religion qui fût la vraie, j'allais vendre la mienne.... Il ne me resta de la démarche intéressée que je venais de faire, que le souvenir d'avoir été apostat et dupe tout à la fois. »

Ce n'était que le début. Le nouveau catholique va de porte en porte cherchant sa vie, ouvrier ou commis chez Mme Bazile, laquais dans une grande maison, voleur par amour, incapable de se fixer à rien, ni nulle part, ni chez Mme de Warens qui le recueille une seconde fois, ni au séminaire où on le trouve trop sot pour en faire un prêtre. Il tombe entre les mains d'escrocs qui exploitent sa bêtise, l'un pour lancer un superbe concert à Lausanne, l'autre pour quêter au profit du Saint-Sépulcre. C'est dans cet honnête milieu qu'une famille s'avise de le prendre pour servir de précepteur à un jeune gentilhomme. A vingt-deux ans, après une dernière tentative pour entrer dans le cadastre, il s'installe aux Charmettes avec Mme de Warens, qui échange son titre de protectrice contre un autre. Je ne suis pas insensible aux délicieuses peintures que les Charmettes ont inspirées à Rousseau ; mais il y a bien des ombres au tableau : l'inceste moral compliqué d'oisiveté et d'étranges accommodements, révolte. De l'homme qui put être heureux ainsi, on peut craindre bien des sophismes de conscience. — C'est en 1744 qu'il arriva à Paris, la patrie de ceux qui n'en ont pas. Comme tant d'autres, il y venait chercher fortune. Il avait quinze louis en poche, la comédie de *Narcisse* et un projet de notation pour la musique. Il vit bientôt la fin de tout cela. Heureusement pour lui, il fut accueilli dans le monde fort hospitalier des Dupin, des Francueil, des d'Epinay, financiers d'un esprit cultivé et d'un fort agréable commerce. C'est là qu'il fit la connaissance de Diderot l'impétueux, de Grimm le sournois, de Saint-Lambert, de d'Holbach, le maître d'hôtel de la philosophie. Tour à tour commis, caissier, secrétaire d'ambassade à Venise à la suite d'un certain Montaigu, il a adopté le genre de vie de cette société légère et libre. Il court les réunions et les dîners, il a une épée, des manchettes, il essaie d'avoir de l'esprit : c'est une façon de petit maître. Il s'est débarrassé des préjugés faits pour le vulgaire. Il vit avec une ouvrière, Thérèse, mais il ne l'épousera jamais, il l'en a prévenue : un homme comme lui peut-il se mésallier? et il met aux Enfants-trouvés les fruits de cette union. Il ne lui manque qu'un petit succès littéraire pour décorer quelque peu cette existence équivoque : il l'obtient. L'académie de Dijon couronna son discours contre les arts, les sciences et les lettres. Le voilà connu; on discute ses idées; le roi de Pologne, Stanislas, lui fait l'honneur de le réfuter; Voltaire demande à tout le monde : d'où nous vient cet homme? *Le Devin du Village*, joué à la cour, le met encore plus en vue; enfin, il est ce que l'on appelle un homme en passe d'arriver; pour cela, il ne lui faut plus qu'un peu de patience, de la souplesse, de l'habileté, un parti qui le pousse, des protecteurs, on en avait facilement alors, et des ennemis. Quatre ou cinq ans se passèrent pendant lesquels il flotta, se demandant s'il poursuivrait la voie où il s'était engagé, ou s'il se rejetterait d'un autre côté.

Ici commence la deuxième période de sa vie; elle ne comprend guère que dix années, de 1755 à 1765, mais dix années d'une merveilleuse fécondité. Après le *Dis-*

cours sur l'origine de l'inégalité paraissent coup sur coup la *Lettre à d'Alembert*, l'*Emile*, le *Contrat Social*, *Julie, ou la Nouvelle Héloïse*, la *Lettre à Christophe de Beaumont*, *les Lettres de la Montagne*, la première partie des *Confessions*, enfin tout Rousseau. Comment s'opéra cette transformation?

Il avoue lui-même qu'il y eut une certaine affectation dans l'attitude qu'il prit alors. Il se mit à fuir le monde parce qu'il y avait peu de succès; il arbora une misanthropie qui n'était pas dans son cœur, mais qui le distinguait; il déblatéra contre les Français qu'il aimait, mais qui avaient plus d'esprit que lui. Faibles raisons que celles-là! La vraie, c'est qu'il se trouvait dans une impasse, perdu dans ce tas d'écrivailleurs qui se faisaient concurrence pour attraper le pain de chaque jour et les maigres applaudissements du public; et que son génie longtemps comprimé était impatient de se produire. Tant que la vive jeunesse l'avait soutenu de ses enchantements, les misères de tout genre avaient glissé sur lui : contre les rigueurs de la fortune n'avait-il pas les délicieuses retraites que l'imagination ménage aux rêveurs? Et puis les nécessités de chaque jour ne lui permettaient pas de sonder ces bas-fonds où il se traînait; il fallait d'abord en sortir. Il éprouva alors ce que doit ressentir un homme tombé à la mer, ballotté longtemps par la vague et qui saisit enfin une épave et touche à la rive. Alors seulement, il mesure l'immensité houleuse avec ses millions de tombeaux possibles; une sorte d'épouvante mêlée de colère et d'admiration pour lui-même le saisit : il méprise, il hait ces gouffres agités qui n'ont pu l'engloutir; il se sent supérieur à eux, supérieur surtout à ces heureux passagers qui, montés sur un bon navire, accomplissent par un temps calme une traversée facile. Ce qui domina alors dans cette âme toujours en mouvement, ce fut l'orgueil, la pitié rétrospective pour soi-même, le ressentiment contre tout ce qui l'avait si longtemps déprimé, ravalé, méconnu. Avaient-ils compris, ces êtres sans compassion, sans justice, que lui, Rousseau, se débattait dans la foule, faible, nu? Lui avaient-ils tendu une main secourable? Avaient-ils fait le moindre effort pour écarter de son corps le froid, la faim, de son âme, les vices, compagnons de la misère? Non, s'il avait rencontré dans ses courses errantes un peu d'humanité, c'était auprès des pauvres, des misérables comme lui, de ceux sur qui les heureux du monde font peser toutes les charges [1]. Elle était donc mal faite cette société dont les sophistes à la mode se plaisaient à vanter l'éclat et les bienfaits; elle était mal faite puisqu'un homme comme lui n'y avait pu trouver sa place, puisque les plus méritants de ses membres étaient ceux-là mêmes qu'elle traitait le plus durement. Se rappelant alors les rares jouissances qui avaient rendu supportables ces vingt-cinq années, il sentit dans son cœur une reconnaissance attendrie pour la nature, pour les bois, les vallons, les champs, tout ce monde silencieux et doux, où il s'était si souvent réfugié, oublié lui-même dans les ravissements de la paix et de la contemplation.

Tel fut le travail qui s'accomplit en lui à cette heure décisive. Plus l'incubation avait été longue et douloureuse, plus l'explosion fut rapide et violente.

1. Lire les éloquents passages des *Confessions*, où il raconte l'hospitalité qu'il reçut chez des paysans et les réflexions qu'il y joint, tome Ier, p. 227 et 251.

Il a raconté lui-même, et avec la plus orgueilleuse satisfaction, toutes les réformes qu'il opéra dans sa vie, ce qui lui donna à ses propres yeux le droit de censurer les autres. Il jeta bas le costume ridicule de petit-maître, l'épée, les manchettes, le linge fin; il arbora la livrée du travailleur. Être écrivain, homme de lettres, ce n'était pas un métier : il ne faut écrire que pour communiquer une vérité méconnue, et n'attendre d'autre salaire que l'indifférence ou la persécution. Lui, il se fit copiste de musique à tant la page. Il ferma sa porte aux curieux, aux visiteurs désœuvrés, qui lui volaient son temps, aux prétendus amis qui voulaient qu'il vécût à leur façon, non à la sienne, aux protecteurs de la veille, à cette excellente Mme d'Épinay, qui lui avait fourni l'asile où il forgeait ses armes. La rupture la plus éclatante, mais celle qui lui coûta le moins, ce fut la rupture avec les philosophes. Il ne les aimait pas. Diderot lui-même, si ouvert, si généreux, blessait sans cesse cette âme orgueilleuse et souffrante. Il prodiguait les conseils, les remontrances, toutes les tyrannies de l'amitié; il dérangeait à chaque instant par ses impétuosités d'improvisateur la mystérieuse élaboration où Rousseau se recueillait. Les autres, Grimm, d'Alembert, d'Holbach étaient trop clairvoyants, trop sceptiques pour prendre au sérieux ce qu'ils appelaient dans le monde des paradoxes, et en petit comité, du charlatanisme. Enfin tous ces gens-là pesaient sur lui, le retardaient pour ainsi dire. Il s'affranchit brusquement, lança la *Lettre à d'Alembert*, qui était à la fois sa démission d'encyclopédiste et une déclaration de guerre. Il se croyait malade alors, mourant même; sa voix avait je ne sais quel accent mélancolique d'une lyre qui se brise : ce n'était que le dernier frémissement de la secousse qui le transformait.

A peine a-t-il pris position, l'opinion publique, indécise d'abord, se prononce en sa faveur. Quels appels éloquents il lui adresse, l'*Émile*, la *Lettre à Beaumont*, puis les pages passionnées de *Julie*, toutes les colères, toutes les tendresses, tous les rêves d'une âme comprimée qui s'épanche ! Ajoutez à cela la fière attitude qu'il prend. Cet adversaire des dévots et des philosophes n'est pas seulement un apôtre qui annonce des vérités nouvelles; il ne recule pas devant le martyre. Ce fut chose nouvelle en effet, et qui produisit une bien puissante impression, que de trouver sur tous ses livres la signature de l'auteur. Les philosophes étaient d'ordinaire plus prudents : que l'on condamnât, brûlât leur ouvrage, ils n'en étaient pas fâchés; mais ils avaient soin de prendre certaines mesures de précaution, comme l'anonymat, le pseudonymat; ils se dérobaient à la responsabilité directe; c'étaient de misérables pages imprimées qui portaient tout le poids des colères officielles. Rousseau, lui, signe ses livres, il se déclare prêt à répondre de tout ce qu'il a écrit; il veut comparaître en personne devant le Parlement qui l'a décrété de prise de corps, se justifier, réclamer même une récompense nationale [1]. Il faut que M. de Malesherbes et le maréchal de Luxembourg l'enlèvent de force pour le soustraire aux agents qui viennent l'arrêter. Forcé de quitter la France, il va demander un asile à sa patrie. Genève le repousse, Genève condamne ce citoyen, ce fils glorieux et

---

[1]. L'avocat Barbier (Journal, VIII, 45) se montre confondu de l'assurance de cet auteur qui « était homme à se laisser arrêter. »

intrépide. La ville de Berne n'est pas plus hospitalière. Dans le village de Motiers-Travers, la population ameutée par des fanatiques, l'accueille à coups de pierres. Lui qui attendait des statues de ses semblables, il est traqué en tous lieux comme un ennemi public. Rois et républiques, catholiques et protestants, tous s'associent dans l'œuvre de la persécution. Les gens de lettres eux-mêmes, les philosophes, ces prétendus défenseurs de la vérité et de la justice, font cause commune avec les oppresseurs. Voltaire, ce Français qui a trouvé en Suisse un refuge interdit à Rousseau, insulte, calomnie Rousseau, lance contre lui un poëme burlesque plein de méchanceté et sans esprit. Ministres protestants, archevêque de Paris, libres penseurs, athées, tous s'abattent sur le misérable. — C'est la glorieuse époque de sa vie. S'il avait pu douter un moment qu'il possédât la vérité, il ne douta plus : la vérité seule pouvait susciter de tels déchaînements. Ce bâtard de Diogène, comme l'appelait Voltaire, sentit que le siècle était avec lui. Les Français, race légère mais généreuse, admirèrent l'intrépidité et la conviction de cet exilé. Son éloquence les avait enflammés ; ils sentirent sous ce style admirable un homme de foi, un martyr ; la personne plaida en faveur des idées. Je trouve à cette date de 1765, dans les Mémoires de Bachaumont, écrivain peu porté de nature à l'enthousiasme, les vers suivants : ce n'est plus de l'admiration, c'est du fanatisme.

> Rousseau, prenant toujours la nature pour maître,
> Fut de l'humanité l'*apôtre et le martyr*.
> Les mortels qu'il voulait forcer à se connaître,
> S'étaient trop avilis pour ne pas l'en punir.
> Pauvre, errant, fugitif et proscrit sur la terre,

> Sa vie à ses écrits servit de commentaire.
> La fière liberté de ses hardis tableaux
> Sut en dépit des grands montrer ce que nous sommes.
> Il devait de nos jours trouver des échafauds :
> Il aura des autels quand il naîtra des hommes.

La dernière période de sa vie s'étend de 1765 à 1778, date de sa mort. Elle est lamentable. Cette merveilleuse imagination, qui l'avait soutenu dans toutes les traverses et qui l'enlevait si aisément aux réalités amères pour l'emporter dans les régions de l'idéal, languit, s'épuise, et ne conserve juste assez de force que pour représenter un malheureux sous les plus sombres couleurs, les personnes et les choses qui l'entourent. Dans tout idéaliste il y a l'étoffe d'un fou. Rousseau, frappé réellement et injustement, mais comme les pouvoirs d'alors pouvaient frapper, comme l'avaient été tant d'autres écrivains, qui n'avaient pas pris au tragique ces accidents, Rousseau en arriva à se figurer qu'un immense complot avait été formé contre lui, que ses ennemis, toujours aux aguets, épiaient ses moindres mouvements, multipliaient les pièges sous ses pas ; il fut atteint, en un mot, de la monomanie de la persécution, la plus douloureuse de toutes les formes de la folie. Les premiers symptômes se déclarèrent en Angleterre, où Hume lui avait offert un asile que la France et la Suisse lui refusaient. Il se figura qu'il était non pas l'hôte, mais le prisonnier de Hume. Sur cette vision que Hume, il faut bien le reconnaître, ne fit rien pour dissiper, car se moquer des malheureux, ce n'est pas les guérir, il prit la fuite précipitamment, quoique malade et presque sans ressources. Pendant deux ans, il erre de gîte en gîte, toujours inquiété, soit par les autres, soit par lui-même ; et il traîne à sa suite cette Thérèse, la plus amère expiation que le ciel eût pu lui infliger. Vers 1770, il se hasarda, quoique décrété de prise de corps, à venir se fixer à Paris, et le gouvernement ferma les yeux. Il habitait, rue Plâtrière (aujourd'hui rue Jean-Jacques Rousseau), un misérable appartement, et il vivait de son industrie de copiste de musique. Sauvage et soupçonneux à l'excès, il n'ouvrait sa porte qu'à de rares visiteurs. Bernardin de Saint-Pierre, qui, à force d'insistance amicale, réussit enfin à être admis dans ce pauvre intérieur, nous a laissé une description fidèle et d'un haut intérêt de la vie et du caractère de Rousseau dans cette dernière période. Parfois abandonné et même enjoué, le plus souvent inquiet, atrabilaire, il ne se retrouvait lui-même que dans les excursions solitaires qu'il faisait aux environs de Paris. Le silence, la paix des grands bois, l'infinie variété des objets qui occupaient ses regards, faisaient descendre un peu de calme dans cette âme malade, et elle s'abandonnait alors à des rêveries mélancoliques dont la grâce pénétrante et douloureuse nous charme encore. Mais ces extases devinrent de plus en plus rares ; les hallucinations sombres enveloppèrent le malheureux. Quand Bernardin de Saint-Pierre lui montrait les enfants qui jouaient aux Tuileries, et lui rappelait que c'était lui, que c'était l'*Émile*, qui avait affranchi les captifs, Rousseau répondait par un cri d'humeur, et désavouait son œuvre. Les persécutions directes avaient cessé, mais il portait en lui-même son persécuteur. A aucune époque de sa vie, il n'avait pu s'affranchir de lui-même : jouir de soi, tel avait été son plus cher désir. Il ne fut que trop exaucé. Pas plus que l'enfance, la vieillesse n'est faite pour l'isolement. La vie alors n'est supportable qu'autant que les devoirs accomplis apparaissent vivants dans des êtres qu'on aime, dont on est aimé. Les défaillances du corps, les fatigues de l'âme, on les accepte quand des enfants, des amis, s'ingénient à nous les alléger. Mais se nourrir de soi-même, quand on n'est plus qu'une ombre, quand les illusions et les espérances se sont envolées, quand le passé impitoyable nous renvoie les regrets et les remords, quel supplice! Ce fut le sien. Qu'il se soit demandé alors ce qu'étaient devenus les enfants qu'il avait rejetés, pourquoi, lui qui s'était cru si bon, si aimant, il était seul, dans cet Ermenonville, asile suprême que la pitié lui avait offert, ce que deviendrait sa mémoire, si violemment attaquée même avant sa mort, ce qu'il resterait de son œuvre : tout cela, on le devine, on le sent dans les dernières pages qu'il a tracées. Le ressort de l'énergie virile est brisé, c'est comme une agonie qui commence. Vers le même temps, Voltaire exilé lui aussi et embastillé, et toujours sous le coup des décrets de prise de corps, rentrait à Paris en triomphateur. Le gouvernement n'osait empêcher les explosions de l'enthousiasme universel; il se bornait à ne pas s'y associer. Ce n'était pas seulement l'auteur de la *Henriade*, de *Zaïre*, et de tant d'œuvres supérieures, que la foule applaudissait au théâtre, à l'Académie, dans les rues ; c'était surtout le vengeur des Calas, le sauveur des Sirven, celui qui avait flétri les bourreaux de La Barre et de Lally, celui qui avait réclamé l'émancipation des serfs du mont Jura. C'est ici que le Français léger reprend son avantage. Il est sorti de lui-même, il a pris fait et cause pour les opprimés, il a servi ses semblables, il a mérité plus que l'admiration, la reconnaissance. Rousseau ne s'est jamais oublié, il a toujours oublié les autres. N'était-ce pas à lui, calviniste, à élever la voix en faveur des Calas ? Cet ardent amour de l'humanité et de la justice dont il se vantait, en quelle circonstance s'est-il manifesté ? Les occasions ne manquaient pas cependant : les abus, les iniquités de tout genre s'étalaient en plein soleil. Que de matières offertes à cette éloquence dont les flots jaillissaient si impétueux ! Les rêveurs ne voient pas les réalités, ou ils n'en tiennent compte. Tout cela passe, disent-ils, les principes seuls ne passent pas.

Comment mourut Rousseau ? Abrégea-t-il lui-même une existence devenue intolérable. On a pu le supposer, et parmi les contemporains c'était l'opinion la plus répandue : elle n'a rien que de vraisemblable. Quatre ans après, les *Confessions* furent publiées, puis les *Rêveries*, les *Dialogues*. L'attendrissement et la pitié furent immenses. La jeune génération qui avait été étrangère à toutes les misérables querelles dont les vingt dernières années de sa vie avaient été empoisonnées, ne vit et ne voulut voir en lui qu'un grand homme persécuté et malheureux. Les femmes surtout, et les plus jeunes, dévorèrent avec avidité ces pages toutes frémissantes de passion. Mme de Staël, Mme Roland furent entraînées. La première, nature généreuse entre toutes, ne se consolait pas de ne pouvoir se dévouer à cette chère infortune, qu'elle comprenait, qu'elle eût adoucie, guérie peut-être. Les souffrances prétendues imaginaires de Rousseau, elle les proclamait réelles ; elle y voyait l'attribut d'une nature supérieure. A partir de ce jour, sa cause est gagnée. La pitié publique l'a vengé de tous ses ennemis. On ne s'arrêtera pas là. Après la glorification de l'homme, viendra celle de l'écrivain, du penseur. L'Assemblée constituante décrète en 1790 qu'une statue sera élevée à Rousseau et que le piédestal en sera fait avec les pierres de la Bastille. Les événements politiques empêchèrent l'exécution du décret. En 1794, les restes de Rousseau furent transférés au Panthéon [1].

Enfin, en 1815, lors de l'invasion, les alliés exemptèrent Ermenonville de toute taxe. C'est à la même époque que des mains françaises violaient la sépulture du Panthéon et jetaient à la voirie les restes de Voltaire et de Rousseau.

Tel fut l'homme. En résumant les diverses périodes de sa vie, on peut dire que dans la première, il se cherche : c'est une période de lente incubation ; dans la seconde, il se trouve : c'est alors qu'il publie tous ses principaux ouvrages ; dans la troisième, il se perd pour ainsi dire. Il s'en faut que sa personnalité ait été étrangère à l'immense influence qu'il exerça : c'est sa personnalité qui créa la forme sous laquelle se produisirent ses idées. Quelles idées ? C'est ce que je vais examiner.

1. On raconte que Bonaparte, premier consul, se trouvant en 1799 à Morfontaine, fut invité à aller visiter la tombe que l'on avait élevée à Rousseau, dans le parc d'Ermenonville. — « Faites voir cela à Louis, dit-il : c'est un philosophe, un niais ; il peut y trouver quelque charme, mais non pas moi. » — Voilà un bel éloge pour Rousseau.

II

LES IDÉES DE JEAN-JACQUES ROUSSEAU
(Religion et Morale.)

Rousseau est-il un philosophe? — Il repousse ce nom avec horreur. — Les contradictions où il tombe par l'emploi simultané de la raison et du sentiment. — Le symbole de la religion naturelle. — Le Christianisme de Jean-Jacques. — La religion de ceux qui ne sont d'aucune église.

Parmi les nombreuses prétentions de Jean-Jacques celle qui lui tenait le plus au cœur, c'était de raisonner juste et de n'être jamais en contradiction avec lui-même. Sur ce point, les contemporains protestèrent, et nous sommes de leur avis. Dans les actes et dans les écrits du personnage les inconséquences abondent. Ce farouche adorateur de l'indépendance, qui affecte le plus profond mépris pour les grands, on le voit à chaque instant recueilli ou protégé par Mme d'Épinay, Luxembourg, Conti, Girardin ; cet ennemi du théâtre a composé une comédie et un opéra ; cet éducateur public n'a pas élevé ses enfants. L'œuvre de l'écrivain se tient mieux que sa vie, elle a une unité réelle ; mais que d'idées, sinon absolument contradictoires, du moins inconciliables, je dirais presque hétérogènes ! C'est une riche matière pour ceux qui veulent à tout prix glorifier ou condamner. Ils suppriment ceci, ils étalent cela. C'est si facile de plaider ! Rousseau lui-même sert de modèle. Que l'on plaide pour lui ou contre lui, il y gagne toujours, car dans un cas comme dans l'autre il est surfait.

Si l'on en croit Rousseau, et il n'y a aucune raison sérieuse pour révoquer en doute son témoignage, tous ses ouvrages étaient contenus en germe dans son premier discours sur le rétablissement des lettres, des sciences et des arts, et ce premier discours lui-même fut le produit d'une inspiration, d'une illumination soudaine. — Voici son récit :

— « J'allais voir Diderot, alors prisonnier à Vincennes ; j'avais dans ma poche un *Mercure de France,* que je me mis à feuilleter le long du chemin. Je tombe sur la question de l'Académie de Dijon, qui a donné lieu à mon premier écrit. Si jamais quelque chose a ressemblé à une inspiration subite, c'est le mouvement qui se fit en moi à cette lecture : tout à coup je me sens l'esprit ébloui de mille lumières ; des foules d'idées vives s'y présentent à la fois avec une force et une confusion qui me jeta dans un trouble inexprimable ; je sens ma tête prise par un étourdissement semblable à l'ivresse. Une violente palpitation m'oppresse, soulève ma poitrine : ne pouvant plus respirer en marchant, je me laisse tomber sous un des arbres de l'avenue, et j'y passe une demi-heure dans une telle agitation, qu'en me relevant, j'aperçois tout le devant de ma veste mouillé de mes larmes sans avoir senti que j'en répandais. Oh ! Monsieur, si j'avais jamais pu écrire le quart de ce que j'ai vu et senti sous cet arbre, avec quelle clarté j'aurais fais voir toutes les contradictions du système social ; avec quelle force j'aurais exposé tous les abus de nos institutions ; avec quelle simplicité j'aurais démontré que l'homme est bon naturellement, et que c'est par ces institutions seules que les hommes deviennent méchants ! Tout ce que j'ai pu retenir de ces foules de grandes vérités, qui, dans un quart d'heure, m'illuminèrent sous cet arbre, a été bien faiblement épars dans les trois principaux de mes écrits. »

S'il fallait en croire Diderot ou les amis de Diderot, c'est celui-ci qui aurait engagé Rousseau à traiter le sujet proposé par l'Académie de Dijon comme il l'a traité, c'est-à-dire par la négative : à leur compte, c'est Diderot qui aurait fait Rousseau, car il est déjà tout entier dans ce premier ouvrage, et il a soin de nous le faire remarquer. Diderot, fournisseur ordinaire d'idées aux philosophes dans l'embarras, s'est peut-être imaginé plus tard de bonne foi qu'il avait fait l'aumône à Rousseau comme à tant d'autres : Rousseau n'en avait pas besoin. Vers cet âge décisif de quarante ans, il portait en lui-même tout un monde d'idées, de sentiments, de rêves, d'utopies longtemps caressées et qui étaient devenues sa substance même et sa vie. Tout cela sortit un beau jour, sans effort, tout naturellement comme le fruit sort de la fleur. Ce n'est pas ainsi que procèdent les observateurs, les hommes de science et d'analyse, mais c'est ainsi que procèdent les hommes d'enthousiasme et de foi. Pendant de longues années ils semblent inertes et comme étrangers au monde ; tout à coup ils s'éveillent, et la vie intérieure, longtemps concentrée, éclate. Plus d'embarras, plus d'incertitudes : la lumière s'est faite dans les profondeurs de leur âme ; ils ont eu leur révélation.

Mais quoi? Est-ce un prophète, un apôtre? Il n'ose pas tout d'abord prendre cette attitude qui eût donné à rire, mais il n'est pas éloigné de se croire investi d'une mission. Voilà un point de vue que la critique ne doit jamais oublier. D'autre part, c'est un homme et un homme du XVIIIe siècle, c'est-à-dire un philosophe. Ici, il se récrie avec indignation. Lui, philosophe! Lui, être confondu avec ces ergoteurs sans conscience, ces destructeurs de toute religion et de toute morale! Écoutons-le :

— « Je les trouvai tous fiers, affirmatifs, dogmatiques, même dans leur scepticisme prétendu, n'ignorant rien, ne prouvant rien et se moquant les uns des autres. Et ce point commun à tous, me parut le seul sur lequel ils ont tous raison. . . . . Quand les philosophes seraient en état de découvrir la vérité, qui d'entre eux prendrait intérêt à elle? Chacun sait bien que son système n'est pas mieux fondé que les autres ; mais il le soutient, parce qu'il est à lui. *Il n'y en a pas un seul qui venant à connaître le vrai et le faux, ne préférât le mensonge qu'il a trouvé à la vérité découverte par un autre. Où est le philosophe qui, pour sa gloire, ne tromperait pas volontiers le genre humain?* »

Qu'il déclame à son aise, il n'en est pas moins un philosophe, et, quoi qu'il prétende, un philosophe de son temps. Ce n'est pas impunément qu'il a lu l'abbé de Saint-Pierre, Voltaire, Montesquieu, qu'il a vécu avec Diderot, Grimm, les Encyclopédistes : il a beau se déclarer contre eux, il est de leur famille. Bien des choses lui déplaisaient en eux ; mais ce qui lui déplaisait par-dessus tout, c'était de disparaître, d'être perdu dans un parti. Il se sentait assez fort pour ne recevoir de mot d'ordre de personne, pas même de Voltaire. Il combattit cependant le grand combat du siècle, mais à son heure, avec ses armes et sur le terrain qu'il avait choisi. Voltaire avait bien tort de déplorer la désertion d'un tel soldat ; il avait plus tort encore de l'accuser de trahison et de l'outrager. Rousseau ne désertait pas, ne trahissait pas : il n'avait d'engagement qu'avec lui-même, et il fit plus à lui tout seul que le troupeau des disciples cheminant sous la houlette de Voltaire. Quand la bataille fut gagnée, il fut évident pour tous que ce prétendu transfuge avait plus qu'aucun autre contribué à la victoire. Que l'on interroge aujourd'hui encore les ennemis de la raison, ils confondent dans la même horreur et les mêmes anathèmes Voltaire et Rousseau. Cela exaspérait Rousseau ; mais s'il revenait à la vie, il en prendrait son parti, et ces deux grands hommes

> Un moment désunis par l'humaine faiblesse

entendraient avec joie

> La voix du genre humain qui les réconcilie.

Essayons de marquer par des traits précis en quoi Rousseau se sépare, en quoi il se rapproche des autres philosophes du xviiie siècle.

C'est une âme religieuse, naturellement religieuse : là est sa principale originalité, là est sa force. Rien de plus étranger à l'esprit général du siècle que ce besoin incessant de Dieu dont Rousseau est possédé, ces contemplations, ces ravissements. Les représentants officiels de la religion avaient tué dans les âmes le sentiment religieux. Les philosophes qui pouvaient se passer de Dieu pour expliquer le monde, s'en passaient allègrement : la nature leur suffisait. Ceux qui conservaient Dieu, ne le conservaient que comme utilité. Ils étaient tous plus ou moins les disciples de l'abbé de Saint-Pierre, qui voulait que l'on réduisît la religion aux dogmes *essentiels* : l'existence de Dieu était un de ces dogmes. Rousseau, lui aussi, n'admettra que les vérités essentielles, mais ce n'est pas l'intelligence qui les lui révélera, c'est le sentiment. On ne peut dire qu'il abdique sa raison ; il en fait au contraire un magnifique usage ; mais l'œuvre de la raison finie, l'œuvre de la foi commence. L'âme de Rousseau monte vers Dieu, aspire à lui, se repose en lui. — « Le cœur a ses raisons que la raison ne connaît point, » disait Pascal : ces raisons-là sont justement celles de Rousseau. Partout et toujours se retrouve ce singulier mélange de réflexion et d'inspiration qui est sa plus essentielle originalité.

C'est lui qui a créé le mot de *religion naturelle,* je dis le mot, car la chose existait bien avant lui. Qu'est-ce que la religion naturelle ? Quelles voies a-t-il suivies pour la découvrir ? Il se persuade qu'il a cherché, interrogé, médité, refait pour son propre compte le travail de Descartes : il n'en est rien; ce n'est que longtemps après qu'il s'est avisé de tout cela. A toutes les époques de sa vie, il a été un homme de foi. Il déclare que le doute, cette condition première de toute investigation sérieuse, lui est impossible : c'est un état violent, douloureux ; et d'ailleurs, lui, il veut croire, il a besoin de croire. Pour l'acquit de sa conscience, il s'adresse aux théologiens, mais il est évident qu'ils ne le satisferont pas. — Leurs décisions tranchantes et absurdes révoltent sa raison. — Il va trouver les philosophes. Même assurance, même arrogance, même intolérance que chez les théologiens. Ceux-ci du moins s'entendent entre eux ou à peu près; mais les philosophes ne sont d'accord sur rien, se disputent sur tout, et se méprisent les uns les autres, en quoi seulement ils n'ont pas tort. Arrière donc ces prétendus dépositaires de la vérité ! Si elle existe, je dois posséder en moi les moyens de la découvrir. Consultons *la lumière intérieure,* la conscience. Elle m'en apprendra plus en quelques minutes que tous les métaphysiciens du monde. Qu'ai-je besoin de syllogismes pour me démontrer à moi-même des vérités que je sens ? Est-ce que je n'ai pas la conscience de mon existence ? Ai-je besoin qu'on me prouve que je suis un être sensible, intelligent, libre ? — Voilà sa psychologie. Sa métaphysique n'est guère plus compliquée ; mais si elle est d'une médiocre originalité, elle se relève par l'accent et donne l'assaut au cœur. Au moment où Diderot et Helvétius hasardaient avec plus ou moins de franchise leurs premières démonstrations matérialistes, que Voltaire regrettait plutôt qu'il ne les réfutait, Rousseau se déclare hautement spiritualiste. — Non, dit-il, l'âme ne peut être matière : la matière ne possède pas en propre le mouvement; la cause du mouvement est en dehors d'elle, supérieure à elle : c'est une cause intelligente, c'est Dieu. Les philosophes de profession se plaisent à amonceler des nuages sur ces questions si simples ; ils inventent des problèmes pour faire croire aux niais qu'ils en ont trouvé la solution ; tout cela, chimères et vanités. — Une fois lancé dans cette voie de la simplification à outrance, Rousseau ne s'arrête guère. Sa religion et sa philosophie, toutes deux *naturelles*, sont vraiment par trop élémentaires. Ne va-t-il pas jusqu'à dire : « Ce monde est-il éternel ou créé ? Y-a-t-il un principe unique des choses ? Y en a-t-il deux ou plusieurs ? Et quelle est leur nature ? *Je n'en sais rien, et que m'importe ?* » — Il y a des gens à qui cela importe. L'humanité ne se désintéressera jamais de cette noble curiosité. Que le mystique s'enferme dans ses contemplations, libre à lui : reste à savoir si dans cet état il est plus véritablement l'homme de la nature que le philosophe qui cherche. Mais on ne discute pas avec Rousseau, ce philosophe qui ne voulait pas que l'on philosophât. Revenons à son Dieu. Ce Dieu a créé le monde, il est puissance, justice, bonté. Il a créé l'homme, qui est manifestement « le roi de la terre qu'il habite », le chef-d'œuvre de la création, l'homme, être intelligent, capable seul de contempler l'univers, d'en sentir les admirables harmonies, de s'élever jusqu'à l'auteur de toutes ces merveilles. Loin de nous ces sophistes, qui prétendent ravaler au rang des bêtes cet être supérieur! — « Ame abjecte, c'est ta triste philosophie qui te rend semblable à elles. » — Ceci à l'adresse d'Helvétius. — Pour lui, « qui n'a point de système à soutenir », il s'incline devant les infinies perfections de Dieu, il s'unit à lui par la contemplation, « il converse avec lui, il pénètre toutes ses facultés de sa divine essence ; il s'attendrit à ses bienfaits, il le bénit de ses dons. » Et il ajoute : « mais je ne le prie pas. Que lui demanderais-je? » — La prière n'est-elle donc qu'une requête ? Si l'on n'a rien à demander à Dieu, qu'un hymne de reconnaissance monte à lui.

Mais le mal physique ? Mais le mal moral ? C'est la terrible objection contre laquelle Voltaire se débattit si longtemps. J'ai rappelé plus haut les perplexités de son esprit, celles de son cœur, de ce cœur si sensible aux misères de l'humanité. Le poëme sur le tremblement de terre qui détruisit Lisbonne et une partie de ses habitants, jaillit de son âme plus encore que de son imagination. Il ne voudrait pas accuser Dieu, mais sa raison est troublée : l'énigme du monde, comme il disait, lui semble amère et cruelle. Il repousse cependant la révolte et le désespoir,

Je ne sais que souffrir et non pas murmurer.

Mais admettre que tout est pour le mieux dans le meilleur des mondes possible, il ne le peut. Cette maxime commode n'est-elle pas la mort de toute énergie active ? Subir ce qui est, il le faut bien ; mais s'y résigner, mais ne pas travailler de toutes ses forces à diminuer cette masse effroyable de maux qui pèsent sur l'humanité, c'est lâcheté, c'est stupidité. Rousseau, lui, est optimiste. Les idéalistes comme lui, sont peu touchés des accidents qui éclatent ici ou là. Que parlez-vous de mal physique, dit-il à Voltaire ? Qu'importent ces détails ? C'est l'ensemble qu'il faut embrasser ; or l'ensemble n'est qu'ordre et qu'harmonie. Les tremblements de terre vous indignent, surtout quand ils se produisent dans les villes : êtes-vous naïf à ce point que vous prétendiez que la nature déroge à ses lois éternelles et immuables, parce qu'il a plu à quelques milliers de civilisés de se bâtir des maisons ici plutôt que là? Est-ce un physicien sérieux, un disciple de Newton, qui demande pourquoi les tremblements de terre ne se produisent pas dans les déserts, où ils ne feraient de mal à personne? Ils se produisent où ils doivent se produire : tant pis pour les civilisés ! Ils n'avaient qu'à ne pas sortir de l'état de nature. S'ils étaient restés dans leurs forêts, il n'en aurait péri qu'un très-petit nombre. Gardez-vous de contester la régularité des lois de la nature. Elles forment un admirable système où tout se tient ; l'ensemble nous échappe, et aussi la corrélation des parties ; mais tout cela existe, tout cela est régi par une Providence infaillible. C'est dans les désordres mêmes qu'éclate la démonstration de l'ordre. Ce que nous ne pouvons nous expliquer prouve invinciblement que l'explication est ailleurs. En tout cas, c'est là *un dogme grand et consolant*. Il faut s'y tenir, n'écouter ni les dévots qui font intervenir sans cesse la justice divine dont ils se déclarent les interprètes, ni les philosophes qui veulent à toute force trouver Dieu en faute pour nier son existence. Ils ne voient les uns et les autres que des accidents, et les exploitent suivant leur intérêt. L'homme vraiment religieux reconnaît une Providence universelle qui « se contente de présider au tout, sans s'inquiéter de la manière dont chaque individu passe cette courte vie. »

Il n'est pas moins ferme dans l'explication qu'il donne du mal moral : aussi bien les deux problèmes se tiennent, et justifier Dieu sur un point, c'est le justifier sur l'autre. Il faut avouer cependant que les désordres dans le monde moral troublent plus douloureusement la conscience. Que d'âmes héroïques, lasses d'une lutte stérile et inégale contre elles-mêmes et contre les oppresseurs du droit, ont rejeté le fardeau de la vie en maudissant, en niant ce fantôme qu'on appelle vertu ! Le triomphe d'un César [1], la mort d'un Brutus, quels arguments contre cet optimisme béat, qui en acceptant tout, semble tout légitimer ! Ici, Rousseau est vraiment admirable : c'est le pacificateur, le consolateur de la conscience. Il repousse d'abord et bien loin le dogme de la corruption originelle, solution commode, mais immorale et attentatoire à la bonté et à la justice de Dieu. Le mal est dans l'homme, il est vrai, mais il n'y est pas fatalement, il pourrait ne pas y être : c'est l'homme lui-même qui en est l'auteur. Créature raisonnable et libre, il a été doué par Dieu d'un instinct infaillible pour discerner le bien du mal : si c'est le

---

1. Rousseau, dans sa lettre à Voltaire, met bravement sur la même ligne César et Cartouche !

mal qu'il préfère et si sa vie est en proie à tous les tourments inséparables d'une mauvaise conscience, de quel droit imputerait-il à Dieu un désordre dont il est seul responsable? — Mais le méchant ne se nuit pas seulement à lui-même, il nuit aux autres. Il dépouille, il opprime, il avilit ses semblables; il répand dans les âmes ces ténèbres du désespoir qui cachent la vue du ciel et voilent Dieu. Son triomphe que glorifient des troupeaux d'adulateurs, et que consacrent les ministres des autels, adorateurs de la force, révolte d'abord, puis décourage les gens de bien. « La conscience s'élève et murmure contre son auteur ; elle lui crie en gémissant : « Tu m'as trompé ! » Attendez, mortels impatients. Ce désordre qui vous révolte, ce n'est qu'une dissonance momentanée dans l'harmonie universelle. L'homme ne vit qu'à moitié durant sa vie, et la vie de l'âme ne commence qu'à la mort du corps. C'est alors que tout rentre dans l'ordre, et que l'immuable, l'éternelle justice de Dieu s'exerce dans sa plénitude. La raison veut qu'il en soit ainsi ; c'est de plus une invincible espérance. Quelle force une telle confiance ne donne-t-elle pas au juste opprimé ! Que les sentiers de la terre lui soient durs, que les misères surabondent et l'écrasent : plus le fardeau est lourd, plus légère est l'âme dans son vol vers la région de l'incorruptible justice. — Voilà une note nouvelle dans le concert du XVIIIe siècle. Ils étaient trop impatients dans leur œuvre de rénovation les philosophes d'alors, pour ajourner à l'autre vie l'avénement de la justice. Disons tout. Dieu lui-même apparut à beaucoup d'entre eux non comme le redresseur, mais comme le complice des iniquités qui révoltaient leur sens moral. Il est certain que tous les despotismes se couvraient de son nom et invoquaient son autorité. C'est l'honneur de Rousseau d'avoir arraché Dieu à ceux qui le faisaient haïr, et de l'avoir replacé dans cette sphère supérieure où s'élève naturellement l'âme altérée d'amour et de justice. Serait-il arrivé par le seul effort de sa raison, à cette conception si haute et si religieuse? Je ne le crois pas : il fallut l'aiguillon de la douleur. C'est dans son âme malade que se forma jour par jour cette foi d'une si indomptable ardeur.

— « Non, j'ai trop souffert en cette vie pour n'en pas attendre une autre. Toutes les subtilités de la métaphysique ne me feront pas douter un moment de l'immortalité de l'âme et d'une Providence bienfaisante. Je la sens, je la crois, je le veux, je l'espère; je la défendrai jusqu'à mon dernier soupir; et ce sera de toutes les disputes que j'aurai soutenues, la seule où mon intérêt ne sera pas oublié. »

Ainsi parlent les enthousiastes : *ils sentent, ils croient, ils veulent, ils espèrent, ils défendront jusqu'au dernier soupir* la foi qui leur est chère : les philosophes sont plus calmes.

C'est encore par la foi que Rousseau résout les problèmes moraux. Seulement la foi, ici, reçoit un autre nom, elle s'appelle conscience, et la conscience, c'est *un instinct sublime*. Quant à la nature, au caractère obligatoire de la loi morale, c'est à peine s'il l'a entrevu; en tout cas, ce n'est pas le point qu'il s'est attaché à mettre en lumière. Les hommes que dominent l'imagination et la sensibilité, ne sont pas à l'aise pour parler du devoir : il y a là trop de rigueur, trop d'absolu pour eux ; l'inspiration est gênée par ces formules étroites. Ce mot même de devoir, on le trouve bien rarement dans Rousseau. Qu'est-ce que cette notion sèche et irréductible auprès des révélations du sentiment? Le sentiment seul est infaillible. Rappelez-vous quelle douce, quelle pure joie vous pénètre quand vous avez fait une bonne action; quel mécontentement de vous-même, quels remords, quand vous avez cédé au mal. En faut-il davantage pour vous éclairer? Rousseau n'oublie qu'une chose, c'est que ces phénomènes ne se produisent en nous qu'après l'acte accompli, et que par conséquent ils ne nous éclairent en rien sur l'acte à accomplir. C'est à la raison qu'il fallait demander la notion du devoir. Mais la raison, c'était l'autorité que les philosophes invoquaient, et Rousseau ne voulait pas parler leur langage. Avant tout, il tenait à ne pas être confondu avec eux. S'il n'a pas contre la raison toutes les défiances et toute l'horreur d'un pur théologien, il ne croit pas qu'en aucun cas elle suffise pour nous révéler « ces dogmes grands et consolants », dont son âme a besoin. Elle égare l'homme aussi souvent qu'elle le guide : il ne peut se passer d'elle, mais s'il n'a qu'elle, il n'a rien. Voyez les philosophes : c'est sous le couvert de la raison qu'ils débitent ces belles doctrines qui empoisonnent les âmes, l'athéisme, le matérialisme, la morale de l'intérêt.

— « Fuyez ceux qui, sous prétexte d'expliquer la nature, sèment dans le cœur des hommes de désolantes doctrines, et dont le scepticisme apparent est plus affirmatif et plus dogmatique que le ton décidé de leurs adversaires. Sous le hautain prétexte qu'eux seuls sont éclairés, vrais, de bonne foi, ils nous soumettent impérieusement à leurs décisions tranchantes, et prétendent nous donner pour les vrais principes des choses les inintelligibles systèmes qu'ils ont bâtis dans leur imagination. Du reste, renversant, détruisant, foulant aux pieds tout ce que les hommes respectent, ils ôtent aux affligés la dernière consolation de leur misère, aux puissants et aux riches le seul frein de leurs passions ; ils arrachent du fond des cœurs le remords du crime, l'espoir de la vertu, et se vantent encore d'être les bienfaiteurs du genre humain. Jamais, disent-ils, la vérité n'est nuisible aux hommes. Je le crois comme eux, et c'est, à mon avis, une grande preuve que ce qu'ils enseignent, n'est pas la vérité. »

Rousseau avait raison de ne vouloir pas être rangé dans la catégorie des philosophes : ils ne parlent pas de ce ton. Aucun d'eux non plus n'aurait prétendu que le fanatisme « est une passion grande et forte qui élève le cœur et l'homme », et qu'il est « moins funeste dans ses conséquences que l'esprit philosophique ». Ils laissaient ces paradoxes enflammés à ce prédicateur de morale qui semblait chercher le bruit. On ne raisonne pas contre l'inspiration ; mais on peut trouver étrange qu'elle éclate dans certaines circonstances, et qu'elle ait un faux air de calcul. Ce fut le cas pour Rousseau. Dans le moment même où il lançait contre ses anciens amis de si violentes attaques, l'Encyclopédie était suspendue, Palissot bafouait les philosophes en plein théâtre, Lefranc de Pompignan les signalait en pleine Académie comme sapant le trône et l'autel. Était-il bien séant, était-il généreux de tomber à son tour sur des hommes désarmés et qu'il estimait ? Le zèle de la vérité n'admet point ces considérations mondaines : c'est un feu qui brûle les entrailles. Il l'apprit bientôt et à ses dépens.

Un homme dont il estimait le caractère et les vertus, Christophe de Beaumont, archevêque de Paris, lança contre l'auteur d'*Émile* un mandement spécial d'une extrême véhémence. Dans ce libelle, comme l'appelait Rousseau, il était déclaré impie, blasphémateur ; son livre était condamné comme renfermant

— « Une doctrine abominable, propre à renverser la loi naturelle et à détruire les fondements de la religion chrétienne, établissant des maximes contraires à la morale évangélique, tendant à troubler la paix des États, à révolter les sujets contre l'autorité de leur souverain, etc., etc. »

Ajoutons que l'archevêque se flattait d'avoir saisi en trois ou quatre endroits Rousseau en flagrant délit de contradiction, de sorte que non-seulement ses opinions étaient « erronées, impies, blasphématoires et hérétiques »; mais de plus il était accusé de raisonner mal. Ce dernier trait fut peut-être de tous le plus sensible : Rousseau se piquait de logique, mais ici, ni son éloquence, ni sa dialectique ne pouvaient le transformer en orthodoxe. Oubliait-il donc que, dans sa fameuse profession de foi, il s'était déclaré pour la religion naturelle, et qu'il avait ajouté : « il est bien étrange qu'il en faille une autre ? » — Or c'est justement au nom de cette *autre* qu'on le frappait. Son étonnement, son indignation, sincères assurément, ont quelque chose de naïf. Il s'intitule fièrement « le défenseur de la cause de Dieu » : cette cause il l'a défendue, non-seulement dans son livre, mais, ce qui était plus méritoire, dans le monde, sous le feu des quolibets de salon, et voilà comme on le récompensait ! On le confondait avec ces athées vulgaires, ces vils courtisans de l'incrédulité à la mode ! Lui, à qui on eût dû élever des statues [1], on le signalait aux peuples et aux rois

---

[1] « Oui, je ne crains point de le dire, s'il existait en Europe un seul gouvernement vraiment éclairé, un gouvernement dont les vues

comme un ennemi public! — La protestation de Rousseau était légitime, la condamnation qui le frappait l'était aussi. L'orthodoxie est l'orthodoxie. Elle frappe, elle réprouve tout ce qui n'est pas elle. Quand on porte en soi une foi sérieuse, mais qui n'est pas la foi officielle, il faut accepter des anathèmes dont on sait le néant. Rousseau se révoltait d'être mis sur la même ligne que ces incrédules légers, ces âmes vides des choses célestes, qui ne savaient que railler et détruire. Et qu'importait la confusion? En était-il moins ce qu'il était? Sa place à part dans cette société sceptique, il l'avait. Il s'était fait l'apôtre de la religion naturelle; pourquoi refusait-il d'en être le martyr? Ce n'est pas une de ses moins bizarres inconséquences, à lui qui accuse les philosophes d'orgueil et d'intolérance, que d'exiger, pour ainsi dire, que l'Église abandonne ses dogmes pour adopter la *Profession de foi du vicaire savoyard*. Eh quoi! serait-il donc chrétien? La croyance en Jésus ferait-elle partie de la religion naturelle? Le mandement n'avait pas de peine à faire justice de cette prétention insoutenable. Il rappelait la discussion serrée et impitoyable dans laquelle l'auteur examinant un à un les arguments sur lesquels repose la foi de l'Église, en démontrait l'inanité; les prophéties, les miracles, niés, les témoignages de toute nature récusés, une incroyable abondance d'arguments accumulés pour établir sur les ruines de la religion orthodoxe le scepticisme prétendu involontaire dans lequel se reposait la conscience du vicaire savoyard. Il mettait ensuite en regard de ces négations

fussent utiles et saines, il eût rendu des honneurs publics à l'auteur d'*Émile*, il lui eût élevé des statues. »

(Lettre à M. de Beaumont, p. 139.)

l'admirable et inexplicable passage qui commence par ces mots :

— « Je vous avoue aussi que la sainteté de l'Évangile est un argument qui parle à mon cœur. »

Et qui se termine par ceux-ci :

— « Oui, si la vie et la mort de Socrate sont d'un sage, la vie et la mort de Jésus sont d'un Dieu. »

L'inconséquence était manifeste, mais Rousseau n'était pas homme à en convenir. Il voulait être chrétien, et cela malgré l'Église catholique, malgré l'Église réformée, qui cette fois, s'entendaient pour déclarer hautement qu'il ne l'était pas, et qu'elles le rejetaient toutes deux. En quoi consistait son Christianisme ?

— « Monseigneur, je suis chrétien et sincèrement chrétien, selon la doctrine de l'Évangile. Je suis chrétien, non comme un disciple des prêtres, mais comme un disciple de Jésus-Christ. Mon maître a peu subtilisé sur le dogme et beaucoup insisté sur les devoirs : il prescrivait moins d'articles de foi que de bonnes œuvres ; il n'ordonnait de croire que ce qui était nécessaire pour être bon. Quand il résumait la loi et les prophètes, c'était bien plus dans des actes de vertu que dans des formules de croyance ; et il m'a dit par lui-même et par ses apôtres que celui qui aime son frère a accompli la loi. »

Singulier spectacle ! Voltaire s'en égayait :

Beaumont pousse à Jean-Jacque et Jean-Jacque à Beaumont.

Il y avait là un grave symptôme. L'incrédulité était fort répandue ; nul ne prenait au sérieux les respects ironiques des philosophes pour la religion; on savait qu'ils ne travaillaient qu'à la détruire, et qu'ils se flattaient d'en venir à bout. Et voilà que l'un d'eux, car il en était, se déclarait le défenseur, c'est peu, le véritable représentant du Christianisme ! L'Église le condamnait, il persistait, il appelait Jésus, « mon maître. » Il était sincère évidemment : jamais la conviction de l'âme n'avait éclaté en paroles plus éloquentes. Il y avait donc deux christianismes, celui des prêtres que repoussait Rousseau, et le sien ? Le travail de la critique, ce premier besoin du XVIIIe siècle, n'aboutissait donc pas forcément à une négation méprisante ? Rousseau discutait, examinait, déclarait qu'il lui fallait « des raisons pour convaincre sa raison »; et cependant il s'attachait à l'Évangile; il se prosternait devant la figure de Jésus priant pour ses bourreaux, Jésus plus qu'un homme, peut-être un Dieu. Sur la religion naturelle qui n'était autre qu'un déisme passionné, se greffait une sorte de Christianisme naturel, instinctif pour ainsi dire, singulièrement réduit, mais d'autant plus décisif sur les points essentiels. Le sentiment du divin, banni du monde, y rentrait. Tant pis pour ceux qui n'avaient que des railleries ou des excommunications à lui opposer !

Il faut bien le reconnaître en effet, si insuffisant qu'il soit aux yeux des logiciens et des orthodoxes, ce Christianisme a été et est encore la foi de bien des âmes sincères et honnêtes qui vont à Dieu et à l'Évangile sans avoir besoin qu'un prêtre quelconque les y mène par la main. Ce n'est pas orgueil de leur part, ni confiance aveugle en elles-mêmes : mieux que les ennemis systématiques de la raison, elles savent quelles sont les bornes de cette noble, de cette divine faculté; mais elles sont convaincues que la religion, dans son sens le plus élevé, le seul qu'elles puissent concevoir, n'exige pas le sacrifice de la raison; et de plus, qu'elle n'a de valeur qu'autant qu'elle est un hommage libre, un élan d'amour, de reconnaissance, d'espoir. Entre elles et Dieu elles n'ont besoin de personne. Pourquoi prendrais-je un étranger pour arbitre de ma foi? Est-ce lui qui répondra pour moi le jour où nous aurons tous à répondre? Quand Dieu me demandera quel usage j'ai fait de la raison qu'il m'avait donnée, de la conscience qu'il m'avait donnée, serai-je fondé à lui dire : demandez à cet homme : c'est entre ses mains que j'ai tout abdiqué? Et s'il est, comme cela n'arrive que trop souvent, inférieur en intelligence et en moralité à ceux-là mêmes dont il est le guide spirituel et moral? S'il n'a pour apaiser leur faim et leur soif de vérité et de justice que des formules vides, apprises par cœur, rédigées dans une langue que les savants seuls entendent, et qu'il débite avec une indifférence machinale? S'il n'a que des paroles de colère et de malédiction contre ceux qui, répugnant à s'enfermer dans son église où ils ne trouvent point Dieu, s'élèvent librement au Créateur par la contemplation de son œuvre et l'accomplissement de sa loi? — Il n'y a pas de puissance humaine capable de vaincre ces répugnances. Elles sont le cri même de la conscience et la protestation du sentiment religieux que les formules officielles étouffent. Si indépendant, si inconséquent même que fût le *credo* de Rousseau, c'était un *credo*; l'auteur était un homme de foi. J'irai plus loin : Voltaire lui-même, que tout dans Rousseau exaspérait, était, lui aussi, un sectateur de cette religion naturelle dont le code ne sera jamais promulgué. Moins fréquents, moins impérieux étaient ses élans vers les choses d'en haut ; son impitoyable bon sens arrêtait trop souvent l'essor de l'enthousiasme ; trop souvent aussi dans l'emportement de la bataille, ses coups s'égaraient et par-dessus les indignes ministres de Jésus, atteignaient Jésus lui-même. Que l'on se rappelle cependant cette courageuse campagne contre les athées, poursuivie pendant plus de vingt années avec une indomptable énergie ; qu'on se rappelle enfin ce bel hommage rendu à la personne et à la doctrine de celui que les Pharisiens livrèrent à la mort ; ces paroles si simples et si expressives qui terminent cet admirable morceau : « Je vous prends pour mon maître. » — Voilà donc ces deux hommes, les plus puissants assurément par leur action, qui, séparés sur tant de points, se retrouvent unis dans une foi commune. — Effacez ce mot, me crient en même temps les orthodoxes et les philosophes. — Je prendrai celui que l'on voudra, pourvu qu'il exprime une certitude absolue de l'existence, de la justice de Dieu, d'une autre vie, de l'universalité et de l'immutabilité de la loi morale, et de la liberté humaine. Et cela ne suffira pas encore, pour Rousseau du moins : il y faut joindre l'admiration passionnée et tendre pour celui qu'il appelle son maître, et en qui, malgré les objections de sa raison, il a toujours voulu voir autre chose et plus qu'un homme [1].

1. Il y a dans la lettre à Beaumont (p. 100, Ed. Musset-Pathay) un passage dont les modernes théoriciens du droit divin n'ont pas songé à invoquer l'autorité : il est vrai qu'ils ont le plus profond mépris pour ces hommes, Voltaire et Rousseau. Le voici : — « Honorez en général tous les fondateurs de vos cultes respectifs ; que chacun rende au sien ce qu'il croit lui devoir ; mais qu'il ne méprise point ceux des

Plus tard, quand les misères de tout genre eurent énervé cette âme malade, il fut assailli de toutes les épouvantes dont les dévots font leur vie. Lui qui devait se présenter avec tant d'assurance devant le trône de Dieu, il tombait dans des appréhensions et des superstitions puériles :

— « Un jour, rêvant à ce triste sujet, je m'exerçais machinalement à lancer des pierres contre les troncs des arbres, et cela avec mon adresse ordinaire, sans presque en toucher aucun. Tout au milieu de ce bel exercice, je m'avisai de m'en faire une espèce de pronostic pour calmer mon inquiétude. Je me dis : Je m'en vais jeter cette pierre contre l'arbre qui est vis-à-vis de moi ; si je le touche, signe de salut ; si je le manque, signe de damnation. Tout en disant ainsi, je jette ma pierre d'une main tremblante et avec un horrible battement de cœur, mais si heureusement, qu'elle va frapper au beau milieu de l'arbre ; ce qui véritablement n'était pas difficile, car j'avais eu soin de le choisir fort gros et fort près. *Depuis lors, je n'ai plus douté de mon salut.* »

autres. Ils ont eu de grands génies et de grandes vertus : cela est toujours estimable. *Ils se sont dits les envoyés de Dieu : cela peut être et n'être pas* : c'est de quoi la pluralité ne saurait juger d'une manière uniforme, les preuves n'étant pas également à sa portée. Mais quand cela ne serait pas, il ne faut point les traiter si légèrement d'imposteurs. *Qui sait jusqu'où les méditations continuelles sur la Divinité, jusqu'où l'enthousiasme de la vertu ont pu, dans leurs sublimes âmes, troubler l'ordre didactique et rampant des idées vulgaires ?* »

III

LES IDÉES DE JEAN-JACQUES ROUSSEAU

(Idées sociales et politiques.)

La théorie de l'état de nature, ses conséquences, ses applications à la société du XVIIIe siècle. — Comment les contemporains corrigèrent la doctrine de Rousseau; ce qu'ils admirent, ce qu'ils rejetèrent. — L'*Émile*, son influence. Le *Contrat social*; le dogme de la souveraineté, l'intolérance de l'État. — Ce que Rousseau pense de l'éducation des femmes.

Je n'insisterai guère sur les idées sociales et politiques de Jean-Jacques : cela a été examiné, discuté tant de fois ! De solution universellement adoptée, il ne s'en est pas produit, il ne s'en produira pas de sitôt. Il faudrait pour cela sortir de l'absolu; et malgré le dédain que nous affectons pour la métaphysique, il nous en faut toujours quelque peu, surtout dans les matières qui ne sont pas de son ressort. On raisonne à perte de vue sur chacune des natures humaines inventées par chacun des faiseurs de systèmes, et la réalité s'évanouit. Replaçons Rousseau parmi ses contemporains : c'est encore le moyen le plus sûr de se rendre compte de ses théories. Cette méthode ne nous révélera pas si elles sont conformes ou non à la vérité absolue, mais nous saurons peut-être d'où elles viennent et quelle prise elles ont pu avoir sur la société du XVIIIe siècle.

Admettons l'inspiration subite, la révélation « de ces foules de grandes vérités qui l'illuminèrent » sur la route de Vincennes. A partir de ce jour il sut ce qu'il était et ce qu'il devait faire. La nature lui était apparue, et ravi de son ineffable beauté, il avait pris en profonde horreur tout ce qui n'était pas elle. Il s'était séparé avec éclat des philosophes qui n'avaient pas eu le bonheur de la voir face à face et ne la comprenaient pas comme lui ; il avait exaspéré et scandalisé les dévots qui avaient leur religion et ne voulaient pas l'échanger contre la religion naturelle. Ce que c'était que cette religion, j'ai essayé de le montrer : voyons maintenant quel idéal social et politique lui révéla la nature.

Elle ne lui en révéla aucun. Prenez le fameux discours sur *l'Origine de l'inégalité*, prenez le *Contrat social*, prenez l'*Émile*, et essayez de découvrir une conclusion quelconque. Non-seulement Rousseau ne dit pas : Voilà le salut, je vous l'apporte ; mais il répète partout et toujours qu'il n'y a pas de salut possible ; que les civilisés, déchus de l'heureuse félicité des premiers âges, n'y remonteront jamais, qu'ils ne peuvent avoir d'autre espoir que de ralentir quelque peu les effroyables progrès de la décadence. — Ne touchez à rien, s'écrie-t-il, ou vous êtes irrévocablement perdus. Conservez fermement les institutions existantes, « car leur destruction ne ferait qu'ôter les palliatifs en laissant les vices, et substituer le brigandage à la corruption. » — Eh quoi ! après nous avoir si éloquemment démontré les vices de nos institutions politiques et sociales, vous ne voulez pas que nous essayons de les changer ? Vous nous condamnez sans appel, vous nous fermez l'avenir, cette consolation de tous ceux qui souffrent, et vous ne nous offrez pour toute pâture que la contemplation du bonheur dont ont joui nos premiers parents ? Moins impitoyables sont les théologiens : eux du moins ils corrigent le péché originel par la rédemption et par la grâce, mais vous, quel refuge nous laissez-vous ? L'autre vie, sans doute ? cela ne suffit pas. Dieu nous la doit, cette autre vie ; il nous la donnera, car il en a besoin lui-même pour établir la souveraine et équitable répartition ; mais en attendant le règne de l'éternelle justice, c'est notre devoir à nous et notre dignité de restreindre ici-bas de plus en plus la puissance du mal, de reculer de plus en plus les conquêtes du bien. Philosophe chagrin, vous placez l'idéal en arrière, nous le plaçons en avant. Si tel ne fut pas le langage des contemporains, c'est bien assurément ce qu'ils pensèrent. Ils voulurent bien croire Rousseau leur disant : tout est mal ; mais ils ajoutèrent avec Voltaire : faisons que tout soit mieux.

Prenons un exemple.

On se rappelle l'entrée en campagne de Rousseau (1749). Parmi « ces foules de grandes vérités qui l'illuminèrent » la première qu'il jeta à la tête de ses contemporains, ce fut une diatribe contre les lettres, les sciences et les arts. Un peu plus tard, dans sa lettre à d'Alembert (1758), il fit le procès du théâtre ; entre les deux (1755), il déclara que « l'homme qui médite est un animal dépravé ». — De tous les côtés à la fois on cria au paradoxe ; Voltaire plaisanta agréablement ce nouveau Timon, d'Alembert discuta sensément ; il n'est pas jusqu'à Marmontel qui ne se crût appelé à dire son mot. Les arguments *ad hominem* ne faisaient pas défaut. Quoi ! vous, un écrivain, un artiste, un des rédacteurs de l'Encyclopédie, vous déclarez que les lettres, les sciences et les arts ont été et sont le fléau du monde ! Vous glorifiez Sparte, la cité dure et grossière, aux dépens d'Athènes, l'éducatrice du genre humain ! Vous évoquez de leur tombeau les ombres des

Fabricius, et autres barbares de la vieille Rome, pour flétrir la glorieuse époque qui produisit les Cicéron, les Lucrèce, les Tite-Live! Vous déclamez contre le luxe en apprenti de Lycurgue, vous qui venez de rédiger pour l'Encyclopédie l'article *Économie politique!* — Toutes ces inconséquences prétendues sautaient d'abord aux yeux, mais la thèse de Rousseau n'en subsistait pas moins. Que lui, civilisé, forcé de subir le milieu dans lequel il avait été jeté, il fît des discours, des livres, des opéras, et figurât avec honneur parmi ces « animaux dépravés qui méditent »; qu'est-ce que cela prouvait, sinon qu'on est forcé de hurler avec les loups? Ce qu'il fallait réfuter, c'était la corrélation nécessaire qu'il établissait entre la civilisation et la corruption. Sur ce point encore, il fut réfuté. Que restait-il donc de ce factum? Ce que Rousseau n'y avait pas mis, un avertissement salutaire. Les lettres, les sciences, les arts, tout cela, disait-il, n'a été créé que sous l'instigation des vices; tout cela n'est que la parure de la corruption; c'est en courant après ces jouissances factices et funestes que les hommes ont perdu le goût des plaisirs naturels, et se sont peu à peu façonnés à la servitude. Le despotisme, voilà le dernier terme où aboutit cette brillante civilisation dont vous êtes si fiers. Le despotisme encourage et protége ces vains amusements : ils font sa sécurité et sa force, justement parce qu'ils vous énervent. — Quoi! pas d'issue possible? Les contemporains ne voulurent pas le croire. Ces lettres, ces sciences, ces arts, Rousseau en faisait des instruments de servitude; eux, ils voulurent que ce fussent des instruments de liberté. Rousseau calomnie les Français du xviiie siècle; il outre le mépris, il les courbe sous le joug du maître et leur crie : vous ne le secouerez jamais ! — Eux lui répondent en donnant l'assaut au despotisme dans toutes ses citadelles à la fois. — Voilà la vraie, la triomphante réfutation. Naïve et admirable générosité de nos pères! Ils ont tout pardonné à cet étranger si hautain et si dur, qui les écrasait de son titre de citoyen de Genève, et se plaisait à leur faire sentir le poids de leurs entraves. Ils l'ont écouté, ils l'ont aimé, ils lui ont été reconnaissants de leur signaler une à une toutes les misères dont ils étaient atteints ; mais quand il leur a dit : vous ne guérirez jamais, ils ne l'ont pas cru, ils n'ont pas cru surtout qu'ils fussent faits pour une éternelle servitude, et ils l'ont bien montré. Rousseau avait indiqué le mal et le prétendait incurable; eux, ils ont trouvé le remède.

C'est dans le *Discours sur l'origine de l'inégalité* que se trouve la peinture la plus complète et la plus enthousiaste de ce bienheureux état de nature, l'idéal rétrospectif de Rousseau. Rien de plus faible, de plus insoutenable à tous les points de vue, mais en même temps rien de plus dangereux que cette déclamation passionnée. Le procédé est toujours le même. L'auteur oppose aux misères des civilisés les prétendues félicités des premiers humains. Est-ce pour les convier à un retour vers les anciens âges? Aucunement : ils sont devenus absolument indignes de vivre en sauvages. Mais alors que peuvent-ils faire ? Rien. Rousseau ne veut que leur faire compter un à un tous les degrés par lesquels ils ont roulé jusqu'au fond de l'abîme. Il y a eu un jour parmi les heureux enfants de la nature un misérable qui s'est avisé de se faire des habits, de se construire une cabane ; des insensés ont suivi son exemple. Puis, au lieu de se tuer et de se dévorer quand ils se rencontraient errants dans les forêts, ces infortunés ont formé des associations ; ils ont fondé la propriété, source de tous les maux.

— « Le premier qui ayant enclos un terrain, s'avisa de dire : *Ceci est à moi*, et trouva des gens assez simples pour le croire, fut le vrai fondateur de la société civile. Que de crimes, de guerres, de meurtres, que de misères et d'horreurs n'eût point épargnés au genre humain celui qui arrachant les pieux ou comblant le fossé eût crié à ses semblables : « Gardez-vous d'écouter cet imposteur. Vous êtes perdus, si vous oubliez que les fruits sont à tous et que la terre n'est à personne ! »

La propriété amena à sa suite les plus horribles calamités : l'établissement des lois, des magistratures, et enfin du despotisme, consécration de l'inégalité et son assuré soutien. Passons sur l'absurdité manifeste de la conception première, l'état de nature, et demandons-nous encore quelle pouvait être la portée de ce nouveau factum. Elle fut énorme. Les hommes du XVIIIe siècle ne se flattèrent pas de reconquérir les félicités infinies de l'état de nature, mais ils déclarèrent une guerre à mort à l'inégalité, au despotisme, et enfin à la propriété. N'en rendez pas Rousseau responsable, dira-t-on, puisqu'il ne cessait de répéter : « conservez les institutions existantes : il vaut mieux vivre avec des fripons qu'avec des brigands. » — Le bon sens répond : il vaut mieux ne vivre ni avec les uns ni avec les autres. — J'ai bien de la peine d'ailleurs à admettre la parfaite sincérité de cet étrange conservateur. Quel est le dernier mot de son discours, et quelle conclusion pouvait-on raisonnablement en tirer ?

— « Il est manifestement contre la loi de nature de quelque manière qu'on la définisse, qu'un enfant commande à un vieillard, qu'un imbécile conduise un homme sage, et qu'une poignée de gens regorge de superfluités, tandis que la multitude affamée manque du nécessaire. »

Les Platon et les Fénelon, eux aussi, sont des chimériques ; mais ils ne parlent pas de ce ton. Les disciples qu'ils ont pu faire ne ressemblent en rien à ceux qui sont sortis de l'école de Rousseau. — Il les eût désavoués. — Je le veux bien ; mais quand on renverse les digues, on doit s'attendre à une inondation.

C'est un véritable soulagement pour l'esprit de sortir des cauchemars pénibles de l'état de nature, pour arriver à l'*Émile*. C'est une œuvre d'une sérénité relative. Je m'explique. « Les foules de grandes vérités » qui avaient illuminé Rousseau, l'avaient en même temps bouleversé ; de simple mortel, il avait été brusquement élevé à la dignité de voyant, d'homme inspiré, périlleuse transformation, qui violente l'être tout entier et lui fait perdre les qualités vulgaires de la simple humanité, le bon sens, la mesure, la paix de l'esprit. Il fallut près de dix années pour que cet emportement tombât. L'inspiré se retrouva enfin au niveau des mortels, mais tout frémissant encore de la secousse divine. Heureux état ! Reprendre possession de soi-même, et sentir cependant que l'on a en soi quelque chose que n'ont pas tous les autres, que l'on a vu ce qu'ils n'ont pas vu, que l'on a entendu des voix qu'ils ne connaissent pas ! Il y a encore bien des chimères dans l'*Émile* ; mais enfin Rousseau s'est arraché aux forêts vierges, où les premiers hommes nus, isolés, formidables, purs et puissants comme l'immense nature, savouraient les délices d'une félicité dont ils n'avaient pas conscience. Il consent à les accepter tels qu'ils sont, c'est-à-dire, vêtus d'abord, puis logés dans des maisons, réunis par des associations, soumis à l'autorité des lois, et même propriétaires. Triste spectacle que celui que présentent ces civilisés! mais enfin tels qu'ils sont, ce sont nos semblables : essayons de leur venir en aide. Il est malheureusement trop certain qu'ils ne remonteront pas du fond de l'abîme à la pure lumière; cependant sur la pente fatale où ils roulent, ils peuvent encore être arrêtés. La civilisation les a dépravés; l'éducation qu'ils se donnent maintient et aggrave chaque jour la corruption. Faisons toucher du doigt ces vices qui les dévorent, indiquons-en la source, montrons-en le remède. Voilà l'idée de l'*Émile*. Elle est simple, elle est grande, elle est vraie. Un souffle de pitié et de tendresse court à travers les pages; çà et là un cri de douleur et de remords éclate et trouble. Le malheureux a vu se dresser devant lui l'image des enfants qu'il a rejetés à la charité publique, et il se demande s'il a bien le droit d'enseigner aux autres ce qu'il n'a pas eu le courage de faire lui-même [1].

L'impression produite par l'ouvrage fut immense. On sentait bien en France, vers 1760, qu'il était absurde et dangereux de maintenir un système d'éducation qui façonnait pour la servitude sous toutes ses formes des enfants destinés à être des hommes libres. L'éducation a partout et toujours été dans un rapport intime avec les institutions : tel édifice, telle base. Les institutions sub-

---

[1]. — « Lecteur, vous pouvez m'en croire. Je prédis à quiconque a des entrailles et négligé de si saints devoirs, qu'il versera longtemps sur sa faute des larmes amères et n'en sera jamais consolé. »

sistaient encore, il est vrai, mais elles étaient condamnées et comme moralement détruites. Comment et quand disparaîtraient-elles, on ne pouvait le savoir, mais on était convaincu qu'elles disparaîtraient. Coïncidence bien remarquable! En 1762, les Jésuites, qui avaient presque le monopole de l'éducation publique, sont expulsés; voilà le champ libre aux essais. L'*Émile* alors commence à se répandre. Les arrêts du Parlement, les excommunications de l'archevêque, stimulent encore l'intérêt et redoublent la sympathie; on est comme enivré des vérités nouvelles que l'auteur sème en foule. Oui, dit-on avec lui, « tout est bien en sortant des mains de l'auteur des êtres. » — Voilà la corruption originelle supprimée, et c'était ce dogme étroit et barbare qui pesait sur l'éducation. Oui, dit-on encore, le but de l'éducation est de faire non un Français, non un Anglais, non un noble, non un bourgeois, mais de faire un homme, et un homme armé pour les luttes de la vie. L'assentiment des contemporains alla plus loin : dans la voix de Rousseau, ils crurent entendre celle de la nature qui leur rappelait des devoirs trop longtemps méconnus. Ces jeunes femmes, si mondaines, si absorbées par les plaisirs, acceptèrent les charges de l'allaitement. L'enfant abandonné jusque-là à des mains mercenaires, fut dès le berceau enveloppé, pénétré de tendresse, et véritablement le fruit des entrailles de la femme. Combien celle-ci fut reconnaissante pour l'homme qui en lui enseignant son devoir, la relevait, faisait d'elle la véritable créatrice de la famille, l'inspiratrice première, la providence toujours présente! C'est dès ce jour que l'admiration pour Rousseau revêt chez les femmes tous les caractères d'une tendresse passionnée [1], d'un véritable culte. On obéit religieusement à ses moindres prescriptions. Il ne veut pas que l'on emmaillotte l'enfant : cela était pourtant bien commode, non pour lui, le malheureux, mais pour celle qui le prenait, le portait, le déposait comme un paquet bien ficelé et qui ne se défera pas : on renoncera à l'emmaillottement. Il aura, le pauvre petit, la liberté de ses membres tendres et toujours en mouvement. Dès qu'il pourra marcher, on ne le tiendra point renfermé dans un appartement; il sera mené au grand air, il aspirera la vie par tous les pores; il s'ébattra joyeux et libre, et se roulera et ne craindra point d'abîmer ses beaux habits. On ne l'arrachera pas à cette activité que réclame son corps pour le clouer dès l'âge de cinq ans devant un livre tout couvert d'hiéroglyphes noirs qu'il faut déchiffrer. Rousseau l'a dit, et on le croit : « La lecture est le fléau de l'enfance. » — Voyez plutôt avec quelle éloquence la nature proteste contre cette tyrannie. Tous les enfants sont paresseux et inappliqués : vous les rivez à la tâche, mais leur âme est ailleurs, là-bas où l'on joue. Un secret instinct lui dit que l'ignorance c'est le bonheur. Vous avez beau piquer son amour-propre; il ne rougit pas de ne pas savoir ce qu'il est si ennuyeux d'apprendre : il se doute bien d'ailleurs du danger qu'il y a pour lui à faire une première concession. Une fois qu'il saura lire, on lui fera apprendre des leçons; il n'est pas pressé de devenir si savant. On atten-

---

1. Il faut voir dans les Mémoires de Marmontel de quel ton une jeune femme timide, soumise à son mari, le relève, quand il s'avise d'attaquer Rousseau. — « L'on vous accusera d'être animé contre lui de quelque inimitié personnelle et peut-être d'un peu d'envie. »... — Et ailleurs : « Il nous a appris à être mères! »

dra jusqu'à la douzième année pour lui imposer cette gêne : elle cessera alors d'en être une, car l'enfant aura compris tout l'avantage qu'il y a à savoir lire, ne fût-ce que pour déchiffrer une invitation à un beau goûter. — Toute cette première partie est charmante, sentie. Le chimérique n'en est pas exclu, mais il est tempéré. Il s'incarne bientôt dans la personne du gouverneur, espèce de *Deus ex machina* dont Rousseau a trop souvent besoin. Ici, l'impraticable domine et envahit tout. Où trouver ce modèle des maîtres? Il a à lui seul plus de perfections que Fénelon n'en rêva jamais pour tous les Salentins réunis. Quel père pourrait le suppléer? Et sans lui, comment appliquer le système? C'est lui qui fait tout. Émile non plus n'est pas facile à trouver. Rousseau ne pouvait pas lui donner un caractère bien arrêté; on eût objecté avec raison que son plan d'éducation était peut-être bon pour l'élève qu'il avait imaginé, mais sans application possible à d'autres. Émile est donc comme un type de l'enfant ; il n'a pas de personnalité distincte, il réunit tous les traits essentiels de la nature humaine dans le premier âge. Ce sera la fonction de l'éducateur d'approprier dans la pratique à chaque sujet la méthode générale recommandée par Rousseau. Ce n'est pas une petite tâche. La nature humaine est singulièrement diverse et ondoyante. Cette méthode même, elle est souvent bien impraticable et fort suspecte. Rousseau préoccupé de former non un Français, mais un homme, supprime l'éducation publique, grave décision. Il choisit un élève riche, fort riche même, autre difficulté. Il prêche le travail attrayant, erreur grave et qui est encore fort répandue. Que l'on ne représente pas la loi du travail comme un châtiment imposé par Dieu à l'homme, comme une sorte de tache originelle, rien de mieux ; mais ne cherchons pas à substituer à l'idée de devoir l'idée de plaisir. Le travail est une obligation morale; il n'avilit pas, il relève ; il crée l'indépendance et la dignité de la vie. La conscience peut en faire un plaisir, mais avant tout, il faut qu'il se montre à nous ce qu'il est, l'accomplissement de notre destinée; il faut que les âmes jeunes l'acceptent virilement, sans affectation, sans faiblesse. Le meilleur enseignement ici, c'est l'exemple. Que le père travaille et l'enfant comprendra que lui aussi il a une tâche à remplir. Mais que de pères ne travaillent que pour assurer à leurs enfants le bonheur de l'oisiveté! Il faut être juste cependant, Rousseau, par une inconséquence qui ressemble à une intuition, exige que l'on enseigne à son Émile, ce jeune homme riche, un métier : il veut qu'il soit en état de gagner sa vie. Prévoyait-il la catastrophe qui était encore si éloignée? Parmi ces émigrés qui fatiguaient l'Europe de leur légèreté, plus d'un, élevé d'après l'*Émile*, trouva en lui-même des ressources que les autres demandaient à la pitié publique. Le roi Louis XVI lui-même apprit l'état de serrurier.

Et la morale? et la religion? On a vu plus haut quelles étaient à ce sujet les idées de Jean-Jacques. Si simple, si éloigné de toute métaphysique qu'il soit, cet enseignement ne sera donné à l'enfant que vers l'âge où il sera en état de le comprendre, c'est-à-dire vers seize ans. Jusque-là, il croîtra, fortifiera son corps, développera son intelligence; mais son âme, trop faible pour la supporter, ne recevra point la nourriture des vérités supérieures dont l'ensemble constitue la religion naturelle. Il devra se contenter d'une morale au jour le jour, morale d'expédients, que les divers incidents de la vie provoqueront, et qui naturellement se ressentira beaucoup de leur perpétuelle variété. Quant à Dieu, on n'en parlera pas à Émile, et on lui parlera encore moins du culte. C'est une des idées de Rousseau qui a soulevé le plus d'objections et les plus vives. Est-il possible de supprimer ou d'ajourner si longtemps des questions qui se dressent, pour ainsi dire, à chaque instant devant nous ? Rousseau s'imagine qu'elles sont réservées : c'est une illusion ; elles sont déjà implicitement résolues : la pratique de l'éducation de chaque jour l'exige. Quant à l'utilité, quant aux dangers de cet ajournement, les avis peuvent être partagés. Ce qui importe ici, c'est de montrer combien Rousseau, cet ennemi de son siècle, est fidèle ici à l'esprit de son siècle. Il ne veut pas pour Émile de symbole imposé, pas d'autorité despotique qui saisisse dès le berceau l'imagination et la raison de l'enfant, et l'emprisonne par l'habitude dans des croyances dont il ne se rend pas compte. A seize ans, il sera en état de réfléchir sur ces graves questions, de comparer, de juger, de prononcer en connaissance de cause. Le vicaire savoyard lui exposera alors les principes de la religion naturelle, mais en esprit libre qui s'adresse à un esprit libre, non en maître qui dicte sa volonté. Voilà ce que je pense, dira-t-il : je vous expose sans détour mes incertitudes et mes convictions, vous choisirez. Que l'on juge comme l'on voudra cette méthode au point de vue pratique, il y a un bel hommage rendu à l'indépendance de la raison. Libre à Rousseau après cela de prendre sa grosse voix et de crier : Philosophes, je ne suis pas avec vous ! les contemporains ne s'y trompaient pas, et disaient : il est avec eux.

Il est encore avec eux, mais singulièrement en avant, quand il expose les principes du droit politique. D'où vient le *Contrat Social*, ce livre austère, impitoyable, qui sera l'Évangile de la Convention ? Ici, plus de déclamations passionnées, plus de prosopopées ; un style grave, des aphorismes secs et tranchants, un enchaînement rigoureux de propositions logiques, je ne sais quoi d'impersonnel et d'absolu. Cet écrivain qui excellait à remuer l'imagination et la sensibilité, le voilà qui se réduit à ne parler plus que le langage de la froide raison. Froide, ai-je dit à tort : un enthousiasme réfléchi, pour ainsi dire, anime de sa flamme sombre ces pages que dévoreront tant de sectaires. Il me semble que ce livre n'est pas un produit de notre terre de France ; il a comme un parfum étranger, sauvage même ; on dirait qu'il nous vient de la Sparte de Lycurgue ou de la Genève de Calvin. Telle est bien son origine en effet. Jean-Jacques, né républicain, consacré une seconde fois et avec éclat citoyen de Genève, Jean-Jacques, fanatique lecteur de Plutarque, ce glorificateur des Lycurgue, des Cléomène, des Brutus et des Gracques, pouvait-il s'arrêter et se complaire aux timides réformes que proposait un Montesquieu ? Dès les premiers mots, il prend hardiment position. « Le droit politique est encore à naître, dit-il, et il est à présumer qu'il ne naîtra jamais. » Remarquons en passant cet éternel besoin de décourager, de désespérer les contemporains : c'est une joie amère pour Rousseau de leur répéter sur tous les tons : Pas de salut pour vous ! Mais pourquoi ne naîtra-t-il jamais ? Parce qu'il serait la démonstration des droits du *peuple*, et, parmi les faiseurs de livres, qui se soucie du *peuple?* Voilà la note.

— « *Le peuple* ne donne ni chaires, ni pensions, ni places d'Académie : qu'on juge comment ses droits devaient être défendus par ces gens-là ! »

Ces gens-là, c'est Hobbes, c'est Grotius, c'est Montesquieu. Celui-ci en particulier n'a traité que du droit positif des gouvernements établis ; il n'a étudié *que ce qui est ;* Rousseau, lui, étudiera *ce qui doit être*. Nous sommes au seuil de l'absolu, et il s'agit de politique ! On ne peut se défendre d'un certain effroi. Allons-nous retomber dans les chimères de l'état de nature dont l'*Émile* nous avait à demi dégagés ? Rassurons-nous. Rousseau ne remonte pas au delà des premières associations ; il les accepte ; seulement il veut en déterminer le caractère. En vertu de quel principe l'association s'est-elle formée ? Suivant certains publicistes antérieurs pour lesquels il ne dissimule guère son dédain, c'est Dieu lui-même qui les aurait fondées. La preuve ? Il n'y en a point. D'autres prétendent qu'elles dérivent de l'autorité paternelle. Mais celle-ci a ses limites. D'autres enfin en donnent pour origine le droit du plus fort. Mais le droit du plus fort n'est pas un principe, c'est un fait ; la force change de mains ; on ne peut rien établir sur un élément aussi essentiellement variable. Écartons donc ces explications fausses et découvrons le vrai principe de l'association. Les hommes étant naturellement libres, elle n'a pu se produire qu'en vertu d'un contrat : ils se sont associés à de certaines conditions ; donc le contrat est la base même de l'association. Reste à trouver la forme de l'association.

— « Une forme qui défende et protége de toute la force commune la personne et les biens de chaque associé, et pour laquelle chacun s'associant à tous, n'obéisse pourtant qu'à lui-même et reste aussi libre qu'auparavant. »

Voilà le problème en effet : l'a-t-il résolu ? Je ne le crois pas ; mais il a fait école, et aujourd'hui encore il y a des publicistes qui invoquent son autorité. La solution qu'il imagine est admirable pour fortifier l'association, mais elle dépouille l'individu : c'est une aliénation totale, une véritable absorption. A-t-il le droit de protester ? Non, répond Rousseau, car ce n'est pas *quelqu'un* qui le dépouille, c'est la communauté, et il en fait partie ; et ce qu'il peut perdre comme individu, il le regagne comme être collectif ; il n'y a ni usurpation, ni tyrannie, car « *la condition est égale pour tous.* » Au fond, c'est la suppression de la liberté au profit de l'égalité ; c'est toujours la Sparte de Lycurgue que l'on exhume et que l'on propose comme idéal ; c'est cette insupportable confusion des sociétés modernes et des sociétés antiques. Rousseau, Mably et tous les communistes que nous avons vus depuis, n'oublient qu'une chose, c'est que les citoyens de Sparte avaient des esclaves, et que nous n'en avons pas : c'étaient les esclaves qui supportaient tout le poids de l'association, et ils n'en faisaient pas partie. Qui les remplacera dans les sociétés modernes ? La simplicité apparente du système fit illusion. On était las de subir le joug d'un despote quelconque, qui faisait remonter à Dieu son droit prétendu, qui était au-dessus des lois, dont les caprices décidaient de la vie, de l'honneur, de la fortune de tous les sujets. La souveraineté résidait dans un individu et elle n'était réglée par aucune convention : on la plaça dans le peuple tout entier, qui fut le seul et véritable souverain ; et au-dessus du peuple on plaça la loi, égale pour tous, obligatoire pour tous, puisqu'elle n'est autre chose que l'expression de la volonté de tous. Mais si le souverain est injuste? Si la loi est tyrannique? Elle ne peut pas l'être, dit Rousseau ; et d'ailleurs elle est la suprême autorité, il n'y en a pas d'autre à laquelle on puisse appeler de ses décisions. « Tout ce qu'ordonne la loi est *nécessairement* légitime. »

Voilà des principes nouveaux. On peut dire que là où s'arrête Montesquieu, Rousseau commence. Le premier resta l'inspirateur de cette école d'esprits tempérés qui essayèrent de concilier l'autorité et la liberté, et qui rédigèrent la première constitution qu'ait eue la France ; le second fut l'oracle de ces politiques épris d'unité et d'absolu, et pour lesquels l'individu n'est rien, l'État est tout. Depuis bientôt cent ans, notre pays oscille entre les deux. Qu'ils sont lents les progrès de l'intelligence publique ! Que de gens en sont encore à confondre l'État et le gouvernement ! Rousseau est le premier qui ait nettement déterminé les différences caractéristiques qui les séparent. Le gouvernement, c'est le pouvoir exécutif quel qu'il soit, chef unique, assemblée, conseil, peu importe. Il n'est que le délégué, l'*officier*, le *commis* du souverain, qui est l'État, c'est-à-dire tout le monde. D'où il suit, pour Rousseau, que le pouvoir exécutif est toujours révocable quand il plaît au souverain : c'est tout simplement l'anarchie en permanence. Rousseau l'organise, pour ainsi dire, à tous les degrés. Ce n'est pas seulement le pouvoir exécutif qui est *révocable ad libitum*, ce sont aussi les représentants que le souverain a choisis, et qu'il peut destituer et changer quand il lui plaît. Voilà la théorie du mandat impératif qui de nos jours a fait quelques adeptes, théorie funeste et de plus impraticable, car elle suppose chez les électeurs l'unité de vues et d'idées. Mais ces petites difficultés pratiques comptent-elles? Si on s'arrêtait à si peu de chose, on ne pourrait formuler aucun grand principe. L'important, c'est que l'égalité soit la loi de l'association; c'est que le souverain ne puisse aliéner sa souveraineté : l'être collectif sera tout, l'individu ne sera rien. Une des conséquences les plus répugnantes de cette tyrannie nouvelle, car c'en est une, c'est la profession de foi imposée à tous les membres de la communauté. Le souverain

— « En fixe les articles, non pas précisément comme dogmes de religion, mais comme sentiments de sociabilité, sans lesquels il est impossible d'être bon citoyen ni fidèle sujet. »

On sera tenu en conséquence de croire à la Providence et à la vie future. Et si l'on n'y croit pas? car enfin, comme le dit ailleurs parfaitement Rousseau, on n'est pas libre de croire ou de ne pas croire. — Il s'agit bien ici de liberté ! Si l'on n'y croit pas, on sera banni,

— « Non comme impie, mais comme incapable d'aimer sincèrement les lois, la justice, et d'immoler au besoin sa vie à son devoir. Que si quelqu'un, après avoir reconnu publiquement ces mêmes dogmes, se conduit comme ne les croyant pas, *qu'il soit puni de mort* : il a commis le plus grand des crimes, il a menti devant les lois. »

La tristesse vous prend. Quoi ! voilà donc où aboutirait le travail de ce grand siècle ! L'abbé de Saint-Pierre punit les athées, Montesquieu, tout en recommandant la tolérance, n'autorise pas dans un État l'introduction d'un culte nouveau ; Voltaire veut mettre aux mains du prince le droit absolu de régler les affaires ecclésiastiques. Liberté ! Liberté ! que d'obstacles tu rencontres ici-bas ! Est-ce que l'homme sera toujours condamné à porter ou à donner des chaînes ? A peine les a-t-il fait tomber de ses mains, il en charge les oppresseurs de la veille. A ce clergé persécuteur on impose la Constitution Civile de 1790, d'où sortira la guerre de Vendée, et qui aujourd'hui encore ne satisfait personne. En 1794, un disciple de Rousseau, et quel disciple ! Robespierre, ira méditer sous les ombrages de Montmorency, où le maître a composé ses chefs-d'œuvre, et en rapportera le fameux article par lequel le peuple français proclame l'existence de l'Être suprême et de l'immortalité de l'âme. Est-ce tout ? Non : les mêmes Français proclameront bientôt le culte de la déesse Raison et de la déesse Liberté, et cela dans un temps où il n'y eut jamais si peu de raison et si peu de liberté. Plus qu'aucun écrivain du XVIIIᵉ siècle, Rousseau est responsable de ces folies tyranniques. Il n'aimait pas la liberté, ou il l'aimait à la façon antique, c'est-à-dire avec l'esclavage pour compagne. Les idéalistes, les rêveurs qui laissent flotter leur vie à tous les hasards de la fantaisie, et qui se déchargent volontiers sur le premier venu de la direction et de l'administration de leurs affaires, qui prennent une femme n'importe où, sans s'engager indissolublement, et qui déposent leurs enfants au coin des rues, ces gens-là n'ont ni le besoin ni le goût de la liberté. Qu'ils vagabondent à leur aise dans le pays des chimères, cela leur suffit ; quant à la vie réelle, ils ne sont pas fâchés qu'une autorité supérieure, mais égale pour tous, les dispense de l'ennui de s'en occuper. Quand ils ont décrété que la souveraineté réside dans le peuple et qu'elle est inaliénable, tout est sauf. Et si le peuple se fait tyran ? Et s'il aliène sa souveraineté ? Ils ont démontré que cela était impossible. — Mais cela est arrivé. — Qu'importe ? Le philosophe ne s'occupe pas *de ce qui est*, mais *de ce qui doit être*. Mais Rousseau n'a-t-il pas affiché le plus profond mépris pour la métaphysique ? — Celle des autres, oui, non la sienne. Tous les dogmatiques en sont là. Il n'y a de foncièrement tolérants que les sceptiques, et ils n'ont jamais eu et ils n'auront jamais la moindre prise sur les âmes : l'empire du monde est aux fanatiques.

Il y a dans les théories sociales de Rousseau un point assez délicat à toucher : on se doute bien qu'il s'agit de l'amour et du mariage. Si tous les réformateurs n'ont pas commencé par là, c'est là qu'ils ont abouti, c'est là qu'ils tendaient, peut-être à leur insu. Avoir la femme, c'est tout avoir. Partout elle semble subordonnée, partout elle est maîtresse ; elle est obéie, sans avoir besoin de commander, domination mystérieuse, inévitable, d'autant plus sûre qu'on la subit avec ravissement, que l'on va au-devant d'elle. Ceux qui déclament en faveur de leur émancipation ne les touchent guère. Elles sentent bien qu'elles ne sont pas esclaves, et elles regardent avec une certaine pitié ces moralistes libérateurs. L'honnête Thomas et ses continuateurs leur inspirent une estime froide, qui croît avec les années. Elles ont aimé Rousseau et avec passion. La *Nouvelle Héloïse* enflamma toutes les imaginations, celles des femmes surtout ; les *Confessions*, si étranges parfois, ne les rebutèrent point, et plus d'une

parmi les plus chastes, comme Mme Roland, n'en fut que
trop imprégnée. Cherchez bien : interrogez toutes les productions de la littérature au xviiie siècle : il n'y a pas un
écrivain, pas un livre qui soutienne le parallèle avec
Rousseau. Romans, poëmes badins, pièces de théâtre,
tout cela glisse sur elles ; elles s'en amusent un instant et
n'y pensent plus. Tout ce que Rousseau écrit, elles le
dévorent, elles s'en pénètrent, elles y reviennent sans
cesse. Pourquoi ? D'abord, c'est un homme chez qui l'i-
magination et la sensibilité dominent ; et puis, il possède
le grand secret pour être aimé : lequel ? c'est d'aimer.
La galanterie dont elles étaient saturées, laissait leur cœur
vide ; elles rêvaient autre chose, ce qu'elles rêveront toujours, les orages de la passion. Que de peintures il en a
tracées ! Le langage a bien vieilli, mais la flamme intérieure se communique toujours. L'intention morale appa-
rait, le dénouement semble fait pour sauver les droits de
la vertu, mais que tout cela est pâle et languissant auprès
du reste ! Quel lecteur d'alors ne maudissait les absurdes
convenances sociales qui arrachaient Julie à Saint-Preux
pour la donner à Wolmar, un athée qui n'est plus jeune [1] ?
C'est Rousseau qui a mis à la mode la confusion de la vertu
et de la passion, si chère aux âmes sensibles. C'était alors,
à ce qu'on dit, un progrès moral. Il exigeait de toute
faute qu'elle eût sa circonstance atténuante : laquelle ?
Un entraînement irrésistible. Est-ce là ce qui le fit tant
aimer ? Ce qu'il y a de certain, c'est que sur ce point
comme sur tous les autres, il réagit contre la légèreté de

[1]. On sait jusqu'où Rousseau a poussé sa théorie de l'union de
cœurs : il unirait le fils du roi à la fille du bourreau ! — Qu'on juge
des cris que poussa Voltaire !

son temps et donna une secousse. Au jargon de la galanterie évaporée succéda l'emphase de la galanterie sentimentale ; on parla un peu plus d'innocence et de vertu, il y eut une hypocrisie de plus.

Il a manqué à cet enivré de vertu une base solide : il ne sait ce que c'est que le devoir. Il ne l'a pas enseigné aux hommes du XVIIIe siècle, il n'a pas même essayé d'en parler aux femmes. Il comprenait bien la différence de nature des deux sexes, il recommandait avec raison de ne pas élever Sophie, la future compagne d'Émile, comme Émile ; mais il ne lui faisait pas l'honneur de la traiter en créature intelligente, libre, morale. Est-ce un philosophe, est-ce un chrétien qui peut n'attribuer à la femme que des devoirs relatifs à l'homme ?

— « Leur plaire, leur être utiles, se faire aimer et honorer d'eux, les élever jeunes, les soigner grands, les conseiller, les consoler, leur rendre la vie agréable et douce : voilà les devoirs de la femme dans tous les temps et ce qu'on doit leur apprendre dès leur enfance. »

En conséquence il ne faut point réprimer leurs penchants naturels : c'est l'instinct même qui parle et il ne se trompe jamais. Ainsi la jeune fille est de bonne heure préoccupée du désir de plaire ; elle est coquette, presque sans le savoir : c'est une loi de la nature, de sa nature. Vous pourrez peut-être gêner l'expansion de ce besoin, vous ne l'étoufferez pas : il vaut donc mieux lui laisser libre carrière. Ne fatiguez pas son intelligence en la surchargeant d'une instruction inutile : là ne sera jamais sa force ; et l'homme à qui surtout elle doit plaire, ne lui saura aucun gré de toute cette science. Quant à la religion, il faut de très-bonne heure en pénétrer son esprit :

ce sera la religion de sa mère, celle du mari, peu importe, pourvu qu'elle en ait une. Émile se choisira lui-même sa religion, mais la compagne d'Émile recevra la sienne toute faite. Pourquoi ? Parce qu'elle ne serait jamais en état de se prononcer en connaissance de cause :

— « S'il fallait attendre qu'elles fussent en état de discuter méthodiquement ces questions profondes, on courrait risque de ne leur en parler jamais. »

Ainsi élevée, la compagne d'Émile manque à tous ses devoirs sans cesser d'être vertueuse, et acquiert par un repentir sincère de nouveaux charmes aux yeux de son époux. Rousseau voulait des hommes tout d'une pièce, à la Plutarque ; il n'était pas aussi exigeant pour les femmes.

III

JEAN-JACQUES ROUSSEAU. — L'ÉCRIVAIN

L'éloquence de Jean-Jacques Rousseau. — La matière et la forme, double révélation. — Il inaugure la période déclamatoire. — De l'isolement de Jean-Jacques.

A peine Rousseau fut-il mort, M. de la Harpe, qui pourtant n'était pas encore converti, inséra dans *le Mercure* (1778) un de ces articles sévères, hautains et vides où il excellait, pour démontrer au public que l'illustre Genevois n'était que « le plus subtil des *sophistes*, le plus éloquent des *rhéteurs*, le plus impudent des *cyniques* »; que M. de la Harpe « n'avait jamais pu goûter l'arrogance paradoxale qu'on appelait *énergie*, et le charlatanisme de phrase qu'on appelait *chaleur* ». — Le public plaignit M. de la Harpe, critique de profession, de connaître si mal son métier, et il s'obstina à admirer Rousseau. L'admiration prit un caractère encore plus vif lorsque, quatre ans après, parurent les *Confessions* et les *Rêveries* : on plaignit l'homme, on glorifia le penseur, on plaça l'écrivain parmi les premiers, sur la même ligne que Voltaire. Il y restera.

Il arrive souvent que les contemporains ne se rendent pas bien compte des vrais mérites d'un écrivain, et admirent à côté pour ainsi dire : ainsi le XVIIIe siècle tout entier s'imagina de bonne foi que Voltaire était de la famille des grands poëtes, et que la *Henriade* était un des chefs-d'œuvre de l'esprit humain. Il n'y eut pas de ces erreurs du goût public envers Rousseau. Des détracteurs plus ou moins sincères nièrent ses qualités, mais personne ne s'avisa de lui en attribuer d'autres. On peut dire qu'elles sautaient aux yeux. Sophiste, rhéteur, déclamateur, disaient les critiques; autant de synonymes malveillants du mot qu'ils ne voulaient pas prononcer : éloquent. Ce mot, tous les échos le leur renvoyaient plus sonore chaque jour et plus éclatant. Pauvres gens, qui ne comprenaient pas qu'une force nouvelle était née!

L'éloquence est un don naturel. Que l'on ait ou non à sa disposition une tribune ou une chaire, il n'importe, l'éloquence intérieure saura bien se frayer une issue ; et elle se répandra avec d'autant plus d'impétuosité qu'elle ne subira pas le frein salutaire souvent, mais parfois tyrannique, d'un auditoire qui pèse toujours sur celui qui parle. Jamais vocation ne s'annonça plus impérieuse que celle de Rousseau. La révélation qu'il rappelle sans cesse, fut double. Elle ne lui découvrit pas seulement « ces foules de grandes vérités qui l'illuminèrent », elle lui découvrit surtout la forme sous laquelle il devait les produire au jour. Il n'y en a qu'une possible pour les imaginations fortes, les âmes malades, ardentes, révoltées : c'est celle qui sert le mieux leurs colères en leur désignant un ennemi. Rousseau se dit et se croit naïvement un homme de paix, de silence, de solitude, l'ami de tous les hommes : il est tout cela, mais au repos, pour ainsi dire, quand l'éruption oratoire s'est fait jour, et qu'il commence à savourer cette lassitude qui suit un grand travail dont on est satisfait. On se sent alors une bienveillance universelle; on relèverait volontiers, on embrasserait ses adversaires que l'on a si bien terrassés; on leur sait gré d'avoir provoqué les virulentes apostrophes, les beaux mouvements, les péroraisons pathétiques qui ont produit leur effet. C'est dans ces moments-là que Jean-Jacques s'attendrissait sur ses frères, les aimait, leur pardonnait toutes les injures dont il les avait accablés, et pour être certain de les aimer toujours, se privait de leur société. Quand une fois il s'est rassasié de lui-même jusqu'à l'écœurement, et que les fantômes dont il peuple sa solitude, s'évanouissent, il repart en guerre : il lui faut du bruit, des ennemis, et de tous les côtés à la fois, dans le camp des philosophes et dans le camp des dévôts. On le croit absorbé dans les vagues rêveries, — tout à coup de ses ombrages de Montmorency, il fond sur d'Alembert, un ami de la veille. Après l'avoir secoué rudement, lui et les Encyclopédistes, il court sus à Christophe de Beaumont. Celui-ci est à peine terrassé, il s'escrime contre les ministres protestants; il décoche en passant un trait à Voltaire [1], qu'il avait déjà pris vivement à partie à propos du poëme sur le désastre de Lisbonne. Le voilà lancé dans un roman d'amour, amoureux lui-même, partagé entre sa Julie et Mme d'Houdetot, les confondant, mêlant sans cesse la réalité et la fiction. Ne craignez rien : le romancier, le Céladon n'étouffera point l'orateur ; il reparaît toujours, sous un prétexte quelconque il prononce un plaidoyer. Tantôt il plaide pour la province contre Paris, pour la religion contre l'athéisme, pour et contre le duel, pour et contre le suicide. Enfin, les quinze dernières années de sa vie, il les emploiera à plaider pour lui-même. Les *Confessions*, les *Rêveries*, les *Lettres à Malesherbes*, les *Dialogues*, qu'est-ce autre chose qu'un plaidoyer de Rousseau en faveur de Rousseau? Il est un des exemples les plus frappants de la tyrannie d'une faculté supérieure qui, malgré tous les obstacles et tous les périls, se fait jour, s'étale impérieusement.

Ce qui lui donna une force incroyable, c'est que tous ces plaidoyers, si divers, si contradictoires même au premier aspect, n'étaient au fond que le même plaidoyer. Le point de vue changeait, l'adversaire changeait, mais la thèse primitive, fondamentale, subsistait : c'était toujours *la Nature* faisant le procès à *la Civilisation*. Quel autre qu'un incomparable artiste en éloquence eût fait choix d'une telle matière, à la fois simple et riche, une et variée, réunissant tous les contrastes et cependant facile à embrasser d'un seul coup d'œil? Il n'est pas une

---

[1]. Voir, *Lettres de la Montagne* (Lettre VII), le discours qu'il prête à Voltaire. Rousseau plaisante rarement, c'est un des rares spécimens en ce genre.

seule des ressources, pas un seul des procédés de l'art oratoire qui n'y trouve son emploi. Les descriptions éclatantes, à plein relief, il en trouvera les premiers linéaments, soit dans l'admirable cinquième livre de Lucrèce, qui raconte l'apparition des premiers fils de la terre, cette dure race à la vaste charpente, aux muscles de fer, qui erraient nus dans les halliers et livraient bataille aux monstres des forêts; soit dans l'histoire de l'homme que vient de publier Buffon ; soit enfin dans son imagination, qui, une fois mise en mouvement, crée de toutes pièces et avec une sorte de ravissement, le roman des premiers âges. Mais il a sur Lucrèce et sur Buffon un avantage énorme : il ne se propose pas seulement de montrer, il veut démontrer; il a une idée générale, une thèse qui anime, soutient, colore tous les détails du tableau. Cet état de nature, ce n'est pas seulement un idéal, c'est un argument. — « Voilà ce que vous étiez jadis, dit-il aux civilisés, les fils aînés de la nature, grands, forts, heureux, ne connaissant ni les soucis de l'esprit, ni les contraintes des lois, ni les maladies, ni les vices : regardez-vous, comptez une à une toutes vos misères, et dites, si vous l'osez, que votre prétendue civilisation est un bienfait! » — Et il prend à partie cette civilisation ; il la dissèque, il la fouille dans ses organes les plus intimes, et toujours pour conclure dans le sens de la thèse qu'il a choisie. Ce sont d'abord les lettres, les sciences, les arts, puis les institutions sociales, puis le théâtre, si cher aux philosophes qui en faisaient une tribune et une chaire, puis l'amour, puis l'éducation, la religion, le droit politique : terrible enquête poursuivie sans relâche pendant dix ans, et par un homme dont le réquisitoire est préparé depuis longtemps, et qui cherche moins la vérité que des arguments pour appuyer l'arrêt qu'il a déjà prononcé dans son cœur! Comme tous les tempéraments oratoires, Rousseau est armé d'une puissante dialectique; il faut que tout s'enchaîne, que tout concoure à rendre invincible la démonstration qu'il poursuit, toujours la même. — Paradoxes! paradoxes! s'écria-t-on d'abord; ce débutant veut faire du bruit pour forcer l'attention. — Mais, quand la même idée se représenta deux fois, trois fois, dix fois, toujours plus impérieuse, car elle grandissait et se fortifiait à chaque application nouvelle, et l'on sentait vaguement qu'elle allait tout envahir; quand cet inconnu de la veille eut soulevé de tous les côtés des tempêtes de protestations, et qu'on le vit faire face à tous ses adversaires, maintenir avec une intrépidité rare la thèse annoncée, en poursuivre la démonstration dans toutes les directions, résoudre par elle et avec une merveilleuse facilité tous les problèmes de l'ordre moral, religieux, politique, social, on se demanda si ce n'était pas lui qui avait raison, et si la nature ne l'avait pas choisi pour rappeler aux hommes ses lois méconnues. Que la société fût malade, chacun le sentait, le disait plus ou moins hardiment; l'abbé de Saint-Pierre l'avait dit, et Montesquieu, et Voltaire. On n'avait pas pris au sérieux les remèdes du premier, les deux autres ne proposaient guère que des palliatifs, et d'un air trop dégagé pour convaincre; et cependant le malaise croissait toujours, et l'on attendait vaguement, mais opiniâtrement quelque chose. Quand de telles dispositions sont dans les esprits, ils appartiennent bientôt à l'homme convaincu, passionné, éloquent, qui s'écrie : — « Pauvres gens, les critiques et les sceptiques ne vous guériront pas : ils vivent de votre maladie; les prêtres ne vous guériront pas, ni les rois, ni les grands : ce sont eux qui vous tuent. C'est la nature seule qui peut vous sauver, s'il n'est pas trop tard ! » — Les beaux esprits raillèrent, les hommes d'Église excommunièrent, les hommes de loi décrétèrent; mais les persécutions, en relevant encore la haute idée qu'il avait de lui-même, stimulèrent plus énergiquement ses facultés oratoires, et provoquèrent des chefs-d'œuvre. Il n'en pouvait douter, il avait un public, sa parole arrivait; les cris de fureur des uns, les applaudissements enthousiastes des autres, les réfutations essayées et impuissantes, tout lui faisait sentir délicieusement la joie de sa force.

Une chose frappa surtout les contemporains, le sérieux du ton, la gravité, la solennité. L'homme véritablement éloquent ne plaisante guère. Les vérités dont il poursuit la démonstration sont d'une importance capitale à ses yeux; l'honneur qu'il a d'en être l'interprète, le maintient dans les hautes régions, où le rire n'arrive point. Il laisse aux romanciers, aux faiseurs de pièces, aux beaux esprits de salon, à Voltaire, « ce baladin », comme il l'appelait, le chétif domaine des travers, des bizarreries de la mode et du goût et la gloire des bons mots. Pour lui, le ridicule n'existe pas : on n'a pas une massue pour écraser des moucherons. C'est aux institutions, c'est aux mœurs, qu'il fera la guerre; il découvrira, il étalera les plaies secrètes, et d'autant plus douloureuses; il s'indignera, il gémira, il s'attendrira; il communiquera à mesure qu'elles l'agitent toutes les passions qui naissent en lui à la vue des misères sans nombre qui pèsent sur les civilisés; mais rire à leurs dépens, quel cœur généreux le pourrait? Et ne serait-ce pas rire de soi-même? — Il ne s'interdit pas cependant l'ironie, figure essentiellement oratoire, et l'arme la plus redoutable que l'opprimé puisse diriger contre l'oppresseur. On a vu l'usage qu'en avait fait Montesquieu ; Voltaire excellait dans ce genre, et avant d'en venir aux violences, il avait adressé à Rousseau sous forme d'éloges les plus spirituelles critiques. Chez Rousseau, l'ironie est amère, cruelle, menaçante surtout. On devine que le ressentiment survit, que ce pauvre, ce prolétaire, cet exilé a amassé et couvé en lui toutes les colères de ses frères en servitude ; que, s'il se courbe aujourd'hui, il se relèvera demain, et qu'une fois le plus fort, rien ne l'arrêtera dans ses représailles. Citons un exemple : c'est la lettre à M. le comte de Lastic.

— « Sans avoir l'honneur, Monsieur, d'être connu de vous, j'espère qu'ayant à vous offrir des excuses et de l'argent, ma lettre ne saurait être mal reçue. J'apprends que Mlle de Cléry a envoyé de Blois un panier à une bonne vieille femme, nommée Mme Le Vasseur, et si pauvre qu'elle demeure chez moi; que ce panier contenait, entre autres choses, un pot de vingt livres de beurre; que le tout est parvenu, je ne sais comment, dans votre cuisine; que la bonne vieille, l'ayant appris, a eu la simplicité de vous envoyer sa fille, avec la lettre d'avis, vous redemander son beurre, ou le prix qu'il a coûté, et qu'après vous être moqués d'elle, selon l'usage, vous et madame votre épouse, vous avez, pour toute réponse, ordonné à vos gens de la chasser.

« J'ai tâché de consoler la bonne femme affligée, en lui expliquant les règles du grand monde et de la grande éducation ; je lui ai prouvé que ce ne serait pas la peine d'avoir des gens, s'ils ne servaient à chasser le pauvre, quand il vient réclamer son bien; et, en lui montrant combien *justice et humanité* sont des mots roturiers, je lui ai fait comprendre à la fin qu'elle est trop honorée qu'un comte ait mangé son beurre. Elle me charge donc, Monsieur, de vous témoigner sa reconnaissance de l'honneur que vous lui avez fait, son regret de l'importunité qu'elle vous a causée, et le désir qu'elle aurait que son beurre vous eût paru bon.

« Que si par hasard il vous en a coûté quelque chose pour le port du paquet à elle adressé, elle offre de vous le rembourser, comme il est juste. Je n'attends là-dessus que vos ordres pour exécuter ses intentions, et vous supplie d'agréer... etc. [1] »

Voilà le ton de Rousseau quand il se contient, mais il s'impose rarement de telles gênes. Il préfère l'invective directe, virulente, qui se termine par un cri de révolte, où vibrent déjà toutes les colères qui trente ans plus tard feront explosion. Il s'agit de l'accusation d'impiété dirigée contre lui par Christophe de Beaumont.

— « Vous me traitez d'impie! Et de quelle impiété pouvez-vous m'accuser, moi qui n'ai jamais parlé de l'Être suprême que pour lui rendre la gloire qui lui est due, ni du prochain que pour porter tout le monde à l'aimer? Les impies sont ceux qui profanent indignement la cause de Dieu en le faisant servir aux passions des hommes. Les impies sont ceux qui, s'osant porter pour interprètes de la Divinité, pour arbitres entre elle et les hommes, exigent pour eux-mêmes les honneurs qui lui sont dus. Les impies sont ceux qui s'arrogent le droit d'exercer le pouvoir de Dieu sur la terre, et veulent ouvrir et fermer le Ciel à leur gré. Les impies sont ceux qui font lire des libelles dans les églises. A cette idée horrible, tout mon sang s'allume, et des larmes d'indignation coulent de mes yeux. Prêtres du Dieu de paix,

---

1. Correspondance, tome Ier, p. 204. — Rapprocher la lettre à Mme de Bezenval, qui est dans le même ton. — « Je vous croyais juste, vous êtes noble, j'aurais dû m'en souvenir. J'aurais dû sentir qu'il est inconvenant à moi plébéien de réclamer contre un gentilhomme. Ai-je des aïeux, des titres?.... »

vous lui rendrez compte un jour, n'en doutez pas, de l'usage que vous osez faire de sa maison. »

Et la reprise éclatante, révolutionnaire :

— « Que vous discourez à votre aise, vous autres hommes constitués en dignité! Ne reconnaissant de droits que les vôtres, ni de lois que celles que vous imposez, loin de vous faire un devoir d'être justes, vous ne vous croyez pas même obligés d'être humains. Vous accablez fièrement le faible sans répondre de vos iniquités à personne; les outrages ne vous coûtent pas plus que les violences; sur les moindres convenances d'intérêt ou d'État, vous nous balayez devant vous comme de la poussière. Les uns décrètent et brûlent, les autres diffament et déshonorent, sans droit, sans raison, sans mépris, même sans colère, uniquement parce que cela les arrange, et que l'infortuné se trouve sur leur chemin. Quand vous nous insultez impunément, il n'est pas même permis de se plaindre; et si nous montrons notre innocence et vos torts, on nous accuse encore de vous manquer de respect! »

Quel effet produisirent sur l'opinion publique ces hardies protestations, on n'a pas de peine à se le figurer : elles eurent aussi la plus vive influence sur la langue et le style.

Depuis Bossuet, la littérature avait perdu le tour oratoire. Fontenelle et Lamotte, les écrivains le plus en vue, étaient des esprits secs et froids, qui dans la poésie avaient banni les images et dans la prose les grands mouvements. Voltaire et Montesquieu avaient décidément rejeté le style périodique avec ses développements pompeux et sa magnificence décevante. La critique, qui était leur premier besoin et le fonds même de leur génie, eût été étouffée par cette végétation touffue et souvent parasite que le lieu commun fait épanouir. Les défauts, les vices des institutions établies, ils les voyaient, ils les sentaient, mais sans transports, et comme des gens d'esprit qui ne veulent pas être des dupes. Ils n'étaient pas fâchés de communiquer à leurs contemporains les réflexions vives et piquantes que leur suggérait la vue des choses ; mais donner l'assaut, lancer des tirades contre les puissants qu'il était bien plus facile et plus sûr de railler en petit comité, prendre des attitudes de tribun et de révolté, faire sonner aux oreilles d'un peuple imbécile les grands mots de droit, justice, humanité, liberté, cela n'était ni dans leur goût, ni dans leur tempérament, ni dans leurs moyens. Cette position dont nul ne se souciait, Rousseau s'en saisit. Aussi bien, les idées dont il se fit l'apôtre ne pouvaient se produire que sous la forme oratoire. Il ne s'agissait plus de décocher çà et là quelques traits spirituels faits pour les délicats : il fallait frapper les imaginations, entraîner. Les sceptiques et les critiques eurent beau se récrier, prétendre que ces déclamations sonores et souvent paradoxales étaient un défi au bon sens public, qu'un esprit sérieux n'avait point recours à de tels moyens ; ils eurent beau prédire bruyamment un réveil de la raison qui ferait justice de toute cette charlatanerie de paroles : c'est le contraire qui arriva. Non-seulement le public accepta, admira la forme nouvelle ; mais les philosophes eux-mêmes furent séduits, et se mirent à l'unisson. A partir de 1760, le ton de la littérature est changé, il redevient oratoire. Les Holbachiens essayent de déclamer; l'honnête Thomas déclame, Marmontel déclame ; Diderot arrache sa lourde plume à l'abbé Raynal, et remplit des plus véhémentes tirades cette indigeste *Histoire des établissements des Européens dans les Indes;* l'Académie provoque chez les concurrents à ses prix des débordements d'éloquence ; le moindre procès suscite tout à coup des mémoires qui tournent à la Philippique; Linguet et Beaumarchais adressent à l'opinion publique les appels les plus passionnés; Voltaire lui-même est entraîné, il se sent orateur, il plaide, il est l'avocat de tous les opprimés. Qui a déterminé ce mouvement universel ? Rousseau.

Il clôt la période de critique et ouvre la période déclamatoire. Il est le premier maître de ceux qui rédigèrent les fameux cahiers et jetèrent à tous les échos les éclats de la tribune française. Les orateurs véhéments comme Mirabeau et Danton, les parleurs sentencieux et larmoyants comme Robespierre, les doctrinaires impitoyables comme Saint-Just, les énergumènes comme Marat, tous procèdent de lui, tous reproduisent à un degré quelconque ses idées, ses sentiments, son langage. C'est dans les écrits de Rousseau qu'il faut chercher l'origine du jargon révolutionnaire et sentimental. Il a donné la note et les principaux motifs, cela a suffi; le concert, on pourrait dire le charivari, a commencé. Lamentations, apostrophes, cris de colère, gémissements de cœurs incompris, paradoxes et déclamations des déclassés, guenilles de pourpre dont s'affublent les vanités maladives et les amours qui n'ont pas trouvé de placement, tout cela vient de lui : il a semé l'amertume dans le monde. Toujours mécontent des autres et de lui-même, toujours évoquant comme un remords et une menace son absurde état de nature qu'il n'a jamais pu définir, chimérique, raisonneur et plaignard, il crie toujours ou gémit, sans oublier la cadence, et remplace le bon sens par le beau son. Mais arrêtons-nous, sous peine d'injustice. Cet étranger qui a pris une si grande place dans notre littérature, qui a osé disputer à Voltaire la direction du XVIIIe siècle, nos pères l'ont admiré, ils l'ont plaint, ils l'ont suivi dans ces voies incertaines où son imagination l'entraînait ; ils ont cru que cet ami de soi-même était l'ami des hommes. Illusion généreuse ! Rousseau est un révolté, et un révolté sans espoir. Sous quelque aspect qu'il envisage le pays qui lui donne l'hospitalité, il est choqué, blessé, il déclare que tout est mal. Les philosophes aussi, dira-t-on, puisqu'ils réclament au nom de la raison des réformes universelles. — Grave erreur ! Les plus révolutionnaires d'entre eux, comme les plus indifférents, ont le sentiment très-vif du progrès qui s'accomplit ; ils sont convaincus que la lumière gagne de proche en proche, que les préjugés, les abus, les tyrannies de tout genre s'ébranlent, vont tomber. Sceptiques sur tant de points, ils ne doutent pas un seul instant que le travail du siècle ne doive aboutir. Il n'est pas un d'eux qui n'ait prédit et salué d'avance, je ne dis pas la Révolution, mais une révolution. Otez-leur cette confiance, leur œuvre devient impossible. Quelle force elle leur donna ! Leurs adversaires avaient tout pour eux, tout, excepté cette assurance de vaincre qui est déjà la victoire. Jean-Jacques ne voit que les côtés sombres du présent et il ne croit pas à l'avenir. Il poursuit l'idéal, mais surtout dans le passé et d'un regret impuissant, ou il l'ajourne à une autre vie. Enfermé dans un isolement farouche, il devient la proie de lui-même ; il use en regrets, en rancunes, en préoccupations personnelles de tout genre cette force et cette activité que les autres dépensent pour la cause commune. *Vœ soli !* malheur à l'homme seul, lui criait Diderot. Rien de plus amer, de plus désolé que les douze dernières années de Rousseau. Tandis qu'il se consume à revivre sa vie, à tout empoisonner dans le passé et dans le présent, tandis qu'il se débat dans les ténèbres, accusant les hommes, maudissant l'existence, ses anciens amis, unis et soutenus par une espérance généreuse, s'en vont doucement, et satisfaits de leur œuvre. « Je meurs content », dit Voltaire. Quelles ont pu être les dernières paroles de Rousseau ?

BUFFON

Déchet de la gloire de Buffon. — L'homme, le tempérament, les goûts, les habitudes. — Il est de la famille de Bossuet. — Sa place dans le XVIIIe siècle. — Grand pontife de la nature, il officie majestueusement. — Son mépris pour les détails petits et bas, pour la classification. — Les grandes vues. — Le style de Buffon. — Ses procédés.

Les poëtes, les historiens, les philosophes eux-mêmes ont encore une certaine indulgence les uns pour les autres, mais les savants sont impitoyables. Si l'on consulte un naturaliste sur les mérites de Buffon, il n'essaiera même pas de dissimuler ou de tempérer par quelques réserves l'expression de son dédain. Buffon ne compte pas, il appartient à cette famille d'amateurs qui font du style dans les environs de la science. — L'arrêt semble dur ; on s'en veut de ne pas être en état de le réviser, de le casser, s'il y a lieu ; puis on se dit que ces modernes si exigeants ne se rendent peut-être pas bien compte de l'état de la science au moment où leur illustre devancier se mit à l'œuvre, des difficultés sans nombre qu'il rencontra, de l'ardeur infatigable qu'il déploya. Quel travailleur que celui qui pouvait dire : « J'ai passé cinquante ans à mon bureau ! » L'équitable postérité ne glorifie que les inventeurs, ceux qui, en ouvrant une voie nouvelle, lui ont facilité sa tâche. Cette équité-là est bien sèche et confine à l'ingratitude. Si Buffon n'a attaché son nom à aucune découverte scientifiquement établie ; si même il lui est arrivé parfois de nier des découvertes dont il n'était pas l'auteur (et cela est plus grave, à mes yeux) ; s'il a plus médité qu'observé, plus imaginé que déduit, son originalité subsiste néanmoins. Il a soupçonné, entrevu des horizons inconnus, il a agrandi le monde ; et même dans l'histoire naturelle proprement dite, où il a été plus préoccupé d'écrire que de décrire, le savant n'est pas entièrement absorbé par l'artiste. N'oublions pas surtout l'enthousiasme universel qui accueillit ses premiers travaux, et qui se confondait presque avec la reconnaissance. Il sembla aux contemporains que la nature avait trouvé son interprète, que le génie de Buffon inaugurait une ère nouvelle, et pour parler comme lui, *une époque*. Un de ses collaborateurs, Gueneau de Montbelliard, s'écriait :

> O jour heureux qui vis naître Buffon,
> Tu seras à jamais chez la race future
> Pour les amis du vrai, du beau, de la raison,
> *Une époque de la nature!*

Essayons de retrouver les titres de cette gloire un peu compromise.

La vie de Buffon offre peu d'incidents. Elle a cette unité, cette régularité parfaites qui marquent la force, un constant empire sur soi-même, un but fixe vers lequel on marche sans défaillir. Il eut sur ses glorieux contemporains, Voltaire, Rousseau, Montesquieu lui-même, l'avantage inappréciable de choisir un champ d'études où il était à peu près seul, et pouvait se porter dans toutes les directions sans danger. La vie des autres fut une lutte, la sienne s'écoula paisible et honorée. A peine quelques réclamations du côté de la Sorbonne et comme par habitude et acquit de conscience. Il donna toutes les satisfactions extérieures que l'on voulut et poursuivit son œuvre, soutenu à la fois par l'admiration publique et par la faveur du pouvoir. On peut considérer comme un bonheur pour lui d'être mort à la veille même de la révolution, en 1788. Il n'était pas de ceux qui prévoyaient et souhaitaient cette *époque* d'un nouveau genre.

Il eut de bonne heure un grand goût pour les sciences mathématiques, mais il ne songea à l'histoire naturelle que lorsqu'il eut été nommé intendant du Jardin du roi en 1739. Dix ans après, il publiait les premiers volumes de son grand travail. Le succès fut immense. L'Académie française ouvrit aussitôt ses portes à l'auteur, qui était déjà de l'Académie des sciences; le roi lui-même voulut témoigner à Buffon, qui n'était pas philosophe, sa satisfaction et le créa comte. Les volumes suivants ne firent que redoubler l'enthousiasme universel; on lui éleva de son vivant, chose inouïe, une statue avec la fastueuse inscription : *Naturam amplectitur omnem* [1], qui fut

---

1. « Il embrasse toute la nature. »
On raconte qu'un plaisant ayant mis au bas de cette inscription :

remplacée ensuite par celle-ci qui n'était guère plus simple : *Majestati naturæ par ingenium*. Sa renommée remplissait le monde entier. Les souverains de tous les pays lui adressaient des témoignages de leur admiration, qu'il recevait comme une chose due. On raconte même qu'en 1777, des corsaires anglais ayant capturé un navire, où se trouvaient des caisses d'échantillons adressées à M. de Buffon, ils s'empressèrent de les lui faire parvenir : un tel homme était en dehors et au-dessus des lois de la guerre. Les écrivains ses pairs, soit jalousie, soit clairvoyance, ne le louaient pas sans faire quelque réserve. Voltaire qui avait d'abord plaisanté Buffon, et assez malencontreusement, au sujet de ces fameuses coquilles trouvées sur le sommet des plus hautes montagnes, lui rendit justice plus tard, sans toutefois le goûter extrêmement. Rousseau fut plus admiratif : la passion qu'il avait pour la nature profita à Buffon, qui semblait être le grand prêtre de cette divinité [1]. Les Encyclopédistes se montrèrent plus froids. Buffon, enrôlé d'abord parmi eux, se retira, et plusieurs d'entre eux avaient des exigences scientifiques auxquelles il ne pouvait guère satisfaire. Pour d'Alembert ce n'était qu'un *grand phrasier, le roi des phrases*. On voit que les sévérités de nos jours n'ont pas le mérite de la nouveauté. Mais qu'était-ce que ces critiques sans écho dans le concert d'acclamations enthousiastes qui saluaient chacun de ses écrits? Il savoura pendant près de cinquante ans tous les enivrements

---

qui trop embrasse mal étreint, on imagina la seconde, qui est bien caractéristique. On voulait, d'après Buffon, que la nature fût majestueuse.

1. Il disait : « c'est la plus belle plume du siècle. »

de la gloire. Montesquieu, Voltaire, Rousseau, Diderot, d'Alembert, tous avaient disparu : lui seul, vieillard majestueux, décoré plutôt que chargé de ses quatre-vingts ans, il restait debout, le dernier survivant d'un siècle qui ne fut jamais plus grand qu'au moment de disparaître.

Buffon, né à Montbard (1707), était un des plus beaux échantillons de cette forte race bourguignonne qui a porté tant d'orateurs. Grand, vigoureux, florissant de santé, il fit l'effet à l'Anglais Hume, qui jugeait apparemment les hommes à la taille, « non d'un savant, mais d'un maréchal de France. » — « Il avait, dit Voltaire, le corps d'un athlète et l'âme d'un sage. » Cette sagesse consistait surtout à bien ordonner sa vie, à maintenir l'équilibre entre les fonctions naturelles. Les orages des passions ne troublèrent jamais son repos. Il professait au sujet de l'amour la théorie que Rousseau exposa dans son discours sur l'*Origine de l'inégalité*, et qu'il démentit toute sa vie. Buffon, plus conséquent, vécut en épicurien et ne se soumit qu'assez tard, vers quarante-six ans, au joug du mariage. Ce fut un nouvel élément d'ordre introduit dans sa vie. Le travail, les devoirs de mari et de père, le soin de ses affaires, la direction du Jardin du roi, tout était réglé méthodiquement ; pas un instant réservé à l'imprévu ou à la fantaisie. Il se faisait réveiller à cinq heures du matin. Il fallait souvent que son valet de chambre se colletât avec lui pour l'arracher du lit : cette organisation athlétique que l'on secouait dans son sommeil, protestait terriblement. Une fois debout, il se mettait au travail, tantôt en se promenant dans la longue galerie de sa tour de Montbard, tantôt couchant sur le papier les belles périodes qui naissaient à la cadence de son pas puissant et majestueux. On a dit qu'il ne se mettait jamais à écrire sans avoir revêtu l'habit de cour, les manchettes et le reste ; cela n'est pas impossible. Cependant il paraît que le plus souvent il descendait de sa tour à l'heure du déjeuner en simple robe de chambre ; seulement il était coiffé d'un magnifique chapeau brodé d'or. Il fallut à Mme de Buffon bien de la diplomatie et l'aide d'un jésuite, hôte de Montbard, pour substituer un bonnet quelconque au noble couvre-chef. L'apparat était un goût, un besoin de sa nature. Le dimanche, il apparaissait à la messe du village dans toute la splendeur du costume de cour ; ses vassaux éblouis le contemplaient avec recueillement et se rangeaient sur son passage comme s'il eût été à lui seul toute une procession. — Petits détails, dira-t-on, et puérils ! — Ne sont-ils pas caractéristiques ? n'est-ce pas Buffon qui a dit : le style, c'est l'homme même ? Il l'entendait autrement, je le sais bien, mais la maxime a plus d'un sens. De bonne heure, il eut et ne dissimula point la conscience de sa supériorité : elle était chez lui assez naïve, un peu massive, surtout à Montbard, où il trônait sans rivaux possibles. Quand des visiteurs se présentaient, tout dans la maison leur faisait sentir qu'ils allaient être admis à contempler un grand homme : il y avait une attitude à prendre, certaines cérémonies du culte à accomplir. Le dieu, transporté à Paris, était tout autre. Les fidèles étaient plus rares et moins dévots ; il y avait des sceptiques, des indifférents, des railleurs. Buffon tenait beaucoup de place dans un salon, mais il y faisait assez pauvre figure. L'esprit de conversation lui faisait absolument défaut. Il sentait bien que le langage sublime, qui était sa note ordinaire, n'était pas de mise, et d'ailleurs il n'y réussissait que la plume à la main ; d'autre part, ne vivant presque jamais avec des égaux, et n'ayant jamais cherché à plaire qu'à lui-même, il ne pouvait attraper ce tour aisé, familier, élégant néanmoins, que donne l'usage du monde, et tombait dans la trivialité. Il y avait des phrases de lui qui couraient tout Paris. Il ne s'attardait guère dans ce milieu où il ne faisait pas ses frais, et courait retrouver à Montbard l'isolement qui grandit.

Tout se tient, comme on voit. L'organisation, les habitudes, les goûts de l'homme jettent un jour précieux sur son œuvre ; on peut en pressentir les défauts et les lacunes. Je signalerai deux points encore, qui me semblent d'une grande importance. Pourquoi les magnifiques peintures de Buffon nous laissent-elles assez froids ? Cet historien de la nature n'aimait pas la nature ; il ne la connaissait pas ; il ne s'était jamais mis en communication directe avec elle : voilà une grave lacune. On pourrait, je ne dis pas, y suppléer, mais substituer à l'inspiration nécessaire une autre inspiration, celle qui vient d'en haut, et qui élève l'âme de la contemplation des phénomènes à l'adoration de leur incompréhensible auteur : Buffon était absolument dépourvu du sentiment religieux. Il ne croyait pas à la Genèse et s'arrangeait pour ne pas être inquiété à ce sujet. Enfin, cet artiste de style, était indifférent à tous les arts, et faisait à la poésie l'honneur d'une particulière aversion. Que peut être l'œuvre d'un historien de la nature qui n'a éprouvé ni l'enthousiasme de la science, ni l'enthousiasme religieux, ni l'enthousiasme de l'art ? C'est ce que je vais essayer d'indiquer.

Buffon avait trente-deux ans lorsque sa nomination à l'Intendance du Jardin du roi lui donna l'idée de s'occuper d'histoire naturelle. Jamais vocation ne fut plus accidentelle. Ses fonctions lui imposèrent l'obligation de ne pas rester étranger à certaines sciences qui avaient comme leur aboutissement officiel au Jardin du roi, notamment la botanique. Il n'eut jamais pour cette dernière le moindre goût, et il fit preuve d'une ardeur et d'un entêtement bizarres pour nier ou pour arrêter les magnifiques développements qu'elle prit alors sous l'impulsion de Tournefort et de Linné. C'était pour Buffon une science trop minutieuse, perdu dans des détails infimes et de peu d'importance. Il était de la famille de Bossuet, son compatriote. Il lui fallait de vastes horizons, de magnifiques vues d'ensemble, du grandiose. Le fameux *Discours sur l'histoire universelle* dut hanter de bonne heure son imagination et s'imposer à lui comme modèle. Il ne songea à rien moins qu'à écrire une histoire naturelle universelle, c'est-à-dire, à embrasser, lui, à peu près étranger à ces matières, le domaine de presque toutes les sciences d'expérimentation. Il faut dire que certaines sciences comme la physiologie comparée, la géologie, la paléontologie n'existaient réellement pas alors ; mais le dessein premier n'en est pas moins démesuré, disons le mot, chimérique. Or quand il mourut, ce dessein était presque accompli. Il avait publié une *Théorie de la terre*, les *Époques de la nature*, l'*Histoire des minéraux*, voilà pour le globe ; quant à l'histoire naturelle proprement dite, il avait écrit l'histoire de l'homme, celle des quadrupèdes et des oiseaux. Il laissait à M. de Lacépède les reptiles.

Une histoire universelle de la nature! Une telle ambition confond. On se demande comment ce siècle si éclairé, si fin dans ses jugements, a pu croire un seul homme capable de mener à terme une telle entreprise. Ce beau mot de *Nature* exerçait alors sur toutes les imaginations une séduction irrésistible. La nature, c'était la loi, l'ordre, la règle, et l'on étouffait sous le régime sot et cruel de l'arbitraire. Montesquieu, en même temps que Buffon (1749), proclamait les lois de la nature, les lois de la divinité, et bannissait de ce monde et de l'autre le caprice et la fantaisie. Voltaire associait sans cesse Dieu et la nature; d'Holbach et ses amis supprimaient Dieu pour se perdre dans la Nature. Rousseau jetait comme un remords à la face des civilisés de son temps les enivrantes félicités de l'état de nature; puis, fuyant les hommes, cœur malade, il se « plongeait tête baissée dans le vaste océan de la nature. » Buffon, lui aussi, subit l'entraînement général. Isolé par tant de points de ses contemporains, il les rejoint par celui-là, il prend sa part de l'immense travail de renouvellement qui s'accomplit. Le mal, c'est que, comme beaucoup d'entre eux, il eut plus d'enthousiasme que de méthode et substitua plus d'une fois à l'observation rigoureuse, les hypothèses grandioses ou les descriptions de fantaisie. Chose remarquable! C'est peut-être chez cet historien de la nature que l'on trouvera la définition la plus vague de la nature. Suivant Hérault de Séchelles, Buffon n'avait nommé çà et là *Dieu*, le *Créateur* que pour assurer son repos du côté de la Sorbonne; mais il n'y avait, disait-il, « qu'à ôter les « mots et à mettre à la place la puissance de la Nature. » Dans certains passages en effet, la Nature est « un être

« idéal auquel on a coutume de rapporter comme cause
« tous les effets constants, tous les phénomènes de l'u-
« nivers. » — Cet être a *des vues, des projets, des erreurs, des caprices : il essaie, il ébauche, il tente, il
choisit.* Ailleurs : « c'est une puissance vive, immense,
qui embrasse tout, qui anime tout. » — Enfin, quand un
scrupule de prudence se faisait jour, il écrivait : « La
nature n'est point un être, car cet être serait Dieu. »
Qu'est-ce donc en fin de compte? A vrai dire, il ne le
sait, et peut-être cette question de métaphysique n'avait
pas grande importance à ses yeux. Que la nature existe
par elle-même ou qu'elle soit l'œuvre de Dieu, elle peut
toujours être un sujet d'étude pour l'homme.

Toute science exige une méthode. Quels procédés
emploierez-vous pour atteindre le but que vous vous pro-
posez, la connaissance? L'histoire naturelle, à ce qu'il
nous semble, ne saurait avoir d'autre méthode que l'observation. Que l'on étudie la terre, l'homme, les animaux,
les oiseaux, il est nécessaire de se mettre en communication directe avec l'objet, de l'examiner, de l'analyser,
de constater par l'expérience un certain nombre de faits.
Ces faits une fois recueillis, on cherche à établir entre
eux des rapports légitimes; ces rapports trouvés mettent
sur la voie de la classification; et enfin, on s'élève à la
loi, qui n'est que l'expression suprême et définitive des
faits. — Ce n'est pas ainsi que procède Buffon. D'abord,
l'observation directe lui serait fort difficile : il est myope;
il n'a d'ailleurs aucun goût pour ces investigations minu-
tieuses, où se consumerait le génie. Cela est bon pour
de petits esprits, que leur bassesse courbe vers la terre,
et qui ont de bons yeux. En conséquence, il chargea

Daubenton d'observer à sa place, et de lui soumettre les résultats. Quand la matière était ainsi préparée, il l'habillait, l'ornait, la rendait méconnaissable : c'était à ses yeux le triomphe du génie. Il n'attendait pas que le dépouillement des faits eût donné tous ses résultats : il lui tardait de se lancer dans les considérations générales où il déployait à l'aise les magnificences de sa phrase. Que penser d'un naturaliste qui s'exprime ainsi?

— « Nous retournerons ensuite à nos détails avec plus de *courage*, car j'avoue qu'il en faut pour s'occuper continuellement de *petits objets* dont l'examen exige la plus froide patience et *ne permet rien au génie*. »

Ce qu'il entend par génie, on l'imagine ; c'est l'art des généralités sonores. Les expériences, qu'est-ce que cela auprès des intuitions? Guyton de Morveau lui proposait un jour de vérifier par le creuset une théorie qui semblait aventureuse. « Le meilleur creuset, c'est l'esprit, » répliqua Buffon. On serait tenté de croire, d'après cela, qu'il va élaborer un système puissamment ordonné, où tout se tient, mais qui ne trouvera point sa justification dans les faits. C'est ici que réellement éclate son impuissance scientifique. Cet homme qui n'a rien vu par lui-même, qui méprise les détails, est encore plus incapable de concevoir un ensemble. Si nous ne pouvons saisir tous les rapports qui relient les êtres les uns aux autres, nous sentons du moins que ces rapports existent. Nous admirons les savants qui, après de longues explorations, ont enfin saisi et soudé deux ou trois anneaux de la chaîne immense, infinie : Buffon, lui, s'obstine à ne voir dans la nature que des individus. Il déclare avec une assurance qui confond, que « les genres, les ordres et les classes n'existent que dans notre imagination. » Cependant, comme il faut bien que le naturaliste suive un ordre quelconque, il consent à adopter la division vulgaire : animaux, végétaux, minéraux, oiseaux, poissons. Quant aux subdivisions, ce sont les rapports *d'utilité* ou *de familiarité* que les êtres et les objets ont avec nous qui les détermineront. L'homme est le roi de la nature, tous les êtres doivent être étudiés au point de vue de l'homme. Pourquoi? Parce que

— « Il nous est plus facile, plus agréable et plus utile de considérer les choses par rapport à nous que sous aucun autre point de vue. »

De là cette fameuse classification des animaux qui débute par le cheval, « la plus noble conquête que l'homme ait jamais faite, » se poursuit par l'âne, exclut le zèbre, pour passer au bœuf, (*sic*) à la brebis, au cochon et au chien. Dans une seconde catégorie, figureront les animaux sauvages, mais non féroces, le cerf, le lièvre, etc., etc. Et enfin viendront les carnassiers, qui ne semblent pas avoir été faits pour l'homme, car ils dévorent volontiers le roi de la création.

Ce point de vue étroit est d'autant plus choquant, que Buffon connaissait les travaux de Linné, que la question capitale de la classification était à l'ordre du jour, que d'admirables découvertes avaient été faites, et qu'il ne pouvait les ignorer puisqu'il s'en moquait pesamment [1].

---

1. Il fit pis encore : il s'opposa à l'application de la classification de Linné aux plantes du Jardin du Roi. Linné s'en vengeait en donnant le nom de *Buffonnia* à des plantes d'un aspect repoussant et d'un parfum désagréable.

— « Classer l'homme avec le singe, le lion avec le chat, dire que le lion est un chat à crinière et à queue longue, c'est *dégrader*, *défigurer* la nature, au lieu de la décrire et de la dénommer. »

Si le lion n'est pas un félin, qu'est-il donc? Il est le roi des animaux! La Fontaine ne le définissait pas autrement. La perruque de Louis XIV lui représentait la crinière du grand carnassier; il voulait qu'il eût les qualités extérieures et intérieures qui sont censées appartenir aux monarques.

> En cette occasion, le roi des animaux
> Montra ce qu'il était et lui donna la vie.

Le naturaliste paraphrase le poëte, et dit :

— « Sa colère est noble, son courage magnanime, son naturel sensible. On l'a vu souvent dédaigner de petits ennemis, mépriser leurs insultes, et leur pardonner des libertés offensantes. L'extérieur du lion ne dément point ses grandes qualités intérieures [1]. »

Veut-on un repoussoir? que l'on passe au tigre.

— « Le lion est le premier, le tigre est le second; et comme le premier, même dans un mauvais genre, est toujours le plus grand et souvent le meilleur, le second est ordinairement le plus méchant de tous..... Il en est de même

[1]. L'honnête et désintéressé Daubenton, dont le savoir solide fut d'un si grand secours à Buffon, disait à ce propos en 1794, dans la première leçon de son cours aux élèves des Écoles Normales : « Voilà « certainement le lion peint en beau, mais voyons sans préjugés de « quelle valeur sont toutes ces assertions. Le lion n'est pas le roi des « animaux : il n'y a point de roi dans la nature. » — A ces mots, éclata une explosion d'applaudissements. La Révolution affranchissait la science.

de tout ordre de choses où les rangs sont donnés par la force : le premier qui peut tout, est moins tyran que l'autre, qui ne pouvant jouir de la puissance plénière, s'en venge en abusant du pouvoir qu'il a pu s'arroger..... Le tigre, trop long de corps, trop bas sur ses jambes, la tête nue, les yeux hagards, la langue couleur de sang, toujours hors de la gueule, n'a que les caractères de la basse méchanceté et de l'insatiable cruauté : il n'a pour tout instinct qu'une rage constante, une fureur aveugle qui ne connaît, qui ne distingue rien, et qui lui fait souvent dévorer ses propres enfants, et détruire leur mère, lorsqu'elle veut les défendre. Que ne l'eût-il à l'excès, cette soif de son sang! Ne pût-il l'éteindre qu'en détruisant dès leur naissance la race entière des monstres qu'il produit! »

On pourrait multiplier les citations de ce genre, mais sans profit. Il suffit d'indiquer l'esprit de l'œuvre. L'auteur ne prenant pas son point d'appui dans les données rigoureuses de la science, devait aboutir nécessairement à une soi-disant classification qui répondît à ses goûts oratoires. Il fut le Bossuet des animaux. La vérité scientifique fut subordonnée à la peinture morale : il y eut des glorifications et des anathèmes; la classification fut remplacée par la hiérarchie; la nature devint un immense Versailles où Buffon, grand maître des cérémonies, régla l'étiquette et assigna les rangs. Que devait penser le brave Daubenton, lorsqu'il retrouvait ses animaux, ceux-là mêmes qu'il avait livrés au maître dans leur état naturel, si pompeusement habillés et métamorphosés? Que ne peut la tyrannie d'une faculté dominante! Il y a des moments où l'esprit scientifique semble tout près de triompher; Buffon entrevoit tel principe fécond; à ses yeux se dessinent les premiers linéaments d'une théorie à qui l'avenir appartient, comme celle de la subordination des parties, de l'uniformité du plan général de la nature, de la mutabilité des espèces ; mais l'éloquence survient, avec ses besoins de peinture, ses mouvements, ses effets à produire, et la science est reléguée au second plan, c'est-à-dire supprimée ; car quand elle n'est pas tout, elle n'est rien.

Ces considérations morales, cette constante préoccupation de retrouver partout l'homme, roi de la création, ces rapprochements ingénieux ou éloquents, voilà ce qui fit dans le public le succès de l'ouvrage ; et c'est justement ce qui rend de nos jours Buffon à peu près illisible. Il est impossible cependant que toute la partie purement technique n'ait pas une valeur réelle : Buffon avait beau arranger Daubenton, l'embellir, le farder, il ne pouvait le supprimer. C'est donc à ce savant modeste que doit revenir tout l'honneur des vérités scientifiques noyées dans les flots de style sublime. C'est lui qui a été le poëte, Buffon a été le décorateur.

Si sévère que soit la critique moderne, il lui est cependant interdit de condamner le dernier ouvrage de Buffon, les *Époques de la nature* : c'est peu, elle est tenue d'admirer les vues supérieures qu'il renferme. En un tel sujet, Buffon était à son aise ; il n'avait plus à s'embarrasser de détails mesquins ; il pouvait se livrer à ces aperçus grandioses, à la Bossuet. Dès sa première jeunesse d'ailleurs, ses études et une prédilection particulière l'avaient porté de ce côté. Il n'interrompit jamais entièrement ses travaux, et avant de mourir, il communiqua au public le résultat des méditations de sa longue vie. Cette fois encore, il généralisa ; mais ses généralisations avaient un fondement réel ; il avait vu, observé, réfléchi, et d'immenses horizons lui étaient apparus. Qu'était-ce que les époques arbitraires et étroites de Bossuet auprès de ces grandes révolutions dont l'empreinte était encore visible sur la face de la terre, et dont elle enfermait dans ses entrailles d'irrécusables témoignages ? Qu'était-ce que cette pauvre chronologie de six mille ans pour ces colossales transformations qui avaient exigé des milliers de siècles et qui se poursuivent et se poursuivront indéfiniment ? La science contemporaine assignait pour demeure fixe à tels et tels animaux des régions déterminées, et voilà que les grands mammifères de l'Afrique et de l'Inde apparaissent à l'état fossile dans les glaces de la Sibérie ! Que de bouleversements dans le globe ne supposaient pas ces prodigieux déplacements ? Ce fut bien autre chose encore quand on exhuma des débris d'êtres gigantesques et depuis longtemps disparus : il fallut reconstituer le milieu dans lequel ils avaient vécu, superposer une à une et analyser les couches des terrains, mettre en regard de cette faune colossale une flore non moins colossale, et reculer dans un lointain qui épouvante l'imagination l'apparition des premiers êtres. Et voilà que l'homme lui-même apparaît à l'état fossile et réclame une antiquité nouvelle. Or ces admirables découvertes de la science moderne, qui ont illustré un Cuvier, et qui, depuis Cuvier, s'agrandissent, se corroborent chaque jour, Buffon est le premier qui les ait entrevues, qui les ait saluées, pour ainsi dire, de ce regard d'amour et de regret que Moïse dut envoyer à la Terre promise. Ici, la majesté du style, la solennité du ton trouvent leur emploi légitime ; c'est la couleur même du sujet. Voici le début de ce noble ouvrage :

— « Comme dans l'histoire civile, on consulte les titres, on recherche les médailles, on déchiffre les inscriptions antiques, pour déterminer les époques des révolutions humaines et constater les dates des événements moraux ; de même, dans l'histoire naturelle, il faut fouiller les archives du monde, tirer des entrailles de la terre les vieux monuments, recueillir leurs débris et rassembler en un corps de preuves, tous les indices de changements physiques qui peuvent nous faire remonter aux différents âges de la nature. C'est le seul moyen de fixer quelques points dans l'immensité de l'espace, et de placer un certain nombre de pierres numéraires sur la route éternelle du temps. Le passé est comme la distance ; notre vue y décroît, et s'y perdrait même, si l'histoire et la chronologie n'eussent placé des fanaux, des flambeaux aux points les plus obscurs : mais malgré ces lumières de la tradition écrite, si l'on remonte à quelques siècles, que d'incertitude dans les faits, que d'erreurs sur les causes des événements, et quelle obscurité profonde n'environne pas les temps antérieurs à cette tradition ! »

Est-il besoin de caractériser le style de Buffon ? Quand on connaît l'homme, sa complexion, ses goûts, ses habitudes, la portée de son esprit, on peut aisément imaginer ce que sera l'écrivain. Il a d'ailleurs exposé ses idées sur le style dans son discours de réception à l'Académie française (1753). Il y parle avec cette feinte modestie qui est le langage du lieu, de ses « essais sans art et sans « autre ornement que celui de la nature. » — C'est le contraire qui est vrai. Le style de Buffon est ce qu'il y a de plus artificiel au monde et de moins naturel. Il exige dans ce même discours que l'écrivain ne « nomme les choses que par les termes les plus généraux » : voilà justement ce qui nous choque aujourd'hui. Cette incessante préoccupation de noblesse dans le langage, ce tour périodique, ces effets cherchés au détriment de la vérité scientifique, ce besoin incessant d'embellir, d'anoblir les objets et les êtres, cet amour de la description pour elle-même, nous ne pouvons rien goûter, rien admettre de tout cela. Buffon, qui, par certaines vues nouvelles, est bien de son siècle, appartient au xviie siècle par son style. Il n'avait que du mépris pour les auteurs de son temps. Il disait de Montesquieu : « Montesquieu a-t-il un style ? » Quant à la prose facile, élégante et simple de Voltaire, elle ne comptait pas pour lui. Il avait dans l'esprit un certain idéal de majesté soutenue qui faisait de lui un contemporain de Louis XIV, un émule de Bossuet. Il est de ces écrivains qui n'ont pas su ou pas pu faire au sujet qu'ils ont choisi le sacrifice de la forme qui a leurs préférences. A une science nouvelle il fallait un style nouveau, adéquat à l'objet, comme disent les philosophes. Buffon ne l'a pas senti. Si le réalisme (mot barbare, chose barbare) a sa raison d'être quelque part, c'est assurément en histoire naturelle : adapter à de tels objets les couleurs et le ton de l'oraison funèbre, c'est se condamner au faux. Il y a plus. Les descriptions de Buffon, ou, pour parler comme lui, ses portraits, laissent le lecteur absolument froid. C'est que Buffon a beau enluminer sa toile, imaginer des rapprochements, jeter çà et là des réflexions morales, tout cela ne supplée pas l'insuffisance du point de vue primitif : rien ne remplace la vie. Or Buffon, ce peintre des animaux, n'a jamais vu en eux, comme les hommes du xviie siècle, que de simples machines. Il est cartésien en histoire naturelle ! Si les bêtes ne sont que des automates, pourquoi exaltez-vous les qualités morales du lion, pourquoi faites-vous le procès à la basse férocité du tigre, à la perfidie du chat? C'est que la théorie commande une chose et que les besoins du style en exigent une autre, et que les besoins du style sont plus impérieux que la théorie. La Fontaine, du moins, croyait à l'âme des bêtes; aussi y a-t-il entre ses idées et son œuvre une parfaite harmonie. Il jette dans son « ample comédie à cent actes divers » une foule de personnages qui ont chacun leur physionomie, leurs mœurs, leur caractère, tous vivants, et vivants d'une vie propre ; Buffon se débat dans son automatisme, et n'en sort que pour tomber dans la parodie de la vie. Voilà, si je ne me trompe, d'où vient ce style artificiel. Buffon n'a pas la foi, et ne croit point ce qu'il dit, il ne voit point ses personnages. Naturaliste, sa théorie est fausse; écrivain, son style n'est pas d'accord avec sa théorie : c'est un tailleur qui habille les gens sans leur prendre mesure : l'étoffe et les broderies sont magnifiques, la coupe est noble ; cela n'a qu'un défaut, c'est de ne pas aller.. qu'il me pardonne cette comparaison basse ! Aussi bien, dois-je ajouter, pour conclure, un dernier trait, peut-être encore plus irrévérencieux. S'il est vrai que les écrivains de génie sont inimitables, il faudrait retrancher Buffon de cette glorieuse phalange. Il n'a qu'une originalité superficielle, toute en dehors, qui ne sort pas des profondeurs les plus intimes de la pensée. Étudiez-le de près, suivez sur les manuscrits le travail des corrections, rapprochez la leçon définitive de l'ébauche première : vous surprendrez le secret de ses procédés, et si vous avez quelque facilité de plume, vous produirez sans peine un pastiche qui fera illusion. Les contemporains eux-mêmes y furent pris, et ils connaissaient leur auteur mieux que nous, eux qui guettaient chaque volume avec une véritable fièvre de désir et dévoraient cette masse d'éloquence sans la moindre incommodité. Il leur arriva plus d'une fois de retrouver, d'admirer la touche du maître dans des portraits sortis d'une autre plume. Excusons leur méprise et avouons franchement que nous n'hésiterions pas nous-mêmes à attribuer à Buffon des passages comme ceux-ci.

— « Si l'empire (toujours un roi !) appartenait à la beauté et non à la force, le paon serait, sans contredit, le roi des oiseaux : il n'en est point sur qui la nature ait versé ses trésors avec plus de profusion : la taille grande, le port imposant, la démarche fière, la figure noble, les proportions du corps élégantes et sveltes, tout ce qui annonce un être de distinction lui a été donné; une aigrette mobile et légère, peinte des plus riches couleurs, orne sa tête et l'élève sans la charger; son incomparable plumage semble réunir tout ce qui flatte nos yeux dans le coloris tendre et frais des plus belles fleurs, tout ce qui les éblouit dans les reflets pétillants des pierreries, tout ce qui les étonne dans l'éclat majestueux de l'arc-en-ciel. »

Passons au rossignol.

— « Il n'est point d'homme bien organisé à qui ce nom ne rappelle quelqu'une de ces belles nuits de printemps où, le ciel étant serein, l'air calme, toute la nature en silence, et pour ainsi dire attentive, il a écouté avec ravissement le ramage de ce chantre des forêts..... Ce coryphée du printemps se prépare-t-il à chanter l'hymne de la nature..... »

L'auteur de ces lignes n'est pas, on s'en doute bien, le bonhomme Daubenton, c'est un collaborateur d'un autre genre, un associé pour le style, Guéneau de Montbelliard. Et il n'était pas le seul à qui Buffon passât la plume; l'abbé Bexon, un Delille en prose, attrapa du premier coup et si heureusement la manière du maître, ses tours et ses élégances favorites, que le maître accepta le plus souvent sans corrections sérieuses la rédaction du disciple. En veut-on un échantillon? Il s'agit du colibri. L'abbé Bexon écrit :

— « C'est là que, dans une suite non interrompue de jouissances et de délices, ils volent de la fleur épanouie à la fleur naissante, et que l'année composée d'un cercle entier de beaux jours, ne connaît qu'une seule saison : celle de la fécondité et de l'amour. »

Buffon revoit le passage, et voici tout ce qu'il y change :

— « C'est là que, dans une suite non interrompue de jouissances et de délices, ils volent de la fleur épanouie à la fleur naissante, et que l'année composée d'un cercle entier de beaux jours, *ne fait qu'une saison constante d'amour et de fécondité.* »

Cette correction, la seule, est-elle supérieure au texte de Bexon ? Le doute est permis.

Il y a donc du procédé dans le style de Buffon, de la manière, de l'artificiel, le mot importe peu, la chose est incontestable. Quand on prête si largement au pastiche on n'a pas en soi cette vivace et toujours jaillissante originalité, qui crée l'œuvre, la diversifie, la soutient. Le vague, la faiblesse de la conception première, l'impuissance à saisir directement les objets, à s'en pénétrer, condamnent l'auteur à la poursuite des ornements : il faut bien suppléer au vide du fond par les splendeurs ou les agréments de la forme. Les imitateurs viennent, ils étudient le procédé et ne tardent pas à égaler le maître. Il ne lui reste que l'honneur d'avoir donné naissance à un genre faux, qui fit peu de ravages, heureusement, dans notre prose saine et franche, mais qui s'épanouit avec une lamentable fécondité dans les poëmes des Saint-Lambert, des Roucher, des Delille et autres arrangeurs et embellisseurs de la nature.

L'ENCYCLOPÉDIE

I

L'Encyclopédie marque le moment où le xviii siècle eut la pleine conscience de son génie. — Elle en est la manifestation souvent tumultueuse, incohérente, mais puissante. — Doctrines de l'ouvrage en philosophie, en théologie, en politique. — Son histoire, les causes des persécutions subies.

On rencontre parfois chez les libraires qui vendent autre chose que des nouveautés, une pile énorme d'in-folio massifs, qui superposés atteindraient presque la hauteur du premier étage : c'est le *Dictionnaire raisonné des sciences, des arts et des métiers*, c'est l'Encyclopédie. Personne n'achète, ni ne lit cela ; mais si les auteurs revenaient à la vie, ils n'en seraient ni étonnés ni humiliés. « Notre travail est devenu sans intérêt pour vous, diraient-ils, tant mieux : cela prouve que nous n'avons pas perdu notre peine. Le but que nous nous proposions en dressant notre inventaire des connaissances humaines, c'était justement de stimuler l'émulation de ceux qui viendraient après nous. Si nous ne nous sommes pas trompés dans nos prévisions ; si les esprits affranchis par nous, ont fait un digne usage de la liberté, notre ouvrage doit être désormais inutile : qu'un autre le remplace, que de siècle en siècle croisse et se renouvelle l'héritage sacré de l'intelligence. Puissent seulement les générations qui achèveront notre œuvre, si elle doit jamais être achevée, ne pas oublier le nom des ouvriers de la première heure! [1] » — Il a survécu, il survivra. Bien que l'ingratitude des enfants soit une loi de la nature, et que le mépris de ce qui a précédé soit comme la condition même du progrès, les encyclopédistes ont marqué d'une si forte empreinte l'esprit du XVIIIe siècle, ils ont eu une part si importante à cette révolution que beaucoup d'entre eux ne devaient pas voir, que l'histoire de leurs idées, de leurs travaux, de leurs épreuves est une époque de l'histoire de l'esprit humain, et que la mémoire n'en peut périr. Si nous savons plus qu'eux et mieux qu'eux, c'est à eux que nous le devons.

Essayons d'exposer rapidement les origines, le caractère et les destinées de cette grande entreprise. C'est une histoire qui n'a pas encore été faite et sur laquelle je reviendrai peut-être un jour [2].

C'est vers le milieu du XVIIIe siècle que fut conçue l'idée de l'Encyclopédie. Un libraire avait commandé à

---

1. Citons leurs propres paroles : — « Le but d'une Encyclopédie est de rassembler les connaissances éparses sur la surface de la terre, d'en exposer le système général aux hommes avec qui nous vivons et de le transmettre aux hommes qui viendront après nous; afin que les travaux des siècles passés n'aient pas été des travaux inutiles pour les siècles qui succéderont, *que nos neveux devenant plus instruits, deviennent en même temps plus vertueux et plus heureux, et que nous ne mourions pas sans avoir bien mérité du genre humain.* »

2. M. Pascal Duprat a publié en 1866, sous le titre : *les Encyclopédistes*, un petit volume de 188 pages, qui est loin d'être complet.

Diderot, fort peu connu alors, une traduction du dictionnaire anglais de Chambers, intitulé *Cyclopedia*. Ce manuel incomplet et sec lui suggéra le dessein d'un vaste ouvrage qui serait l'inventaire de toutes les connaissances humaines. Il s'en ouvrit à d'Alembert, déjà célèbre comme mathématicien quoique fort jeune, et ils se mirent à l'œuvre. Le privilége fut accordé en 1746. Diderot se chargea du prospectus qui annonçait l'ouvrage, d'Alembert rédigea le discours préliminaire qui en exposait le plan, la méthode, les principales divisions. Les souscripteurs affluèrent, non-seulement en France, mais à l'étranger. Dans l'entourage même de Louis XV, on vanta, on encouragea l'entreprise. Madame de Pompadour s'en déclara hautement la protectrice ; les d'Argenson, les Richelieu, les Bernis, les Choiseul ne se montrèrent pas hostiles ; M. de Malesherbes, M. Turgot, jeunes encore, mais déjà fort considérés, apportèrent aux rédacteurs un appui plus sûr. Tout semblait aller à souhait ; les adhésions venaient en foule ; tous les écrivains qui avaient un nom, tous ceux qui espéraient s'en faire un, offraient leur concours. Montesquieu promit le sien, Voltaire accueillit le projet avec enthousiasme et se mit à rédiger des articles ; Buffon lui-même se laissa enrôler. Les savants, les artistes, les érudits les plus illustres répondirent avec empressement à l'appel. Les Jésuites eux-mêmes, et ce qu'il y avait encore de Jansénistes, sollicitèrent l'honneur de collaborer. On déclina poliment leurs offres ; ils jurèrent de s'en venger.

> Abîme tout plutôt : c'est l'esprit de l'Église [1] !

1. Leur intérêt personnel était en jeu. L'Encyclopédie menaçait d'une concurrence redoutable le *Dictionnaire de Trévoux*, leur

Aussi bien l'ouvrage ne pouvait qu'être suspect aux yeux des ennemis de la liberté. Le choix de la plupart des rédacteurs indiquait assez l'esprit du recueil. On voyait se former une association puissante composée de ce qu'il y avait de plus considérable dans le monde des lettres, des sciences, des arts, soutenue par l'opinion publique, encouragée ou au moins tolérée par la cour, pourvue de moyens d'action énergiques, et qui par la nature même de l'ouvrage allait propager dans toutes les directions les funestes doctrines de la libre pensée. Prévisions légitimes. Dès que les travailleurs furent à l'œuvre, ils se sentirent unis, solidaires. Isolés jusqu'alors et étrangers les uns aux autres, ils purent s'entendre, se concerter, s'éclairer, marcher du même pas au même but, présenter à l'ennemi un corps compacte et difficile à entamer. Il y avait des gens de lettres, des savants, des artistes : il y eut une légion, les encyclopédistes, et un parti, les philosophes. La communauté d'idées les avait réunis, la communauté de périls cimenta l'union.

Il n'est pas difficile, lorsque l'on parcourt ce vaste recueil, d'y relever bon nombre d'articles d'une rare faiblesse, vides, déclamatoires, entortillés, je dirai même fort peu sincères. Voltaire en gémissait, s'en indignait, suppliait les directeurs de faire cesser cet impur mélange. Votre ouvrage est une Babel, s'écriait-il ; le bon, le mauvais, le vrai, le faux, le sérieux, le léger, tout y est confondu. Il y a des articles que l'on dirait rédigés par un fat qui court les boudoirs, d'autres, par des cuistres de

---

propriété : ils défendirent non-seulement l'intégrité de la foi, mais une source de beaux revenus.

sacristie [1] ; on passe des plus courageuses hardiesses aux platitudes les plus écœurantes. — Il en parlait à son aise. Il fallait exister d'abord : pour ne pas mécontenter tel ou tel personnage, on acceptait un article, mauvais assurément, mais qui faisait de l'auteur un ami ; pour désarmer les lanceurs de foudre, on prenait hypocritement un air orthodoxe. Quelle situation que d'écrire sous le glaive ! Ce qui est admirable, c'est que l'œuvre ait pu conserver jusqu'au bout une unité réelle bien que parfois voilée. L'esprit du XVIII° siècle, comprimé, menacé sans cesse, s'y fait jour avec une indomptable persévérance. Voici en quels termes Diderot le caractérise :

— « Il n'appartient qu'à un siècle philosophe de tenter une Encyclopédie, parce que cet ouvrage demande partout plus de hardiesse dans l'esprit qu'on n'en a communément dans les siècles pusillanimes du goût [2]. »

Hardiesse dans l'esprit, c'est la devise même du XVIII° siècle. En philosophie, il rompt décidément avec la tradition pusillanime. L'Encyclopédie n'admet du Cartésianisme qui, après avoir été si longtemps proscrit, est devenu la doctrine officielle, que le principe fécond et sitôt restreint, de la certitude fondée sur l'évidence aux yeux de la raison. Quant à la théorie des *idées innées*, quant à la physique de Descartes, elle les répudie, et les remplace par la doctrine de Locke et la physique de Newton, contestées encore et terrassées dans les soutenances de thèses, mais adoptées de tout ce qui pense depuis que

1. Notamment l'article *Enfer*. L'auteur, l'abbé Mallet, ne survécut guère à son article.
2. Article *Encyclopédie*.

Voltaire les a fait connaître aux Français. Voici justement le plus illustre métaphysicien du XVIIIe siècle, Condillac, qui expose à ses amis les Encyclopédistes et bientôt développe dans ses premiers ouvrages les principes de la doctrine nouvelle, la seule qui ait été généralement admise alors [1]. — On se demanda si l'on ferait une place à la théologie, science sublime à laquelle ne croyait aucun des Encyclopédistes, science périlleuse surtout, car les erreurs en ce genre entraînaient damnation dans l'autre vie et condamnation dans celle-ci ; et il était fort probable que les défenseurs attitrés de l'intégrité du dogme en découvriraient à la douzaine. Il fallait de plus se procurer des théologiens de profession, qui fussent à la fois philosophes, si c'était possible. En 1758, on en avait déjà usé trois ! Voici comment d'Alembert annonce à Voltaire l'acquisition du quatrième, l'abbé Morellet.

— « M. l'abbé Morellet est une nouvelle et excellente acquisition que nous avons faite ; il est le quatrième théologien auquel nous avons eu recours depuis le commencement de l'Encyclopédie. Le premier a été excommunié, le second expatrié, et le troisième est mort. Nous ne saurions en élever un : Dieu veuille que cela ne porte point de préjudice à notre nouveau collègue ! »

Le nouveau collègue en question était mis à la Bastille deux ans après, mais non pour hérésie. La méthode suivie par les théologiens de l'Encyclopédie fut celle qu'avait imaginée Bayle, ce *père de l'Église des sages*, comme l'appelait Voltaire. Elle consistait surtout à énumérer en

---

1. L'*Essai sur l'origine des connaissances humaines* est de 1746. — Le *Traité des systèmes* est de 1749. — Ces deux ouvrages sont le magasin où l'Encyclopédie s'approvisionne.

les renforçant toutes les objections soulevées à diverses époques contre tel ou tel dogme par les hérétiques les plus célèbres; on défendait contre eux l'orthodoxie, on les traitait au besoin d'impies et de blasphémateurs; mais tout pesé et tout rabattu, le lecteur se demandait si ce n'était pas l'hérétique qui avait raison, à moins qu'il ne conclût que toutes ces subtilités étaient absolument puériles.

Il y avait d'ailleurs un moyen de faire un retour offensif contre le fanatisme théologique, et cela sans en avoir l'air, à propos de n'importe quoi. Ainsi, Diderot, qui s'était chargé de l'histoire de la philosophie, se plaisait à rapprocher telle ou telle secte antique de tel ou tel ordre religieux, point de vue piquant, original, et après tout fort admissible. Abraham Chaumeix, auteur de huit volumes intitulés *Préjugés légitimes contre l'Encyclopédie*, signala à qui de droit l'irrévérence du parallèle suivant. Il s'agit des *Cyniques*.

— « Voilà ce que nous devons à la vérité et à la mémoire de cet indécent, mais très-vertueux philosophe[1]. *De petits esprits animés d'une jalousie basse contre toute vertu qui n'est pas renfermée dans leur secte*, ne s'acharneront que trop à déchirer les sages de l'antiquité, sans que nous les secondions. Faisons plutôt ce que l'honneur de la philosophie et même de l'humanité doit attendre de nous; réclamons contre ces voix imbéciles, et tâchons de relever, s'il se peut, dans nos écrits les monuments que la reconnaissance et la vénération avaient érigés aux philosophes anciens, que le temps a détruits, et dont *la superstition* voudrait encore abolir la mémoire. »

1. Diogène.

Et plus loin :

— « Les cyniques furent de très-honnêtes gens, qui ne méritaient qu'un reproche, c'est d'avoir été des enthousiastes de vertu. »

Et enfin, pour conclure :

— « Mettez un bâton à la main de certains cénobites du mont Athos, *qui ont déjà l'ignorance, l'indécence, la pauvreté, la barbe, l'habit grossier, la besace et la sandale d'Antisthène ;* supposez-leur ensuite de l'élévation dans l'âme, une passion violente pour la vertu et une haine vigoureuse pour le vice, et vous en ferez une secte de cyniques. »

D'où il suit pour tout homme qui sait lire, qu'il y avait de la vertu dans le monde avant le Christianisme; et qu'un moine ne vaut pas un Cynique. Diderot a la plume un peu lourde pour lancer ces hardiesses; mais voici venir Voltaire, échappé de Prusse, qui le suppléera, et sans être moins affirmatif, quant au fond, saura garder dans la forme plus de ménagements.

En politique, les encyclopédistes sont avant tout des disciples de Montesquieu. Cette haute autorité qui s'imposait à tous, et que la mort venait pour ainsi dire de consacrer, ils l'invoquent sans cesse; c'est lui qu'ils citent de préférence, qu'ils commentent, qu'ils placent devant eux comme un rempart. On voit bien çà et là percer quelques opinions plus hardies et qui ne viennent pas de l'*Esprit des Lois*, par exemple la théorie du contrat, qui ne se sépare guère de celle de la souveraineté du peuple [1], mais cela est encore timide et enveloppé. Les auteurs n'osant guère dogmatiser en matière si délicate, se rattrapent

---

1. Voir les articles *Autorité, Droit, Gouvernement.*

sur les questions de morale qui se rattachent plus ou moins directement à la politique. En expliquant ce que c'est qu'une *cour*, d'après Montesquieu, ce que c'est qu'un *courtisan* [1], d'après tout le monde, ce que c'est que les *Lettres de cachet*, les *Censeurs de livres*; les *Flatteurs* (d'après Fénelon), l'*Indépendance*, la *Tolérance*, le *Droit naturel*, etc., ils plaçaient au-dessus de la royauté du bon plaisir et en pleine lumière l'idéal d'un gouvernement libre et assujetti à des lois immuables. Ceux qui tenaient à honneur d'être des sujets ne trouvaient pas dans le Dictionnaire tout ce qu'ils auraient souhaité; ceux qui, comme Montesquieu, aspiraient à être des citoyens, étaient encouragés et consolés.

Quant à la partie scientifique et mécanique, que je ne puis apprécier, elle ne souleva aucune réclamation, elle était sans doute irréprochable. Des planches nombreuses (près de mille) accompagnaient le texte; les savants, les dessinateurs, les artistes les plus célèbres qui s'étaient chargés de ce travail, voulaient qu'il leur fît honneur. Depuis cent ans, nous sommes allés bien au delà : des sciences nouvelles ont été créées, des sciences à peine sorties des premiers tâtonnements, ont pris des développements admirables : sur ce point donc le vœu des Encyclopédistes a été exaucé : on a fait mieux qu'eux; cette loi du progrès qu'ils proclamaient si courageusement en face de ceux qui prétendaient condamner le genre humain à l'immobilité, elle a reçu la plus éclatante confirmation. Qui oserait prétendre que leur œuvre, bien que dépassée,

---

1. Article *Courtisans*. — « Espèce de gens que le malheur des rois et des peuples a placés entre les rois et la vérité pour l'empêcher de parvenir jusqu'à eux. »

ait été inutile? Ces *points de repère* qu'ils ont fixés sur la route infinie où s'est engagé l'esprit humain, nous les avons déplacés, nous les avons portés plus loin; mais le but, ce sont eux qui l'ont montré; ce sont eux aussi qui ont indiqué la méthode, car ils ont dit qu'il fallait « secouer le joug de l'autorité et de l'exemple, pour s'en tenir aux lois de la raison. »

Et la partie littéraire? Il faut bien en dire un mot. Les articles de grammaire rédigés par Beauzée et Dumarsais, ont encore leur prix; mais on n'en peut dire autant des articles de Rhétorique et de Poétique qui furent confiés en grande partie à Marmontel. Voltaire vient parfois à la rescousse, et aussi le brave chevalier de Jaucourt, le plus zélé des travailleurs, et qui gâchait à tort à travers plutôt que de rester oisif, et aussi l'abbé Mallet, et bien d'autres encore; mais le grand fournisseur c'est Marmontel. J'étudierai plus tard les mérites de cet écrivain. Ce qui importe ici, c'est de signaler la médiocrité de cette partie de l'œuvre. Elle manque trop souvent d'originalité et de hardiesse. Pourquoi? Diderot le faisait pressentir lorsqu'il opposait à l'esprit du xviiie siècle, le génie des siècles pusillanimes, qu'il appelait *siècles du goût*. Indépendants, réfractaires même sur tout le reste, les Encyclopédistes acceptèrent l'autorité des règles littéraires consacrées par tant de chefs-d'œuvre. Singulière inconséquence! elle s'explique cependant. Faiblement doués sous le rapport de l'invention créatrice, les poëtes du xviiie siècle ne sentirent pas en eux ces révoltes du génie qui ne veut pas d'entrave; ils subirent les formes traditionnelles, les cadres convenus, et cela sans déplaisir, je dirai même avec une certaine satisfaction, comme le nageur novice qui bénit les supports en liége. Ils se bornèrent à gonfler l'emphase des alexandrins classiques d'un souffle de philosophie courante, innovation sans portée au point de vue de l'art. Diderot fut le seul qui essaya d'être révolutionnaire; mais sans génie et même sans conviction. Sa tentative de substituer à la tragédie usée le drame bourgeois eut peu de succès, mais elle fut pieusement recueillie par les Allemands. Quant à tous les autres, à commencer par Voltaire, ils furent et restèrent les plus édifiants des conservateurs, non par sagesse, mais par impuissance; aussi bien leur âme était ailleurs. Qu'était-ce que ces questions de forme auprès des intérêts alors en jeu? Le XVIIIe siècle avait d'autres révolutions à faire que celle de la Poétique. — Qu'il les fît d'abord, les autres suivraient. Elles suivirent en effet, mais bien longtemps après. Il y avait trente ans que la Révolution avait modifié, bouleversé de fond en comble toutes les institutions, et les vieilles formes littéraires subsistaient encore; des vestiges du passé, c'est toujours le dernier qui s'efface. Voyez le Christianisme. Que de siècles d'incubation il a fallu avant que l'on vît s'épanouir une poésie, une peinture, une architecture, une musique chrétiennes! Les âmes et les imaginations ne se transforment pas en un jour comme les sociétés. Entre ce qui n'est plus et ce qui vient d'apparaître elles flottent longtemps, indécises, troublées, et comme attendant; que l'esprit nouveau les pénètre enfin et les remplisse, et soudain l'idée crée sa forme; Dante écrit sa *Divine Comédie*, Shakespeare son drame. Les philosophes du XVIIIe siècle, eux, n'ont créé que l'Encyclopédie, forme nouvelle, qui a sa force, qui se développera et se retrouvera dans les journaux et dans les Revues, et qui est aujourd'hui le plus puissant moyen d'action sur l'opinion publique : cela est beaucoup assurément, et une telle arme vaut qu'on l'estime ; mais les plus beaux articles du monde ne seront jamais de l'art.

Il y a un point sur lequel il serait à souhaiter que les Encyclopédistes eussent des imitateurs, je veux parler de l'indomptable énergie avec laquelle ils poursuivirent leur entreprise. Le bon vouloir de la cour ne dura guère. A peine les deux premiers volumes eurent-ils paru (1751) qu'un arrêt du Conseil du roi suspendit l'impression. Pourquoi? Ce sont les mystères du bon plaisir. Dix-huit mois après, l'autorisation de reprendre la publication fut accordée. Pourquoi? Le vent soufflait d'un autre côté. Les volumes se succédèrent rapidement jusqu'en 1757 ; puis nouveau temps d'arrêt. Cette fois l'affaire fut plus grave. Le gouvernement s'en remit à son Parlement du soin d'examiner l'ouvrage. Le parlement s'en rapporta à un sieur Abraham Chaumeix qui justement venait de faire la besogne et concluait à la suppression. Le procureur général, Omer Joli de Fleury, n'eut qu'à découper çà et là dans les huit volumes d'Abraham Chaumeix, les tranches éloquentes de son réquisitoire. Le privilége fut révoqué en 1759. Ainsi tout le travail des écrivains qui étaient l'honneur du siècle, les frais énormes occasionnés par une si grande emtreprise, la gloire qui en devait résulter pour les lettres françaises, tout se trouvait perdu ou indéfiniment ajourné parce qu'il avait plu à un folliculaire sans emploi, depuis qu'il n'était plus convulsionnaire, de dénoncer un ouvrage qu'il n'entendait même pas ! La suspension dura six années. En 1765, le gouvernement toléra la reprise de l'Encyclopédie, mais sans accorder de privilége aux éditeurs, qui durent dater de l'étranger les nouveaux volumes. Le dernier parut en 1771, juste à vingt années de distance du premier. En 1777, on publia six volumes de supplément.

Voilà, dans un résumé sec, l'histoire de l'Encyclopédie. Ces suspensions, ces condamnations, cette reprise tolérée, tout cela semble inexplicable, tout cela s'explique cependant; mais dans quels détails il faudrait entrer ! Je résiste pour aujourd'hui à cette tentation. Qu'il me suffise de dire que pendant vingt-cinq ans l'Encyclopédie fut comme le bouc émissaire du pouvoir absolu : c'est elle que l'on rendait responsable de toutes les iniquités, de toutes les sottises, de toutes les hontes de Versailles. Le roi Louis XIV expiait sur le dos des protestants les péchés de sa galanterie, le roi Louis XV, fidèle aux traditions de son bisaïeul, se mortifiait dans la personne des Encyclopédistes. Le coup de canif de Damiens, les défaites, les humiliations du traité de Paris, autant d'avertissements du ciel irrité de l'impiété des philosophes. Fils aîné de l'Église, frappez ces blasphémateurs : ce sont eux qui attirent sur vos peuples le courroux d'en haut. Ajoutez à cela les inconvénients qui résultent toujours d'une association où chacun est responsable de tous et tous de chacun. L'abbé de Prades excommunié par la Sorbonne, rendit suspects les théologiens de l'Encyclopédie; l'abbé Yvon, forcé de s'expatrier après censure, l'abbé Morellet, mis à la Bastille, n'étaient pas faits pour rassurer les dévots. L'article *Genève*, de d'Alembert, occasionna grand scandale parmi les pasteurs, et ils protestèrent énergiquement. Le fameux livre de l'*Esprit* d'Helvétius, condamné par la Sorbonne et par le Parlement (1758), avec injonction de rétractation, compromit de la manière la plus sérieuse l'Encyclopédie. On prétendit retrouver dans le Dictionnaire les doctrines coupables, au moins à l'état latent, et atténuées par un reste de pudeur ou d'hypocrisie. Il n'est pas jusqu'à ce déplorable roman de *Bélisaire* dont on ne se fit une arme contre les collaborateurs de Marmontel. Que tant d'orages soient venus fondre sur eux, il n'y a là rien qui doive surprendre : c'était le sort réservé à tous les libres esprits ; mais qu'ils aient poursuivi à travers tant de périls et de misères de tout genre, l'œuvre colossale qu'ils avaient entreprise, qu'ils ne se soient laissé abattre et décourager par rien, qu'ils aient dévoré en silence les outrages, les calomnies, les condamnations, qu'ils soient restés sourds aux offres magnifiques des princes étrangers qui voulaient ravir à la France la gloire du grand ouvrage : voilà ce qui a droit au respect de tous, à l'admiration de tous, à notre reconnaissance à nous, Français du XIXe siècle.

II

LES ENCYCLOPÉDISTES. — DIDEROT.

La part que Diderot prend à l'Encyclopédie. Il en est le fondateur, il rédige la partie philosophique et celle des arts mécaniques. — Sa fermeté au milieu des persécutions. — Le caractère de Diderot ; les trente premières années de sa vie ; sa rupture avec Rousseau. — La philosophie de Diderot. — Ses improvisations. — L'esthétique de Diderot. — Le poëte et l'auteur dramatique.

Indiquons d'abord ce que l'Encyclopédie doit à Diderot. C'est lui qui en eut l'idée, comme on a vu, c'est lui qui trouva un éditeur, des collaborateurs, des souscripteurs. Il fit plus. Réunir dans une œuvre commune et qui promettait honneur et profit, des gens de lettres, des savants, des artistes, des érudits, ce n'était pas après tout chose trop difficile; mais où trouver des rédacteurs pour tout ce qui concernait la mécanique industrielle? Les ouvriers de ce temps-là travaillaient beaucoup, gagnaient peu et ne savaient que leur métier. Diderot alla dans les fabriques, il se fit expliquer le jeu des machines, il mit lui-même la main à la besogne; il fit exécuter les planches et rédigea le texte explicatif. Ce ne fut pas une des moindres innovations du XVIIIe siècle que d'avoir accordé au travail de l'ouvrier l'honneur qu'il mérite : il n'y avait alors que mépris pour le labeur manuel et ceux qui en vivaient; l'oisiveté était noble ou sainte, suivant qu'elle s'incarnât dans un grand seigneur ou dans un moine. Dans l'Encyclopédie, les métiers eurent leur place auprès de l'agriculture, dans la compagnie des sciences et des arts dont ils sont les utiles auxiliaires. — C'est encore Diderot qui le premier conçut et esquissa dans ses traits essentiels une histoire générale des systèmes philosophiques de l'antiquité : les libres esprits d'autrefois n'étaient-ils pas les devanciers, les pères des courageux émancipateurs du XVIIIe siècle? Une critique étroite et intolérante les condamnait en bloc. Parce qu'ils avaient eu le malheur de naître avant la prédication de l'Évangile, il était convenu que leur sagesse était fausse et que leur raison n'était que corruption. Diderot releva les ruines de l'église des sages, il reconstitua ce grand diocèse qui compte parmi ses membres les Aristote, les Platon, les Zénon, les Cicéron, et bien d'autres qui ne veulent pas se laisser enfermer dans les symboles officiels. — Enfin, si l'Encyclopédie fut continuée, si elle fut terminée, c'est à Diderot qu'il faut en faire honneur. Dès 1759, d'Alembert, son plus indispensable collaborateur, se retira, dégoûté par les persécutions, les dénonciations, les calomnies sans nombre lancées contre l'ouvrage et les rédacteurs ; Rousseau s'était aussi séparé de lui avec éclat, et ses cris emportés se joignaient aux sourdes menaces des intolérants. Diderot était personnellement le point de mire de tous les folliculaires, les Chaumeix, les Moreau, les Fréron, les Palissot ; on le vilipendait dans des libelles, on le bafouait en plein théâtre, on l'outrageait dans des poëmes orduriers comme la *Dunciade* : il restait impassible, poursuivait l'œuvre, préparait les volumes, attendait. Il attendit sept années. Les rumeurs les plus effrayantes venaient jusqu'à lui ; un magistrat avait dit que « *l'on n'avancerait rien tant qu'on ne brûlerait que des livres.* » On venait de rouer Calas, on venait de décapiter La Barre, le courageux La Chalotais était jeté en prison ; Voltaire épouvanté le suppliait de mettre sa personne et sa vie en sûreté : il lui offrait un asile chez lui ; l'impératrice de Russie l'appelait, lui promettait toutes les facilités possibles pour continuer son travail : il refusa de quitter la France et d'abandonner l'œuvre. Il y a à ce sujet une lettre de lui à Voltaire que l'on ne peut lire sans admiration : cela est élevé, noble, serein. « Je connais tous les dangers dont vous parlez, » dit-il, et il en fait la plus vive, la plus pittoresque énumération.

— « Mais que voulez-vous que je fasse de l'existence, si je ne puis la conserver qu'en renonçant à tout ce qui me la rend chère ? Et puis je me lève tous les matins avec l'espérance que les méchants se sont amendés pendant la nuit, qu'il n'y a plus de fanatiques ; que les maîtres ont senti leurs véritables intérêts, et qu'ils reconnaissent enfin que nous sommes les meilleurs sujets qu'ils aient. C'est une bêtise, mais c'est la bêtise d'une belle âme qui ne peut croire longtemps à la méchanceté..... Si j'avais le sort de Socrate, songez que ce n'est pas assez de mourir comme lui pour mériter de lui être comparé. »

La plus cruelle épreuve lui vint de l'éditeur même de l'Encyclopédie, Lebreton. Cet homme ne s'avisa-t-il pas de falsifier les manuscrits des articles et de substituer aux hardiesses du texte les inepties et les platitudes de son style à lui? Quels cris perçants poussa Diderot, quand il se vit lui et ses amis mutilés, défigurés par ce Vandale qui voulait être orthodoxe!

— « Vous avez massacré ou fait massacrer par une bête brute le travail de vingt honnêtes gens qui vous ont consacré leur temps, leurs talents et leurs veilles gratuitement, par amour du bien et de la vérité, et sur le seul espoir de voir paraître leurs idées!.....
Voilà donc ce qui résulte de vingt-cinq ans de travaux, de peines, de dépenses, de dangers, de mortifications de toute espèce! Un inepte, un ostrogoth détruit tout en un moment!... Quand on est sans énergie, sans vertu, sans courage, il faut se rendre justice et laisser à d'autres les entreprises périlleuses. »

Ajoutons un dernier trait. Le moment vint où tous ceux qui avaient collaboré à l'Encyclopédie, en furent récompensés, les uns par des pensions, les autres par des places à l'Académie, comme Marmontel, Morellet, Condorcet, d'autres par des ministères, comme Turgot, et Malesherbes : Diderot seul ne reçut aucune compensation : il était trop compromis.

Lorsque Diderot mit la main à l'Encyclopédie, il avait

environ trente-cinq ans et était peu connu, malgré une détention au donjon de Vincennes. Depuis une quinzaine d'années, il gaspillait sa vie et son talent à tous les hasards de la fantaisie et du besoin. Né en 1713 à Langres, d'honnêtes artisans couteliers, il se demanda après des études brillantes chez les Jésuites ce qu'il ferait; serait-il artisan, ou avocat, ou homme d'Église? Le père exigeait qu'il fît un choix; mais, si l'on en croit Diderot, les Champenois du côté de Langres sont essentiellement capricieux. « La tête d'un Langrois, dit-il, est sur ses épaules comme un coq d'église au haut d'un clocher : elle n'est jamais fixe dans un point. » — D'ordinaire, quand les girouettes se rouillent, elles se fixent; Diderot, lui, jusqu'à son dernier jour vira à tous les vents. Jeune, privé des ressources qui lui venaient de sa famille, il essaie de tous les métiers, sans excepter celui de néophyte qui donne des espérances. Dans les jours d'extrême gêne, il se faisait catéchiser, moyennant indemnité, par un brave Cordelier qui perdait son éloquence et son argent. Précepteur, répétiteur de mathématiques dont il ne savait pas le premier mot, traducteur aux gages des libraires, fabricant de prospectus pour les industriels et de sermons pour les prédicateurs embarrassés, travaillant même pour l'exportation en ce genre au profit des missionnaires, il dépense ces salutaires et fécondes années où l'homme se fait à tout, excepté à se faire. En 1741, un jour de mardi gras, il tomba d'inanition en montant à son galetas. C'est cette même année que Rousseau, pauvre comme lui, cherchant fortune comme lui, arriva à Paris, et qu'ils se lièrent étroitement. Jamais natures ne furent plus dissemblables. Autant Rousseau était défiant, ombrageux, renfermé en lui-même, et livré à cette douloureuse incubation dont le terme approchait, autant Diderot était ouvert, expansif, tout à tous. Les contrastes ne sont pas plus interdits en amitié qu'en amour, mais ils sont plus dangereux : un moment vient où les divergences naturelles se traduisent en faits et créent l'inégalité au profit de l'un, au détriment de l'autre. Le jour où Diderot, rédacteur en chef de l'Encyclopédie, directeur, administrateur, fort recherché par conséquent, et fort en vue, devint un personnage, Rousseau commença à craindre qu'ils ne fussent pas faits l'un pour l'autre. Il lui sembla que son ami le prenait d'un peu haut avec lui, qu'il abusait de sa supériorité apparente, que ses conseils avaient je ne sais quoi d'impérieux et de blessant; bref, l'orgueil maladif de Rousseau fut atteint. Il faut dire que Diderot était terriblement en dehors, et souvent, sans s'en douter, écrasait tout ce qui se trouvait à sa portée, comme ces chênes puissants qui interceptent l'air et la lumière et ne laissent que l'ombre aux chétifs arbustes. Chez les Dupin, chez les d'Épinay, chez Helvétius, d'Holbach, partout cette exubérante personnalité s'étalait naïvement, par un besoin de nature, et tous lui étaient indulgents car ils y trouvaient leur profit : il y avait en lui des torrents d'idées, d'enthousiasme, de poésie, qui se précipitaient. Les indigents, comme d'Holbach, Helvétius, l'abbé Raynal, se penchaient et prenaient des notes; Grimm emportait des articles tout faits pour sa correspondance. Si d'Holbach était le maître d'hôtel de la philosophie, Diderot était l'approvisionneur des esprits. Il y avait bien de l'intempérance et de la légèreté dans ces improvisations fougueuses qui se figèrent sous la plume des matérialistes déclamateurs à froid, mais le fond et la forme blessaient également Rousseau ; il souffrait de ne pouvoir répliquer sur-le-champ, lui inhabile à jeter sa parole, et il remportait chez lui un sourd mécontentement et des arguments qui, n'ayant pu sortir, tournaient à l'aigre. Là est, je crois, l'explication réelle de la rupture : il y avait longtemps que les cœurs ne s'entendaient plus quand les personnes cessèrent de se voir.

Diderot survécut treize années à l'Encyclopédie. Elle avait fait la fortune des éditeurs ; lui, restait pauvre, si pauvre qu'il lui fallut mettre en vente sa bibliothèque. Ce fut l'impératrice de Russie qui l'acheta à condition qu'il serait son bibliothécaire et recevrait un traitement de mille francs par an. Pénétré de reconnaissance, il voulut aller remercier sa bienfaitrice. Il fut reçu de la façon la plus cordiale et la plus honorable par la Sémiramis du Nord, à qui, dans l'illusion de la reconnaissance, il trouvait « l'âme de Brutus et la figure de Cléopâtre. » A son retour, il évita de passer par Berlin, malgré l'invitation de Frédéric II, qu'il n'aimait pas et qui le lui rendait bien : sous le philosophe, Diderot sentait le despote, et cet athée sec et pincé lui répugnait. Il comptait bien mourir dans son petit appartement de la rue Taranne, au coin de la rue St-Benoît, où il habitait depuis trente ans; mais y étant tombé malade, les médecins le déclarèrent trop étroit. Catherine II le fit immédiatement transporter dans un vaste appartement de la rue Richelieu, où il mourut peu de temps après, en 1784. Nous n'avons pas le droit d'oublier ces détails; il est bon de rappeler que le fondateur de l'Encyclopédie n'a reçu d'autre récompense de son travail que des persécutions, et qu'il n'a trouvé d'assistance que chez les princes étrangers. Les glorificateurs quand même de la monarchie débitent imperturbablement des phrases de commande sur l'incomparable munificence de nos rois protecteurs, bienfaiteurs des lettres, des sciences et des arts. J'ai montré ce qu'il en était pour Louis XIV, le plus magnifique des protecteurs [1]; quant à Louis XV, il n'encourageait que les talents que recommandaient Mmes de Pompadour et Du Barry. Rapprochement amer! Les Frédéric, les Catherine, les Joseph, les George, les Christian, et je ne sais combien d'autres petits princes, accablent de distinctions, de prévenances, d'offres de toute nature nos écrivains du XVIIIe siècle, et je les vois en France jetés en prison, exilés, frappés par des arrêts infâmants, leurs livres brûlés, les défiances, les outrages, les calomnies, les misères de tout genre compagnes de leur vie : et il y a encore des gens pour s'indigner que ces généreux esprits n'aient pas trouvé que tout était pour le mieux dans une société qui les traitait ainsi! Qui sait quel stimulant aux colères populaires ajouta ce souvenir des persécutions subies par ceux-là mêmes qui, malgré les turpitudes et les inepties des gouvernants, maintinrent en face de l'étranger et dans le monde entier la supériorité de la France? Honneurs, distinctions, tout était pour les Soubise et autres perdeurs de batailles; et ceux qui gagnaient la grande bataille du XVIIIe siècle, ils étaient proscrits ou embastillés, ou, ce qui était plus misérable encore, secourus et nourris par des étrangers. — Mais revenons à Diderot : il s'emportait souvent hors de propos, comme on sait; son exemple m'a gagné.

---

1. Voir la Littérature française au XVIIe siècle. — 1er chapitre.

J'ai oublié de dire que Diderot s'était marié ; hélas ! il ne l'oublia que trop souvent lui-même. Sa nature impétueuse et faible le portait d'élan vers la vertu et aussi vers son contraire. Pendant des mois entiers, c'était le plus tendre des époux, le meilleur des pères ; puis il disparaissait, le bohême se donnait carrière. A son retour, il avait des enthousiasmes de remords. Une phrase de Sénèque sur l'oubli du devoir, le mauvais emploi du temps, lui arrachait des cris de repentir : Me voilà, disait-il, c'est pour moi que cela a été écrit ! Et il jetait dans l'ouvrage commencé les confessions de son âme vibrante et fragile. Il y avait des heures où il se jugeait sévèrement : « Qu'attendre de celui qui a oublié sa femme et sa fille, qui s'est endetté, qui a cessé d'être époux et père ? » — De ces accablements de conscience il sortait avec je ne sais quoi d'allègre et de rayonnant, qui lui faisait tout pardonner. Sa femme, si souvent négligée et trahie, n'eut jamais un reproche pour lui ; sa fille l'adorait ; il n'est pas un seul de ses amis, et il en eut beaucoup, qui ne lui ait conservé jusqu'au bout estime et affection ; tous se sont prononcés pour lui contre Rousseau, tous ont protesté contre l'accusation de perfidie qui revient sans cesse dans les *Confessions*. Diderot était le moins perfide des hommes, il y avait en lui trop d'abandon et de naïveté ; il était incapable de longs calculs et d'arrière-pensée. Le moyen d'attribuer une infernale clairvoyance et des combinaisons machiavéliques à un homme qui recueillait, nourrissait, recommandait partout un espion que la police avait chargé de le surveiller !

Tel est l'homme. Il ne serait que trop facile de lui faire son procès : c'est lui qui fournit le dossier ; mais il n'est pas besoin de faire effort pour lui être indulgent. J'ajouterai seulement que l'écrivain me paraît beaucoup plus répréhensible que l'homme. Il y a toute une partie de l'œuvre de Diderot qui est bonne à jeter aux ordures. Comment la plume qui rédigeait l'Encyclopédie a-t-elle pu se tremper dans cette fange? Il a eu trop d'accès de dévergondage, et cela à toutes les époques de sa vie. Cela dit, et il faut le dire, venons à l'œuvre.

Il n'y a pas d'édition authentique de Diderot. Il ne revit pas, il ne publia pas lui-même ses ouvrages, et son ami, Naigeon, qui se chargea de ce soin s'en acquitta avec aussi peu d'esprit que de conscience. Fanatique d'athéisme, jusque-là qu'il fut pris de désespoir le jour où la Convention proclama l'existence de l'Être suprême, il voulut avant tout que son Diderot fût un monument de la doctrine qui lui était chère. C'est à ce point de vue qu'il se mit à recueillir, à disposer et à retoucher les pages disséminées qui avaient échappé à son maître. Qui fera le départ maintenant? Cela est devenu impossible, Diderot est condamné à subir éternellement l'amalgame. Si originale que soit sa personnalité, c'est un écrivain tellement inégal et peu sûr, que l'on pourrait bien, sous prétexte d'élaguer Naigeon, amputer Diderot. S'il y avait un chef-d'œuvre, il servirait de point de repère et de pierre de touche, mais cherchez-le! « Il a écrit de belles pages, disait judicieusement Marmontel, mais il n'a pas su faire un livre. » — Agé de soixante ans, il attendait encore son chef-d'œuvre, et croyait de bonne foi qu'un heureux hasard pouvait le faire éclore. Grimm lui réclamait une inscription pour son portrait. — Vous ne l'aurez, lui répondait-il, que quand j'aurai fait quelque chose qui m'immortalise. — Et quand?

— Quand ? Demain peut-être. Et qui sait ce que je puis ? Je n'ai pas la conscience d'avoir encore employé la moitié de mes forces ; jusqu'à présent je n'ai que baguenaudé. » — Rien de plus vrai : seulement il baguenauda jusqu'à son dernier jour. Son dernier ouvrage, l'*Essai sur les règnes de Claude et de Néron* (1779), est toujours du baguenaudage. Pas d'unité, pas de composition, une course vagabonde à travers Sénèque et Tacite, avec des digressions sur lui-même, ses amis, ses ennemis, bref un fouillis. Il se plaint quelque part de Van-Loo qui avait manqué son portrait.

— « Qu'ai-je de commun, disait-il, avec ce riant, mignon, efféminé, vieux coquet-là ? Mes enfants, je vous préviens que ce n'est pas moi. J'avais en une journée cent physionomies diverses, selon la chose dont j'étais affecté. J'étais serein, triste, rêveur, tendre, violent, passionné, enthousiaste, mais je ne fus jamais tel que vous me voyez là. J'avais un grand front, des yeux très-vifs, la tête tout à fait du caractère d'un ancien orateur, une bonhomie qui touchait de bien près à la bêtise, à la rusticité des anciens temps..... J'ai un masque qui trompe l'artiste, soit qu'il y ait trop de choses fondues ensemble, soit que, les impressions de mon âme se succédant très-rapidement, et se peignant toutes sur mon visage, l'œil du peintre ne me retrouvant pas le même d'un instant à l'autre, sa tâche devienne beaucoup plus difficile qu'il ne la croyait. »

Elle était difficile en effet. A quel moment Diderot lui-même eût-il voulu qu'on le saisît, il n'en savait rien ; sa mobilité lui était chère, et l'air qu'on lui eût donné lui eût fait regretter aussitôt celui ou ceux qu'il perdait. Les génies puissants et créateurs sont uns : ils ont la variété, mais la note essentielle, fondamentale domine tout : que

Shakespeare rie ou pleure, il est lui. C'est là ce qui a manqué par-dessus tout à Diderot. Il sortait si souvent de lui-même qu'il n'avait pas le loisir d'être lui-même. Et à tout prendre, ce qu'il a fait de mieux, c'est ce qu'il a fait pour les autres, pour Grimm surtout, et pour l'abbé Raynal. Il fallait que l'on lui fournît le sujet et le motif ; aussitôt il partait, comme un cheval à qui on rend la main. Il en avait bien conscience, lorsque quatre ou cinq années avant sa mort, il écrivait :

— « On ne me vole point ma vie ; je la donne. Et qu'ai-je de mieux à faire que d'en accorder une portion à celui qui m'estime assez pour solliciter ce présent ? On ne me louera, j'en conviens, ni dans ce moment où je suis, ni quand je ne serai plus ; mais je m'en estimerai moi-même et l'on m'en aimera davantage. Ce n'est pas un mauvais échange que celui de la bienfaisance contre une célébrité qu'on n'obtient pas toujours, et qu'on n'obtient jamais sans inconvénient. Je n'ai jamais regretté le temps que j'ai donné aux autres. Je n'en dirais pas autant de celui que j'ai employé pour moi. »

Les illusions se sont évanouies avec les forces ; l'imagination surmenée ne répond plus à l'aiguillon ; il sent qu'il est fini et que rien de lui ne subsistera. Il oubliait l'Encyclopédie, qui est bien son œuvre, et qui porte son empreinte ; n'est-elle pas comme lui, démesurée, incohérente, ébauche colossale dont les contours sont noyés d'ombre et dont le nom seul survit pour rappeler un grand effort. C'était bien Diderot qui devait présider à cette énorme tentative : il était le pilote né de ce Great-Estern dont la masse gigantesque écrasait les flots, mais qui ne pouvait se mouvoir.

Les contemporains l'appelaient *le philosophe* ; Voltaire

le saluait du nom de Platon ; quant à lui, il prenait assez volontiers celui de Socrate. Qu'y a-t-il sous ces désignations au moins ambitieuses ? Rappelons d'abord qu'il s'était chargé de l'histoire de la philosophie dans l'Encyclopédie ; on lui décerna un surnom en rapport avec ses fonctions. Je ne vois pas en effet qu'avant 1750 on l'appelle ainsi. Il sembla d'ailleurs à ses amis qu'il avait un droit particulier à ce titre. Est-ce parce qu'il avait l'esprit naturellement porté aux spéculations métaphysiques, une raison ferme et sûre ? Aucunement. Il était tout simplement le plus infatigable lanceur de hardiesses en tout genre, le plus affranchi de toute espèce de préjugés. Être philosophe alors, cela voulait dire, ne pas penser comme le vulgaire, ne rien croire de ce qu'il croit, ne rien respecter de ce qu'il respecte. Dans ce sens, Diderot était on ne peut plus philosophe. Mais le plus souvent, la thèse initiale lui était suggérée par un autre ; il n'avait que le mérite des développements fantaisistes, déclamatoires, excessifs. Incapable de méditation et d'incubation, il était un écho sonore qui répétait avec de brillantes variations la note lancée par d'autres. Or, justement vers 1750, commence à se produire un mouvement philosophique singulièrement plus hardi que celui qui a précédé. Du sensualisme de Locke, du déisme de Voltaire et de Montesquieu, on glisse vers les doctrines qui suppriment Dieu et matérialisent l'âme. Rousseau protesta et se sépara avec éclat des Holbachiens : Diderot, lui, reste dans ce milieu, où on le caresse, où on l'écoute, où on le fait parler surtout ; car une fois mis en train, il rencontrait des arguments et des idées de détail qui étaient précieusement recueillis. Il fut l'éloquence et la poésie du Cénacle — Je sais qu'on lui accorde davantage; il me semble que cela est déjà beaucoup. En tout cas, il est bien difficile, pour ne pas dire impossible, de déterminer avec précision la philosophie de Diderot. En a-t-il une? Il en a plusieurs. Rien de plus inconstant que ses idées. Dans son premier ouvrage (*Essai sur le mérite et la vertu*, 1743), non-seulement il croit à l'existence de Dieu, mais il est chrétien et catholique, et s'élève avec la plus grande véhémence contre les athées. — Il avait alors des préjugés. — Quatre ans après, sa *Lettre sur les Aveugles*, qui le fit mettre à Vincennes, ne contient guère que des objections contre l'existence de Dieu. Enfin, dans les ouvrages clandestins recueillis par Naigeon, c'est l'athéisme et le matérialisme qui dominent. Mais, d'autre part, il y a dans *les Salons*, dans la correspondance de Grimm, dans les lettres à Mlle Voland une foule de passages d'un ton tout différent. Était-ce prudence? Était-ce mobilité d'esprit? Qui le saura! Le nombre des athées augmentant chaque jour, Diderot, qui vivait dans ce milieu, devint de plus en plus athée : c'était le ton du moment. On raillait en petit comité ce pauvre patriarche de Ferney, qui s'acoquinait à son Dieu personnel. — Comme l'on baisse! s'écriait-on : un homme comme celui-là, croire à Dieu, quelle misère! Diderot naturellement faisait chorus. Grimm, très-fin et très-froid observateur, écrivain sec, mais qui dit bien ce qu'il veut dire, a caractérisé en termes qui méritent attention, l'athéisme de Diderot.

— « La guerre opiniâtre *qu'il se crut obligé de faire à Dieu*, lui fit perdre les moments les plus précieux de sa vie. »

Obligé, par qui? Évidemment par d'Holbach, Naigeon et

autres athées de profession. Se laisserait-il donc dépasser par eux? Son amour-propre fut aiguillonné, et des natures tout en dehors comme la sienne, vont loin, une fois que ce stimulant les presse. Quant à l'originalité de la thèse, la force des arguments, tout cela était du dernier médiocre. Le débit enflammé et les gestes d'inspiré de Diderot faisaient illusion ; mais quand les Naigeon et les d'Holbach délayaient dans leur prose flasque cette lave refroidie, il ne restait plus rien qu'un insurmontable ennui ; Dieu était bien vengé. — Pauvre artiste! admirable improvisateur! Tu méritais d'autres thèmes à développer que ceux-là! On épaississait devant toi les nuages et l'on te disait : Nie le soleil ! — Eh! chétifs logiciens, si vous ne voyez pas ses rayons, ne sentez-vous pas sa chaleur? Le meilleur Diderot à mes yeux, et le vrai, c'est celui qui à tout moment donnait un coup d'aile et, de l'impasse où on le confinait, s'élançait vers un air plus riche et des horizons plus vastes. Est-ce un pur athée qui eût écrit ces lignes?

— « Les hommes ont banni la divinité d'entre eux : ils l'ont reléguée dans un sanctuaire; les murs d'un temple bornent sa vue ; elle n'existe point au delà. Insensés que vous êtes, détruisez ces enceintes qui rétrécissent vos idées; élargissez Dieu; voyez-le partout où il est, ou dites qu'il n'est point. »

Entre les deux alternatives c'est, selon moi, à la première qu'il donnait la préférence; ce serait donc un panthéiste, non à la façon de Spinosa, mais en homme du XVIIIe siècle, qui a de bonne heure entendu résonner à ses oreilles le grand mot que tous répètent, qui est la devise même du temps, Nature. *Élargir Dieu*, ce n'est pas supprimer Dieu en le confondant avec l'ensemble des choses, c'est l'en détacher au contraire, ou du moins le découvrir *partout où il est*, dans l'infinie et rayonnante effusion de la vie universelle : Diderot serait donc, s'il est permis de préciser en parlant de lui, l'interprète confus mais parfois éclatant de la vague doctrine qui flottait alors dans tous les esprits, et qu'on pourrait appeler le *Naturisme*. Au fond, ce n'était autre chose qu'une protestation universelle contre l'arbitraire et le conventionnel, et cette protestation était le génie même du siècle. Le Dieu des théologiens et des prêtres, Dieu de colère et de caprice, fait à l'image des rois qui se déclarent ses élus, on n'en veut plus : que l'éternelle et universelle nature prenne sa place ; elle du moins procède toujours par des lois fixes. La morale officielle qui réprime les penchants les plus légitimes, qui prêche la mortification aux êtres que la nature appelle à toutes ses joies, qu'elle disparaisse aussi ; laissons-nous guider par les instincts de notre être ; ils ne peuvent nous tromper..... On peut poursuivre les applications du principe et tirer dans toutes les directions, les conséquences. Les amis de Diderot, esprits secs, mais logiques, ne reculaient devant aucune. Diderot, lui, n'a pas eu cette inflexibilité. Esprit essentiellement mobile et impressionnable, à chaque instant il s'évadait du système et se perdait dans quelque inconséquence généreuse et poétique. Tant qu'il ne fallait que raisonner ou déraisonner sur le thème convenu, il restait dans l'orthodoxie athée et matérialiste ; une occasion se présentait-elle d'appliquer la doctrine, il retombait dans le spiritualisme d'instinct qui est la substance même de toutes les natures supérieures. Fallait-il démontrer que l'âme périt avec le corps ? Il retrouvait sur-le-champ tous les vieux arguments qu'il croyait inventer ; mais que son ami le sculpteur Falconet s'avisât de nier l'immortalité, aussitôt Diderot prenait feu, et il plaidait avec enthousiasme la cause d'une autre vie, sinon pour tous, au moins pour les âmes supérieures qui ne sauraient être anéanties lorsque leur œuvre subsiste. Même inconséquence dans sa morale. Il raille les préjugés, les conventions arbitraires établies par les civilisés; il reprend ces sauvages que Rousseau a eu le bon esprit d'abandonner, et il oppose leur indépendance morale à la servitude ridicule que le chrétien s'est faite. A l'entendre, tout ce qui plaît est permis ; la nature en nous donnant des sens ne nous a point commandé de les mortifier. Le lendemain, autre thèse : il prêche le dévouement, le désintéressement, la vertu. C'est bien lui que Rousseau avait en vue lorsqu'il s'écriait : « Ton âme proteste contre ta doctrine. » — Seulement, quand on est aussi divisé avec soi-même et si incertain sur les points essentiels, on ne produit pas une œuvre qui s'impose et qui dure. Si vous êtes éloquent, plaidez le pour ou le contre, comme l'a fait Rousseau, mais non le pour et le contre; c'est ce qu'a fait trop souvent Diderot.

J'ai signalé les lacunes, disons mieux, le vice essentiel de cette philosophie inconsistante : est-ce tout? Non, il faut ajouter, et c'est une consolation et un reconfortant pour l'esprit, que partout où Diderot est franchement et crûment athée et matérialiste, il ne s'élève pas au-dessus d'un d'Holbach, il écrit lourdement, il est obscur, pâteux, insupportable ; et que, si quelques pages de lui ont échappé au naufrage, ce sont celles où il s'abandonne à des inspirations d'un autre ordre.

Le *Naturisme* est comme la glorification et l'adoration

des forces éternelles toujours en mouvement, de la vie universelle qui rayonne et s'épanche; mais le *roseau pensant* que devient-il? Sera-t-il, lui aussi, absorbé dans l'Océan infini, comme une parcelle quelconque du grand tout? Diderot philosophe n'hésite pas; il plonge l'homme dans le gouffre; Diderot artiste, Diderot poëte, oppose aux forces aveugles, la force raisonnable, ayant conscience d'elle-même, et se manifestant, ici par des chefs-d'œuvre, là, par des actes d'héroïsme. Tout ce qui lui apparaît dans le monde intellectuel ou dans le monde moral, avec ce cachet de puissante individualité, il l'admire, il l'exalte, il l'adore. Avec Naigeon et ses amis, il déclame contre le fanatisme; mais quoi? Le fanatisme est une force, c'est une passion sincère et d'une énergie sans pareille : s'il n'existait pas, que serait l'histoire du monde? Les fanatiques seuls ont agi sur les âmes, secoué les empires, bouleversé les sociétés; peut-on être quelqu'un si l'on n'est fanatique? Voilà un point de vue nouveau, et qui marque une singulière ouverture d'esprit. Rousseau déclarait qu'il préférait le fanatisme des dévots à celui des philosophes, pure boutade de transfuge; Diderot ne compare pas, ne juge pas, il dit : Voilà une force. Il inaugure la grande critique, celle qui comprend et explique d'abord, et ne rend ses jugements qu'en connaissance de cause.

On a beaucoup vanté, de notre temps surtout, les *Salons* de Diderot, ces deux volumes improvisés en dix-sept jours pour rendre service à Grimm, qui goûtait peu la peinture et qui aimait assez à passer la plume à son ami. Cela était en effet nouveau d'allure, de ton, de couleur. Ce qu'il y a de merveilleux, c'est la jeunesse, l'entrain, l'enthousiasme, et cela chez un homme de près de soixante ans. Diderot se plaçait en présence d'un tableau avec une candeur parfaite, et attendait pour ainsi dire, l'impression. Il était bien rare qu'elle ne se produisît pas ; l'indifférence n'était pas dans sa nature. Le plus souvent, c'était le sujet du tableau, plutôt que le tableau lui-même, qui le frappait. Les scènes de famille de Greuze, son ami, le pénétraient d'attendrissement ; il lui semblait qu'il assistait à la représentation d'un de ses drames ; il ne se possédait plus, il s'épanchait, il pleurait, il se sentait vertueux, bon époux, bon père : « A la bonne heure, s'écriait-il, il y a des mœurs là-dedans, cela est honnête, cela prêche la population... » Et il interprétait, et il développait à l'infini, souvent à côté. Il faut bien reconnaître cependant que toute représentation extérieure agissait vivement sur lui, et que s'il prêtait beaucoup du sien à l'artiste, c'est qu'il avait été touché par quelque endroit. L'imagination sensuelle, pour ainsi dire, était chez lui d'une merveilleuse puissance. A propos d'un tableau, il évoquait le souvenir d'un spectacle dont il avait été témoin, celui d'une procession par exemple, et il jetait en courant cette page admirable.

— « Les absurdes rigoristes ne connaissent pas l'effet des cérémonies extérieures sur le peuple ; ils n'ont jamais vu notre adoration sur la croix au Vendredi-Saint, l'enthousiasme de la multitude à la procession de la Fête-Dieu, enthousiasme qui me gagne moi-même quelquefois. Je n'ai jamais vu cette longue file de prêtres en habits sacerdotaux, ces jeunes acolytes vêtus de leurs robes blanches, ceints de leurs larges ceintures bleues, et jetant des fleurs devant le Saint-Sacrement, cette foule qui les précède et qui les suit dans un silence religieux, tant d'hommes, le front prosterné contre la terre ; je n'ai jamais entendu ce chant grave et pathétique donné par les prêtres et répondu affectueusement par une infinité de voix d'hommes, de femmes, de jeunes filles et d'enfants, sans que mes entrailles ne s'en soient émues, n'en aient tressailli et que les larmes me soient venues aux yeux. Il y a là-dedans je ne sais quoi de grand, de sombre, de solennel, de mélancolique. »

Délayez cette page en deux volumes, et vous aurez le *Génie du Christianisme*. Ici, du moins, l'originalité est incontestable ; Diderot n'est pas un écho du club Holbachique, il a vu, senti et il rend ses sensations dans un langage trouvé ; il crée le style pittoresque dont on abuse de nos jours, mais qui était inconnu au XVIIIe siècle. Le procédé, la manière avaient envahi et étouffaient tous les arts ; les tableaux, les statues, les poëmes, tout suait le modèle ; d'observation directe, d'étude faite sur le vif, il n'y en avait pas : il fallait avant tout être joli, dans le ton du jour, éviter les détails bas ou trop expressifs, répandre sur l'œuvre ce vernis glacé et fade dont la poudre, le fard et les mouches des femmes avaient fait un agrément indispensable. — Laissez tout cela, s'écrie Diderot, laissez le modèle, qui lui aussi pose, et n'a rien de vrai dans l'attitude ; allez à la guinguette, cherchez les scènes publiques dans les carrefours, « rôdez autour des confessionnaux, et vous y verrez la véritable attitude du recueillement et du repentir. » — Ici, encore, c'est le *Naturisme* que je retrouve, mais à sa place cette fois. Il éclate çà et là dans des passages jetés, que la poésie colore. La poésie ! Ne la cherchez pas dans Delille, ni dans Saint-Lambert, ces rimeurs attitrés du descriptif. Diderot seul l'a rencontrée au hasard de la fantaisie, comme toujours, et peut-être sans en avoir conscience. La pensée, assez simple et ordinaire, souvent provoque et fait jaillir l'image qui lui donne un relief inattendu, et prolonge pour ainsi dire l'impression. L'écrivain a découvert une de ces affinités mystérieuses qui relient l'homme à la nature extérieure. Existent-elles réellement? Sommes-nous à tous les instants de notre durée et dans toutes les situations de notre âme, en rapport, je dirai presque en harmonie, avec l'ensemble des êtres et des choses? Nous sentons bien que nous ne sommes pas noyés, anéantis dans l'infini qui nous enveloppe ; mais nous sentons aussi que dans ce qui n'est pas nous, il y a quelque chose qui semble sympathiser avec nous. Si immuable, si indifférente que nous apparaisse l'immense nature, nous nous tournons vers elle dans nos joies et dans nos angoisses ; nous voulons saisir en elle comme une vague sympathie, et si elle n'existe pas, qu'importe? nous la créons. Vous la créez, ô poëtes ; car, nous, chétifs, nous ne pouvons percevoir ces secrets rapports qui vous ravissent ; de l'harmonie universelle à peine quelques notes vagues et indécises viennent jusqu'à nous, et encore arriveraient-elles, si votre chant ne nous en apportait le lointain écho [1] ? Eh bien ! ces affinités, ces

---

1. La Fontaine a dit :

> Car tout parle dans l'univers,
> Il n'est rien qui n'ait son langage.

Lamartine a dit des poëtes :

> Ils entendent des voix que nous n'entendons pas.
> . . . .
> Mélodieux échos semés dans l'univers
> Pour comprendre sa langue et noter ses concerts.

rapports, Diderot les a entrevus. J'en veux citer deux exemples qui ne sont pas les seuls.

— « L'effet de notre tristesse sur les autres est bien singulier. N'avez-vous pas remarqué quelquefois à la campagne le silence subit des oiseaux, s'il arrive que dans un temps serein un nuage vienne à s'arrêter sur un endroit qu'ils faisaient retentir de leur ramage? Un habit de deuil dans la société, c'est le nuage qui cause en passant le silence momentané des oiseaux. Il passe, et le chant recommence. »

Ce dernier trait est délicieux ; le reste ne vaut que comme préparation à la note finale : cela est lourd de forme ; mais l'idée et l'image sont d'un poëte. L'autre passage est un parallèle entre les gens d'esprit et l'homme de génie.

— « Méfiez-vous de ces gens qui ont leur poche pleine d'esprit et qui le sèment à tout propos. Ils n'ont pas le démon. Ils ne sont pas tristes, sombres, mélancoliques et muets. Ils ne sont jamais ni gauches ni bêtes. Le pinson, l'alouette, la linotte, le serin jasent et babillent tant que le jour dure. Le soleil couché, ils fourrent leur tête sous l'aile et les voilà endormis. C'est alors que le génie prend sa lampe et l'allume, et que l'oiseau solitaire, sauvage, inapprivoisable, brun et triste de plumage, ouvre son gosier, commence son chant, fait retentir le bocage et rompt mélodieusement le silence et les ténèbres de la nuit. »

On ne peut quitter Diderot sans faire au moins mention de ses deux drames, *le Fils naturel ou les épreuves de la vertu*, et *le Père de famille*. La première de ces pièces fut reçue très-froidement ; la seconde eut quelque succès. Diderot, qui voyait à travers ses larmes tous les spectateurs pleurant, disait naïvement : « Il n'y a qu'une voix, c'est un bel ouvrage ; » et il citait le témoignage de Duclos, qui aurait dit en sortant :

— « Que trois pièces comme celle-là tueraient la tragédie. Qu'ils se fassent à ces émotions-là, et qu'ils supportent, après cela, s'ils le peuvent, Destouches et La Chaussée! »

Voltaire, plus calme, félicitait l'auteur en termes mesurés : « Il y a des choses tendres, vertueuses et d'un goût nouveau, comme dans tout ce que vous faites. » Formules de politesse qui n'engagent à rien. Son opinion véritable, il la communiqua à d'autres, et c'était une condamnation formelle de la tentative de Diderot. « Cela n'est-il pas bien comique, » écrit-il à Mme Du Deffand ? — Cette tentative, c'était la suppression de la tragédie classique. On sait qu'elle a survécu à Diderot et à bien d'autres qui rêvèrent son trépas. Elle était déjà bien usée vers 1760, et les disciples de Voltaire, Laharpe, Marmontel, du Belloy, n'étaient guère propres à lui infuser un sang nouveau. Mais un genre littéraire traditionnel, consacré par des chefs-d'œuvre, en plein règne, ne périt que s'il est renversé par un autre, plus approprié aux goûts et aux besoins du public. La tragédie essentiellement monarchique et aristocratique, ne devait disparaître que le jour où se transformeraient la monarchie et l'aristocratie, c'est-à-dire après 1830. L'entreprise de Diderot était prématurée, et ses drames étaient sans aucune valeur. Un attendrissement perpétuel et sans raison suffisante, des exclamations entrecoupées, des apostrophes à la vertu, aux sentiments de la nature, tout cela c'est la grimace du drame, ce n'en est pas la substance. Diderot était par nature absolument incapable de créer une situation et un caractère : il n'avait ni la méditation assez forte, ni assez de suite dans les idées. Ses personnages n'existent pas, bien qu'ils se démènent terriblement, comme lui, qui s'agita toute sa vie, sans arriver jamais. Il croyait bonnement qu'en les prenant dans la vie commune, et dans la société du jour, il les rendait intéressants. Que nous importent, disait-il, à nous, Français du XVIIIe siècle, les aventures d'un Agamemnon ou d'un Oreste ? Qu'y a-t-il de commun entre eux et nous ? Ce sont mes semblables, mes contemporains que je cherche au théâtre, et non des êtres d'exception en proie à des passions et à des misères si éloignées de mon humble fortune. — Peu importe le sujet ; soyez vrai, soyez dramatique, tout est là. Il ne fut ni l'un, ni l'autre ; il n'eut pas même le mérite d'attraper cette vérité extérieure et matérielle pour ainsi dire, que l'on a appelée de nos jours le réalisme. Ce fut son ami Sedaine, qui eut ce bonheur. J'avoue que cette forme de l'art me touche médiocrement. Je ne marchande pas au poëte la liberté de fiction ; qu'il en use largement et m'entraîne en plein idéal ; j'aime mieux avec lui quitter et oublier les vulgarités de la vie de chaque jour. Mais tout le monde ne pense pas ainsi, et l'on court de plus en plus après le réel. On se console de la laideur en disant : cela est vrai ! Cette vérité-là, si elle existe, n'a rien à voir avec l'art ; un portrait ressemblant n'est pas par cela seul un beau portrait.

On donnerait volontiers les deux drames de Diderot et l'*Essai sur la poésie dramatique* qui les accompagne, pour les vingt-cinq pages qu'il a intitulées *Paradoxe sur le comédien*, et qui gagneraient à être réduites d'un bon tiers : Diderot est toujours diffus. Ce paradoxe est une idée juste et qui passerait aujourd'hui pour un lieu commun ; c'est le sort de toutes les vérités longtemps méconnues. On croyait au XVIIIe siècle, et peut-être y a-t-il encore des gens qui croient, que l'acteur joue d'inspiration, c'est-à-dire qu'il se transforme dans le personnage qu'il représente au point d'en éprouver toutes les passions ; s'il en était autrement, se dit-on, comment pourrait-il les communiquer aux spectateurs? Or il les communique; il bouleverse les âmes par la terreur, la pitié, l'admiration ; ses larmes font couler des larmes ; la salle tout entière s'associe à ses transports. D'où lui viendrait une telle puissance, s'il ne la trouvait pas en lui-même? — Elle lui vient de l'art, de l'étude, répond Diderot. L'acteur n'éprouve aucune des passions qu'il interprète : y a-t-il une âme qui, sans éclater, pût contenir tant d'émotions? Y a-t-il apparence que l'on soit au naturel Oreste ce soir, demain Mahomet, après demain le Misanthrope ou le Cid? Le grand comédien est essentiellement froid. Il est toujours maître de lui-même, attentif aux moindres détails de son jeu, il a tous ses effets préparés d'avance, les inflexions de la voix, les gestes, les silences, le nombre de pas qu'il fera à droite ou à gauche à tel ou tel moment rigoureusement déterminé. Rien n'est laissé à l'imprévu, à l'inspiration, qui est essentiellement capricieuse et traîtresse, et qui s'use d'ailleurs : comment se flatter qu'à la cinquantième représentation de la même tragédie, elle se produira avec la même intensité qu'au début? Voyez au contraire ce qui se produit : à la cinquantième représentation, l'acteur est supérieur à ce qu'il était d'abord : pourquoi? Parce que l'interprétation du rôle préparée dans le cabinet et traduite devant le public a donné lieu à des observations ; l'artiste a ajouté ici, retranché là, modifié un peu partout. Enfin un moment vient où il a donné toute sa mesure ; il s'arrête : le rôle est fixé pour lui. Il le jouera jusqu'à sa mort tel qu'il l'a créé. — Telle est la thèse de Diderot, assaisonnée par des anecdotes vivement racontées, des exemples, des souvenirs personnels, et confirmée par le témoignage des grands acteurs du temps, Lekain, Mlle Clairon, Garrick. Admettons-la, avec une légère réserve cependant. Le comédien est toujours maître de lui-même, d'accord ; mais est-il, doit-il être froid ? Il ne ressent pas la passion qu'il interprète, rien de mieux ; mais comment en aurait-il découvert par l'étude et la méditation une interprétation réellement dramatique, s'il n'était doué lui-même d'une chaleur réelle ? Les acteurs nés froids auront beau posséder toutes les ressources de l'art, apporter à leur jeu la plus scrupuleuse conscience ; il y a des gestes, qu'ils ne trouveront jamais, il y a des notes qu'ils ne pousseront jamais. Diderot va plus loin : il assimile l'acteur au poëte ; il leur attribue à tous deux les mêmes facultés, il exige de tous deux cette froideur qui est la condition même de l'exercice de l'art. Il n'est pas permis de confondre celui qui interprète avec celui qui trouve : il y a un monde entre les deux. De plus, c'est une erreur de croire que l'insensibilité soit la condition même du génie. Pour le prouver, il raconte qu'après le succès du *Philosophe sans le savoir*, il courut chez Sedaine.

— « Je l'aborde, je jette mes bras autour de son cou ; la voix me manque, et les larmes me coulent le long des joues. *Voilà l'homme sensible et médiocre.* Sedaine, immobile et froid, me regarde et me dit : Ah! Monsieur Diderot, que vous êtes beau! *Voilà l'observateur et l'homme de génie.* »

L'accès de sensibilité de Diderot ne prouve en rien qu'il fût un homme médiocre, et l'exclamation de Sedaine prouve encore moins qu'il fût un homme de génie. Ce sont là des arguments à la Diderot, dans les alentours des questions. Un poëte qui manque de sensibilité ne sera jamais un grand poëte, tout comme un comédien froid ne sera jamais un grand comédien. Diderot confond le don naturel avec la disposition momentanée. Ce n'est pas dans une crise de passion, joie, désespoir, colère, amour, que le poëte prend la plume (j'allais dire la lyre); c'est quand la crise est passée. L'impulsion première c'est la secousse qu'il a ressentie, mais il ne commence à écrire que quand les dernières vibrations se sont éteintes et souvent bien des années après. C'est dans la paix et la sérénité que s'exécutent les œuvres supérieures. Le poëte rappelle, convoque pour ainsi dire devant lui, tous les détails dont l'ensemble constitue justement l'état moral qu'il veut peindre; il les dispose, choisit, retranche, affaiblit ici, renforce là, sans aucun souci de la vérité réelle, mais conduit, et soutenu dans son œuvre par la vérité de l'art, plus large cent fois et plus puissante. Tout alors est subordonné aux lois du beau, à cet idéal que tout grand artiste a devant les yeux. C'est la seule passion qui l'inspire dans le moment même où il compose; mais cette passion, elle ne créerait pas la forme admirable qui la traduit à nos yeux, si l'âme n'avait jadis été remuée dans ses profondeurs, ou s'il n'y avait en elle des trésors de sensibilité : l'imagination met en œuvre ces éléments, mais ils viennent d'ailleurs.

Il faut donc restreindre la théorie de Diderot, théorie originale et d'une réelle portée. Opposons-lui en terminant un témoignage qu'il n'aurait sans doute pas récusé.

— « Quand verra-t-on naître des poëtes? Ce sera après le temps de désastres et de grands malheurs, lorsque les peuples harassés commenceront à respirer. Alors les imaginations ébranlées par des spectacles terribles, peindront des choses inconnues à ceux qui n'en ont pas été les témoins. »

C'est justement Diderot qui parle ainsi. Sa prédiction s'est réalisée. Ce n'est pas pendant les orages de la Révolution que la source poétique a jailli; c'est lorsque *les peuples harassés ont commencé de respirer*. Et nous aussi, n'aurons-nous pas nos poëtes? S'il faut du sang et des ruines pour qu'elle éclose, cette divine fleur, n'est-ce pas sur notre sol qu'elle doit s'épanouir?

Il faut conclure. Diderot, comme philosophe et comme écrivain, me fait l'effet d'un nuage énorme que le vent pousse dans toutes les directions et d'où jaillissent incessamment des éclairs. Au point de vue moral, il a grand besoin d'indulgence, et il le savait bien. Il comptait peu sur celle de ses semblables; quant à l'autre, son athéisme de commande ne l'empêchait pas de l'espérer. En voici la preuve :

— « On parla de l'amour paternel. J'avais dit (au moine) que c'était une des plus puissantes affections de l'homme. « Un cœur paternel, repris-je; mais, il n'y a que ceux qui ont été pères, qui sachent ce que c'est, c'est un secret heureusement ignoré même des enfants. » Puis continuant, j'ajoutai : — Les premières années que je passai à Paris avaient été fort peu réglées; ma conduite suffisait de reste pour irriter mon père, sans qu'il fût besoin de la lui exagérer ; cependant la calomnie n'y avait pas manqué. On lui avait dit... que ne lui avait-on pas dit? L'occasion d'aller le voir se présenta. Je ne balançai point. Je partis plein de confiance en sa bonté. Je pensais qu'il me verrait, que je me jetterais entre ses bras, que nous pleurerions tous les deux, et que tout serait oublié. Je pensais juste.

— Là je m'arrêtai ; et je demandai à mon religieux, s'il savait combien il y avait d'ici chez moi. — Soixante lieues, mon père ; et s'il y en avait eu cent, pensez-vous que j'aurais trouvé mon père moins indulgent et moins tendre? — Au contraire. — Et s'il y en avait eu mille? — Ah! comment maltraiter un enfant qui revient de si loin? — Et s'il avait été dans la Lune, dans Jupiter, dans Saturne? — En disant ces derniers mots, j'avais les yeux tournés au ciel, et mon religieux, les yeux baissés, méditait sur mon apologue.

III

LES ENCYCLOPÉDISTES. — D'ALEMBERT.

Ce que l'Encyclopédie doit à d'Alembert. — Le *Discours préliminaire*, son esprit ; les hommes du xviiie siècle rattachés à ceux de la Renaissance. — L'article *Genève* et la retraite de d'Alembert. La naissance, la vie, le roman de d'Alembert. — C'est le stoïcien de son siècle. — Son goût pour Tacite, son style. — L'*Essai sur la Société des gens de lettres et des grands*.

Plaçons d'Alembert auprès de Diderot : leurs noms sont inséparables et ils figurèrent jusqu'au bout sur la première page de l'Encyclopédie ; et cependant d'Alembert se retira bien avant l'achèvement de l'entreprise. Mais c'est lui qui en avait conçu le plan et indiqué l'esprit dans ce fameux *Discours préliminaire*, qui continua, lui parti, d'éclairer la marche des travailleurs.

Il n'y eut qu'une voix parmi les contemporains sur l'importance et la perfection du *Discours préliminaire*. Les esprits les plus prévenus, les adversaires les plus opiniâtres s'inclinèrent. Vingt-cinq ans plus tard, le satirique Gilbert, qui aboyait aux philosophes pour plaire à ses protecteurs, n'osait essayer ses dents sur ce piédestal de l'Encyclopédie.

— Et ce froid d'Alembert, chancelier du Parnasse,
Qui se croit un grand homme et fit une préface!

Cette préface resta debout, et la faiblesse même des derniers volumes de l'Encyclopédie en rehaussait encore l'éclatante supériorité.

Je regrette de ne pouvoir en présenter ici une analyse détaillée; mais elle n'aurait tout son intérêt que si on présentait d'abord un tableau de l'état des sciences, des arts et des métiers vers cette mémorable année 1750 : alors seulement on se rendrait compte de la hardiesse et de l'originalité du point de vue auquel se place d'Alembert. Dans la première partie, toute métaphysique, il essaie de déterminer l'ordre dans lequel les connaissances ont été acquises, et la filiation des diverses sciences qui correspondent à chacun des progrès de la raison humaine et le consacrent, pour ainsi dire, en fondant la méthode et en marquant les résultats obtenus. On peut contester le point de départ et même la succession des étapes franchies sur cette route infinie du progrès. Certains philosophes n'admettraient guère aujourd'hui l'origine de nos idées attribuée uniquement aux sens, ni la condamnation absolue de la métaphysique de Descartes ; on pourrait aussi trouver que d'Alembert tranche avec trop de sans façon certains problèmes d'une rare importance, comme celui de l'invention du langage ; mais ce qui subsiste, ce qui frappa les contemporains de respect, ce qui fit que le XVIIIe siècle se reconnut et s'aima dans cette œuvre, c'est que l'homme y était seul en vue et portait de lui-même un noble témoignage, toujours en lutte, toujours en progrès. D'Alembert énumère une à une les conquêtes du génie de l'homme, il s'y associe, il le suit avec une sympathie croissante dans sa lutte contre la nature extérieure d'abord, puis contre les entraves que les hommes ont forgées aux hommes, les préjugés, les tyrannies, tous les fléaux issus de la peur et de l'ignorance. Elle est émancipée enfin, cette indomptable raison ; elle a la conscience de sa force, elle cite à son tribunal toutes les autorités dont elle a subi si longtemps le joug. Où est la scolastique ? Disparue. Où est l'inquisition ? Disparue. Le temps est proche où la théologie, respectueusement priée de se renfermer dans son domaine, se bornera à édifier ses adhérents au lieu d'inquiéter ceux qui se passent d'elle. Qu'elle est lente, la marche du progrès ! Que de siècles pendant lesquels l'humanité semble stationnaire et inerte ! D'Alembert détourne les yeux des ténèbres du moyen âge, et rattache directement le siècle de l'Encyclopédie au siècle de la Renaissance. Quels ont été les conducteurs de l'esprit humain depuis deux cent cinquante ans ? Des rois, des capitaines, des papes, des saints ? Non. Les émancipateurs, ce sont les Bacon, les Descartes, les Newton, les Locke, les Galilée, les Harwey, les Huyghens,

Pascal lui-même, considéré comme géomètre. Parmi les modernes, il y a aussi des noms glorieux à citer, et il les citera, dût l'envie en crever de dépit. Voltaire, Buffon, Montesquieu, Condillac, voilà les représentants de l'esprit nouveau, les patrons de l'Encyclopédie. Le *Discours préliminaire* était donc un véritable manifeste, et l'on comprend les explosions de colère qu'il provoqua, les haines sourdes qui s'amoncelèrent.

Après une première suspension de dix-huit mois (1751), le dictionnaire reprit sa publication. Une préface de d'Alembert, mise en tête du troisième volume, annonçait au public que rien dans l'esprit et dans la marche de l'œuvre ne serait changé : cela était ferme, digne, un peu cassant. Certains articles, dus à sa plume, l'article *Cour* notamment, étaient d'un ton ironique et dédaigneux. Enfin le fameux article *Genève* fut une des causes de la révocation du privilége et amena la retraite de d'Alembert. L'article est fort bien fait, clair, exact, substantiel. Seulement l'auteur, en parlant de la religion des Genevois, insinuait qu'ils avaient bien changé depuis deux cents ans, et qu'à l'heure actuelle, ils se rapprochaient probablement plus de Servet que de Calvin. Il conseillait en outre à ces républicains un peu frustes d'établir chez eux un théâtre, afin d'acquérir la seule chose qui leur manquât, cette fleur de délicatesse dans l'esprit et le goût qui avait fait la gloire des Athéniens. C'est Voltaire qui lui avait suggéré cette idée : le patriarche commençait à s'ennuyer fort dans ce pays libre, qui n'avait que ses montagnes pour tout spectacle. L'article fit grand bruit. Rousseau se souvint tout à coup que Genève était sa patrie, et qu'il était de son devoir de voler à son secours ;

c'était de plus une occasion de rompre avec les philosophes. Il lança sa *Lettre à d'Alembert*, qui répondit à ses éloquentes tirades par des raisonnements. Quant aux pasteurs, ils protestèrent avec indignation, se prétendirent purs calvinistes et exigèrent de d'Alembert une rétractation. Il la refusa, malgré les instances de Voltaire qui s'était constitué le plénipotentiaire de l'Encyclopédie, et qui eût fait volontiers quelques concessions à Genève pour détourner l'orage qui s'amoncelait du côté de Versailles. En effet le gouvernement ne tarda pas à déférer l'Encyclopédie à son Parlement, ce qui était bien autrement grave que les criailleries des ministres genevois. Suivant sa politique constante, Voltaire voulait opposer influence à influence, faire agir ses amis de cour, Mme de Pompadour, Bernis, Choiseul, Richelieu ; un peu de diplomatie et de condescendance aurait peut-être conjuré le péril ; mais d'Alembert n'était pas homme à faire auprès d'un grand quelconque une démarche quelconque. Il était blessé d'ailleurs et écœuré de voir le gouvernement si ombrageux, quand il s'agissait d'un article de l'Encyclopédie, tolérer, autoriser, commander même à ses journalistes et à ses libellistes les factums les plus injurieux contre l'ouvrage et les rédacteurs : cela s'appelait préparer l'opinion au coup qui allait les frapper. Il signalait, il expédiait à Voltaire les pamphlets dans lesquels on représentait les Encyclopédistes « comme une secte qui a juré la ruine de toute société, de tout gouvernement et de toute morale. » — Il demandait enfin quelle serait l'autorité morale de l'ouvrage, si de volume en volume les auteurs se démentaient et faisaient devant le public des amendes dites honorables, mais absolument avilissantes.

— « Il vaut mieux que l'Encyclopédie n'existe pas que d'être un répertoire de capucinades. »

A cela que pouvait répondre Voltaire? Il se citait en exemple :

— « Il y a quarante ans que je fais le métier d'homme de lettres, et il y a quarante ans que je suis accablé d'ennemis. Je ferais une bibliothèque des injures qu'on a vomies contre moi et des calomnies qu'on a prodiguées. J'étais seul, sans aucun partisan. Vous n'êtes pas assurément dans cette position cruelle et avilissante qui a été l'unique récompense de mes travaux...... Les criailleries passeront et l'ouvrage restera. »

Supplications perdues. D'Alembert resta inébranlable et quitta l'Encyclopédie. Cela est beau, cela est digne. Et pourtant, je me retourne et je vois le brave Diderot qui se remet à l'œuvre et prépare des articles qui ne paraîtront peut-être jamais; je vois Voltaire, qui, son premier transport d'indignation passé, met en campagne toutes les influences pour obtenir l'autorisation de reprendre l'Encyclopédie; je vois cet honnête chevalier de Jaucourt[1], la plume en l'air, et disant : pourquoi ne continuons-nous pas? En cette grave circonstance, d'Alembert représenta les principes; les autres pensèrent que le premier de tous était d'exister.

---

[1] Voici sa physionomie esquissée par Diderot. « Cet homme est depuis six à sept ans au centre de six ou sept secrétaires, lisant, dictant, travaillant treize à quatorze heures par jour, et cette position ne l'a pas encore ennuyé. Le chevalier de Jaucourt! Ne craignez pas qu'il s'ennuie de moudre des articles : Dieu le fit pour cela. Je voudrais que vous le vissiez, comme sa physionomie s'allonge, quand on lui annonce la fin de son travail ou plutôt la nécessité de le finir : il a vraiment l'air désolé. »

J'ai rappelé cet épisode, d'abord parce qu'il complète sur un point l'histoire de l'Encyclopédie; puis le caractère de d'Alembert s'y découvre dans tout son jour : tel il fut à ce moment, tel il resta toute sa vie.

— « Jean le Rond d'Alembert, de l'Académie française, des Académies des sciences de Paris, de Berlin, de Pétersbourg, etc., etc., est né à Paris, le 16 novembre 1717, de parents qui l'abandonnèrent en naissant.... »

Telles sont les premières lignes d'un Mémoire sur lui-même composé par d'Alembert dans les derniers temps de sa vie : cela est simple, triste, éloquent. Cet enfant abandonné était le fils de Mme de Tencin et de Destouches, l'officier d'artillerie. Il fut ramassé par une pauvre femme, une vitrière, sur les marches de l'église Saint-Jean-le-Rond, où il avait été exposé. Suivant d'honnêtes biographes, lorsque d'Alembert fut devenu célèbre, sa mère, Mme de Tencin, accourut chez lui et réclama ses droits, mais lui se tournant vers celle qui l'avait recueilli, il dit : « Voilà ma mère! » — Mme de Tencin ne soumit pas à une telle épreuve le cœur de son fils. Elle l'oublia toujours, même après sa mort, dans son testament. Et si elle était venue? — « Je me serais jeté dans ses bras, » s'écriait d'Alembert. Il eut une enfance triste, froide, renfermée soit dans une arrière-boutique, soit dans les murs d'une classe, au collége Mazarin. Le corps chétif et frêle se développa péniblement, l'intelligence fut précoce; toute l'énergie vitale semblait concentrée au cerveau. Ses maîtres, austères et durs, mais droits, étaient jansénistes; et s'ils ne purent l'attirer à la doctrine, ils lui firent du moins aimer de bonne heure l'inflexible rectitude du caractère. Les mathématiques firent le reste. Il y a dans l'étude des sciences exactes une source inépuisable de joies solitaires et graves. Elles laissent peu de prise à l'imagination, cette créatrice des chimères et des rêves. Les résultats qu'elles donnent sont certains, absolus ; l'esprit s'y repose et ne désire plus rien. Tandis que le poëte et l'artiste, toujours inquiets, toujours tendus vers le par delà, reproduisent souvent dans leur vie l'instabilité de leur âme, le savant marche du même pas dans la même voie. La jeunesse de d'Alembert n'eut ni orages, ni rêves, ni joies du cœur. Sa belle intelligence produisit ces fleurs sans parfum et sans éclat qui s'épanouissent sur les sommets un peu froids de la science. Dès l'âge de vingt-trois ans, il est de l'Académie des sciences, à trente-cinq ans, de l'Académie française, dont il devint en 1772, le secrétaire perpétuel. Les princes étrangers, Frédéric, Catherine [1], lui font des offres magnifiques pour l'attirer dans leurs États. Il était pauvre, mais il aimait l'indépendance. Voltaire avait beau le presser d'accepter, il répondait :

« Je resterai à Paris, j'y mangerai du pain et des noix, j'y mourrai pauvre, mais aussi j'y vivrai libre. Je ferai de la géométrie et je lirai Tacite. Si vous saviez combien cette géométrie est une retraite douce à la paresse ! Et puis les sots ne vous lisent pas, et par conséquent ne vous blâment, ni ne vous louent. La géométrie est ma femme et je me suis remis en ménage. M. de Maurepas et Mme de Tencin m'ont appris à me passer de place, de fortune et de considération. »

Il y eut une heure dans la vie de d'Alembert, où la

---

[1]. C'est à lui que Catherine II offrit un traitement de cent mille francs par an, s'il voulait se charger de l'éducation de son fils.

géométrie et Tacite ne suffirent plus à son cœur. Il eut son roman, triste et incomplet comme sa destinée. Ses amis avaient bien remarqué la vive affection qu'il portait à Mlle de Lespinasse ; ils avaient, lorsqu'elle mourut, prodigué à d'Alembert ces consolations qui coûtent si peu et sont si stériles ; mais ils ne se doutaient pas des ravages que la douleur pouvait causer dans cette âme profonde et sans expansion. Ce ne fut que lorsqu'il mourut à son tour, que l'on comprit ce qu'il avait souffert. On trouva dans les papiers de ce géomètre, non des chiffres, mais les plus pathétiques lamentations. Hélas ! non-seulement il l'avait perdue, mais elle lui avait avoué en mourant que c'était un autre qu'elle aimait, et quel autre ! ce fat insupportable, qu'on appelait M. de Guibert. Qu'était-ce pour cette âme orageuse et passionnée que l'amitié grave et dévouée de d'Alembert ? Elle le tolérait autour d'elle, mais toutes ses pensées étaient ailleurs. Amère déception, qui acheva d'empoisonner une vie flétrie dès le berceau ! Écoutez les gémissements du malheureux :

— « Tout, jusqu'à notre sort commun, semblait fait pour nous réunir. Tous deux, sans parents, sans famille, ayant éprouvé, dès le moment de notre naissance l'abandon, le malheur et l'injustice, la nature semblait nous avoir mis au monde pour nous chercher, pour nous tenir l'un à l'autre lieu de tout, pour nous servir d'appui mutuel, comme deux roseaux qui battus par la tempête se soutiennent en s'attachant l'un à l'autre. Pourquoi avez-vous cherché d'autres appuis ? Bientôt, pour votre malheur, ces appuis vous ont manqué ; vous avez expiré en vous croyant seule au monde, lorsque vous n'aviez qu'à étendre la main pour retrouver ce qui était si près de vous et que vous ne vouliez pas voir... Ah ! quelque part que vous existiez, si je suis assez heureux pour que vous existiez quelque part, entendez mes soupirs, voyez mon cœur, et venez à moi ou m'appelez à vous...... Ah! si vous m'aviez seulement témoigné quelque douleur de vous séparer de moi, avec quelles délices je vous aurais suivie dans l'asile éternel que vous habitez ! Mais je n'oserai pas même demander à y être mis auprès de vous, quand la mort aura fermé mes yeux et tari mes larmes ; je craindrais que votre ombre ne repoussât la mienne et ne prolongeât ma douleur au delà de ma vie. »

Il traîna pendant six années une existence qu'aucun intérêt de cœur ne soutenait plus. Il ne lui restait que l'Académie, brillante mais froide famille ; il s'y renferma de plus en plus. Fort estimé, même de ceux qui le trouvaient un peu raide et un peu sec, il remplissait avec conscience et dévouement les fonctions délicates de secrétaire perpétuel. Son influence dans les élections et dans les commissions pour décerner les prix était considérable ; c'était lui qui représentait avec le plus d'autorité le parti philosophique. Dans les séances solennelles où le public était appelé, c'était d'Alembert qui maintenait les traditions libérales de la compagnie. Nul n'était plus digne d'un tel rôle : il avait été toute sa vie le parfait modèle du savant et de l'homme de lettres, étranger à toute intrigue et qui ne veut rien devoir qu'à lui-même. Si la chaleur et l'éloquence manquaient à sa parole, il prêchait d'exemple. Dans une société fondée sur le privilége et les distinctions artificielles, il avait su par son caractère plus encore que par son talent, se créer une place considérable et bien à lui, et il la conserva sans faire à qui que ce fût la moindre concession. Cette âme légèrement hautaine était foncièrement compatissante et charitable. On le trouvait un peu serré dans son régime et ses habitudes, c'est qu'il prélevait sur son modeste revenu quatre mille livres par an pour les pauvres; on ne le sut qu'à sa mort, en 1783. Qu'il y a loin de cette modestie austère, de cette bienfaisance cachée aux déclamations de Rousseau vivant ou mort en l'honneur de la vertu! Il n'était pas de ces enthousiastes qui s'attendrissent sans cesse, et se répandent en larmes, et se savent gré d'être si sensibles, et prennent en dédain les cœurs secs qui ne s'épanchent pas à tout venant. C'était un sage, un stoïcien. Il en avait l'élévation un peu froide et dédaigneuse, l'inflexible droiture, la sérénité triste. Par sa foi dans le progrès, il est bien un homme du XVIIIe siècle, mais cette foi était, pour ainsi dire, intellectuelle; c'était une lumière dans l'esprit, non une flamme dans le cœur. Les stoïciens, ses maîtres, lui avaient enseigné à dompter toute passion, à n'espérer rien des hommes, à n'espérer rien de Dieu. Il croyait avec eux que la vertu n'a pas besoin de récompenses, qu'elle se suffit à elle-même, et que le jour où l'homme de bien arrêterait sa pensée sur les avantages d'une bonne action soit en ce monde-ci, soit dans l'autre, il serait l'homme du calcul et non plus l'homme du devoir. Sceptique et indifférent sur tout le reste, sur ce point seul il était affirmatif, et sa vie tout entière fut d'accord avec ses principes. Plaignons ces âmes nobles et fières, qui ont repoussé les consolations et les lointaines espérances où notre faiblesse s'appuie : même avec ces secours, nous restons souvent si loin d'elles!

D'Alembert est un bon écrivain, ce n'est pas un grand écrivain. Bien que dans les dernières années de sa vie il se prodiguât un peu comme orateur académique, il se rendait parfaitement compte de ce qui lui manquait. Dans le Mémoire qu'il composa sur lui-même, il disait :

« Son style serré, clair et précis, ordinairement facile, sans prétention, quoique châtié, quelquefois un peu sec, mais jamais de mauvais goût, a plus d'énergie que de chaleur, plus de justesse que d'imagination, plus de noblesse que de grâce. »

Cela est vrai. Son modèle, parmi les anciens, c'est Tacite. Il le goûtait extrêmement, et il l'a traduit en partie. On sait que Rousseau s'est exposé aussi à lutter contre ce texte redoutable ; tous deux ont échoué, et je ne sais s'il peut y avoir une bonne traduction de Tacite. On ne le rend pas tel qu'il est, mais par une étude incessante on peut s'en pénétrer, et donner plus de moelle à son style. Rousseau ne dut rien à Tacite : c'est un écrivain trop sobre, trop condensé pour lui, qui ne vaut que par sa puissance d'expansion. D'Alembert lui doit davantage ; mais s'il a pu imiter la concision du modèle, la chaleur et la couleur lui ont échappé. Le style de Tacite, si tourmenté parfois et comme en quête d'une brièveté idéale, est avant tout éclatant. La pensée ne s'épanche pas avec cette riche abondance où s'attarde Cicéron ; elle se ramasse pour lancer un subit rayon qui illumine à des profondeurs inattendues. D'Alembert est serré dans le tissu de son style, mais il n'en jaillit qu'une lumière blafarde ; il est toujours sur le point de frapper l'imagination, et ne réussit qu'à occuper l'intelligence sans la secouer. Bref, le génie du style lui manque : c'est un don.

Si j'avais à choisir parmi les ouvrages ou opuscules assez nombreux de d'Alembert, je n'hésiterais pas, je mettrais en première ligne, non sa réponse à Jean-Jacques, ni son histoire de la *Destruction des Jésuites*, ni même le *Discours préliminaire*, ni ses éloges des académiciens, quoique fort remarquables, mais bien son *Essai sur la société des gens de lettres et des grands*. C'est là qu'il faut chercher d'Alembert écrivain, c'est là qu'il a tout son prix. Le XVIIIe siècle, si indépendant sur tout le reste des traditions du siècle précédent, s'obstina trop longtemps dans l'espérance que les grands, c'est-à-dire le roi et la cour, s'associeraient à l'œuvre de rénovation, l'encourageraient, la protégeraient. Voltaire emporta au tombeau cette illusion. Pendant toute sa vie il ne cessa d'adresser les appels les plus vifs au prince, à la favorite, aux ministres; il réussit parfois à les intéresser pour quelques instants à une cause qui n'était pas la leur, et qu'ils abandonnaient et persécutaient même lorsqu'ils espéraient quelque avantage immédiat. Avec quelle ardeur il conjurait d'Alembert d'avoir quelques égards pour ces personnages qui tenaient dans leurs mains le sort de l'Encyclopédie! Pour ne pas effaroucher l'intraitable, il demandait peu, mais obtenait moins encore.

— « Vous vous déclarez l'ennemi des grands et de leurs flatteurs, et vous avez raison; mais ces grands protègent dans l'occasion; ils peuvent faire du bien; ils méprisent l'infâme superstition; ils ne persécuteront jamais les philosophes pour peu que les philosophes daignent s'humaniser avec eux. »

A quoi d'Alembert répondait :

— « Il est vrai, mon cher et illustre maître, que je n'aime les grands que quand ils le sont comme vous, c'est-à-dire par eux-mêmes, et qu'on peut vraiment se tenir honoré de leur amitié et de leur estime. Pour les autres, je les salue de loin, je les respecte comme je dois et je les estime comme je peux. »

Un autre jour, à propos des Choiseul, Bernis, Richelieu, il disait :

— « Il faut avouer que *vos protégés* de la cour, car je ne leur fais pas l'honneur, et à vous le tort, de dire *vos protecteurs*. . . . . »

C'est le duc de Richelieu surtout qu'il ne pouvait passer à Voltaire. L'*Alcibiade* du patriarche n'était pour lui qu'un *vieux freluquet, un Childebrand, plus couvert de gale que de gloire*. Ici, le style prend une certaine couleur ; la correspondance avec Voltaire, la contradiction et une aversion naturelle pour ces suppôts de cour, aiguillonnent d'Alembert. Il ne se borna pas à défendre dans ses lettres son opinion ; il publia, vers 1765, son *Essai* qui est un véritable manifeste. Le livre serait à refaire aujourd'hui, car la servilité d'une part et l'orgueil de l'autre, ont revêtu d'autres formes, mais la courtisanerie est toujours à l'ordre du jour et l'on ne s'aplatit pas sans profit : ceux qui ont rampé pour être quelque chose prétendent que l'on rampe devant eux : c'est la seule illusion sur leur propre mérite que puissent avoir les parvenus dans les lettres. Il y a cent ans, il y avait des grands seigneurs : d'Alembert les montre à l'affût des réputations naissantes, guettant l'honneur de se faire Mécènes à peu de frais. Ils savent bien que les gens de lettres, les savants, les artistes sont émancipés par l'opinion publique, que le mérite personnel a son prix : aussi que de caresses à ceux que la société considère et écoute ! Il y a des écrivains qui se laissent protéger, soit par intérêt, pour obtenir quelque pension, pour être connus et prônés dans un certain monde ; soit par vanité, parce qu'ils s'imaginent que les grands sont plus capables de distinguer le mérite. Quelle erreur ! Les grands sont ignorants ; « on ne leur enseigne que leur généalogie. » Tout ce qu'ils peuvent faire, c'est de mettre à la mode dans leurs cercles celui qu'ils tiennent en laisse. On les a vus un beau jour s'engouer de géométrie, comme s'ils y comprenaient quelque chose, et mener de salons en salons un géomètre qui faisait fureur [1]. Une fois de tels rapports noués, l'écrivain tombe dans la dépendance de son protecteur ; il devient « courtisan, le rôle le plus bas que puisse jouer un homme de lettres. » Qu'il n'espère pas remonter à l'égalité dont on l'avait flatté d'abord : les services réels ou supposés qu'il a reçus, l'ont à jamais détruite. — Mais comment un auteur acquerra-t-il cette fleur de politesse, cette grâce exquise du langage, s'il ne fréquente les sociétés où s'épanouit l'urbanité ? — Ce prétendu beau langage, reprend d'Alembert, n'est que le « ramage éphémère des salons. » On peut d'ailleurs se répandre dans le monde sans prendre la livrée de tel ou tel : que le romancier, que le poète dramatique y fassent des excursions, mais uniquement pour y cueillir des types ; que ce soit « comme Apollonius de Tyane qui voulut voir Néron afin de savoir quelle bête c'était qu'un tyran. » Quant aux savants, aux historiens, aux philosophes, qu'ils restent chez eux. Les grands trouveront toujours des gens à protéger, mais des gens dignes de leurs bienfaits, les journalistes. D'Alembert les avait dans une particulière aversion, et il faut avouer que ceux de son

---

1. C'était ce pauvre Maupertuis, si malmené plus tard par Voltaire. D'Alembert ne dit pas qu'il revenait alors du pays des Esquimaux, et qu'il était quelque peu charlatan.

temps n'étaient pas faits pour honorer la profession : j'en dirai quelques mots un peu plus loin. Enfin, la conclusion de l'auteur est que tout écrivain qui se respecte et veut être respecté, doit avoir pour devise ces trois mots : Liberté, vérité, pauvreté. Ce fut la sienne, et il y demeura toujours fidèle.

IV

L'ENCYCLOPÉDIE. — LES ENNEMIS DE L'ENCYCLOPÉDIE.

§ I. — Le journalisme au xviiie siècle. — Comment il se recrute, comment il fonctionne. — L'abbé Desfontaines, maître de Fréron. — L'*Année littéraire* et Fréron. — Les apologistes modernes de Fréron. — La polémique de Fréron.

§ II. — M. le marquis Lefranc de Pompignan et son discours de réception à l'Académie française. — Les antécédents de cet ennemi des philosophes, son châtiment. — Palissot et sa comédie. — Double jeu joué par lui. — Ce qu'il devient. — L'abbé Morellet et la *Vision de Palissot.*

On n'aurait qu'une idée assez incomplète du mouvement des idées et des mœurs littéraires au xviiie siècle, si en regard de l'Encyclopédie on ne plaçait quelques-uns de ses adversaires. Je ne parle point, cela va sans dire, des adversaires naturels ou tout au moins officiels, le conseil du roi, le parlement, la Sorbonne, les jésuites, tout ce qui par état devait se déclarer plus ou moins franchement contre toute innovation : ceux-là frappaient et ne discutaient pas. Les autres ne discutaient guère davantage, mais du moins ils en avaient l'air, et à la rigueur on eût pu leur répondre. Je remarque cependant que le moment où ils fondirent avec le plus de vaillance sur les philosophes, fut justement celui où le gouvernement venait de suspendre l'Encyclopédie.

J'ai déjà mentionné Abraham Chaumeix, auteur d'un ouvrage indigeste en huit volumes, qu'il intitula *Préjugés légitimes contre l'Encyclopédie*. Selon toute apparence, ce pauvre diable avait depuis longtemps en portefeuille une réfutation massive, en style de régent, de la doctrine de Locke, et il ne pouvait en trouver le placement. Il avait également aligné des syllogismes contre le livre de *l'Esprit* d'Helvétius. Il n'eut qu'à puiser çà et là dans les volumes parus de l'Encyclopédie pour démontrer que les rédacteurs étaient des disciples de Locke et d'Helvétius, qu'ils détruisaient toute religion, toute morale, toute société : le gouvernement qui était résolu à supprimer l'ouvrage, prit à son compte les arguments de Chaumeix, les transforma en considérants, et n'eut qu'à ajouter : Pour ces causes, faisons défense, etc., etc. Chaumeix se crut un personnage, mais soudain il retomba dans sa nuit.

Un pamphlet en huit volumes n'arrive guère à destination. Au public qui lit à bâtons rompus, il faut œuvres plus légères, qui piquent la curiosité et se renouvellent fréquemment. Le journalisme, voilà le véritable instrument de polémique. Au xviie siècle, peu ou point de journaux. La *Gazette* de Renaudot, fondée en 1631, la *Muse historique* de Loret, ne sont pas à proprement parler des journaux, tout au plus des feuilles d'annonces, des recueils de *Faits divers*. Le *Mercure Galant*, fondé en 1672 par de Visé, est un journal purement littéraire, il est vrai, mais qui avait des doctrines, des amis et des ennemis : il attaqua presque toutes les pièces de Racine et prit parti pour les modernes contre les anciens. Le plus sérieux des journaux d'alors, c'est le *Journal des Savants,* fondé en 1665 par Denis de Sallo, conseiller au parlement de Paris, qui obtint pour sa feuille un privilége et un monopole. Enfin, en 1701, les Jésuites, gens avisés, et qui combattent l'esprit du siècle avec les armes du siècle, fondèrent le *Journal de Trévoux,* qui ne cessa de paraître qu'en 1762, quand les Jésuites furent expulsés. Est-il besoin de dire que dans ces diverses feuilles la politique, la religion, la philosophie ne tenaient aucune place? C'est dans les gazettes de Hollande rédigées par des réfugiés, surtout par Bayle, que l'on se permettait de juger les actes du gouvernement du grand roi, et la religion d'État qui aboutissait à la révocation de l'édit de Nantes et à la destruction de Port-Royal.

Au XVIIIᵉ siècle, le nombre des journaux augmente, mais les lois n'accordent pas plus de liberté aux journalistes. On se figurerait tout d'abord que les philosophes vont prendre en mains la cause de ces éclaireurs de l'opinion publique, qu'ils vont les encourager, les soutenir, faire d'eux des auxiliaires et des propagateurs des idées nouvelles : il n'en est rien. Il n'y a pas d'injures qu'ils ne leur prodiguent; contre eux ils épuisent le vocabulaire des termes les plus outrageants :

« Valets de librairie, gens de la lie du peuple et la lie des auteurs, les derniers des écrivains inutiles et par conséquent les derniers des hommes…. Ces petits regrattiers de la littérature, cette canaille qui, en barbouillant du papier pour vivre, ose avoir de l'amour-propre et qui juge avec tant d'insolence de ce qu'elle n'entend pas. Il est juste d'écarter à coups de fouet les chiens qui aboient sur notre passage. »

Voilà comme les traite Voltaire, et presque tous les philosophes font comme lui. Et cependant, Voltaire, Montesquieu, Rousseau, vont sans cesse répétant que la liberté d'exprimer sa pensée est un droit naturel [1]; Voltaire admire l'Angleterre où la presse est libre, il félicite le roi de Danemarck qui a établi dans ses États la liberté de la presse. Y a-t-il inconséquence? Non. Les journalistes du xviii° siècle méritaient le mépris qui pesait sur eux. Pourquoi? Il y en a plusieurs raisons. La première, c'est que l'on ne se faisait journaliste qu'après avoir essayé sans succès de conquérir un nom dans les lettres : ces *feuillistes*, comme les appellera Beaumarchais, étaient d'abord des fruits secs ; ils étaient aigris, ils devenaient envieux, et ils se vengeaient des succès qu'ils n'avaient pas eus sur ceux qui en obtenaient. Dur est le combat de la vie ! Ce n'est pas toujours parmi les humains comme parmi les bêtes, le plus fort et le plus méritant qui l'emporte : tel auteur d'un gros livre ne vaut pas l'auteur d'un article de journal, et cependant il arrive : quelle tentation pour le journaliste d'aplatir cette vanité surenflée! — Mais le plus souvent alors, ce n'était point la conscience du talent méconnu qui inspirait les aristarques. Ils étaient esclaves, esclaves volontaires, il est vrai, puisque personne ne les avait forcés à se faire journalistes, mais une fois sur la galère, il fallait ramer. Quelles conditions ils devaient subir! D'abord ils étaient obligés de solliciter un privilége; et en ce temps de pur arbitraire, c'était à ceux qui s'avilissaient le plus que le

---

1. « Le droit de dire et d'imprimer ce que nous pensons est le droit de tout homme libre, dont on ne saurait le priver sans exercer la tyrannie la plus odieuse. » (Voltaire. Ed. Beuchot, t. 42, p. 240.)

gouvernement réservait ses faveurs. Ce privilége obtenu (après le versement d'une indemnité de trois cents livres au *Journal des Savants*, qui avait toujours son monopole) était toujours révocable, et cela sans jugement préalable, sans enquête; un mot suffisait, et le journal était mort et le journaliste exposé à mourir de faim. Que l'on se représente ce que pouvait être l'existence d'une feuille dont le premier venu, un ministre, un évêque, un courtisan, une favorite, une actrice en renom, un confesseur, que sais-je? pouvait demander et obtenir la suppression? N'oublions pas les deux censeurs, l'un littéraire, l'autre ecclésiastique, qui passaient au crible d'une double orthodoxie les articles des malheureux. Ce qui étonne, c'est qu'il y ait eu des journalistes. Il y a des êtres dans la nature dont l'existence semble un miracle, tant ils ont d'ennemis, si pauvrement ils sont armés pour se défendre : l'espèce subsiste néanmoins. Ainsi subsistèrent les journalistes du XVIIIe siècle jusqu'à nos jours, où ils prennent leur revanche.

Ne les plaignons pas trop cependant, car encore une fois, ils avaient choisi eux-mêmes ce triste métier. Mais comment ont-ils pu attaquer des œuvres comme le *Siècle de Louis XIV*, *l'Esprit des Lois?* Rien de plus naturel. *L'Esprit des Lois* ne fut pas imprimé en France : l'auteur, en le faisant imprimer à l'étranger, avouait donc implicitement que son livre pouvait déplaire aux pouvoirs établis. Or le journaliste dépendait du gouvernement : il déclarait l'ouvrage dangereux. Quant à Voltaire, il était chargé, surchargé de condamnations de tout genre : le louer, c'eût été s'exposer à la colère des gens en place; il était bien plus sûr de le critiquer à outrance. Même raisonnement pour l'Encyclopédie. Les journalistes n'étaient pas sans savoir qu'elle avait des ennemis en haut lieu, qu'ils ne risquaient rien à défendre contre elle, même quand elle ne les attaquait pas, les bons principes; qu'on leur saurait gré de leur zèle, et que si l'ouvrage était supprimé, ils pourraient se vanter d'y être pour quelque chose. Mais l'opinion publique ? Elle est peut-être équitable à la longue, mais elle ne hait pas les méchancetés; on méprisait les folliculaires, mais on lisait leurs feuilles. Il y avait d'ailleurs un vieux fonds d'abonnés conservateurs quand même, qui étaient acquis à tout défenseur de ce qu'on appelait déjà alors les saines doctrines.

Faut-il donner des noms? Les curieux seuls ont jeté les yeux sur la collection des articles rédigés par l'abbé Desfontaines et par Fréron. Cela est de la dernière pauvreté à tous les points de vue. Si Voltaire n'avait pas poussé des cris d'aigle, s'il ne s'était pas acharné sans pitié sur ces deux misérables, qui les connaîtrait aujourd'hui? L'abbé Desfontaines qui lui avait les plus grandes obligations, lança contre lui un libelle infâme, la *Voltairomanie*, qui est la source où les Desfontaines modernes puisent encore leurs calomnies défraîchies. Convaincu, écrasé par son crime, cet ex-jésuite implora grâce. — Pourquoi faites-vous si vil métier, lui demanda d'Argenson? — Il faut bien que je vive, répondit-il. — Je n'en vois pas la nécessité, reprit le ministre. — Ce Desfontaines était un pédant renforcé, qui se croyait excellent humaniste, parce qu'il avait essayé de traduire Virgile. Il mourut avant la formation du parti philosophique, et ne put épancher tout le fiel dont il était gonflé. Il n'eût d'ailleurs rien compris au mouvement d'idées qui se produisit alors. Aristote, Horace, Boileau, les genres, les règles, il ne sortait pas de là ; il jetait à la tête des auteurs les *modèles* du xviie siècle. Cela est si commode ! De quel droit faites-vous des tragédies après Corneille et Racine, des odes après Jean-Baptiste Rousseau, *notre grand lyrique?* On ajoutera plus tard, de la critique après M. de la Harpe, où tel traînard de la vieille école, qui ne veut pas qu'on marche parce qu'il rampe.

Fréron n'est pas supérieur sensiblement à Desfontaines, mais il a sur celui-ci l'avantage d'être venu plus tard, en plein mouvement philosophique. Cela lui fournit de la pâture pour alimenter les feuilles de l'*Année littéraire*. Certains journalistes modernes se sont amusés à essayer une glorification de Fréron, ce Breton héroïque, que sa naissance prédestinait à la défense du trône et de l'autel, et qui mourut en jetant un cri d'alarme sublime. M. Jules Janin, qui ne croyait pas un mot de ce qu'il écrivait, et qui avait bien raison, a salué en lui le patron des journalistes, leur saint Georges, l'illustre devancier dont il faut honorer la mémoire et suivre les exemples. Un autre a célébré en termes lyriques l'embonpoint de Fréron, cet embonpoint rayonnant, qui excita l'envie de Voltaire, l'homme maigre, et lui souffla au cœur la rage de la persécution. C'est un point de vue nouveau.

Fréron (Élie-Catherin, et non J.-F. Fréron, comme écrivait Voltaire) ne se fit journaliste, comme tous ses congénères, qu'en désespoir de cause. D'abord petit abbé, en quête de succès dans le monde et d'un bénéfice, puis humble professeur, puis chevalier Fréron, puis Fréron tout court, il alla demander de l'ouvrage à Desfontaines, comme lui élève et ex-professeur chez les Jésuites. Desfontaines présenta le débutant au public en ces termes :

— « M. Fréron est connu d'un grand nombre de personnes d'esprit et de lettres comme un jeune homme d'un goût sûr et parfait, d'une fine littérature, et surtout comme un excellent humaniste. Il consacre ses talents à l'histoire qu'il étudie avec une extrême application depuis plusieurs années. Il a même entrepris un ouvrage très-considérable : l'*Histoire d'Allemagne*, qui manquait dans notre langue, et qui, à en juger par ce qu'il m'a fait l'honneur de m'en communiquer, doit effacer tout ce qui a été écrit sur cette matière. Il contiendra de grandes recherches jointes à une scrupuleuse exactitude et à une élégante simplicité de style. »

Inutile de dire qu'il n'y avait pas un mot de vrai dans cette impudente réclame; mais cela donnait un certain air grave à ce collaborateur d'occasion, qui n'avait pu se pourvoir ailleurs. Quelle autorité n'avait pas pour juger les productions de la littérature courante un homme qui aurait pu faire une histoire d'Allemagne ! L'apprenti, de son côté, versait sur la tombe de son patron les pleurs de la reconnaissance.

— « S'il a paru de moi quelque écrit (aucun), qui ait mérité des applaudissements, si j'ai montré quelque étincelle de talent et de goût (jamais),

C'est à vous, ombre illustre, à vous que je le dois ! »

C'est en 1754 que la feuille de Fréron prit le titre d'*Année littéraire*. De 1745 à 1754 elle s'appela *Lettres sur quelques écrits de ce temps*. Ce premier recueil me semble préférable au second. Fréron, qui a ses éperons à gagner, et qui n'a pas encore été ravalé par la servitude du métier, s'évertue, frappe juste de temps à autre, et montre même une certaine étourderie qui ressemble à de l'indépendance. Il critique ce triste *Temple de la Gloire*, si mal bâti par Voltaire, alors courtisan. Voltaire n'admirait guère l'architecture de son monument, mais il n'aimait pas que d'autres en signalassent les défauts. Fréron, encouragé par la protection de la reine, s'enhardit, et osa attaquer Bernis, une des créatures de Mme de Pompadour. La reine avait naturellement moins de crédit que la favorite; aussi Fréron fut mis à Vincennes. S'il avait encore des illusions généreuses, cette leçon l'en guérit. En conséquence, il se retourna contre ces gens suspects, les Montesquieu, les Voltaire, les Encyclopédistes, qui n'avaient pour se défendre ni lettres de cachet, ni arrêts de suspension. Ce fut le temps de sa plus brillante prospérité. Il joignait aux bénéfices de l'*Année littéraire* le privilége du *Journal des Étrangers* et se faisait quarante mille livres par an, somme énorme, et dont aucun écrivain du XVIIIe siècle n'approcha jamais. Il eut un équipage, maison de ville et maison de campagne; il donna des soupers, trancha du Mécène, exploita et mystifia avec plus de cynisme que d'urbanité les débutants et les naïfs, comme ce grotesque Poinsinet; bref, il eut tout ce qu'on peut avoir quand on ne tient ni à l'estime ni à la considération. Les premiers symptômes de décadence apparurent vers 1760. Fréron triomphait; l'Encyclopédie était supprimée; on venait de mettre à la Bastille l'abbé Morellet, qui avait osé venger les philosophes outragés par Palissot en plein théâtre : tout à coup les comédiens représentent sous le titre de *l'Écossaise* la satire la plus cruelle, la plus outrageante, et surtout la plus transparente du rédacteur de l'*Année littéraire* dont on avait presque gardé le nom, *Frélon* au lieu de *Fréron* (plus tard Wasp). Espionnage, délation, calomnie, chantage, envie, lâcheté, il n'y avait vice et crime si bas qui ne lui fût attribué. Il assistait à cette exécution, à la fois spectateur et patient; il en rendit compte dans ses feuilles, et d'une façon assez spirituelle : c'est le seul morceau de lui que puissent citer ses apologistes. Mais on se relève difficilement d'un coup pareil; le peu d'autorité morale qui restait à Fréron, fut saccagé. Il comprit bien lui-même qu'il n'avait plus trop à compter sur la protection du Gouvernement, qui autorisait la représentation d'une pièce où était vilipendé le défenseur du trône et de l'autel. Il le comprit encore mieux, lorsqu'il se vit appréhender et mettre au For-l'Évêque sur la plainte de Mlle Clairon, l'actrice à la mode, l'amie des philosophes, qu'il avait malmenée dans un article. Les censeurs, très-complaisants d'ordinaire, se mirent à éplucher son journal, à exiger des corrections. Il y eut des retards, dont naturellement les abonnés se plaignirent. Fréron vieillissait, il avait perdu l'habitude du travail, et les manœuvres à qui il abandonnait la besogne, servaient fort misérablement le public. Les revenus baissaient, les dépenses augmentaient; sa feuille était grevée d'hypothèques; des procès scandaleux pesaient sur lui; une à une toutes les misères du métier surgissaient et l'abîme s'ouvrait sous ses pas. Le parti philosophique, au contraire, gagnait chaque jour du terrain. Sous la pression de l'opinion publique, le Gouvernement avait dû, en 1765, autoriser la reprise de l'Encyclopédie; les rédacteurs et les amis entraient ou allaient entrer à l'Académie : Marmontel, Thomas, Laharpe. Quel fruit avait-il recueilli de cette longue campagne menée presque seul contre des ennemis qui avaient pour eux le nombre, le talent, l'opinion? Est-il rien de plus amer que le sentiment de son impuissance, surtout à l'âge où l'espoir de recommencer sa vie est impossible? C'est alors qu'il osa se flatter de pouvoir rentrer en grâce auprès de Voltaire, et lui fit proposer par l'éditeur Panckoucke de signer la paix. Rien de plus méprisant, de plus désespérant que la réponse de Voltaire. D'un coup de pied il renfonçait dans l'abîme le malheureux qui se hissait pour en sortir et tendait la main. Il ne se découragea pas; et quand les gens de lettres se cotisèrent en 1770 pour élever une statue au patriarche, il apporta son offrande; elle fut refusée à l'unanimité. Ils savaient mépriser et haïr, les hommes du xviiie siècle, ils avaient la foi : aujourd'hui, les apostats exécutent leur volte-face sans danger : ceux qu'ils flagellaient la veille, les accueillent le lendemain à bras ouverts. Le pauvre Fréron dut rester au poste qu'il avait choisi. Louis XV mourut; son successeur prit ses ministres parmi les amis des philosophes; la plupart des réformes réclamées par ces prétendus ennemis de la société, furent introduites; l'*Année littéraire*, ce journal plus conservateur que le gouvernement, fut presque un journal factieux. On le toléra quelque temps, puis on le supprima. Fréron, en recevant cette nouvelle, eut une attaque d'apoplexie et mourut suffoqué (1776).

Si l'on jugeait Fréron d'après les témoignages de ses contemporains, ce serait le dernier des misérables, un homme de sac et de corde. Voltaire le met sans façon au bagne; les autres, Rousseau lui-même, bien plus équitable, ne dissimulent pas leur mépris [1]. Je ne vois parmi les écrivains du xviiie siècle que le poëte Gilbert qui ait semblé prendre au sérieux le rôle de défenseur de l'ordre moral que prétendait jouer le rédacteur de l'*Année littéraire* ; et encore, Gilbert, un des protégés de Fréron, Gilbert qui avait eu l'heureuse idée d'appeler Voltaire *vole-à-terre*, qui insultait Diderot, d'Alembert, tous les philosophes, est-il une autorité? Il n'y a pas à réhabiliter Fréron, ni comme homme, ni comme écrivain. Il fit un métier qu'il savait peu honoré, et qui le fut moins encore après lui et grâce à lui ; ce que l'on peut dire de mieux à sa décharge, c'est que, comme les philosophes, plus qu'eux peut-être, il eut à souffrir du manque de liberté. Eux du moins ils avaient la ressource de la publicité clandestine et l'appui de l'opinion publique ; Fréron écrivait sous le contrôle des gens en place, et recevait des ordres. On le démuselait de temps à autre pour le lâcher sur tel ou tel qui déplaisait. S'il avait mal mordu, trop fort ou trop doucement, il était battu. Jamais on ne lui fit l'honneur de croire qu'il eût une conscience ; il était censé l'avoir vendue en acceptant son privilége. Voilà peut-être ce que les âmes charitables peuvent se dire pour l'excuser. Il serait alors une des premières victimes de ce gouvernement dont il s'était constitué le défenseur, et qui ne sut que l'avilir. De là le caractère bas et haineux de sa polémique. Honni de toutes parts, aigri, exaspéré, c'était un supplice pour lui de voir l'estime publique se tourner

---

[1]. Il y a une lettre de Rousseau à Fréron, lettre qui ne fut pas envoyée à son adresse, et qui ne laisse aucun doute à ce sujet ; Rousseau l'écrivit comme exercice de style, étant donnée la note du mépris.

vers ceux dont il devait être par métier l'irréconciliable ennemi. Quand Voltaire recueillit et dota une descendante de Corneille, Fréron ne trouva rien de mieux pour justifier le gouvernement qui n'avait pas su enlever cette gloire au patriarche, que d'insinuer que Mlle Corneille avait été appelée aux Délices pour y être dépravée. Quand Voltaire souleva l'indignation et la pitié en faveur de Calas, Fréron publia une lettre qui niait l'innocence de Calas et justifiait son supplice, et il ajoutait en commentaire :

— « La tête poétique de M. de Voltaire s'échauffe, et ce n'est pas tant un sentiment d'humanité qui le transporte que celui de ranimer son existence et de faire parler de lui. »

Voilà les sentiments, voilà le style de Fréron. Comme écrivain, il ne compte pas. Il est lourd, épais, flasque; son embonpoint retardait sans doute sa plume. Comme critique, il n'a aucune portée : c'est un élève des Jésuites et de Desfontaines. Il y a plus d'idées et de style dans vingt pages de la correspondance de Grimm et de Diderot que dans les innombrables volumes de l'*Année littéraire*. La haine et la méchanceté ne lui ont pas une seule fois fait trouver le défaut de la cuirasse; il frappe toujours à côté, en pédant endurci, qui ne comprend rien en dehors de son vieux code. Au lieu de reprocher à Voltaire ses hardiesses poétiques, que ne lui reprochait-il ses timidités, sa pauvreté d'invention, le factice de ses tragédies et de son épopée? Mais Fréron était condamné par état à ne voir de salut que dans le maintien des vieilleries.

A-t-il prononcé réellement à son lit de mort et après la suppression de l'*Année littéraire*, les paroles qu'on lui prête? « C'est un malheur particulier qui ne doit détourner personne de la défense de la monarchie : le salut de tous est attaché au sien. » Ceux qui survivent ne se gênent guère pour faire parler ceux qui meurent : on fabrique à loisir des mots solennels pour les besoins de la cause ; ce qu'il y a de certain, c'est que le fils de Fréron, élevé sans doute par son père dans le culte de la monarchie, fut l'*Orateur du peuple*, conventionnel fougueux, et vota la mort du roi [1].

§ II.

C'est dans l'année qui suivit la suppression de l'Encyclopédie (1760), que la vaillance des ennemis des philosophes se donna carrière. Chacun voulut donner son coup de pied ; il n'y eut si chétif valet de librairie qui ne se crût appelé à se faire un nom aux dépens des Encyclopédistes. Un certain Moreau publia les *Cacouacs*, satire lourde, mais venimeuse, qui représente les chefs du mouvement des idées comme les destructeurs de toute religion, de toute morale, de tout gouvernement. Il y avait des renvois qui visaient des passages altérés ou des ouvrages dont les philosophes répudiaient hautement les doctrines, et un catéchisme. Ce libelle calomnieux fut réimprimé sous la Restauration par la *Société des bons livres*. Un certain Guyon lança l'*Oracle des philosophes*, pamphlet contre Voltaire ; un autre, du nom de Caveyrac, écrivit une glorification de la Saint-Barthélemy et de la révocation de l'édit de Nantes. Laissons dans les ténèbres où

---

[1]. Il fut aussi, comme on sait, le *pacificateur* de Marseille et de Toulon. — Il paraît qu'il fut sur le point d'épouser Pauline Bonaparte.

ils moisissent ces factums sans portée : ils purent agacer un moment l'irascible patriarche qui donna à droite et à gauche quelques bons coups de dent ; mais rien de tout cela ne vaut qu'on s'y arrête. Je l'ai déjà dit, rien n'égala la faiblesse des adversaires des philosophes. Supposez à ces pauvres diables l'éloquence d'un Bossuet, ils n'auraient guère produit plus d'effet. On pouvait convaincre d'erreur Voltaire et Montesquieu sur tel ou tel détail, l'abbé Guénée eut cet honneur ; mais réfuter les principes nouveaux, justifier les abus et les préjugés que la conscience publique condamnait, cela n'était au pouvoir de personne, et, à vrai dire, ne fut tenté sérieusement par personne. Les philosophes d'ailleurs avaient bec et ongles, et quand Voltaire se mettait de la partie, les rieurs passaient de leur côté. Lefranc de Pompignan en est un exemple mémorable ; disons un mot de ce personnage.

C'était un gascon, mais un gascon solennel, qui faisait monter sa vanité sur des échasses et se guindait au style sublime en prose et en vers. Les gascons vifs et hâbleurs sont bien mieux dans leur rôle et plus amusants. Pompignan, qui était marquis et natif de Montauban, rêva d'abord l'honneur de consoler la France de la mort du *grand lyrique*, J.-B. Rousseau : il fit des poëmes sacrés, dont Voltaire disait :

Sacrés ils sont, car personne n'y touche.

Quand l'*Orphée de la France* s'éteignit, le disciple chanta le maître, et les vers qu'il fit en cette circonstance sont ce qu'il a fait de mieux. C'est dans cette ode que se trouve la strophe fameuse qui commence par ces vers :

> Le Nil a vu sur ses rivages
> Les noirs habitants des déserts
> Insulter par leurs cris sauvages
> L'astre éclatant de l'Univers ;

et se termine par ceux-ci :

> Le Dieu, poursuivant sa carrière,
> Versait des torrents de lumière
> Sur ses obscurs blasphémateurs.

En même temps il s'essayait au théâtre et donnait vers 1734 la tragédie de *Didon*, dont Voltaire disait :

> Et ma *Didon*, qui fut de Métastase.

Elle était aussi de Virgile ; mais il était reçu alors que ce qui était aux anciens n'était à personne. Un scrupule tourmentait Lefranc de Pompignan. Etait-il bienséant à un homme de qualité comme lui, de s'abaisser au rôle d'écrivain ? Que penseraient ses aïeux ? Que penseraient ses descendants ? Il se décida cependant à donner sa pièce et à s'en avouer l'auteur. Pourquoi ? Il y avait un précédent :

— « Le cardinal de Richelieu voulait joindre à la solide gloire qu'il s'était acquise par le ministère, celle d'avoir composé des ouvrages de théâtre. »

Une fois sa conscience en repos, il récidiva, et envoya *Zoraïde* aux comédiens. Ceux-ci, que le succès fort médiocre de *Didon* avait mis sur leurs gardes, demandèrent à examiner la pièce. Voici l'épître que leur adressa Pompignan :

Je suis fort surpris, messieurs, que vous exigiez une seconde lecture d'une tragédie telle que *Zoraïde*. Si vous ne vous connaissez pas en mérite, je me connais en procédés, et je me souviendrai assez longtemps du vôtre pour ne plus m'occuper d'un théâtre où l'on distingue si peu les personnes et les talents. Je suis, messieurs, autant que vous méritez que je le sois, votre....., etc.

Les comédiens eurent la douleur d'être privés de *Zoraïde*, mais ils donnèrent aussitôt une représentation de *Didon*, suivie d'une comédie ayant pour titre *le Fat puni*. Pompignan renonça au théâtre. Il venait d'ailleurs d'être promu aux fonctions d'avocat général, et bientôt après à celles de premier président à la cour des aides de Montauban. C'était alors, vers 1738, ce que nous appellerions aujourd'hui un libéral et même un libre penseur. Il avait traduit la *Prière universelle* de Pope, l'hymne du déisme, ce qui lui avait attiré une suspension de la part du ministre d'Aguesseau, et des compliments très-flatteurs de la part de Voltaire. Encouragé, il lança une épître véhémente sur *les gens qu'on respecte trop dans le monde*, véritable satire contre la noblesse, contre l'hérédité des honneurs et la vénalité des offices. Il y avait des vers comme ceux-ci :

> Malheureux les États, où les honneurs des pères
> Sont de leurs lâches fils les biens héréditaires !
> . . . .
> Ce qu'on appelle un grand, pour le bien définir,
> Ne cherche, ne connaît, n'aime que son plaisir.

Enfin, en 1756, il avait bravement adressé au roi une remontrance où on lisait :

— « Sire, toutes les espèces d'impôt sont accumulées sur vos sujets ; ils y succombent. Ils sont traités plus impitoyablement que des forçats.... On exerce sur eux des vexations horribles. Ayez pitié d'un peuple épuisé. Sortez de cette enceinte de palais somptueux, de ce concours de courtisans fastueux, vous verrez un empire qui sera bientôt un désert. Les terres sont semées dans les larmes et moissonnées dans l'affliction. Vos sujets ont la certitude accablante d'être longtemps malheureux. »

Il est probable que ce mémoire ne fut pas mis sous les yeux du roi qui ne lisait guère, ou que Lefranc de Pompignan fit amende honorable et fut amnistié, car, l'année suivante, le roi autorisa son élection à l'Académie française. Cela ne suffisait pas à l'ambition de Pompignan, qui aspirait à l'honneur d'être chargé de l'éducation du duc de Berry, depuis Louis XVI. Mais il fallait donner des gages à la cour. Il ne trouva rien de mieux que de transformer sa harangue de réception en une véritable philippique contre les philosophes. Or il y en avait un bon nombre à l'Académie, et Voltaire quoique absent ne perdait rien de ce qui s'y passait. Le récipiendaire du reste l'avait désigné de la façon la plus claire et dans des termes fort malveillants. Quant aux autres, il ne craignait pas de dire :

— « Que l'abus des talents, le mépris de la religion, la haine de l'autorité étaient le caractère dominant des productions du siècle ; que tout portait l'empreinte d'une morale corrompue, d'une philosophie altière qui sape également le trône et l'autel. »

Il terminait par le compliment au roi, comme c'est l'usage, et il suppliait le sensible Louis XV de ne pas trop s'attendrir sur le malheur de ses sujets.

— « Le roi s'exagère les malheurs de ses sujets, et cela

seul suffit pour les adoucir. Les Français, chers à leur maître, ne peuvent jamais être malheureux. »

La palinodie était éclatante. M. de Malesherbes, directeur de la librairie, ne cacha guère son dégoût à l'auteur, qui prétendait publier son discours sans le soumettre aux censeurs : il dut s'incliner. Il se consola en allant en porter lui-même un exemplaire au roi, lequel daigna l'en féliciter. Cela fit grand bruit à Montauban. Les indigènes tressaillirent d'orgueil ; on prépara à ce glorieux fils de la Gascogne une entrée triomphale. Le prédicateur, homme éloquent, l'apostropha en ces termes :

— « Dieu lui donne la jeunesse et les ailes de l'aigle ; il est assis près des astres ; l'impie rampe à ses pieds dans la boue, il est admiré de l'univers ; son génie brille d'un éclat immortel. »

Un poëte du cru fit un quatrain sur la naissance d'un jeune Pompignan, qui disait à son père :

De ton souffle divin anime mon génie.

Enfin Pompignan lui-même écrivait une relation de ces mémorables événements qui ne devaient pas être perdus pour la postérité, et Fréron, sur un ton moins dithyrambique cependant, célébrait les mérites éclatants du nouvel académicien (année 1760, p. 142).

Le réveil fut cruel. Une nuée de petites pièces, en vers, en prose, s'abattit sur le triomphateur. Voltaire donna le signal ; il exhuma la malheureuse *Prière universelle* traduite par Pompignan, alors déiste, et le Mémoire au roi, et la relation du voyage à Montauban. Puis ce furent les vives satires, *le Pauvre Diable, le Russe à Paris, la Vanité,* purs chefs-d'œuvre, d'un tour exquis et d'un esprit écrasant. Le public se jeta avidement sur ces pièces légères qui coururent en tous lieux et égayèrent la France entière aux dépens de Lefranc. Le Dauphin lui-même, prince dévot, et qui n'aimait pas Voltaire, se plaisait à répéter les deux derniers vers de la *Vanité :*

> César n'a pas d'asile où son ombre repose,
> Et l'ami Pompignan pense être quelque chose!

Il tomba sous le ridicule, fut aplati. On ne le revit plus à Paris, il ne se représenta plus devant ses confrères de l'Académie; il renonça à l'espoir d'être le gouverneur des enfants de France; il ne sortit plus de Montauban, il n'écrivit plus. Il y a peu d'exemples d'une exécution aussi complète. Etait-elle méritée ? Je me sens une certaine indulgence pour l'auteur de la seule strophe lyrique qu'ait produite le XVIIIe siècle; je ne puis me défendre d'une certaine sympathie pour le traducteur de la *Prière universelle,* et le courageux citoyen qui voulut faire entendre la vérité au roi. Ce qui manqua le plus à Pompignan, c'est le tact, la mesure. Les grands hommes de province, transplantés à Paris, ont bien de la peine à attraper la note. Qu'est-ce, quand ils arrivent du pays où l'hyperbole et les fanfaronnades fleurissent? Ils croient bonnement que plus on fait de bruit, plus on a de force; et ils se flattent de montrer aux gens de la capitale que l'on sait parler et écrire ailleurs qu'à Paris. Cela n'est pas douteux, mais ce qui est aussi certain, c'est que l'on parle et que l'on écrit autrement. Cela est encore vrai de nos jours; cela l'était bien plus il y a cent ans. Si Pompignan eut eû quelques années de séjour à Paris, l'idée naïve d'adresser des observations au roi en style biblique ne lui serait pas venue ; il n'eût pas déclamé en pleine Académie contre les académiciens ; il n'eût pas informé l'univers des triomphes que sa ville natale lui décernait. Mais cette vanité provinciale était enflée comme un ballon : elle appelait les coups d'épingle. Il n'en faut pas davantage pour qu'il retombe à terre, flasque et hors d'usage. Avouons d'ailleurs que le trône et l'autel perdirent en sa personne un faible défenseur : il fallait autre chose que des phrases sonores et creuses pour étayer le vieil édifice.

§ III

On trouve assez fréquemment sur les quais ou chez les bouquinistes, en divers formats, les œuvres complètes de Palissot, qui essaya un moment de joindre à son nom celui de Montenoi, petit village près de Nancy où il est né en 1730 : cela prouve qu'elles ont eu jadis un certain succès, et il n'y a pas lieu de s'en étonner. Palissot ne manque pas d'esprit, il écrit assez bien : c'est, pour le style, le meilleur disciple qu'ait fait Voltaire. Pour le reste, c'est autre chose. Voltaire et les philosophes le reniaient hautement, et d'autre part, les ennemis des philosophes n'en voulaient ni comme porte-drapeau, ni comme allié ; il n'inspirait confiance ni estime à personne, sauf peut-être au comte de Provence, depuis Louis XVIII, bel esprit hybride, qui condamnait le sombre enthousiasme de Lucrèce, trop peu dévot à son sens, et faisait ses délices des polissonneries de Catulle et de Martial. Si Palissot avait vécu deux ou trois ans de plus, le roi l'eût sans doute fait entrer à l'Académie pour y tenir la place de l'un de ces révolutionnaires qui en furent chassés, à la Restauration ; mais il mourut en 1814, et tout entier. Si l'on en parle ici, c'est qu'en 1760, il fit quelque bruit et put se croire un personnage. L'équitable postérité l'a remis à sa place.

Palissot, enfant prodige, fit une tragédie à seize ans, une autre à dix-huit, et attira l'attention de Stanislas, ex-roi de Pologne, un peu comme Bébé, son nain. Le comte de Stainville, plus tard duc de Choiseul, le prit sous sa protection, non sans se faire payer et en assez vilaine monnaie. En échange de complaisances basses, il fit gagner de l'argent à Palissot dans les fermes. Dès l'âge de vingt-six ans, il a un mauvais renom, on ne se gêne pas avec lui. Une comédie satirique, *le Cercle*, dans laquelle il insulte Jean-Jacques Rousseau, n'inspire au roi Stanislas que du dégoût. Il écrit à Rousseau que, s'il le désire le moins du monde, il chassera Palissot de son Académie de Nancy. — Cela n'en vaut pas la peine, répond Rousseau. — Voilà comme on le traite alors ; plus tard, ce sera bien pis. Il quitte Nancy, où il est trop connu, et vient chercher fortune à Paris. L'Encyclopédie était alors fort menacée. Palissot, qui n'avait aucune conviction d'aucun genre, mais qui accablait Voltaire d'épîtres adulatrices, conçut le dessein hardi d'être à la fois le protégé du patriarche et l'ennemi des philosophes. Les gens de cette espèce aiment assez manger à deux râteliers. Cette plume qui écrivait à Voltaire, Palissot alla l'offrir à Fréron ; il fit campagne à ses côtés dans l'*Année littéraire*. Incapable du moindre travail de réflexion, littérateur pur, ne comprenant à peu près rien aux questions de philosophie, il ramassa çà et là dans les mandements d'évêques, dans les arrêts du Parlement contre Helvétius, dans l'indigeste compilation d'Abraham Chaumeix, un certain nombre de propositions malsonnantes déjà déférées et condamnées, et se mit à brocher sur ce thème des amplifications d'un tour assez vif et assez piquant. Chaumeix n'était accessible qu'aux doctes et à ces intrépides, à ces cœurs de fer, que rien ne rebute en fait de lecture ; Palissot, qui avait étudié la manière de Voltaire, écrivait pour les gens du monde, toujours pressés et qu'il faut tenir en haleine. Son pamphlet intitulé *Petites lettres sur de grands philosophes*, était fort agréable, très-méchant, sans aucune bonne foi : c'était le moindre de ses soucis. Il voulait être lu, faire un peu de bruit, dût-il casser les vitres. L'attitude qu'il prenait était assez habile et devait lui concilier les bonnes grâces du pouvoir. Il avouait avec ingénuité que les défauts que l'on reprochait aux institutions, il ne pouvait les découvrir ; que tout lui semblait bien dans le meilleur et le plus heureux des royaumes, et qu'il rendait grâces à ceux à qui la Providence avait imposé le lourd fardeau du gouvernement, de s'acquitter si bien de leur tâche. « La fureur d'innover, » dont étaient possédés les esprits chagrins, il la condamnait, il y voyait une menace de décadence. Changer ! changer ! mais quoi ? puisque tout est bien. — Il n'y a pas de gouvernants à qui ce langage n'agrée, et Palissot le savait parfaitement. Quels sont donc, se demandait-il ensuite, ces grands génies qui prétendent tout réformer ? Qu'ont-ils produit ? Ils se sont réunis, Dieu sait à combien ! pour faire quoi ? Un dictionnaire ! Ils copient Bacon ! En sommes-nous réduits à ne voir de salut pour la France que dans des emprunts faits à un Anglais mort depuis deux cents ans ? Le terrain préparé, il jetait hardiment sa déclaration de guerre aux Encyclopédistes.

— « C'est, disait-il, une secte qui porte partout l'incendie, fait trophée de son incrédulité, rend la morale même douteuse, met en problème le respect qu'on doit à l'autorité en se permettant sur elle des discussions téméraires. »

Cela est moins heureux que le début; le pathos ne réussit pas à Palissot, esprit froid, sans aucune invention : il faut qu'il se rabatte sur des phrases toutes faites qui traînent dans les réquisitoires et les mandements ; mais ces grosses métaphores d'*incendie* et de *trophée* réussissent toujours auprès d'un certain public. Cependant les accusations restaient un peu vagues, et l'*incendie* jetait peu de lumière. Palissot comprend qu'il faut donner quelques preuves à l'appui; en conséquence il cite quelques-uns des abominables axiomes des philosophes, ceux-ci entre autres :

— « Il n'y a en soi ni vice, ni vertu, ni bien, ni mal moral, ni juste, ni injuste. Tout est arbitraire et fait de main d'homme.... Les enfants ne doivent rien aux pères, les sujets au monarque...... Il n'y a pas de remords... Il n'y a pas d'autre vie. »

Cela est abominable en effet, et la citation était bien choisie. Seulement l'auteur cité n'était ni un encyclopédiste, ni un ami des philosophes; c'était le médecin, disons mieux, le bouffon du roi de Prusse, de la Mettrie, un grotesque assez ignoble que tous méprisaient, Frédéric tout le premier, et qui creva d'indigestion après avoir dévoré un énorme pâté de venaison. Diderot, que les libres allures d'esprit n'effarouchaient pourtant pas, déclarait que :

— « Dissolu, impudent, bouffon, flatteur, de la Mettrie était fait pour la vie des cours et la faveur des grands. Il est mort, ajoutait-il, comme il devait mourir, victime de son intempérance et de sa folie : il s'est tué par ignorance de l'état qu'il professait. »

Voltaire est aussi sévère ; il n'y avait qu'une voix parmi les philosophes pour désavouer ce goinfre qui, le cerveau obscurci par les épaisses vapeurs de la mangeaille, et l'estomac distendu, écrivait ses écœurantes fantaisies, *L'homme machine* et *La Vénus physique*. Voilà la bonne foi de Palissot ! Il ne se donne même pas la peine de prendre le matérialisme en France, il va le chercher en Prusse, où le ciel pesant et les encouragements d'un despote lui ont communiqué je ne sais quoi de fétide et de violent.

Palissot ne s'en tint pas là. Il passa du pamphlet en prose au pamphlet en vers ; il se crut appelé à être l'Aristophane de la France, et il donna au théâtre les *Philosophes*, comédie en trois actes. Combien d'Alembert avait raison, quand il bataillait contre Voltaire qui conseillait aux Encyclopédistes de rechercher la protection des grands ! — C'étaient ces grands, les Richelieu, les Bernis, les Choiseul, qui autorisaient, qui encourageaient des drôles comme Palissot à déshonorer en plein théâtre les gens à qui la France devait la seule gloire qu'elle eût alors dans le monde, celle d'éclairer les esprits. C'était peu d'avoir supprimé l'Encyclopédie ; ces grands soutenaient hautement un écrivain taré qui livrait à la risée et au mépris de tous des hommes comme Diderot, Duclos, Helvétius, Rousseau ! Irait-il, lui, l'honnête, l'irréprochable d'Alembert, coudoyer dans une antichambre un Fréron, un Palissot, qui venaient prendre leur mot d'ordre et passeraient sans doute avant lui ? Que protecteurs et protégés fissent leur œuvre : ils étaient dignes les uns des autres, et c'était grand honneur pour les philosophes d'être par eux frappés et outragés.

Rien de plus pauvre sous le rapport de l'invention, de l'action, de la gaieté, que la comédie des *Philosophes*. Palissot a calqué sa pièce sur les *Femmes savantes*, mais il n'a pu arriver à remplir cinq actes. Une dame sur le retour, Cidalise, s'est engouée de philosophie, tout comme Philaminte donne dans le bel esprit. Elle avait promis sa fille Rosalie à Damis, tout comme Philaminte avait d'abord agréé Clitandre ; mais de même que celle-ci éprise des grâces de Trissotin, prétend l'imposer à Henriette, ainsi Cidalise qui veut pour gendre un philosophe, se dispose à manquer de parole à Damis pour donner sa fille à Valère. Ce Valère, en sa qualité de philosophe, est, comme on le pense bien, un triste sire. Ce n'est pas l'amour, c'est le vil intérêt qui lui fait rechercher la main de l'aimable Rosalie. Celle-ci se désespère et ne trouve rien pour rompre ce fatal hymen ; Marton, la soubrette, ne trouve rien ; Damis, l'amant évincé, ne trouve rien. Évidemment ces malheureux s'en remettent à la Providence pour sortir d'embarras. La Providence, en effet, fait tomber entre les mains de Cidalise une lettre du philosophe Valère, où elle lit ces mots : « Je te renvoie le recueil d'impertinences que Cidalise appelle son livre. Continue de flatter cette vieille folle. » Désabusée, elle redonne sa fille à Damis. Voilà l'intrigue : elle est, comme on voit, d'une simplicité rare. Aucun lien entre les scènes, qui sont toutes scènes à tiroir. L'auteur, absolument dépourvu d'invention et de sens dramatique, ne pouvait compter que sur le scandale. Il le sema à pleine main. Valère, le philosophe, faisait à son valet, Frontin, une belle dissertation sur la morale qui n'était, suivant lui, fondée que sur l'intérêt personnel. A quoi Frontin, bon logicien, répliquait.

— « .... Tout devient donc permis? —
— Excepté contre nous et contre nos amis,

disait Valère.

.... L'intérêt seul doit être écouté....
Du globe où nous vivons despote universel,
Il n'est qu'un seul ressort, l'intérêt personnel....
.... La franchise est la vertu d'un sot.
Le superflu des sots est notre patrimoine.
     Tous les biens
Devraient être communs; mais il est des moyens
De se venger du sort. On peut avec adresse
Corriger son étoile ; et c'est une faiblesse
Que de se tourmenter d'un scrupule éternel.

Aussitôt Frontin, mettant en pratique les leçons de son maître, le volait, et s'écriait :

— « Je deviens philosophe! »

Il y avait aussi des tirades contre les escrocs qui prêchent le culte de l'*Humanité*, mot répété par les fripons pour duper les sots; puis un bel éloge de la crédulité (synonyme assez étrange de *foi*).

Je crois ce qu'il faut croire,
J'ose le déclarer, je le dois, j'en ais gloire.

Les philosophes étaient traités de *perturbateurs*, et même de *persécuteurs*. Le mot était joli en 1760. Un d'eux avait nom Dortidius et représentait Diderot; un autre, Théophraste, était Duclos. Le dénouement amenait ces deux derniers vers que Palissot eut la pudeur de retrancher, mais qu'il rétablit à l'impression :

> Enfin tout philosophe est banni de céans,
> Et nous ne vivrons plus qu'avec d'honnêtes gens.

Au cours de la pièce, les philosophes sont réunis, et commencent à se dire d'assez dures vérités, mais l'un d'eux met le holà, en disant :

> Il n'est pas question, Messieurs, de s'estimer :
> Nous nous connaissons tous.

Une seule scène avait quelque chose de comique, et Palissot en avait volé l'idée à Voltaire. Celui-ci avait écrit à Rousseau après avoir reçu son roman sur l'état de nature : « Il prend envie en vous lisant de marcher à quatre pattes. » Palissot mit la plaisanterie en action et représenta Crispin faisant son entrée sur les pieds et sur les mains, et disant :

> — « Pour la philosophie un goût à qui tout cède,
> M'a fait choisir exprès l'état de quadrupède.
> Sur ces quatre piliers mon corps se soutient mieux,
> Et je vois moins de sots qui me blessent les yeux. »

Sans être fort original, cela était plaisant, et n'avait rien d'injurieux : c'était de la critique permise. Rousseau lui-même, tout en méprisant Palissot, comme de juste, ne songea pas à s'en offenser; mais les attaques dirigées contre Diderot, Duclos, Helvétius, hommes estimables, estimés de tous, et dont on faisait des filous, le révoltèrent, et il lui témoigna hautement son dégoût. Mais qu'importait à Palissot l'indignation de Rousseau? Rousseau n'était rien, ne pouvait rien ; isolé des philosophes avec qui il venait de rompre, sans influence alors, soit dans le monde, soit parmi les gens de lettres, son opinion ne comptait pas. Il n'en était pas de même de Voltaire. Palissot eut l'audace d'envoyer sa pièce au patriarche avec des flatteries d'une rare impudence. — Ce sont les faux philosophes que je tourne en ridicule, lui disait-il, tout comme Molière a joué les faux dévots sous le nom de Tartuffe. Il n'y a rien de commun entre vous et ces gens-là : vous êtes un vrai philosophe, vous, un grand homme que je vénère, que j'admire, dont je me déclare l'humble et indigne disciple. —Rien de plus habile : il séparait le général de ses soldats, il enlevait à la petite armée des philosophes l'autorité et l'influence que lui assurait sur l'opinion le nom d'un si puissant auxiliaire. Voltaire y fut presque pris. Il était loin des lieux, il ne savait pas encore au juste comment les choses s'étaient passées ; et puis, c'était son faible d'être sensible aux compliments. Il fit cependant des réserves formelles. Palissot eut l'adresse de lui extorquer trois ou quatre lettres, qu'il corrigea quelque peu et publia sans le consentement de l'auteur. Le désaveu ne tarda guère, mais l'effet était produit. Les philosophes, outragés par un Palissot, purent croire un moment qu'ils étaient abandonnés par celui qu'ils considéraient comme leur chef. La méprise s'expliqua, et il y eut à la charge de Palissot une indélicatesse de plus. Il s'en moquait bien. Les gens de cette espèce vivent au jour le jour, d'expédients, de scandales, de coups de main; on ne les prend jamais la main dans le sac ; et quand on leur dit en face ce qu'ils sont, ils font une gambade en riant : le tour est joué.

Le succès de la comédie fut bientôt épuisé. — « Qu'est-elle devenue? écrivait Diderot. Elle est tombée au fond de l'abîme qui reste ouvert aux productions sans mœurs et sans génie, et l'ignominie est restée à l'auteur. » — Il en doit revenir une partie à ses protecteurs, disait d'Alembert, et avec raison. Dans un pays où il n'y a aucune liberté ni pour la presse ni pour le théâtre, les gouvernants sont responsables de tout ce qui s'imprime, de tout ce qui se représente. Non seulement la pièce avait été autorisée, mais elle avait été inspirée en haut lieu, patronnée par une dame qui touchait de fort près au duc de Choiseul, et qui se fit porter mourante à la première représentation. On la vit dans sa loge, pâle, enfiévrée, se pencher vers la scène, donner le signal des applaudissements, et retomber inanimée. Les acteurs protestèrent, voulurent refuser de jouer, on les y contraignit. Quand Voltaire connut tous ces détails, il fit ou fit faire des observations au duc de Choiseul, qui répondit comme répondent les puissants, en désavouant le misérable dont ils se sont servis. Il ajouta même « qu'il ne serait pas fâché que l'on donnât des coups de bâton à Palissot. » — Palissot n'en était pas moins son complice.

Malgré tous ses efforts pour attraper un second succès de scandale, Palissot se traîna tout le reste de sa vie qui fût très-longue, dans une infamie obscure. Tout ce qu'il tentait avortait misérablement. Il faisait une comédie intitulée *Les courtisanes*, et malgré l'appât du titre, les comédiens la refusaient. En désespoir de cause, il eut l'idée de s'insulter lui-même pour réveiller l'attention ; mais sa pièce le Satirique ou l'homme dangereux, ne fut pas acceptée. Il y avait cependant glissé un portrait de lui-même, particulièrement soigné, et dans lequel il espérait qu'on le reconnaîtrait.

> Bel esprit abhorré de tous les bons esprits,
> Il pense par la haine échapper au mépris.
> Il unit, pour flétrir les talents qu'il profane,
> La rage de Zoïle au fiel d'Aristophane.
> A force d'attentats il se croit illustré ;
> Et s'il n'était méchant, il serait ignoré.

La *Dunciade*, poëme satirique et licencieux dans le genre de *La Pucelle*, avec de froides allégories qui dissimulent mal l'indigence d'invention, ne releva pas la réputation de l'auteur. Il fut jugé sans retour ce qu'il était, un impuissant qui veut mordre. Il fallait qu'il fût véritablement enragé pour essayer ses crocs sur ce pauvre Marmontel, le héros de la *Dunciade*. Marmontel se vengeait en entrant à l'Académie française, comme dans un moulin, tandis que Palissot se morfondait à la porte. Il vit passer un à un devant lui et sur lui tous les apprentis philosophes qui tenaient le haut du pavé, La Harpe, Champfort, Condorcet, un autre encore, dont je vais dire un mot, l'abbé Morellet. Quand Voltaire rentra à Paris, Palissot se crut sauvé. N'avait-il pas célébré, glorifié en toute occasion le patriarche, le vrai philosophe ? Que celui-ci daignât s'en souvenir et tendre la main à ce disciple un peu compromis, et il rentrait en grâce, les honnêtes gens l'accueillaient, l'Académie elle même, qui sait ? lui ouvrait ses portes. Mais Voltaire ferma la sienne à l'auteur des *Philosophes*. Ce fut le dernier coup. Il espéra encore exploiter le grand homme, du moins après sa mort, et se mit à brocher une pièce de circonstance qu'il appela le *Triomphe de Sophocle*. On épargna à Voltaire cette apothéose humiliante, qui resta pour compte à son auteur. Pendant la Révolution, Palissot se tint coi, et fit bien; mais un jour, en 1794, il fallut bien aller demander un certificat de civisme. Il se trouva en présence du farouche Chaumette, un fanatique de Rousseau, qui apostropha rudement celui qui avait osé insulter « *l'ami de l'huma-« nité, l'ange de lumière qui montra la liberté aux « hommes et sut la leur faire désirer.* » Enfin il échappa. Il fut naturellement un des flatteurs les plus ardents de l'empire, mais, malgré son aversion naturelle pour les *idéologues*, c'est-à-dire les gens de cœur qui osent penser, Napoléon n'en était pas réduit à rechercher des collaborateurs aussi compromis et hors d'usage. Comme Diderot avait raison de dire : « l'ignominie est restée à son auteur ! »

§ IV

J'imagine que de tous les déboires infligés à Palissot, nul ne lui fut plus sensible que la fortune de l'abbé Morellet. L'abbé Morellet lui survécut, il fut de l'Académie française, il fut nommé par l'empereur député au Corps législatif, il fut décoré; bref, il eut tout ce que Palissot aurait voulu avoir, et c'était un philosophe ! c'était mieux, c'était justement le philosophe qui, en 1760, infligea à Palissot la volée de coups de bâton que Choiseul lui souhaitait. Je dis coups de bâton, mais par métaphore : Morellet n'était pas de ces abbés grands seigneurs qui se permettent de bâtonner les gens ; c'est la plume à la main qu'il fondit sur Palissot. Il faut dire que ce brave abbé Morellet, à peine débarqué à Paris, avait été agréé par Diderot et d'Alembert, comme théologien de l'Encyclopédie. Elle ne tarda pas à être supprimée, et le théologien resta sans ouvrage. La comédie des *Philosophes* lui en donna. Jeune, ardent alors, indigné surtout de voir insulter les grands hommes qui l'avaient accueilli, il brocha en quelques heures un petit pamphlet en style biblique (en sa qualité de théologien), qu'il intitula la *Vision de Palissot*. L'abbé Morellet, dans le cours de sa longue carrière (il vécut quatre-vingt-treize ans), a écrit, en y comprenant ses Mémoires, bien des volumes d'une digestion difficile, tant ils sont lourds ; mais que tout cela lui soit pardonné : il a écrit la *Vision de Palissot !* Comment a-t-il pu l'écrire ? C'est un mystère que nul ne s'expliquera jamais. Il y eut une heure, heure bénie, où l'inspiration, cette fille des cieux, s'égara dans le cabinet de l'abbé Morellet, et, le prenant sans doute pour un autre, lui dicta verset par verset ce pamphlet de riche verve. Cela ne s'analyse pas, il faut le lire : c'est une perle perdue dans les quatre volumes massifs des *Mélanges*. En quelques strophes rapides et pittoresques, car on dirait un poëme, Palissot est représenté dans son galetas, les dents longues, rêvant une œuvre qui lui donne de quoi dîner. Quelle œuvre ? Un discours éloquent, comme celui de Lefranc de Pompignan, un livre docte comme celui d'Abraham Chaumeix ; et il se grattait la cervelle, et il ne trouvait rien. Et il entendit une voix, et cette voix lui disait… tout ce qui arriva depuis, la comédie des *Philosophes*, le succès, les applaudissements de la grande dame mourante, le mépris universel ; et Palissot écrivait. — La brochure tua la comédie : les philosophes furent vengés, Voltaire baptisa Morellet du nom de *Mords-les*, et enfin, pour que rien ne manquât à sa gloire, il fut mis à la Bastille. L'ingrat! Quand il écrivit ses Mémoires (il est vrai qu'il était bien vieux), il battit sa coulpe, désavoua presque cette œuvre de vive gaîté et de jeunesse. Sans elle, que serait-il?

Ne soyons pas trop sévère. L'abbé Morellet traduisit deux ouvrages qui eurent alors une influence considérable. Le premier est le *Manuel des Inquisiteurs*, livre abominable, livre de sang et de flammes, qu'il fallait faire connaître. Le second est cet admirable traité des *Délits et des peines*, que Beccaria venait de publier. Le philosophe étranger déclarait dans sa préface que toutes les idées de justice et d'humanité qui étaient l'âme de son livre, c'est aux philosophes français qu'il les devait; c'étaient eux, eux seuls, qui l'avaient inspiré et soutenu dans sa tâche : il tenait à honneur de se proclamer leur disciple, de leur rendre grâce au nom du genre humain. — Le terrible droit de punir que les hommes réunis en société se sont arrogé, doit avoir ses limites. Tout châtiment inutile est un crime. Or, à cette époque, l'arbitraire et la cruauté étaient l'âme de toutes les législations. Pas une loi qui protégeât la liberté de l'individu; pas une loi qui garantît à un accusé les droits de la défense. C'était peu; la torture fonctionnait d'un bout de l'Europe à l'autre. On avait déployé en 1757, contre Damiens, tous les raffinements de la cruauté la plus implacable : partout le juge disparaissait derrière le bourreau. Toutes ces monstruosités régnantes, Montesquieu les avait flétries, Voltaire les avait flétries; elles subsistaient encore. Beccaria, âme éloquente et généreuse, en réclamait la suppression. Il allait plus loin ; il réclamait la suppression du plus terrible et du plus inutile des châtiments, la peine de mort. Ce m'est une joie de retrouver encore à l'œuvre ici mon XVIIIe siècle, le grand siècle de l'humanité ; ce m'est une joie d'opposer aux Pompignan, aux Fréron, aux Palissot, protégés par les Choiseul et les Louis XV, ces philosophes dont on supprime, dont on brûle les œuvres, que l'on décrète, que l'on exile, que l'on outrage sur une scène française, et que d'un bout à l'autre de l'Europe la conscience du genre humain acclame et glorifie.

Voilà les titres de l'abbé Morellet comme philosophe : ils ne sont pas méprisables. Il faut y joindre les divers opuscules qu'il publia en faveur de la liberté du commerce des grains, et contre Linguet, qui cherchait à force de paradoxes, à faire du bruit. Tout cela semble judicieux, assez bien déduit, mais la pointe aiguë de malice est émoussée. Morellet, homme sérieux, qui a des places, des pensions, qui est de l'Académie, ramasse insensiblement dans sa personne et dans son style un embonpoint qui le retarde. Il a atteint son maximum de libéralisme vers 1786, et il sait mauvais gré à la Révolution de le déranger dans l'honnête position où il fait sa sieste. Il prendrait son parti de certaines réformes, comme la suppression du droit d'aînesse, celle des Parlements, et même des couvents ; mais les révolutionnaires osent porter la main sur l'Académie ! Morellet sauva du moins les précieuses archives de la compagnie, et put les rapporter triomphant le jour où l'on organisa l'Institut. Il reprit alors son petit train de vie tranquille à l'ombre d'un gouvernement plus fort, mais moins libéral peut-être que celui de Louis XVI.

Il observa scrupuleusement la loi du silence imposée par le maître aux prétendus députés qui étaient censés représenter le pays. Une seule chose troubla sa quiétude, vers l'âge de soixante-quinze ans, ce fut le succès des premiers écrits de Châteaubriand, *Atala*, *René*, le *Génie du Christianisme*. Quoi! se dit-il (et malheureusement pour lui, il l'écrivit), encore des révolutions ! On n'écrit pas comme cela; cela est défendu; voyez Boileau et tous les modèles. Le Christianisme est interdit à la littérature.

> De la religion les mystères terribles
> D'ornements égayés ne sont point susceptibles.

Pauvre abbé Morellet! Depuis 1760, il retardait, et l'on était en 1800! Il retarda jusqu'en 1819, date de sa mort.

MARMONTEL

Marmontel, habile metteur en œuvre des idées chères au xviiie siècle. — L'homme de lettres qui veut arriver. — On trouve Marmontel partout, au théâtre, dans les salons, dans les antichambres, à la cour, parmi les Encyclopédistes. — Il a vulgarisé la tolérance et la nature. — *Bélisaire* et les *Incas*, les *Contes moraux*. — Ce qui reste de Marmontel. — Les *Mémoires*.

Le xviiie siècle sans Marmontel ne serait pas complet. On ne le lit plus guère, mais on l'a lu avec passion, autant que Voltaire et que Rousseau, plus que Montesquieu et que Condillac. Les esprits supérieurs désorientent toujours un peu le public contemporain; les nouveautés qu'ils apportent effarouchent; on se défie, on se révolte contre les prétentions de ces gens qui veulent tout changer, qui s'imaginent avoir plus d'esprit que tout le monde. Vient-il après eux un homme médiocre qui prend à son compte les idées encore suspectes, les habille à sa livrée et les jette hardiment dans la circulation, le gros du public reconnaît un des siens, se complaît dans les hardiesses mises à sa portée, élève aux nues l'œuvre et l'ouvrier. Telle fut la destinée de Marmontel. Il n'est remarquable ni comme penseur, ni comme écrivain; il n'existe que parce que Voltaire a existé; il n'a guère en propre que des défauts qui sautent aux yeux et dont le moindre est d'affadir le lecteur le plus intrépide. Avec tout cela, ce fut un des plus chers favoris de ses contemporains, un des auteurs les plus en vue, les plus universellement acceptés. A part quelques échecs au théâtre, échecs précédés des plus vifs succès, tout lui sourit. Lauréat des Jeux Floraux, puis de l'Académie française, académicien, secrétaire perpétuel, historiographe, directeur du *Mercure*, chargé de places et de pensions, il est au mieux avec le gouvernement, sans cesser d'être fort bien avec les philosophes; il a même le bonheur d'être mis à la Bastille et d'être censuré par la Sorbonne, ce qui met le comble à sa gloire et le rend aussi populaire à l'étranger qu'il l'était parmi ses compatriotes. Bien portant, bon vivant, sans méchanceté et même sans vanité, il plaît à tout le monde, ne blesse personne, n'a juste que ce qu'il faut d'ennemis pour être tenu en haleine sans être harcelé, et il peut légitimement ne voir que des envieux dans les irréconciliables, comme Fréron et Palissot. En résumé, ce fut un homme heureux, mais ce fut surtout un homme adroit. S'il mérite aujourd'hui le silence et l'ombre où il plonge de plus en plus, il sut mériter il y a cent ans la réputation dont il jouit et les avantages solides qu'il en tira. Il est le type de l'homme de lettres qui fait son chemin. C'est à ce point de vue qu'une étude du personnage peut encore aujourd'hui offrir de l'intérêt.

Marmontel est né en Limousin, dans la petite ville de Bort, en 1723. Ses parents qui étaient de pauvres artisans, ne reculèrent devant aucun sacrifice pour lui donner une éducation libérale. Sa mère semble avoir été une femme distinguée : il lui dut une énergie et une persévérance réelles; elle ne lui transmit pas au même degré la délicatesse de nature. Il faut lire dans les *Mémoires* de Marmontel le récit de ses premières années : cela est vif, senti, d'une bonne et franche manière; le vernis factice est tombé, le bonhomme reste et apparaît comme rajeuni et attendri réellement par ces chers souvenirs qui sommeillaient au plus profond de l'âme, et qui un à un se réveillent et envoient au vieillard une caresse et un adieu. C'était sur lui que reposaient toutes les espérances de la famille, surtout après la mort du père, et, bien que fort jeune, il sentait non sans orgueil et sans angoisses les charges qu'il avait assumées. Il lui fallut aussi de bonne heure calculer ce que pouvaient rapporter des succès de collège, et escompter pour ainsi dire cette gloire qu'il fallait rendre productive. Il songea d'abord à l'enseignement, et fut à demi gagné par les Jésuites qui spéculèrent sur ses bons sentiments, en lui promettant monts et merveilles pour les siens. Sa mère, vaillante et prudente, le tira de leurs griffes. Son fils devait être un homme libre et non une « *machine obéissante.* » Au fond, la vocation manquait; Marmontel n'eût prononcé de cœur aucun des trois vœux; si décidé qu'il fût à consacrer sa vie à sa famille, il comptait bien aussi de temps en temps vivre pour lui-même, écouter la voix de la nature et du sentiment, comme il dira plus tard. En attendant une position, il se mit à concourir pour l'Académie des Jeux Floraux de Toulouse. Il remporta à la même distribution trois prix de poésie, dont un d'éloquence, qui se trouva vacant, ce qui veut dire, si je ne me trompe, que le jury ne vit pas de différence bien sensible entre les vers de Marmontel et sa prose, et les prit l'un pour l'autre, confusion qui n'a rien d'absolument impossible. Ces premiers triomphes l'enhardirent à écrire à Voltaire, la Providence de tous les débutants. Voltaire crut découvrir dans les vers de Marmontel une vocation réelle pour la finance, et il l'appela à Paris pour y occuper un emploi chez le contrôleur Orry. L'emploi étant venu à manquer par suite de la disgrâce d'Orry, Marmontel poussé par Voltaire, concourut pour les prix d'Académie d'abord; mais comme la *récolte* (le mot est de lui) n'était pas sûre, et devait se faire attendre, et qu'un homme avisé doit avoir plus d'une corde à son arc, il fit une tragédie qui fut acceptée des comédiens. C'est *Denys le Tyran* (1748), un des plus éclatants succès de théâtre au XVIIIe siècle. Les deux plus célèbres actrices du temps, Mlle Gaussin et Mlle Clairon se disputèrent le rôle d'Arétie, fille de Dion, une caricature de l'Émilie de *Cinna*, qui, placée entre le jeune Denys qu'elle aime et le vieux Denys qu'elle hait, se résigne à épouser celui-ci, mais auparavant l'empoisonne et s'empoisonne elle-même. Voltaire applaudit de bon cœur au triomphe de son premier disciple, et, comme il partit peu de temps après pour la Prusse, Marmontel régna en maître sur la scène tragique. Disons d'un mot que c'est la partie la plus faible de son œuvre. Le public lui-même, si indulgent qu'il fût, se vit forcé de s'en apercevoir. Après avoir fait un accueil convenable à *Aristomène*, il fut sans pitié pour *Cléopâtre*. Il est vrai que le pauvre Marmontel avait eu l'idée, pour ajouter à l'intérêt du spectacle, de s'associer au célèbre Vaucanson, qui lui avait fabriqué pour le dénouement du cinquième acte un aspic mécanique, que l'on vit se diriger en sifflant vers l'infortunée reine d'Égypte. Le parterre fit comme l'aspic : ce fut une de ces chutes grotesques qui eussent tué tout autre que Marmontel. Il ne fut que refroidi, et madame de Pompadour, qui protégeait à tort et à travers, le relança sur la scène ; mais après deux échecs très-significatifs (*les Héraclides* et *les Funérailles de Sésostris*), il avoua à sa protectrice qu'il ne se croyait pas le génie dramatique ; elle voulut bien le croire. Il songea à se tourner d'un autre côté, lequel? peu importait : il y avait dorénavant entre le public mondain et Marmontel une sorte d'alliance secrète ; il était assuré de réussir. Les défaillances du poëte étaient excusées d'avance par les agréments de l'homme de société. Toutes les portes s'ouvraient devant lui ; tout le monde voulait voir ce jeune homme si intéressant qui faisait vivre de son travail une nombreuse famille. Il n'est pas un salon en renom où vous ne trouviez Marmontel accueilli, fêté, encouragé. — La vieille Mme de Tencin le lègue à Mme Geoffrin qui, comme on sait, montait sa maison avec les meubles de son amie ; cela ne l'empêche pas de tenir une place fort honorable chez Mlle de Lespinasse. Mme du Deffand, plus délicate, plus grande dame, semble ne pas avoir recherché sa société; mais le baron d'Holbach le compte parmi ses habitués : c'est là qu'il se lie avec Diderot, Grimm, Galiani, qu'il fait la connaissance de J.-J. Rousseau, de Saint-Lambert, et vogue en pleine Encyclopédie. Ses secrètes préférences, il faut bien l'avouer, ne sont pas pour ces maisons, sérieuses après tout, et où les choses de l'esprit tenaient plus de place que les dissipations mondaines : où il est le plus à son aise et comme dans son élément, c'est chez les financiers. Il aime La Popelinière et il en est adoré; La Popelinière ne peut se passer de Marmontel; il le possède à Paris, le loge, l'emporte à la campagne, le consulte sur les plaisirs de tout genre qu'il imagine pour ses hôtes et pour lui-même. Le fastueux Bouret, Pelletier font une concurrence sérieuse à La Popelinière. Marmontel, qui a une santé de fer, un estomac incomparable, un entrain merveilleux, suffit à toutes ces exigences, et trouve le moyen de se partager en se donnant tout entier. Il se détache insensiblement de Mme Geoffrin, chez qui l'on faisait « chère succincte, » et se rapproche de Mlle Clairon. Les coulisses n'ont pas d'hôte plus assidu et plus recherché. — Est-ce tout? Non. On ne s'expliquerait pas les avantages solides qu'il sut récolter, si on ne le montrait encore sur une autre scène. Ce poète, ce philosophe est au mieux avec le duc de Choiseul; il est admis dans les petits appartements de Mme de Pompadour, il est protégé par Bernis; le roi, si malveillant pour tous les gens de lettres, lui fait bon visage : un jour même, peu s'en fallut qu'il ne lui adressât la parole; trente ans après ce mémorable événement, Marmontel frémit encore d'émotion. Il veut que la postérité sache que cet auguste monarque a bien voulu recevoir un exemplaire de la *Poétique* de Marmontel, et qu'il a été sur le point de l'en remercier. « Jamais, dit l'auteur, il ne m'avait paru si beau. » Ces protections lui valurent d'abord une place de secrétaire des bâtiments, puis le privilége du *Mercure*, excellente affaire. Peut-être ces faveurs l'eussent-elles un peu compromis dans ses sociétés ordinaires qui n'avaient pas pour Louis XV la même admiration; heureusement, le plus sot des courtisans et le plus aimé du roi, le duc d'Aumont, le fit mettre à la Bastille pour une parodie dont Marmontel était innocent. Sa détention ne dura que onze jours, et lui fit le plus grand bien dans le public. Il sortit de la Bastille avec une petite auréole et redevint de plus en plus le favori de la mode. L'Académie lui ouvrit ses portes; on porta aux nues *Bélisaire*, surtout après la censure de la Sorbonne, les *Incas*, récidive sans excuse; on pleura dans toute l'Europe sur les infortunes des héroïnes des *Contes Moraux*; on applaudit sur le théâtre de la cour les opéras de Marmontel, *Didon*, *Zémire et Azor*. Tant de succès en tous genres créaient à Marmontel une position assez fortunée. Ses frères, ses sœurs, ses tantes dont il s'était chargé, moururent. « il héritait tous les ans, comme il le dit naïvement, de quelques-uns de ses bienfaits. » Il fit son budget, et se trouvant assez riche, il se maria à cinquante-quatre ans, avec une nièce de l'abbé Morellet, jeune personne de dix-huit ans. Homme excellent, mari modèle, père tendre, il savourait son bonheur avec une ivresse qui prêtait un peu à rire à ses anciens amis. — « Il croit qu'il n'y a que lui au monde qui soit père, » disait l'un d'eux. C'était une découverte qui en valait bien la peine. Que de phrases Marmontel avait faites sur les pères, les mères, les enfants, la voix du sang, les sentiments de la nature, les charmes de l'innocence, l'amour maternel, la piété filiale! Quel déluge de larmes il avait lâché dans les *Contes Moraux*, jusqu'à en submerger ses lecteurs! J'aime à l'entendre faire amende honorable et regretter les assaisonnements malsains dont il essayait de relever la prétendue morale de ces histoires si peu édifiantes; c'est qu'il avait enfin découvert *la nature*, cette *nature* qu'il chantait en vers et en prose depuis trente ans, et qu'il ne soupçonnait pas. Ce fut une véritable révélation. Quel exemple pour certains écrivains, s'ils pouvaient en profiter! Un homme, après avoir enflé sa voix pendant trente ans et chanté faux pour mieux se faire écouter, s'avise, un peu tard, il est vrai, de parler avec sa voix naturelle, et pour la première fois il parle bien, il intéresse, il amuse, il instruit, il touche. Les *Mémoires* de Marmontel étaient sans doute, de toutes ses productions littéraires, celle à laquelle il attachait le moins d'importance ; c'est la seule qu'on puisse lire, qu'on doive lire. On y trouve d'abord des renseignements précieux sur la société du XVIIIe siècle; de plus, la sincérité de l'auteur est parfaite, et, même quand il se trompe, on voit qu'il ne cherche pas à tromper. Mais ce qui vaut mieux encore, le ton (sauf quelques accès de déclamation) reste uniformément simple et naturel. Ce brave Marmontel, qui s'était oublié dans les boudoirs, les coulisses, les antichambres, les petits et les grands soupers, était resté au fond très bon-homme, très-affectueux, très-droit. Il s'écrie quelque part : « Malheur à ces cœurs blasés à qui, pour être émus, il faut des impressions artificielles et rares! » Ce malheur lui fut épargné sur ses vieux jours.

La grosse sensibilité qu'il avait dépensée dans ses écrits, laissa intacte la sensibilité vraie qui était en lui, et qui se répandit tout naturellement sans essayer de se faire valoir, quand il eut une femme à lui, des enfants à lui. Il s'y ajouta même un léger nuage de mélancolie qui n'est pas sans charmes. L'auteur écrivait loin de Paris, dans le hameau d'Abloville en Normandie, où il avait dû se réfugier dès 1792. Il fut un de ces philosophes à qui il fut donné de voir la Révolution. Quel spectacle pour un homme comme lui! D'abord nommé électeur, il sentit bientôt que l'on irait plus loin qu'il ne voulait aller. Il eut le courage de s'arrêter à temps; il refusa seul dans toute une assemblée, de voter la liberté illimitée de la presse, et se vit préférer Sieyès : quel rapprochement! Dépouillé de toutes ses places, de ses pensions, il entendit de loin le fracas de l'ancienne société qui s'écroulait. Son attitude fut digne. Il ne se laissa pas emporter par le courant révolutionnaire, comme La Harpe; il ne quitta point la France comme tant d'autres, pour conspirer contre elle : il attendit dans la retraite des jours plus calmes. En 1797, les électeurs du département de l'Eure l'envoyèrent au conseil des *Cinq-Cents;* il mourut deux ans après, en 1799. Bien que la dernière partie de ses *Mémoires* renferme le récit des événements de la Révolution, Marmontel ne compte pas comme historien; c'est un historiographe.

Marmontel raconte dans ses *Mémoires* la première visite qu'il fit à Mme de Tencin. Il dit qu'il la trouva *bonne femme,* ce qui était d'un homme encore bien naïf et tout frais débarqué de sa province. Cette *bonne femme* le fit causer, l'amena à raconter toutes ses petites affaires, charges de famille, espérances, voies tentées. Elle fut intéressée et le témoigna bien en lui donnant deux conseils qu'il suivit religieusement. Le premier était *de viser au solide*, ce qui n'est guère l'habitude des poëtes; le second, de se faire plutôt des amies que des amis; un homme que les femmes protégent arrive toujours. Bien que fort jeune encore, il comprit, obéit et s'en trouva bien. Cela semblait tout naturel alors, et l'on ne s'en cachait pas : le tout était de réussir. Il réussit, grâce aux Pompadour, aux Du Barry, aux Séran, sans compter les autres personnes moins en vue. Habile à pressentir les événements et les avénements, il fit de bonne heure sa cour à Mme Necker, qui ne ressemblait guère à ses autres protectrices ; mais elle goûtait trop le solennel et chaste Thomas pour apprécier les mérites plus légers de Marmontel ; néanmoins elle lui fut bienveillante : c'est tout ce qu'il désirait. Il entrevit la fille de Mme Necker, Mme de Staël, fort jeune encore et dont il dit en passant : « C'est quelquefois une aimable étourdie. »

Tel est l'homme : essayons maintenant de déterminer sa place dans le parti philosophique et d'apprécier ses titres littéraires.

Il n'y a pas d'homme célèbre qu'il n'ait connu et pratiqué. Tout jeune il a vu Massillon; un peu plus tard il s'est rencontré avec Fontenelle et Montesquieu ; il a été recommandé par Voltaire alors courtisan, à toutes les personnes qui pouvaient lui être de quelque secours, et il est allé plus tard faire une longue visite à son maître, à Ferney. Il est même fort probable qu'il fit à son retour une démarche auprès de Mme de Pompadour pour obtenir la rentrée de Voltaire en France ; un mot sec de Louis XV coupa court à toute espérance. Il a été fort lié avec Diderot et la plupart des Encyclopédistes ; enfin il a apporté sa collaboration à l'Encyclopédie. Mais Marmontel était un homme prudent. Il ne donna à l'Encyclopédie que des articles de pure littérature ; et quand elle fut suspendue en 1759, il se retira, pour ne reprendre son travail qu'à la seconde édition, lorsque tout danger de se compromettre avait disparu. Dans la grande mêlée de 1760, au plus fort des épreuves, Marmontel laissa à d'autres l'honneur de tenir le drapeau. Bien que attaqué directement par Palissot dans la *Dunciade*, il ne donna pas signe de vie. En revanche, il apparut le jour où les philosophes revinrent sur l'eau. Son élection à l'Académie, en 1763, fut considérée comme une victoire du parti, bien qu'elle ne fût pas sérieusement combattue par les adversaires. Une fois académicien, il se montra plus hardi, sans cesser d'être habile, et lança son *Bélisaire*, auquel il donna bientôt pour pendant les *Incas*.

Vers cette année 1767, la victoire des idées nouvelles sur bien des points est manifeste. S'il n'y a rien de changé dans les institutions et les lois, si le Parlement et la Sorbonne continuent à sévir contre les livres, l'opinion publique réprouve de plus en plus ces rigueurs et se prononce hautement en faveur des écrivains. Depuis quarante ans, Voltaire poursuit sans défaillance sa lutte énergique contre le fanatisme, si brillamment inaugurée par *Œdipe* et par la *Henriade* ; Montesquieu, plus calme, mais plus ferme encore, a résumé dans quelques pages décisives de l'*Esprit des lois* l'opinion des juges éclairés. La *Profession de foi du vicaire savoyard*, la *Lettre à Christophe de Beaumont* ont mis au jour des arguments nou-

veaux en faveur de la tolérance, et quels arguments !
Enfin, l'Europe entière est encore sous le coup de l'indignation soulevée par l'épouvantable procès de Calas, sitôt suivi de celui de Sirven, quand on apprend la monstrueuse exécution du chevalier de la Barre, presque un enfant, condamné à être brûlé vif et décapité pour avoir mutilé un crucifix. À la voix de Voltaire qui dénonça ce nouveau forfait des « Busiris en robe, » il y eut une indicible explosion de colère et de pitié. Tous ceux qui pouvaient conserver encore quelques doutes, furent éclairés, convaincus; l'intervention du bras séculier dans les questions de croyance, l'orthodoxie soutenue et prouvée par les supplices, la liberté de la conscience humaine violée par les attentats juridiques, le moyen âge enfin, sauf l'excuse de la foi, s'étalant encore et sévissant au sein d'une société qui l'exécrait : tout cela fut proclamé inique, odieux, insupportable. On se demanda en même temps ce que faisait de son autorité ce roi absolu, qui d'un mot eût pu empêcher ces abominations. On se rappela les espérances, l'amour opiniâtre qui pendant quarante ans s'étaient attachés à ce triste personnage, en qui on avait voulu retrouver un duc de Bourgogne et un Télémaque. On commença à rendre la royauté responsable de tout le bien que ne faisait pas Louis XV, de tout le mal qui se faisait en son nom. L'Académie elle-même en imposant aux concurrents à ses prix d'éloquence, l'éloge de saint Louis, sembla les inviter à des rapprochements cruels pour le roi régnant; le vertueux Thomas célébra Sully, Henri IV et Marc Aurèle en des termes qui ne pouvaient plaire au héros du Parc aux Cerfs. D'autres plus hardis encore, comme Rousseau et Mably, ne crai-

gnent pas d'ébranler dans sa base l'autorité des rois, et rappellent qu'elle ne peut reposer que sur un contrat, et qu'elle ne saurait en aucune façon anéantir les droits imprescriptibles du souverain réel, le peuple. Voilà les circonstances dans lesquelles Marmontel publia son *Bélisaire*. Ce qu'avaient déjà dit et redit les grands écrivains du XVIIIe siècle, y compris Fénelon dans le *Télémaque*, ce que tout le monde pensait et sentait, il vint le dire à son tour, dans son langage, et avec l'éloquence qui lui était propre. D'idées nouvelles, d'arguments nouveaux il n'en apportait pas; mais il ramassait et condensait dans une œuvre qui participait à la fois du roman, du poëme et du plaidoyer, les vérités qui flottaient pour ainsi dire éparses. Tout ce qui n'est pas de lui est excellent, inattaquable; ce qui est de lui, c'est-à-dire la forme, est franchement mauvais, mais ne parut point tel alors au gros du public : la sincérité de la conviction soutenait, échauffait cette éloquence de lieux communs; on trouvait beau ce qu'on sentait vrai : croire, c'est aimer. Que de simplicité, que d'enthousiasme dans nos pères du XVIIIe siècle, ces hommes que l'on nous représente toujours si légers, si sceptiques! Ah! que n'avons-nous aujourd'hui la foi qui les animait!

La composition de *Bélisaire* n'est pas ce qu'il y a de plus remarquable dans l'ouvrage. L'auteur distribue sa matière en seize chapitres, ou plutôt en seize dissertations. Peu d'action, des événements invraisemblables et trop visiblement imaginés pour amener avec plus ou moins de naturel un discours *ex professo* de Bélisaire. Ce grand homme, à qui Justinien vient de faire crever les yeux, se dirige sous la conduite d'un enfant, vers sa demeure, en

Thrace. Chemin faisant, il sème çà et là les enseignements de la plus pure morale. Ce sont d'abord de jeunes seigneurs qu'il catéchise, puis le roi des Vandales, Gélimer, qu'il a vaincu et détrôné jadis et qu'il retrouve cultivant son champ (souvenir de Candide) ; puis les Bulgares, qui lui offrent de le venger de Justinien, ce qu'il refuse avec indignation; puis un jeune soldat, dont il modère l'emportement. Enfin il arrive dans sa maison ; sa femme, en le revoyant aveugle, meurt de désespoir. Le jeune Tibère, héritier présomptif du trône, a suivi le vieillard qu'il a entendu au premier chapitre, et dont la parole a fait sur son esprit une profonde impression. Il revient le lendemain, mais accompagné cette fois d'un personnage inconnu, qui n'est autre que l'empereur. Justinien se dérobe chaque jour aux courtisans qui l'empoisonnent de leurs flatteries et vient recueillir de la bouche de Bélisaire les leçons qui font les princes justes et les peuples heureux. Le luxe, la guerre, les armées, la cour, l'égalité des charges, toutes les questions à l'ordre du jour parmi les philosophes du xviiie siècle sont traitées et résolues par Bélisaire avec une assurance imperturbable. Tous les soirs l'empereur rentre dans son palais, chargé de la plus abondante moisson de sages préceptes, et de plus en plus déchiré par les remords. — Il faut donner un échantillon de la mise en scène qui charma les lecteurs du xviiie siècle.

— « Tandis que Bélisaire parlait ainsi, Justinien admirait en silence l'enthousiasme de ce vieillard, qui, oubliant son âge, sa misère et le cruel état où il était réduit, triomphait à la seule idée de rendre sa patrie heureuse et florissante. « Il est beau, lui dit-il, de prendre un intérêt si vif à des ingrats. — Mes amis, leur dit le héros, le plus heureux jour de ma vie serait celui où l'on me dirait : Bélisaire, on va t'ouvrir les veines, et pour prix de ton sang, tes souhaits seront accomplis. » A ces mots, son aimable fille, Eudoxe, vint l'avertir que son souper l'attendait. Il rentra, il se mit à table. Eudoxe, avec une grâce mêlée de modestie et de noblesse, lui servit un plat de légumes et prit place à côté de lui. « Quoi ! c'est là votre souper ? dit l'empereur avec confusion. — Vraiment, dit Bélisaire, c'était le souper de Fabrice, et Fabrice me valait bien. — Allons-nous-en, dit Justinien à Tibère : cet homme-là me confond. » Sa cour, espérant de le dissiper, lui avait préparé une fête. Il ne daigna pas y assister. A table, il ne s'occupa que du souper de Bélisaire, et en se retirant, il se dit à lui-même : « Il est moins malheureux que moi, car il s'est couché sans remords. »

Et sans indigestion, eût-il pu ajouter.

On arrive ainsi au XVe chapitre, ce fameux XVe chapitre sur la Tolérance, qui était le morceau capital, la pièce de résistance. Bélisaire énumérait un à un à ce malheureux Justinien qui hasardait à peine quelques timides objections, tous les arguments à l'aide desquels les philosophes du XVIIIe siècle prouvaient qu'il fallait laisser à Dieu seul le soin de se venger, c'était le premier point, et que Dieu ne se vengeait pas, c'était le second. C'était donc lui faire injure que de prétendre que les Aristide, les Socrate, les Caton étaient damnés, eux qui avaient pratiqué la vertu sans être éclairés des lumières de la foi. « La révélation n'est que le supplément de la conscience. » Et que dit la conscience ?

— « Qu'une religion qui m'annonce un Dieu propice et bienfaisant est la vraie ; et que tout ce qui répugne à l'idée et au sentiment que j'en ai conçu n'est pas de cette religion. Vous l'avouerai-je ? Ce qui m'y attache, c'est qu'elle me rend meilleur et plus humain. S'il fallait qu'elle me rendît farouche, dur, impitoyable, je l'abandonnerais, et je dirais à Dieu : « Dans l'alternative fatale d'être incrédule ou méchant, je fais le choix qui t'offense le moins. »

De quel droit alors les princes seraient-ils plus exigeants que Dieu lui-même ! Et ne le savent-ils pas d'ailleurs que les persécutions religieuses sont impuissantes? « *On n'éclaire pas les esprits avec la flamme des bûchers.* » N'oublions pas enfin l'argument si souvent invoqué par Voltaire, de l'inutilité et du péril des discussions métaphysiques, ce dernier légèrement irrévérencieux.

— « Le seul point sur lequel tous les partis s'accordent, c'est qu'aucun d'eux ne comprend rien à ce qu'ils osent décider ; et vous voulez me faire un crime de douter de ce qu'ils décident ! Laissez descendre la foi du ciel, elle fera des prosélytes ; mais avec des édits, on ne fera jamais que des rebelles ou des fripons. Les braves gens seront martyrs, les lâches seront hypocrites; les fanatiques de tous les partis seront des tigres déchaînés. »

Si, au contraire, on accorde une liberté illimitée aux opinions religieuses, bientôt la paix régnera partout. Pourquoi? Encore un argument à la Voltaire.

— « Et qui apaisera les troubles élevés ? demanda l'empereur. — L'ennui, répondit Bélisaire, l'ennui de disputer sur ce qu'on n'entend pas, sans être écouté de personne. C'est l'attention qu'on a donnée aux nouveautés qui a produit tant de novateurs. »

Le dénouement se devine. L'empereur fait prisonnier par les Bulgares est délivré par Bélisaire; il reconnaît ses torts envers ce grand homme, et le force à reprendre à sa cour le rang qu'il y occupait. Quant au jeune Tibère, il épouse l'aimable Eudoxe.

Tout cela est bien pauvre, d'un libéralisme bien étroit, et, malgré le pathos prodigué, sans élévation réelle; mais Marmontel ne s'adressait ni aux esprits supérieurs, ni aux délicats, qui sont toujours en minorité; et d'ailleurs il avait pris ses mesures afin d'être persécuté quelque peu, mais comme il l'entendait. Il comptait sur les anathèmes de la Sorbonne, alors plus décréditée que jamais; l'important pour lui, c'était que le Parlement, le ministère, le conseil du roi ne s'avisassent point de prêter main-forte à la théologie. En conséquence, il alla humblement présenter son manuscrit à Terray, à Maupeou, à Saint-Florentin; il sollicita l'honneur de dédier *Bélisaire* au roi, bien certain que tous ces gens-là ne jetteraient pas les yeux sur l'ouvrage, et aimeraient mieux le laisser passer que de le lire. En sûreté de ce côté, il fut trouver l'archevêque, discuta avec les théologiens, les exaspéra et les amena enfin à déclarer hautement leurs prétentions, ainsi résumées : « Nous voulons le droit du glaive pour exterminer l'hérésie, l'irréligion, l'impiété et tout soumettre au joug de la foi. » C'est ce qu'il demandait. Que lui importait la censure, les trente-sept propositions extraites et condamnées ? Il répondait en publiant les déclarations insolentes des fanatiques. Le succès fut inouï, non-seulement en France, mais dans toute l'Europe. Les souverains étrangers, les personnages de distinction de tous pays, écrivirent à Marmontel pour le féliciter. Catherine II fit traduire *Bélisaire* en russe pour l'édification de ses sujets qui n'y comprenaient rien. Voltaire, sobre d'éloges sur le reste, car il avait du goût, vanta en termes hyperboliques le fameux chapitre XVe sur lequel il eût pu revendiquer des droits, et lança contre la pauvre Sorbonne trois ou quatre pamphlets qui valent cent fois *Bélisaire* et les *Incas* et tout Marmontel. Que d'esprit, de bon sens et de verve dans celui qui commence par ces mots!

« Je vous connais ; vous êtes un scélérat. Vous voudriez que tous les hommes aimassent un Dieu père de tous les hommes [1]. »

Bélisaire marque l'apogée de la gloire de Marmontel. Il avait mené cette affaire en maître; il était censuré, et il était populaire, et son crédit à la cour n'avait subi aucun déchet. Jamais disciple de Voltaire ne mit mieux en pratique les leçons du maître; Voltaire lui-même, qui savait si bien prêcher la prudence aux frères, n'était qu'un écolier auprès de Marmontel. En joueur habile, il voulut pousser sa veine, et donna pour pendant à *Bélisaire* les *Incas*. Malgré les éloges de La Harpe, il est permis de trouver insipide ce nouveau plaidoyer dramatisé en faveur de la tolérance; mais les *Incas* ont un défaut plus grave encore que la fadeur. Cela est écrit dans un style qui n'est ni la prose ni les vers. A ce titre, c'est peut-être de tous les ouvrages de Marmontel celui qui le peint le mieux, auteur hybride, ni prosateur, ni poëte, qui ne possède ni le rhythme, ni la couleur, ni le dessin ferme, mais qui a l'air orné et fleuri parce qu'il est riche en épithètes. Ce vernis artificiel ne fait plus illusion aujourd'hui, mais il a été à la mode, il a eu des admirateurs

---

1. Anecdotes sur *Bélisaire*.

et des imitateurs, je ne dis pas seulement parmi les vulgaires barbouilleurs de papier, cela alla bien plus loin : Mme de Staël et Chateaubriand ont lu dans leur jeunesse et probablement goûté Marmontel. N'y a-t-il pas quelque degré de parenté entre *les Incas* et *les Natchez ?* Quant aux grotesques du genre, Marchangy et d'Arlincourt, leur descendance directe est incontestable ; mais Marmontel conserve sur eux une supériorité qui a son prix : il plaide la cause de la liberté de conscience ; et, si son style manque de naturel et de simplicité, la sincérité de l'homme ne peut être mise en doute. Le dernier travail qui occupa Marmontel, ce fut un Mémoire pour réclamer le libre exercice du culte catholique alors proscrit. C'était en 1797. Trente ans après la publication de *Bélisaire*, Marmontel plaidait pour ceux qui avaient censuré *Bélisaire*. Cela rachète bien des défauts de style.

Il n'est pas absolument injuste qu'il expie aujourd'hui ses succès de mauvais aloi, et que l'engouement ait fait place au dégoût : c'est le sort réservé aux favoris de la mode. Que la critique soit sans pitié pour les tragédies de Marmontel, pour *Bélisaire*, pour les *Incas*, pour la plupart des *Contes moraux*, rien de mieux ; il n'est pas besoin d'ailleurs de recommander la sévérité au lecteur ; dès les premières pages il est averti et ennuyé. Ces gens qui frémissent, qui se jettent dans les bras et sur le sein les uns des autres, qui s'inondent de larmes, invoquent la nature, la vertu, le sentiment, on ne peut plus les supporter ; ce Marmontel est mort et bien mort ; les Florian, les Genlis, les Berquin, les Bouilly lui ont donné le coup de grâce en l'imitant. Mais celui des *Mémoires* garde son prix ; on pourrait même avoir quelque estime pour l'auteur de certains livrets d'opéras comiques, et en tout cas, il n'est que juste de mentionner honorablement les *Éléments de littérature*, qui représentent sa collaboration à l'Encyclopédie. Comme humaniste, Marmontel est bien supérieur à La Harpe; s'il ne sait pas mieux le grec, alors peu à la mode, la langue latine lui est bien plus familière. Il y a de plus un effort d'originalité dans sa science didactique; il ose corriger sur certains points les vieilles définitions et les vieilles théories qui lui semblent erronées ou étroites; pour tout dire, en un mot, il est animé d'un certain libéralisme. Dans son *Épître aux poëtes*, dont Duclos disait : « C'est un pétard mis sous la porte de l'Académie, » il osait réclamer en faveur de Lucain trop sacrifié à Virgile, et qu'il traduisit; il défendait contre Boileau le Tasse et Quinault; et, chose plus hardie, il essayait de réhabiliter Scarron. Je ne dirai pas qu'il avait le goût mauvais, ce serait excessif, mais il l'avait entreprenant. Sans être poëte, il comprenait ce qui manque à Boileau.

> « Que ne peut point une étude constante !
> Sans feu, sans verve et sans fécondité,
> Boileau copie, on dirait qu'il invente;
> Comme un miroir il a tout répété.
> Mais l'art jamais n'a su peindre la flamme;
> Le sentiment est le seul don de l'âme
> Que le travail n'a jamais imité.
> J'entends Boileau monter sa voix flexible
> A tous les tons, ingénieux flatteur,
> Peintre correct, bon plaisant, fin moqueur,
> Même léger dans sa gaîté pénible ;
> Mais je ne vois jamais Boileau sensible :
> Jamais un vers n'est parti de son cœur. »

En résumé, Marmontel a écrit trop tôt et il a trop écrit, et il a écrit pour vivre d'abord, puis pour bien vivre. Il raconte quelque part, dans ses *Mémoires*, qu'il se sentit un jour humilié à la vue de Rousseau qui avait attendu quarante ans avant d'écrire, qu'il ne put se défendre d'un retour sur sa précocité à lui, et sa fécondité : cet aveu part d'un bon naturel, mais il est terrible. La conscience littéraire de Marmontel parla ce jour-là : pourquoi lui imposa-t-il silence ?

THOMAS

Thomas, élève des Jésuites, excellent rhétoricien, n'a jamais pu sortir de la rhétorique. — Sincérité des sentiments, forme artificielle, qu'il n'a jamais su secouer ni renouveler. — Les *Éloges*, la *Pétréide*. — Les hardiesses de Thomas.

Bien que Thomas ne figure pas sur les cadres de l'armée philosophique et qu'il n'ait pas pris une part active aux batailles de l'Encyclopédie, il est avec les Encyclopédistes. Il aurait pu être persécuté, embastillé, tout comme un autre : on n'y regardait pas de si près alors ; il en fut quitte pour quelques menus désagréments qui ne nuisirent point à sa réputation. Le gouvernement, si arbitraire qu'il fût, pouvait-il frapper sérieusement le pacifique, l'inoffensif Thomas? Sa naïveté solennelle le sauva ; ce qui ne l'empêcha pas d'exercer sur les imaginations et le langage du XVIIIe siècle une influence très-sensible, presque toujours détestable (au point de vue du goût, cela va sans dire). Quand Robespierre lâche un moment Rousseau, c'est pour se rabattre sur Thomas.

Thomas Léonard (ces deux noms lui vont bien), né en 1732, mort en 1785, est un enfant de cette rude terre d'Auvergne qui n'épargne pas ceux qui naissent faibles. Il eut dix-sept frères ou sœurs qui tous moururent jeunes ; lui, à force de soins et de tendresse maternelle, traîna jusqu'à cinquante-deux ans. Grand, frêle, myope, courbé par sa taille, le souffle court, la poitrine toujours en feu, il suivait consciencieusement les prescriptions des médecins, qui, pour le fortifier, le mettaient au laitage. Cela ne le tuait pas, tout au plus l'empêchait de vivre. Ce fut un jeune homme modèle, rangé, studieux, pieux, un Grandisson valétudinaire. La piété s'effaça quelque peu, quand il eut respiré l'air de Paris, mais il en eut un retour convenable quand il prit congé de la vie. Peut-être son talent eût-il gagné à persévérer dans la première voie. La morale rigide, l'héroïque stoïcisme dont il se chargea plus tard, l'écrasèrent quelque peu : il eût été plus à son aise dans la douce atmosphère où s'épanouissent l'Évangile et l'*Imitation;* et puis, ce n'était pas alors une région encombrée, comme la philosophie, à tous les degrés et sous toutes les formes ; il n'eût pas été difficile à Thomas d'être tout à fait au premier rang parmi les défenseurs si rares et si chétifs du Christianisme. Son premier ouvrage, bien que lourd et d'une pédanterie minutieuse, n'est pas sans valeur. C'est, on le sait, une critique du poëme de Voltaire sur la *Religion naturelle*. On espère à chaque instant qu'il va prendre corps à corps l'adversaire ; il le laisse glisser de ses mains. — Je relève une jolie image jetée en passant, et dont Pascal eût fait un chapitre écrasant : « *Je crois voir un papillon qui voltige sur la surface d'un abîme.* » Il n'est pas interdit de caractériser ainsi la métaphysique de Voltaire; seulement *surface* est de trop, les *abîmes* n'ont pas de *surface*; mais la période en est plus harmonieuse. Thomas ne se guérira jamais de ces prétendus embellissements.

Cela lui fit trouver sa carrière. Il essaya d'abord de l'enseignement, mais sa santé était trop chétive; il se rabattit sur l'Académie, cette Providence de tous les débutants. Seulement, ses contemporains, les Marmontel, les La Harpe, les Chamfort, après avoir cueilli deux ou trois couronnes, se lançaient au théâtre. Thomas, en sa qualité de fils de l'Auvergne, persévéra jusqu'à la mort dans la voie où il s'était engagé. Ce fut en vers et en prose jusqu'au dernier soupir un orateur académique. Comment l'Académie n'a-t-elle pas encore mis au concours l'Éloge de ce martyr de l'Éloge? Il faut dire cependant qu'au moment où Thomas entra dans la carrière, elle s'était singulièrement élargie et agrandie. L'esprit du xviiie siècle avait pénétré dans la docte compagnie : elle était méconnaissable. A partir de 1755, elle renonça enfin aux panégyriques de Louis XIV et des vertus royales : il y avait plus de quatre-vingts ans qu'elle vivait sur cette maigre matière. Au grand roi succèdent les grands hommes, Maurice de Saxe, d'Aguesseau, Duguay-Trouin, Sully, Descartes, tous célébrés par Thomas, dont la gloire naissante s'illumine de leur gloire. Il obtient même un prix de poésie avec une *Ode sur le Temps*, et un accessit avec une *Épître au peuple*, qui parut d'une grande hardiesse et fit hésiter les juges. Tant de succès lui ouvrirent les portes de l'Académie : c'était un concurrent trop fort et qui décourageait les autres. Il y eût été admis très-jeune, à trente ans, s'il avait voulu se prêter à quelques-uns de ces tripotages qui accompagnent trop souvent les élections. Il s'agissait de profiter du crédit d'un Praslin, qui voulait pousser Thomas pour évincer Marmontel à qui la place avait été promise. Marmontel tout bouleversé vint trouver Thomas, et lui demanda ce qui en était. — Mais laissons Marmontel faire lui-même les honneurs de son ami.

— « Tout cela est vrai, me répondit Thomas, et il est vrai encore que M. d'Argental m'a signifié ce matin que M. de Praslin veut que je me présente, qu'il exige de moi cette marque d'attachement, que telle a été la condition du brevet qu'il m'a fait avoir ; qu'en l'acceptant j'ai dû entendre pourquoi il m'était accordé ; et que, si je manque à mon bienfaiteur, par égard pour un homme qui l'a offensé, je perds ma place et ma fortune. Voilà ma position. A présent, dites-moi ce que vous feriez à ma place. — Est-ce bien sérieusement, lui dis-je, que vous me consultez ? — Oui, me dit-il, en souriant, et de l'air d'un homme qui avait pris son parti. — Eh bien, lui dis-je, à votre place, je ferais ce que vous ferez. — Non, sans détour, que feriez-vous ? — Je ne sais pas, lui dis-je, me donner pour exemple ; mais ne suis-je pas votre ami ? N'êtes-vous pas le mien ? — Oui, me dit-il, je ne m'en cache pas.

Je l'ai dit à la terre, au ciel, à Gusman même.

— Eh bien, repris-je, si j'avais un fils, et s'il avait le malheur de servir contre son ami la haine d'un Gusman.... — N'achevez pas, me dit Thomas en me serrant la main, ma réponse est faite et bien faite. — Eh ! mon ami, lui dis-je, croyez-vous que j'en aie douté ? — Vous êtes cependant venu vous en assurer, me dit-il avec un doux reproche. »

Ce dernier trait est charmant et il faut savoir gré à Marmontel de l'avoir conservé. — Thomas perdit sa place auprès de M. de Praslin, et il n'y eut de siége vacant à l'Académie que trois ans plus tard, en 1766. — Il est à croire que Marmontel lui donna sa voix.

L'Académie ne le changea point; elle donna seulement plus de retentissement et d'autorité à son éloquence. Il était comme le modèle vivant des concurrents qui s'évertuaient en prose et en vers : c'était lui qui faisait les *corgriés*. L'*Éloge de Marc Aurèle* est le chef-d'œuvre du genre; c'est l'éloge amené à un point de perfection idéale, embelli, agrandi, presque diversifié, coupé en récits, avec des scènes dramatiques, des dialogues, des tableaux, tout un défilé de personnages et d'éloquences venus de tous les points du monde. Tout est beau, tout est grand, tout est édifiant : c'est un sublime soutenu devant lequel on se sent anéanti. — Après avoir donné tant de modèles du genre, Thomas, dont la fougue oratoire s'apaisait, en voulut donner l'histoire et la théorie. De là l'*Essai sur les Éloges*, vaste compilation, d'une érudition incomplète, d'une critique médiocre, et dont le style est toujours académique. Le ton une fois trouvé, Thomas ne put le perdre. — La poésie même ne sut le détacher de l'éloquence; il fut orateur en vers et déclama des alexandrins au lieu d'arrondir des périodes. Le poëme de *Jumonville* est encore un éloge; l'éloge eût atteint des proportions monumentales dans la *Pétréide*, épopée en l'honneur de Pierre le Grand, si la mort eût permis à Thomas d'achever son œuvre. Il se délassait, il le croyait du moins, de cette imposante composition, en écrivant ce qu'il croyait être un Essai, et ce qui n'était encore qu'un éloge, l'*Essai sur les femmes*. On goûta peu cet honnête ouvrage, on s'égaya même légèrement aux dépens de l'auteur, qui parut trop grave et même un peu pesant en si agréable matière. Diderot lui reprocha de n'avoir pas *trempé sa plume dans l'arc en ciel*, chose difficile, même pour Diderot qui la trempait plus volontiers ailleurs. Oserai-je dire cependant que de tous les ouvrages de Thomas, c'est celui que je préfère ? Il y a bien du courage à venir dire à ces idoles : « On vous adore, mais on ne vous aime pas. Vous êtes ou de brillants jouets ou des esclaves, ou des tyrans, jamais les compagnes et les égales de l'homme. » La mode n'était guère aux sermons de ce genre et il est douteux qu'ils réussissent aujourd'hui. L'homme et la femme demanderont toujours l'un à l'autre autre chose que ce qu'ils peuvent et doivent donner; mais il est bon de leur rappeler de temps en temps ce qu'ils doivent être l'un pour l'autre : il y a des âmes jeunes qui croient, il y a des âmes fatiguées qui comprennent. Il faut avouer du reste que l'honnête Thomas se lançait avec l'intrépidité de la candeur dans des questions qui ne lui étaient pas familières : son cœur ne s'était guère ouvert qu'à l'amitié. Mme Geoffrin, qui avait trente ans de plus que lui, l'avait traité en véritable enfant; elle l'aimait pour sa droiture, sa loyauté; elle avait pour lui des attentions toutes maternelles, et respectait cet innocent état d'enthousiasme qui était à la longue devenu la nature même de Thomas. Elle qui avait tant de bon sens, et un peu terre à terre, qui ne s'accommodait ni de l'emphase, ni de la déclamation, elle laissait Thomas piquer dans la nue, quitte à lui donner de temps à autre une petite saccade. Mais elle mourut en 1776, et Thomas remonta dans les espaces. Cette fois, ce fut en compagnie de Mme Necker, la moins française des femmes du XVIIIe siècle, une pure Genevoise égarée à

Paris. Ils se reconnurent, s'admirèrent, on pourrait presque dire, s'aimèrent. Jusqu'alors le grand homme de Mme de Necker avait été Buffon ; sans lui être infidèle, elle goûta infiniment Thomas, le pur, le noble, l'éloquent Thomas, Thomas si grave, qui ne riait jamais, ne plaisantait jamais, qui, comme Buffon, ne savait pas écrire une lettre, et sans avoir la tour de Montbard, ne quittait jamais les hauteurs. Elle écrivit dans le style de Thomas, l'éloge de Thomas. Voici la note du morceau.

— « La nature le doua *des vertus et du génie;* c'est elle qui le créa *sublime et grand......* Plus fait pour mourir comme Caton et Régulus que pour vivre dans le xviiie siècle.... — Il voyait tout en grand, les hommes, les vertus, la nature et jusqu'à son amie (c'est elle-même), car il a cru trouver une âme digne de la sienne. »

Il voyait tout en grand. — Rien de plus vrai : Thomas avait des verres grossissants. Les idées les plus simples et les plus naturelles s'enflaient sous ses yeux ; il ne pouvait les fixer sur le papier telles qu'elles lui apparaissaient d'abord ; il les couvait, les retournait, les échauffait, s'en échauffait lui-même, et ne se mettait à écrire que quand il les avait absolument transformées. Ses maîtres, les Jésuites, lui avaient appris au collége que le plus beau triomphe de l'éloquence, c'est d'embellir, d'ennoblir, d'agrandir les objets : c'est une méthode qu'il pratiqua toujours, et qui était devenue sa nature. Elle est si essentiellement lui, que l'on oublie de rappeler les titres sérieux qu'il eut à l'estime de ses contemporains, et dont nous devons tenir compte. Si la diction de Thomas est artificielle au possible, Thomas pense ce qu'il dit, il est convaincu. C'est peu d'aimer la liberté, la justice, la vertu, il les adore; il a l'enthousiasme de tous les sentiments généreux, il est comme enivré des belles vérités qu'il proclame. Plutarque qu'il lisait sans cesse, les Stoïciens, Marc Aurèle surtout, qu'il a étudiés, admirés, aimés avec passion, l'ont comme enveloppé d'une atmosphère de pureté et d'héroïsme. Ne se mêlant guère aux hommes, amoureux de solitude et de méditation, il est resté toujours dans la région des idées générales; le réel, l'actuel, le possible n'arrivent jamais à ses yeux et ne disent rien à son imagination : il ne comprend que l'absolu et ne développe que des axiomes. Tandis que ses amis les philosophes se jetaient dans la mêlée, suivaient de l'œil les moindres fluctuations de l'opinion publique, prenant leur avantage, attaquant celui-ci, prônant celui-là, réclamant telle réforme, battant en brèche telle institution, Thomas planait dans la sphère des principes, rappelait aux rois en général les devoirs des rois, enseignait au peuple ses droits, remplaçait le mot de *sujets* par celui de *citoyens*, et celui de *pays* par celui de *patrie*. Dans les provinces, son influence fut bien plus considérable qu'à Paris, où la déclamation est moins à son aise. Presque tous les jeunes orateurs de la Constituante et de la Législative avaient pratiqué Thomas, et il fallut du temps avant que cet apprêt académique tombât : encore ne tomba-t-il jamais entièrement. Si je voulais citer un échantillon qui donnât la plus juste idée de la manière de Thomas, voici celui que je choisirais. — C'est le portrait de l'homme de lettres citoyen.

— « On a donc établi, on a protégé partout une classe d'hommes, dont l'état est de jouir en paix de leur pensée et le devoir de la rendre active pour le bien public ; des hommes, qui, séparés de la foule, ramassent les lumières des pays et des siècles, et dont les idées doivent sur tous les grands objets, représenter, pour ainsi dire, à la patrie les idées de l'espèce humaine entière. Voilà, messieurs, la fonction de l'homme de lettres citoyen. L'utilité en fait la grandeur ; elle demande un génie profond, une âme élevée, un courage intrépide ; elle suppose un sentiment plus tendre et la vertu la plus digne de l'homme, le désir du bonheur des hommes. J'aime à me peindre ce citoyen généreux méditant dans son cabinet solitaire. — La patrie est à ses côtés, la justice et l'humanité sont devant lui. Les images des malheureux l'environnent ; la pitié l'agite et des larmes coulent de ses yeux ; alors il aperçoit de loin le puissant et le riche. Dans son obscurité, il leur envie le privilége qu'ils ont de pouvoir diminuer les maux de la terre. Et moi, dit-il, je n'ai rien pour les soulager, je n'ai que ma pensée : ah ! du moins rendons-la utile aux malheureux. Aussitôt ses idées se précipitent en foule, et son âme se répand au dehors. »

Rien de plus honnête et de plus sincère ; mais il n'y a pas une figure de rhétorique oubliée ; tout y est depuis l'hypotypose jusqu'à l'apostrophe.

LA HARPE

Les diverses époques de la gloire de La Harpe e sa décadence. — La Harpe poëte dramatique et orateur académique. — Le cours public professé par La Harpe avant 1789 et celui qu'il professa après. — La Harpe critique. Bornes de son savoir, de son goût, de son jugement.

C'est de 1800 à 1830 que la réputation de La Harpe a eu sa pleine floraison : avant, il était fort contesté ; depuis, on lui a fait peut-être expier trop sévèrement la faveur excessive dont il avait été l'objet. Pour les hommes qui sortaient à peine d'une crise où tout avait été mis en question, et que la fatigue inclinait à l'amour de l'ordre, La Harpe fut le représentant tout trouvé de ce qu'on appelle les bonnes doctrines, c'est-à-dire, celles qui rassurent les conservateurs, et établissent fortement l'autorité sur les ruines de la liberté. C'est à ce titre que l'Empire accepta, préconisa La Harpe, et que la Restauration ajouta encore à sa gloire en saluant en lui le philosophe converti. Il y avait donc bien du factice dans tout cela; et il ne faut pas s'étonner si le jour où la France a recommencé de vivre et de penser, elle s'est débarrassée de plus en plus d'un auteur qu'on admirait sur commande et dont les prétendues théories, malgré leur forme aggressive et insolente, avaient je ne sais quoi d'aride, de suranné, d'essentiellement stérile. Aujourd'hui, le fameux cours de littérature est une épave, la seule qui surnage encore des œuvres complètes de La Harpe... pour combien de temps? Peut-être a-t-elle déjà sombré! L'impartialité (que La Harpe n'a jamais pratiquée) est donc facile envers celui que Joseph Chénier appelait :

O grand Perrin Dandin de la littérature [1].

La Harpe n'est pas un poëte, bien qu'il se soit exercé dans presque tous les genres de poésie, qu'il ait rimé des

---

[1]. Facile pour nous, qui n'avons point pris part à la bataille des classiques et des romantiques. Ceux qui furent engagés alors, ne sont pas absolument équitables, témoin Sainte-Beuve, qui, sans avoir l'air d'y toucher, et par amour de l'art, met en menus morceaux ce pauvre La Harpe : aucune violence, pas le moindre coup droit, mais tant de piqûres, et si cruelles, et aux bons endroits! C'est une exécution faite *con amore*.

odes, des héroïdes, des contes, des tragédies, un drame, sans compter les menues pièces madrigalesques que ses prétentions à la galanterie lui suggéraient ; ce n'est pas non plus un orateur, ni un écrivain éloquent, bien qu'il ait été couronné par l'Académie pour ses éloges de Fénelon, de Racine, de Catinat ; c'est encore moins un traducteur exact et sérieux, comme on peut s'en convaincre en jetant les yeux sur ses *Douze Césars,* sa *Lusiade,* sa *Jérusalem délivrée;* je ne parle pas de la compilation intitulée *Histoire des Voyages,* entreprise de librairie. Que reste-t-il donc? Il reste le *Cours de Littérature,* et, si l'on veut, la *Correspondance avec le grand-duc de Russie,* qui en est comme la queue, sans en excepter le venin. Nous y viendrons, mais il faut d'abord faire connaissance avec l'homme et voir la place qu'il occupe dans le XVIIIe siècle.

La Harpe (que ses ennemis appelaient *La harpie, Cithare, Psaltérion*) eut le triple malheur de naître trop tard, d'une famille pauvre, et de rester petit, et même, si l'on en croit Sainte-Beuve, d'être légèrement contrefait. « Une certaine inégalité d'épaule semblait indiquer une vague intention de la nature de pousser plus loin l'irrégularité ; mais cette velléité primitive s'était arrêtée à temps. » — De là, les sobriquets de *Bébé* (c'était le nom du nain de Stanislas) et de *Ragotin,* l'avocat grotesque du *Roman Comique.* Il naquit à Paris, en 1739, sur la paroisse Saint-Nicolas du Chardonnet, et non pas rue La Harpe, où ses ennemis prétendaient qu'il avait été trouvé. Son vrai nom semble avoir été *Delharpe.* Bien que ses parents, qu'il perdit jeune, aient été dans la plus extrême indigence, puisque sa mère mourut à l'Hôtel-Dieu et qu'il fut élevé par charité, il paraît que sa famille était noble; c'est du moins ce que déclara La Harpe lui-même en 1790, quand il jugea à propos de faire son 4 août, et de jeter au feu ses parchemins.

— « Aujourd'hui que l'on voudrait infirmer l'hommage que je rends à la liberté, et faire croire que ma haine pour l'aristocratie n'est que le sentiment de jalousie que l'on suppose aux conditions inférieures, je suis obligé de déclarer qu'en effet le hasard m'a fait un assez bon gentilhomme, d'une famille originaire de Savoie et établie dans le pays de Vaud, remontant en ligne directe jusqu'à l'année 1389, où l'un de mes ancêtres était gentilhomme de la chambre de Bonne de Bourbon, comtesse de Savoie. »

Il fit de brillantes études au collége d'Harcourt, où il fut admis en qualité de boursier, et dont il sortit pour aller passer quelques mois à Bicêtre et au For-l'Évêque pour des vers satiriques contre ses maîtres, contre M. Asselin surtout, le principal, son bienfaiteur. Il n'était probablement pas le seul coupable, mais il l'était plus que les autres. C'était mal débuter dans la vie. De tout autre cette peccadille eût été oubliée, mais La Harpe eut le talent de se faire tant d'ennemis qu'on ne manqua pas d'exhumer et d'envenimer tout ce qui pouvait lui être désagréable. A vingt ans, sans fortune, sans autre recommandation que des succès de collége (deux prix d'honneur en rhétorique), trop vain pour songer à entrer dans la carrière modeste de l'enseignement, et n'ayant alors aucun goût pour la dévotion, il dut chercher fortune dans la littérature. Le moment n'était pas très-favorable. On venait de supprimer l'Encyclopédie; le crédit des philosophes baissait, leurs adversaires étaient ouvertement encouragés et protégés par le pouvoir; les Abraham Chaumeix, les Fréron, les Palissot faisaient la roue, bien que houspillés par-ci par-là. Il faut dire à l'honneur de La Harpe qu'il ne songea pas à s'enrôler dans leur bande, où sans doute il eût été bien accueilli. C'est qu'il avait des visées plus hautes. Il est rare que l'on naisse critique, et qu'on se l'avoue. On le devient plus tard, mais après avoir tenté d'autres voies. Il est plus doux de produire que de rendre compte des productions des autres. Le difficile, à ce qu'il paraît, est de ne pas faire payer à d'innocents auteurs les succès que l'on aurait voulu avoir. Quoi qu'il en soit, La Harpe était né journaliste, critique, si l'on aime mieux, mais il fit d'abord la sourde oreille à la vocation. Il se crut de la race des créateurs, des inventeurs : c'était une étrange illusion; mais ceux qui n'en ont jamais sur les autres sont exposés à en avoir sur eux-mêmes. Vers cette année de 1760, les succès éclatants de Colardeau venaient de mettre à la mode le genre déplorable des *Héroïdes*, renouvelé d'Ovide. Colardeau avait de la sensibilité, de la mollesse, de la grâce; il ne lui manquait que du goût, ce qui, le genre étant donné, n'était pas absolument nécessaire, témoin Ovide. La Harpe avait du goût, il le sentait, il en était bien convaincu, et cela était vrai, mais tout le reste lui faisait défaut. Il fit donc des *Héroïdes* qu'en son âme et conscience il trouvait bien supérieures à celles de Colardeau. Ce ne fut pas l'opinion du public, et La Harpe, légèrement aigri par cette première déception, se rejeta sur la tragédie. C'était le pont aux ânes que de faire une tragédie : tout le monde en faisait, et pour peu qu'on fût recommandé aux comédiens par Voltaire, on était sûr d'arriver à la représentation. Marmontel avait montré le chemin aux débutants, et ils s'y précipitaient en foule. De tous ceux qui invoquèrent Melpomène au XVIIIe siècle, et Dieu sait s'il y en eut! La Harpe est certainement celui qui possède le mieux la théorie de la tragédie classique, dont Racine bien plutôt que Corneille est resté le modèle ; il est en état là-dessus de soutenir la discussion même avec Voltaire, et il ne s'en fit pas faute : cela ne l'empêcha pas d'essuyer au théâtre cinq ou six chutes dont il ne voulut jamais prendre son parti. Il débuta par le *Comte de Warwick*, qui eut du succès, grâce à Lekain fort aimé du public, et qui faisait sa rentrée dans cette pièce ; mais *Timoléon*, *Pharamond*, *Gustave Wasa*, *Menzicoff*, les *Barmécides*, *Jeanne de Naples*, *Coriolan*, et surtout les *Brames* [1] furent des chutes éclatantes La Harpe devint tout naturellement l'ennemi des auteurs plus heureux qui trouvaient grâce devant le public. Je ne veux pas dire par là que La Harpe fût un envieux, non : c'était un critique. Il distinguait parfaitement dans les pièces qui réussissaient les défauts graves qui auraient dû les empêcher de réussir ; il ne découvrait pas dans ses pièces à lui ces mêmes défauts ; et de fait, elles étaient plus régulières, mieux ordonnées et passablement écrites : de là, sa mauvaise humeur. Outre le ressentiment d'amour-propre, il y avait en lui une sorte d'indignation vertueuse, ou, si l'on veut, une révolte sincère du goût. Tant qu'il se borna à des boutades lancées dans la conversation, tout alla bien ; mais le jour où il prit dans un

---

1. C'est à propos des *Brames* que pour peindre l'étonnement de l'auteur, toujours très-content de ses productions, on lui prêta ce cruel jeu de mots : O ciel ! les bras me tombent.

journal la plume du critique et se livra avec délices à quelques-unes de ces exécutions que les patients ne pardonnent jamais, le repos de sa vie fut perdu. Mais n'anticipons pas : avant d'arriver au critique, il faut en finir avec le poëte dramatique. Outre *Warwick*, La Harpe fit représenter avec un certain succès *Philoctète*, imitation presque littérale de Sophocle. Si l'on veut bien se rendre compte de ce qu'il y avait de mesquin et de profondément stérile dans le prétendu talent de La Harpe, il suffit de comparer un passage quelconque de l'original avec la parodie qu'il en a faite. Couleur, détails expressifs, simplicité forte, pathétique tour à tour familier et sublime, et je ne parle pas de l'incomparable splendeur de la partie lyrique, d'un mouvement si large, d'un pittoresque si vivant, tout cela, non-seulement il ne l'a pas compris, il ne l'a pas rendu, il ne l'a pas remplacé par un équivalent quelconque, mais il l'a détruit, anéanti. Quelle idée d'ailleurs a ce galantin du XVIIIe siècle, « avec sa veste dorée et ses manchettes de filet brodé, » d'aller mettre sur la scène cet héroïque boiteux, qui traîne la jambe, qui montre sa plaie rouverte, qui se tord dans un accès de son mal! Croirait-on que La Harpe, qui encore une fois n'était pas forcé de prendre un tel sujet, recule devant la traduction du mot propre, et remplace ces expressions si touchantes : « Je me mets à tes genoux, bien que je sois sans force, moi, pauvre boiteux, » par ces deux vers?

> Je tombe à tes genoux, ô mon fils ! je les presse
> D'un effort douloureux qui coûte à ma faiblesse.

O mon fils, je les presse, hémistiche cheville. Quant au second vers, c'est un logogriphe. — Les curieux peuvent poursuivre les rapprochements, ils en trouveront bien d'autres. Qu'on s'étonne après cela de l'incroyable faiblesse de toute cette partie du *Cours de Littérature* où La Harpe traite l'antiquité avec cette désinvolture, ce ton tranchant qui n'appartient qu'à lui! Et pourquoi ne pas tout dire? La Harpe était ignorant, La Harpe ne comprenait pas. Ses plus intrépides admirateurs ne vont pas jusque-là, cela va sans dire, mais ils avouent néanmoins que sous ce rapport le *Lycée* laisse quelque peu à désirer. Encore, si c'était la seule lacune!

L'autre succès de La Harpe est le drame en trois actes intitulé *Mélanie ou la religieuse forcée*. Il l'écrivit vers 1771; il était alors engagé en plein dans le mouvement philosophique. On sait avec quelle ardeur, quelle persévérance, quel esprit Voltaire et son école s'élevèrent contre les désordres et les abus sans nombre du clergé régulier, se montrant en cela, sans le savoir peut-être, les continuateurs de nos poëtes du moyen-âge. Rabelais qui avait été moine, jeta un cri d'éloquente pitié sur ces enfants que leur mère arrache à son sein et jette dans l'oisiveté et les vices du cloître. L'imagination hardie et cynique de Diderot pénétra dans ces asiles mystérieux qui abritent autre chose que la prière et le recueillement. Le premier, il attira l'attention sur cet épouvantable droit des pères de condamner à la réclusion monastique les enfants qu'ils ne voulaient pas doter : cela était passé dans les mœurs, avec le droit d'aînesse et quelques autres institutions dont 1789 a fait justice. Que de drames cependant devaient suivre ces prises de voile sans vocation ! Ces jeunes filles arrachées au monde, enterrées vivantes, et à une époque où les entraînements de la foi étaient si rares et les autres si communs, quel admirable sujet offert à un poëte tragique! Combien ces Iphigénies modernes étaient plus intéressantes que la fille d'Agamemnon! Qu'était-ce même que le sacrifice de la fille de Jephté auprès de ces immolations lentes, imitation de la torture! De tout ce pathétique La Harpe n'a su tirer que trois actes d'une monotonie et d'une insipidité mortelles. Il fallait qu'il fût atteint d'une incurable sécheresse. Sa pièce n'était pas destinée à la représentation, qui n'eût jamais été autorisée; il lui était donc permis de se donner libre carrière, de ne ménager ni les effets ni les mouvements : et cependant il n'y a pas une scène dans *Mélanie*, pas une, qui supporte la lecture; il n'y a pas une situation dramatique, et, bien que tout soit en tirades, il n'y a pas une tirade réussie. Cela est invraisemblable d'un bout à l'autre et cela est froid, mortellement froid. Les personnages *frémissent*, le lecteur ne frémit pas, il bâille. Eh bien! cette déclamation dialoguée et ampoulée, pendant près de dix ans, La Harpe la colporta de salons en salons. On se l'arrachait pour en obtenir la lecture; il faisait couler de vraies larmes des yeux des belles dames; on le prenait pour un poëte; et lui, modestement se comparait à Molière, tout en donnant sans doute dans son cœur la préférence à *Mélanie* sur *Tartuffe*, à cause du pathétique qu'il aurait dû y mettre. O naïveté, ô simplicité de nos pères! Ils étaient d'avance gagnés à toutes les causes justes; aux seuls mots de nature, de liberté, de droit, d'humanité, tous les cœurs répondaient; il y avait en eux des trésors d'enthousiasme et de foi qui débordaient. Il suffisait que le premier venu, un La Harpe, un Monvel, fît un appel quelconque à ces sentiments généreux, il était sûr d'être applaudi, admiré, on lui était reconnaissant ; on ne jugeait plus l'œuvre, l'émotion du public suppléait les lacunes, effaçait toutes les imperfections, infusait à l'artificiel la vérité et la vie. L'épreuve redoutable pour *Mélanie*, ce fut la représentation. Elle eut lieu vingt ans plus tard, en 1791, et ne se soutint pas longtemps. Le drame de Monvel, en quatre actes et en prose, *les Victimes cloîtrées*, bien plus fort en couleur, bien plus vif d'action, et plus riche en incidents extraordinaires, relégua la pâle et froide *Mélanie* dans la région des ombres, sa véritable patrie.

La Harpe fut reçu de l'Académie en 1776. Il avait remporté plusieurs fois les prix d'éloquence et de poésie ; il avait écrit *Warwick* et *Mélanie*, il était un des protégés de Voltaire tout-puissant dans la docte compagnie, il était philosophe, et, par-dessus tout, c'était un sujet essentiellement académique. Ce qui eût pu retarder son élection, c'est qu'il traînait à ses trousses une bande d'ennemis acharnés, et qu'il lui était arrivé plus d'une mésaventure fâcheuse. Il aimait à quitter les sentiers d'Hélicon pour fourrager dans le journalisme; malheur à qui tombait sous sa plume ! Dorat, Lebrun, Lemierre, Ducis, furent ses victimes de prédilection; il dérogea même jusqu'à un certain Blin de Sainmor qui riposta avec le bâton. Or le hasard, un hasard cruel, voulut qu'il remplaçât à l'Académie le plus doux, le plus inoffensif des hommes, ce pauvre Colardeau, dont Marmontel disait dans ce style qui n'appartient qu'à lui, « cet infortuné jeune homme, qui vient expirer en vous tendant les bras, sur le seuil de ce sanctuaire, sans que l'impitoyable mort lui permette d'y pénétrer. » Comment faire l'éloge de ce talent modeste, de cette âme délicate, tendre, bienveillante, sans avoir l'air de faire la satire du successeur? Il y eut donc bien des épines dans les fleurs que prodigua Marmontel ; le vivant servit de repoussoir au mort; à un certain moment, le fauteuil du nouvel académicien ressembla fort à une sellette. Ce qui rendait plus piquants les rapprochements que la malignité du public soulignait par des bravos, c'était l'air de bonhomie de Marmontel et les frais de style poétique qu'il avait cru devoir faire pour la circonstance. Après avoir comparé Colardeau au rossignol, il ajoutait :

— « Le chantre du printemps était le seul rival dont il se permit d'être envieux. Il ne se sentait point pour la gloire cette passion fougueuse, inquiète et jalouse, qui ne souffre point de partage ; mais il voulut jouir en paix des faveurs qu'elle lui accordait. « La critique, disait-il, me fait tant de mal, que je n'aurai jamais la cruauté de l'exercer contre personne. » — Voilà, Monsieur, dans un homme de lettres un caractère intéressant. »

« L'homme de lettres que vous remplacez, pacifique, indulgent, modeste, ou du moins attentif à ne pas rendre pénible aux autres l'opinion qu'il avait de lui-même... »

Ceci est du Marmontel des meilleurs jours. On s'imagine bien que les ennemis de La Harpe ne manquèrent pas d'enguirlander la critique : ce fut un feu roulant d'épigrammes et des plus cruelles, et des plus réussies. La Harpe inspirait, il portait bonheur. Qui se rappelle une seule des épigrammes lancées contre Boileau? cela n'est pas arrivé jusqu'à lui; le trait sans force est resté suspendu à sa cuirasse d'acier. Avec La Harpe, tous les coups portent. Il a attaqué avec un acharnement odieux, une injustice révoltante, Gilbert, qui était cent fois plus poëte que lui : qu'est-il resté de ces violences de plume ? Qui les connaît ? Tout le monde en revanche sait par cœur l'écrasante riposte de Gilbert.

> « Si j'évoque jamais du fond de son journal
> Des sophistes du temps l'adorateur banal,
> Lorsque son nom suffit pour exciter le rire,
> Dois-je, au lieu de La Harpe, obscurément écrire :
> C'est ce petit rimeur de tant de prix enflé,
> Qui, sifflé pour ses vers, pour sa prose sifflé,
> Tout meurtri des faux pas de sa muse tragique,
> Tomba de chute en chute au trône académique ?
> Ces détours sont d'un lâche et malin détracteur. »

Ajoutons-y l'épigramme de Lebrun, un pur chef-d'œuvre. La Harpe, cet aristarque infaillible, s'était permis de traiter le grand Corneille de radoteur, ou quelque chose d'approchant : voici le châtiment.

> Ce petit homme à son petit compas
> Veut sans pudeur asservir le génie ;
> Au bas du Pinde il trotte à petits pas,
> Et croit franchir les sommets d'Aonie.
> Au grand Corneille il a fait avanie ;
> Mais, à vrai dire, on riait aux éclats
> De voir ce nain mesurer un Atlas,
> Et redoublant ses efforts de pygmée,
> Burlesquement roidir ses petits bras
> Pour étouffer si haute renommée. »

Ce qu'il y avait de plus désagréable pour La Harpe, c'est que, tout académicien qu'il était, et rédacteur du *Mercure*, pensionné, bien en cour, il avait beau s'essayer dans tous les genres, drame, tragédie, poésie légère, traductions, il n'arrivait pas à produire une de ces œuvres qui s'imposent. Plus il écrivait, plus il baissait dans l'opinion, plus ses ennemis égayaient le public à ses dépens.

Il se traîna ainsi jusqu'à la Révolution, toujours contesté, harcelé, harcelant, aigri, justifiant de plus en plus cette terrible parole de Voltaire : « C'est un four qui toujours chauffe et où rien ne cuit. » Il n'imita pas l'attitude pleine de dignité et de convenance de Marmontel, de Morellet, philosophes modérés, qui se tinrent à l'écart, lorsque le mouvement révolutionnaire leur sembla dépasser le but. Soit que sa raison eût subi une commotion trop violente, soit qu'il fondât sur le régime nouveau des espérances que l'ancien n'avait pas réalisées, il se produisit en énergumène. On le vit au Lycée, coiffé d'un bonnet rouge : « Ce bonnet, s'écriait-il, me pénètre et m'enflamme. »
— Il poussait les appels les plus furibonds aux armes :

Le fer, il boit le sang, le sang nourrit la rage,
Et la rage donne la mort.

Cela alla si loin qu'on le trouva suspect. Il fut arrêté en 1794 et jeté en prison. Le 9 thermidor le rendit à la liberté, on ne peut dire à la modération, car ce farouche républicain, cet ennemi irréconciliable de la superstition, du fanatisme, du despotisme, apparut tout à coup sous les traits d'un royaliste fougueux, et d'un chrétien militant. Les principes et les hommes de la Révolution n'avaient pas d'adversaire plus acharné ; il déclamait dans les clubs, au Lycée, dans les journaux, ce qui lui valut l'honneur d'être exilé après le 18 brumaire. Mais Bonaparte se connaissait en hommes ; l'exil de La Harpe fut de courte durée. Il revint à Paris, resta peut-être royaliste, ce qui n'est pas bien certain, mais il pratiqua de plus en plus ostensiblement le Christianisme, qui n'était pas encore officiellement rétabli. Cette conversion fit grand bruit, comme on s'imagine, et valut à ce pauvre La Harpe un regain inespéré d'épigrammes. L'impartialité nous oblige à reconnaître que le néophyte n'y prêtait que trop. Ni l'âge ni la piété ne l'avaient rendu plus tolérant envers ses frères les écrivains. Non content de s'ériger comme jadis en vengeur du goût et de distribuer les étrivières, il exhumait de son portefeuille toute sa correspondance inédite avec le grand-duc de Russie, cinq volumes de condamnations rédigés par lui de 1774 à 1789, et publiait avec une intrépidité au moins étrange ces sévérités devenues pour la plupart sans objet. Rien ne fait moins d'honneur à celui qu'on a appelé le *Quintilien français*, que ce recueil d'une pauvreté et d'une méchanceté rares. Il y avait de plus je ne sais quoi de peu généreux à venir frapper dans leur tombe des écrivains pour qui l'heure de la pitié et de l'indulgence avait sonné, Dorat, Gilbert, d'autres encore. La dévotion qui avait inspiré ou qui n'avait pas empêché ces tristes représailles, parut suspecte, et en tout cas peu respectable. On le fit sentir à ce journaliste endurci [1]. Il faut savoir, en outre, que cette malencontreuse correspondance était ornée d'une préface, la plus impertinente et la plus aggressive du monde, et qu'un seul auteur y était loué sans réserve par La Harpe, c'était La Harpe. Pour en finir avec les détails de ce genre, disons qu'il avait toujours été fort galant, et qu'il eut des mésaventures conjugales tantôt tragiques, tantôt comiques. Sa première femme, avec qui il avait divorcé,

---

1. Joseph Chénier, qui plus tard proposa le *Cours de Littérature* de La Harpe pour un des prix décennaux, l'étrilla de la bonne manière. Voir surtout les *Nouveaux Saints* (1802) et *La confession de La Harpe*.

se tua ; une jeune fille qu'il épousa vers la soixantaine, ne voulut jamais habiter avec lui. — Cela donna matière à bien des quolibets. On le savait de plus très-gourmand, défaut que la dévotion n'exclut pas toujours. J'emprunte à la *Correspondance Turque* de Colnet (c'est la riposte à la *Correspondance Russe* de La Harpe) la scène qui suit. M. Sainte-Beuve, en bon confrère, n'a eu garde de faire grâce à La Harpe de cette citation.

On est à table chez un riche banquier, on va servir le dessert. La Harpe a fort bien dîné, il est dans une heureuse disposition d'esprit, tout porté à la bienveillance, prêt à reconnaître du talent à d'autres qu'à lui, quand tout à coup il se lève de table et disparaît.

— « Après une assez longue absence, la maîtresse de la maison le fait chercher ; on ne le trouve point. Surprise, inquiète, elle se lève, parcourt la maison dans la crainte qu'il ne lui soit arrivé quelque accident (il y était fort sujet). Elle trouve enfin M. de la Harpe dans une petite chambre écartée, à genoux devant une console sur laquelle brûlaient deux bougies. Étonnée de l'attitude de cette douleur profonde, elle en demande la cause ; c'est à travers mille sanglots que le saint homme lui dit :

— « Madame, comment n'aurais-je pas le cœur brisé ? Comment ne gémirais-je pas en songeant au dîner excellent que j'ai eu le malheur de faire ? J'ai mangé d'un succulent potage, deux côtelettes panées à la minute, l'œil et les abat-joue de cette tête de veau si blanche, ce morceau de brochet du côté de l'ouïe que vous m'avez servi vous-même ; je n'ai rien refusé parce qu'il faut que la volonté de Dieu et des jolies femmes soit faite : en un mot, j'ai dîné, moi indigne, comme aurait pu le faire un ancien prélat, et voilà cependant (ici les pleurs redoublent) que je songe à quelles privations sont exposés tant de pauvres prêtres sans dîmes, de chanoines sans bénéfices, qui n'ont peut-être pas une omelette au lard, et qui dîneront mal d'ici à l'éternité, si la Providence ne vient à leur secours. (Madame se dispose à sortir). Mais sans doute on vous attend pour le dessert : Hélas! mon Dieu! je parie qu'il sera superbe, car vous êtes d'une bonté, d'un soin, un ange de consolation dans cette vallée de misère! Faudra-t-il donc que je mange encore quelque compote, des massepains, des fruits, que sais-je, moi? Il faudra boire peut-être de ces malheureux vins (vous en avez des meilleurs crus), tandis que ces pauvres prêtres... Mais le Seigneur n'abandonnera pas les siens. — Vous me forcerez peut-être à prendre le café (c'est du moka, sans doute) : au moins qu'il soit servi bien chaud... Les malheureux! s'ils savaient combien je partage leurs peines! Mais, je vous en conjure, seulement un doigt de liqueur (vous en avez des Iles)... Je prie Dieu de leur donner tous les jours la même patience qu'à moi : elle est devenue bien rare pour supporter tant de tribulations... De la crême des Barbades, si vous voulez bien... J'en connais de bien respectables... — Au reste, la vie du chrétien n'est que tribulation, et je ne dois pas murmurer contre la volonté du ciel : je vous suis. »

La Harpe mourut en 1803, peu de temps avant l'établissement de l'Empire. Il est permis de croire que bien que royaliste alors, le nouveau régime ne lui eût pas déplu. On relevait les autels, une volonté de fer faisait régner partout l'ordre, c'est-à-dire une servitude durable, comme dit Montesquieu ; l'officiel, la règle pénétraient dans les arts et dans la littérature aussi bien que dans toutes les parties de l'administration ; l'Académie française allait refleurir; et avec elle, les bonnes doctrines qui ne tolèrent pas les écarts de l'indépendance. La place de La Harpe était toute marquée dans ce travail de restauration. Il ne se fût certes point compromis avec les rares dissidents qui se tenaient à l'écart et restaient fidèles aux traditions républicaines, les Ducis, les Chénier, ni avec les novateurs, sur qui allait s'abattre la dure main du maître, Mme de Staël et Chateaubriand. Il ne lui fut pas donné de voir ces jours fortunés qui pesèrent si lourdement sur tout ce qui pensait, et que nous avons revécus, nous, avec la honte en plus. Il fut présent néanmoins, et l'on peut dire qu'il conduisit le mouvement littéraire de cette époque, si le mot de mouvement pouvait convenir à cette stagnation lourde, qui dura plus de vingt années. *Le Lycée ou Cours de Littérature* fut publié : ce fut jusque vers 1830 le code de la littérature.

Ce qu'il y a de plus intéressant dans le *Lycée*, c'est le point de départ. La Harpe a eu l'honneur de fonder en France l'enseignement supérieur libre. En 1786, il inaugura dans un vaste local situé au coin de la rue de Valois et de la rue Saint-Honoré un cours de littérature à l'usage des gens du monde, et il y attira un auditoire considérable. Il était connu, académicien, critique, plein d'ardeur, très-convaincu, très-dogmatique, très-tranchant, ce qui ne nuit pas, et il s'adressait à un public intelligent, spirituel, qui ne laissait rien perdre. Je ne sais s'il y aurait aujourd'hui un homme capable d'attirer et de retenir pendant plusieurs années plus de deux mille auditeurs de tout âge et de tout sexe, et qui payaient pour être instruits. Il est cependant bien convenu que ces gens du XVIIIe siècle étaient frivoles et que nous sommes sérieux. Le cours fut interrompu en 1789 par les événements ; il fut repris en 1794 et se prolongea jusqu'en 1799. Le succès de La Harpe ne se démentit pas un seul instant. Il n'était pas ce qu'on appelle un homme éloquent ; il est même fort probable qu'il ne parlait pas, mais qu'il lisait ses leçons, ce qui nuit toujours à la vivacité ; mais il savait intéresser et plaire. De 1786 à 1789, l'esprit de son enseignement était libéral : c'était le ton du jour ; ne parlons pas de la période révolutionnaire, ni du fameux bonnet rouge qui *pénétra et enflamma* La Harpe ; c'est un moment de démence. Après 1794, l'enseignement du professeur fut absolument réactionnaire ; c'était encore le ton du jour qui s'accentua de plus en plus. La Harpe choyé, caressé, prôné par cette société légère, licencieuse, servile, des dernières années du siècle, transforma la chaire en tribune, on pourrait presque dire en prétoire, car ses leçons contre les Philosophes, ses amis d'autrefois, sont de véritables réquisitoires, qu'on pourrait croire peu sincères, tant ils sont violents ; on aurait tort cependant : La Harpe avait eu peur et la peur ne pardonne pas.

Que reste-t-il de ce fameux ouvrage ? Les juges les plus indulgents abandonnent à peu de chose près toutes les leçons consacrées à l'antiquité, et se bornent à donner pour excuse que La Harpe ne la connaissait pas bien. Singulière excuse ! Que des critiques au jour le jour parlent à tort et à travers de ce qu'ils ignorent, cela se conçoit : ils font un métier pour vivre, et ils ne sont pris au sérieux que dans leur tripot ; mais qu'un académicien, un professeur, un homme qui a assumé volontairement la tâche d'enseigner, et qui en avait la vocation, ne possède que très-imparfaitement les matières dont il traite, cela est plus grave et commence à tirer à conséquence. Ce n'est pas tout. Si La Harpe avait peu lu les auteurs anciens, c'est qu'il ne les goûtait pas, disons le mot, ne les comprenait pas. Il était capable de démontrer au moyen d'une analyse subtile et de rapprochements ingénieux que Lucain et Ovide ont le goût moins sûr que Virgile et Horace ; mais qu'on ne lui en demande pas davantage ; surtout qu'on ne le mette pas en présence de ces colosses des anciens âges, Homère, Pindare, Eschyle, ni même de ces purs Attiques, Aristophane, Thucydide, Xénophon, Platon ; notre homme tire sa révérence, fait une pirouette et s'esquive. Ni les créateurs, ni ceux qui occupent les plus hauts sommets de l'art, ne lui sont accessibles. Le Brun l'a dit et admirablement :

> Au bas du Pinde il trotte à petits pas.

C'est de bonne foi qu'il les nie ou les méconnaît : le pygmée ne peut se hisser à la taille des géants. Comme ses contemporains, il a pris pour devise le mot vague et solennel de *Nature ;* l'a-t-il défini ? L'idée qu'il se faisait des beautés naturelles n'excluait-elle pas tout ce qui en porte la vive et délicieuse empreinte ? C'est un homme de salon, La Harpe, il ne faut pas l'oublier, un mondain, un freluquet, on disait même un fat. Dans ce petit corps toujours en mouvement, toujours orné, paré, pimpant, où voulez-vous mettre une âme antique ? j'allais dire, une âme, dans le sens de la belle parole : il faut avoir de l'âme pour avoir du goût. Il faut signaler cette lacune, car tout est là. — Qu'est-ce qu'un critique qui sait peu et qui ne comprend pas ? S'il vaut, c'est parce qu'il rayonne, parce qu'il peut s'avancer partout sans être étranger nulle part, se faire tour à tour païen, catholique, huguenot, bouddhiste même, entrer si profondément dans une société disparue, la refaire si complètement, si exactement, la retrouver si vivante dans l'œuvre du génie, qu'il éprouve comme les ravissements d'une seconde création et les communique aux autres. — N'exigez pas, me dit-on, d'un homme du XVIIIe siècle une science, une philosophie, une largeur de vues si rares à trouver, même aujourd'hui. — Soit, mais alors où est l'autorité du critique? Sur quoi repose-t-elle? Il n'a pas compris Homère, il n'a pas compris Eschyle, il n'a pas compris Pindare ; a-t-il du moins compris les plus grands d'entre les modernes? Il ne parle de Dante qu'avec le plus profond mépris; Shakespeare lui inspire une aversion insurmontable; il nie absolument Milton ; il immole sans hésiter Corneille à Racine, et peu s'en faut qu'il n'immole Racine à Voltaire. Est-ce tout? Il admire la *Henriade*. Quoi de plus pauvre, de plus banal, de moins senti que son étude sur Molière? Et la littérature du moyen âge, en a-t-il la moindre idée? Et celle du XVIe siècle, si intéressante, si vivante? Je défie que sur un point quelconque du vaste domaine de l'intelligence, on trouve La Harpe présent, faisant œuvre sérieuse de critique. Auprès de tout ce qui est beau il passe et se tire d'affaire avec une pirouette. Les tragédies de Racine et les tragédies de Voltaire, voilà l'étude qui lui plaît, qui est dans ses moyens. Aussi s'y attarde-t-il impitoyablement. Je ne nie pas que ce commentaire fait dans une classe, à de bons élèves, ou à des gens du monde qui veulent se rendre compte des procédés de l'art, du mécanisme d'une pièce, des effets du style, ne puisse avoir son utilité; mais il est permis de préférer autre chose. Où finit la critique de La Harpe, la vraie critique commence. Et doit-on même dire la critique de La Harpe? Est-elle bien à lui? Quand on lui aura repris tout ce qu'il a emprunté à Voltaire, que lui restera-t-il en propre? Il a adopté tous les préjugés, toutes les intolérances de goût de son maître; c'est d'après lui qu'il a sacrifié Homère à Virgile, qu'il a déclaré Dante un bouffon, Shakespeare un barbare, Pindare un faiseur de galimatias, Platon un songe-creux, Corneille un raisonneur ampoulé. Il n'a été original qu'une fois, c'est quand il a vomi les outrages d'un énergumène contre les Philosophes du XVIIIe siècle — Est-ce pour cela qu'il plaît encore à certaines gens du XIXe?

BEAUMARCHAIS

Les diverses physionomies de Beaumarchais, horloger, musicien, homme d'affaires, agent secret, plaideur malheureux et *blâmé*. — Les mémoires de Beaumarchais dans l'affaire Gœzmann. — Le Théâtre de Beaumarchais. — De l'influence que l'on attribue à ce personnage.

Il n'y a, je crois, qu'un seul buste officiel de Beaumarchais. Il est au foyer de la Comédie Française, en compagnie des Corneille, des Molière, des Racine : on ne voit que trop qu'il n'est ni de la famille, ni de la maison. Peut-être serait-il mieux placé au péristyle de la Bourse : c'est le grand faiseur d'affaires de son temps; ou à la Chambre des avocats : nul ne plaida mieux, ou ne rédigea plus habiles et plus éloquents Mémoires. Il figurerait bien encore dans une galerie d'éditeurs célèbres : c'est à lui que nous devons la première édition des œuvres complètes de Voltaire. Si les Américains pratiquaient la reconnaissance, ils devraient consacrer un souvenir quelconque à ce Français qui leur fit passer des armes et des munitions pendant la guerre de l'indépendance. Enfin, on le retrouverait sans trop d'étonnement dans un coin de la Préfecture de police : il fut un de ces agents utiles et mystérieux qui servent de renfort à la diplomatie officielle et font la besogne qu'on n'oserait proposer à un ambassadeur. — La complexité est l'essence même du personnage : les spéculations, les intrigues, les plaisirs tiennent infiniment plus de place dans sa vie que la littérature, je n'ose dire l'art; c'est un mot qu'on ne peut guère prononcer à propos de Beaumarchais.

La figure est ouverte, hardie, très-vivante; on sent la mobilité, l'incessante agitation; rien qui indique un penseur, encore moins un rêveur, un de ceux que « *l'infini tourmente* »; rien non plus d'un artiste perdu dans la contemplation du beau, recueilli, méditant l'œuvre de son âme. L'expression dominante c'est l'assurance, la pétulance, même la fatuité. Le port de tête, le regard, la bouche, tout décèle une exubérance de vie, une plénitude de soi-même qui rayonne. Ce qui manque le plus, c'est l'élévation; on ne devine rien au delà de ce qui s'étale; pas un repli secret, aucune de ces profondeurs mystérieuses qu'on se plaît à sonder. Ce que l'on ressent le moins, c'est le respect. Beaumarchais a inspiré tous les sentiments, sauf celui-là, et, pour être juste, il faut ajouter que c'est le dernier qu'il eût tenu à inspirer. — Tel qu'on le connaît, c'est-à-dire fort en détail, depuis les deux volumes que lui a consacrés M. de Loménie [1], il a

---

1. *Beaumarchais et son temps*, Études sur la société en France au XVIIIe siècle, d'après des documents inédits, par Louis de Loménie. Paris, Michel Lévy, 1858. — Il faut joindre une brochure d'une centaine de pages, publiée en 1869 par M. Paul Huot, et qui contient des révélations piquantes sur une des nombreuses missions se-

plutôt gagné que perdu, je veux dire par là qu'il semble valoir mieux que sa réputation. Il reste en lui bien du *Figaro*, mais il y a de la bonhomie, de la générosité. On aime à retrouver dans l'intérieur de sa famille, avec son vieux père, ses sœurs, ses trois femmes dont il fut adoré, les nombreux amis qu'il obligea, cet homme toujours en mouvement, toujours bruyant, se poussant, intriguant. Il ne s'est jamais oublié, mais ce n'est pas un égoïste. Comment ne pas avoir quelque indulgence pour ce spéculateur qui laissa en mourant neuf cent mille francs de créances qui n'étaient que de véritables aumônes? Sa complaisance était inépuisable; sa bourse, son influence, étaient au service du premier venu. On s'imagine que les clients ne lui manquèrent pas; seulement ce ne furent ni des Calas, ni des Sirven, ni des Montbailly : ceux qui s'adressaient à Beaumarchais étaient ou de pauvres diables à qui rien n'avait réussi, ou de jeunes personnes trop confiantes qu'un infidèle ne se pressait pas d'épouser, ou des femmes trop sensibles emprisonnées par des maris vindicatifs. On savait qu'il n'y regarderait pas de trop près avant de se mettre en campagne.

Ce qui frappe tout d'abord en lui, dès qu'on pénètre dans le détail de sa vie, c'est à travers toutes les folies, les dissipations, les imprudences, la ferme volonté de se faire dans le monde la place qu'il lui faut. C'est un homme qui veut *arriver*, coûte que coûte. Il a la conscience de sa force, et il connaît la société de son temps, société légère, qui veut être amusée, et qui pardonne tout à l'au-

crètes de Beaumarchais, celle d'Autriche. L'auteur a traduit, commenté, non sans partialité, un document provenant des archives secrètes de Vienne. Il y a du parti pris et de la déclamation.

dace et à l'esprit. De ce côté, il est en fonds ; il a de plus les avantages extérieurs, surtout ceux que l'on appréciait fort en ce temps-là.

— « Dès qu'il parut à Versailles, dit son caissier, son ami, mais surtout son admirateur, Gudin, les femmes furent frappées de sa haute stature, de sa taille svelte et bien prise, de la régularité de ses traits, de son teint vif et animé, de son regard assuré, de cet air dominant qui semblait l'élever au-dessus de tout ce qui l'environnait, et enfin de cette ardeur involontaire qui s'allumait en lui à leur aspect. »

Mais il fallait arriver à Versailles. Le jeune Caron, fils d'un horloger de Paris, et qui travaillait chez son père, inventa un échappement ingénieux dont un concurrent plus audacieux que loyal prétendit lui enlever l'honneur et le profit. Inconnu, à peine âgé de vingt ans, sans aucune protection, le jeune inventeur engagea résolument la lutte contre un adversaire qui était un des princes de l'horlogerie. L'Académie des sciences, prise pour arbitre, se prononça en sa faveur : il se fit donner un brevet constatant ses droits, et bientôt après obtint ou prit le titre d'horloger du roi. Sa première femme, une veuve, beaucoup plus âgée que lui, en fit un *contrôleur de la bouche*, ayant pour office de *précéder la viande de Sa Majesté*. L'horloger disparaît, on n'aperçoit plus guère le contrôleur, Caron fait place à Beaumarchais, et Beaumarchais se transforme en guitariste. En cette qualité, on le trouve auprès de Mesdames de France, filles de Louis XV ; il est professeur de musique, l'homme nécessaire, indispensable des réunions intimes, des petits concerts, et il signe *de Beaumarchais* par anticipation. S'il n'est pas encore noble, il compte l'être bientôt ; il ne lui manque plus pour cela que quelque vingt mille écus qui lui permettent d'acheter une charge de secrétaire du roi. Il l'acquiert en 1761, et il pourra répondre victorieusement plus tard à ceux qui se permettraient de mettre en doute sa noblesse : « *Monsieur, j'en ai la quittance!* » Du reste il était homme à employer d'autres arguments au besoin. A un courtisan qui comptait le déferrer en lui présentant sa montre, qui avait besoin d'une réparation, il répondait : « Je vous préviens, Monsieur, que je suis devenu très-maladroit, » et il laissait tomber la montre. Un autre, le chevalier des C..., l'ayant pris sur un ton encore plus insolent, Beaumarchais l'appela en duel et le tua raide. Dans toute cette première période, c'est un homme qui se faufile, mais la tête haute, l'œil provocant; il veut sa place. La faveur dont il semblait jouir auprès de Mesdames, son assurance, son intelligence, attirèrent l'attention de Paris Duverney, financier, homme d'esprit, qui avait commencé la fortune de Voltaire quelque trente ans auparavant. Il commença aussi celle de Beaumarchais, qui annonçait de remarquables dispositions pour les affaires, et qui fut bientôt en état d'acheter une charge de 500,000 francs, celle de lieutenant-général des chasses. Un second mariage fort riche (encore une veuve) le mit tout à fait en évidence, ce qu'il cherchait par-dessus tout, car il n'était pas modeste et aimait à désoler les envieux.

Au milieu de toutes ces complications d'affaires, entremêlées d'incidents romanesques (où l'argent néanmoins tient toujours une bonne place), de voyages, notamment en Espagne, où il vole protéger une de ses sœurs, victime du lâche Clavijo, et rêve de se faire donner le monopole de la vente des nègres, il trouve le temps de faire représenter deux drames : *Eugénie*, succès médiocre, *Les deux amis*, chute réfrigérante. Il attendra dix ans avant de se risquer de nouveau sur la scène. Nous n'avons pas à nous en plaindre. Entre *Les deux amis* et le *Barbier de Séville*, il nous donnera les *Mémoires*, son chef-d'œuvre.

On sait quelle en fut l'occasion ; je ne rappellerai ici que l'essentiel. Quand Paris Duverney mourut, il était en compte courant avec Beaumarchais, et celui-ci se trouvait par le fait créancier d'une somme de 15,000 livres. Le comte de la Blache, légataire universel, homme vindicatif et peu estimable, à ce qu'il semble, refusa de reconnaître cette créance et insinua même assez clairement qu'elle était de l'invention de Beaumarchais. Celui-ci déféra l'affaire aux tribunaux qui lui donnèrent gain de cause haut la main. — Le comte de la Blache fit appel devant la grand'chambre du Parlement, de ce fameux Parlement à qui on avait infligé le nom de son créateur, Maupeou, et qui s'en montrait digne. Devant de tels juges un procès n'était guère qu'une question d'influence et même une question d'argent. Sur ce terrain, Beaumarchais était de taille à lutter ; on sait que les scrupules ne le gênaient guère ; mais au moment même où il allait commencer les démarches, il fut brusquement enfermé au For-l'Évêque, à la suite d'un pugilat avec un duc de Chaulnes, une espèce de fou furieux à qui Beaumarchais avait enlevé sa maîtresse. Sa détention laissa le champ libre à la partie adverse qui en profita, et mit en pratique le fameux axiome : « la justice est une si belle chose qu'on ne saurait la payer trop cher. » Pour tout dire, Beaumarchais semble, comme son Bartholo, avoir *lésiné sur les frais*, soit qu'il eût pleine confiance dans son droit, ce qui serait bien naïf chez un homme de sa trempe, soit que la captivité eût détendu ces vifs ressorts d'intrigue qu'il savait si bien manier. Il se borna à offrir à Mme Gœzmann, la femme du conseiller qui devait rapporter son affaire, une somme de cent louis, plus une montre enrichie de diamants d'une égale valeur, et, sur la demande de cette dame, quinze louis destinés, disait-elle, au secrétaire. — Il faut croire que le comte de la Blache avait mieux fait les choses, car il gagna son procès. M. Gœzmann fit rendre à Beaumarchais les cent louis et la montre qu'il n'avait pas gagnés. — Jusqu'ici rien de mieux, cela est d'un cynisme raisonnable; mais Beaumarchais ne va-t-il pas s'aviser de réclamer en outre les quinze louis du secrétaire? Le conseiller fit d'abord la sourde oreille, puis, impatienté, et convaincu qu'on pouvait tout se permettre avec un homme qui venait d'être mis au For-l'Évêque, qui avait perdu son procès, et que ses protectrices ordinaires, Mesdames de France, avaient hautement renié, il attaqua Beaumarchais en tentative de corruption. — Voilà l'origine des *Mémoires*.

C'est un genre nouveau et qui est une des gloires du XVIIIe siècle. Je ne trouve au siècle précédent que les *Mémoires* de Pellisson pour Fouquet, œuvre estimable, mais froide, éloquence de rapport, qui ne jaillit point des faits et des personnes, qui s'attarde aux généralités, n'osant prendre corps à corps les accusations et les accusateurs, ou plutôt le seul, le véritable accusateur que nul n'ose nommer et que tout le monde sent debout, derrière le prévenu, prêt à l'écraser. Le siècle de Voltaire, en créant l'opinion publique, a créé l'éloquence. Plus les tribunaux ordinaires et les Parlements s'enfoncent dans le mépris général, plus éclatantes retentissent les protestations des opprimés, plus ardents sont les appels devant le juge souverain qui casse les arrêts de la magistrature. Que d'œuvres admirables qui sont exclues des cadres officiels de notre littérature! On sature jusqu'à l'extrême dégoût l'imagination et la mémoire des adolescents de ces impitoyables oraisons funèbres, destinées à former le goût, quel goût! et ils ignoreront toujours comment s'est formée au siècle dernier l'éloquence des Mirabeau, des Vergniaud, de tous ces hommes qui ont combattu le grand combat! Comment s'est-il trouvé, à l'heure même où la France nouvelle s'est annoncée, toute une cohorte de vaillants orateurs, que la tribune à peine debout a reconnus pour siens? D'où a-t-elle jailli cette source de vive éloquence? De l'âme même de la nation. Philosophes, écrivains de tout genre, comédiens, parlementaires, tout éleva la voix et réclama justice. Le pouvoir resta sourd, mais le peuple entendit, répondit, et cette clameur universelle, c'est 1789. Lorsque Mirabeau prit la parole à l'assemblée nationale, il ne fut d'abord que le continuateur de ces hommes courageux qui avaient plaidé pour les Calas, les Sirven, les Labarre, les Lally Tollendal, qui avaient signalé un à un tous les abus du pouvoir arbitraire, toutes les iniquités de l'état social, les Voltaire, les Élie de Beaumont, les La Chalotais, les Linguet, et Beaumarchais lui-même, un des derniers venus, non le plus irréprochable assurément, mais le plus passionné peut-être, et celui qui sut le mieux se faire entendre.

Au moment où il prend la plume, il se sent perdu. Après le déni de justice qu'il a subi, le moyen d'espérer gain de cause dans cette seconde affaire de corruption où il est manifestement coupable? Il sent déjà se faire autour de lui cette solitude cruelle qui achève les malheureux. Si les amis incertains s'effacent, voici tous les ennemis cachés, qui rampaient et n'osaient mordre, les voici qui accourent et aboient comme sentant la curée. Tous les envieux qu'il a écrasés, tous les impuissants dont il a pris la place, tous les Basiles qui à son approche rentraient dans leurs ténèbres, les voilà tous qui à la fois fondent sur lui, altérés de revanche. Un gazetier, Marin, le déchire à belles dents; ses amis de cour daubent sur lui; les gens de robe font les dégoûtés en le voyant; on imprime, on colporte sur le pauvre diable les calomnies les plus atroces : c'est un fils dénaturé, un frère sans pudeur; il a empoisonné ses deux femmes pour en hériter; le châtiment qui va le frapper sera une faible satisfaction donnée à la conscience publique. — Voilà sa situation. Jamais homme ne sembla plus irrévocablement enfoncé dans l'abîme. — Il en sortit cependant, non sans y laisser une partie de ce qui lui restait de considération, mais vengé et consolé par la ruine totale de ses adversaires. Ce public français si intelligent, si prompt à saisir, si facile à émouvoir, il n'hésita pas à l'introduire dans l'intérieur de sa maison; il montra son vieux père serré contre son fils, le soutenant, lui dictant sa justification; il évoqua les Mânes (cela était alors d'un effet infaillible) des deux femmes qui l'avaient aimé, qui étaient venues à lui les premières, et dont la fortune était retournée à leur famille; il raconta ce voyage d'Espagne, ce merveilleux épisode Clavijo, ce chef-d'œuvre dont Gœthe n'a pu tirer qu'une platitude mise en scènes; il souleva l'indignation et le dégoût publics contre ces vils calomniateurs qui le diffamaient dans ce que la vie privée a de plus intime, lui qui avait rempli tous les devoirs qu'impose la famille, lui que tous les siens adoraient. Puis il prit un à un, pour édifier et pour égayer la galerie, les comparses que la méchanceté ou l'intérêt avaient jetés dans cette affaire, Marin, Darnaud-Baculard, Bertrand, les imprudents, les venimeux, les hypocrites, les nullités qui s'enflent; il les secoua, les retourna, les exhiba frémissants, furieux, grotesques, mis à nu, se dérobant sous les huées. — C'étaient les intermèdes de la grande pièce. — Qu'il ne se gênât point avec de tels adversaires, on le comprend; mais Mme Gœzmann ! On se piquait alors de galanterie, et Beaumarchais plus que personne. Quand il dut mettre en scène ce nouveau personnage, initier le public aux moindres incidents de ces confrontations des deux parties, sous l'œil du juge, devant le greffier, qui attend, la plume en l'air, il se rappela ce que Diderot, son maître, reprochait à Thomas de n'avoir pas su faire, « il *trempa sa plume dans l'arc en ciel, il jeta sur sa ligne la poussière des ailes du papillon* »; le plaideur retors et acharné qui avait eu l'indélicatesse de réclamer ses quinze louis, prit le ton et les manières d'un Amadis gouailleur, se mit en frais de madrigaux et sema les fleurs sur les piéges qu'il tendait à la beauté. Qu'on juge du ton général de ces confrontations par le préambule délicieusement ironique que voici :

— « Je demande pardon au lecteur si mon ton est un peu moins grave ici qu'un tel procès ne semble le comporter. Je ne sais comment il arrive qu'aussitôt qu'une femme est mêlée dans une affaire, l'âme la plus farouche s'amollit et devient moins austère; un vernis d'égards et de procédés se répand sur les discussions les plus épineuses ; le ton devient moins tranchant, l'aigreur s'atténue, les démentis s'effacent. Eh! quel homme assez dur se défendrait de la douce compassion qu'inspire un trop faible ennemi poussé dans l'arène par la cruauté de ceux qui n'ont pas le courage de s'y présenter eux-mêmes? Qui peut voir sans s'adoucir une jeune femme jetée entre des hommes, et forcée par l'acharnement des uns, de se mettre aux prises avec la fermeté des autres, s'égarer dans ses fuites, s'embarrasser dans ses réponses, sentir qu'elle en rougit, et rougir encore plus de dépit de ne pouvoir s'en empêcher? Ces greffes, ces confrontations, tous ces débats civils ne sont point faits pour les femmes ; on sent qu'elles y sont déplacées. Le terrain anguleux et dur de la chicane blesse leurs pieds délicats. Appuyées sur la vérité même, elles auraient peine à s'y porter : jugez quand on les force à y soutenir le mensonge! Aussi, malheur à qui les y pousse! Celui qui s'appuie sur un faible roseau, ne doit pas s'étonner qu'il se brise et lui perce la main. »

Le terrain anguleux et dur de la chicane blesse leurs pieds délicats, que cela est charmant! Et le *faible roseau qui se brise et leur perce la main!* Il est inépuisable en images de ce genre, neuves, saisissantes, qui illuminent toute une situation. Cela n'empêchera pas, bien entendu, ce poëte, cet adorateur du sexe, de placer sous ces pieds délicats d'inévitables traquenards, de faire ployer ce faible roseau à tous les vents de la contradiction, de réduire la pauvre femme à des aveux cruels, à des excuses indicibles qu'il tournera et fera miroiter à tous les yeux, se vantant ici d'avoir été menacé d'un soufflet pour avoir trop bien raisonné, là d'avoir obtenu un regard favorable,

> Un regard désarmé de toutes ses rigueurs,
> Et tel qu'il est enfin quand il gagne les cœurs...

plus loin d'avoir offert la main à sa belle ennemie et de l'avoir reconduite jusqu'à sa voiture. Toute cette partie des *Mémoires* est absolument supérieure. Quand Voltaire, qui s'y connaissait, reçut ce livre, il poussa un cri d'admiration passionnée. — « Jamais rien ne m'a fait plus d'impression, disait-il; il n'y a point de comédie plus plaisante, point d'histoire mieux contée, et surtout point d'affaire épineuse mieux éclaircie. » — Et ailleurs : « Il se
« bat contre dix ou douze personnes à la fois, et les ter-
« rasse comme Arlequin Sauvage renverserait une es-
« couade du guet. » — Quelle fut l'issue du procès ? Beaumarchais s'était-il flatté d'éclairer la religion des juges, ou plutôt de leur faire illusion, de leur persuader qu'il n'était pas un corrupteur? Si audacieux qu'il fût, il est douteux qu'il ait eu cette prétention. Il s'attendait donc à être condamné, mais il avait saisi le public de l'affaire ; il avait rendu tous ses adversaires odieux ou ridicules; il avait comme ramassé, condensé cette masse énorme de mépris qui flottait autour du Parlement Maupeou et l'avait jeté à la face des juges et de leurs complices, et lui, évidemment coupable, il s'était fait une sorte de piédestal de l'ignominie des autres ; il apparaissait en citoyen courageux qui prend en mains la cause de la morale publique. Jamais il ne se fit revirement plus prompt et plus complet. A mesure que les *Mémoires* paraissaient, les amis effarouchés commençaient à reconnaître Beaumarchais; on l'applaudissait, on l'encourageait, il se sentait porté par le vent de la faveur publique, et il y livrait ses voiles avec délices. Quand la condamnation fut prononcée, l'enthousiasme ne connut plus de bornes. Tout Paris se fit inscrire chez le condamné; le prince de Conti voulut

le jour même l'avoir à sa table. Récompense plus douce encore, une femme, la troisième, vint lui offrir son cœur et sa main.

Il était condamné néanmoins; il est vrai que Mme Gœzmann l'était aussi, que M. Gœzmann était chassé du Parlement, que Marin, Bertrand, Darnaud-Baculard n'osaient plus se montrer; mais le *blâme* qui avait été prononcé contre lui était chose grave, une peine infamante, qui équivalait à la dégradation civique. C'était désormais un homme impossible, retranché de la société, réduit à n'ambitionner que la tolérance et l'oubli. Il ne l'entendait pas ainsi; plutôt mourir cent fois, que de se résigner à une telle diminution de soi-même! Ce qu'il fera, il ne le sait encore, mais il n'y a rien qu'il ne fasse pour reconquérir les droits qu'il a perdus, et reprendre cette course ardente qui fut sa vie. — Se faire réhabiliter, telle fut dès lors son unique pensée, l'aiguillon douloureux qui le déchira et l'excita. Voilà l'explication de ses faits et gestes pendant ces quatre mortelles années de 1773 à 1776, date de sa réhabilitation. Si on ne sait le but auquel il tend, on risque de le prendre pour un fou qui se démène, et se jette à corps perdu dans les entreprises les plus bizarres, les plus invraisemblables, et dont il charge encore l'invraisemblance en les racontant. Le but connu éclaire tout. Beaumarchais ne peut espérer sa réhabilitation que du côté de la cour; il s'agit donc pour lui de forcer la main au roi, aux ministres. Comment faire? C'est ici que l'agent secret apparaît. Il s'offre pour rendre à la personne du prince de ces services inappréciables qu'on ne peut demander qu'à des gens résolus, intelligents, sans scrupules. On l'accepte. Le voilà d'abord à Londres, où vient de paraître un affreux libelle sur Mme Du Barry. Il achète et anéantit tous les exemplaires : l'honneur de la dame est sauvé. Beaumarchais croit tenir sa réhabilitation. Louis XV meurt, le voilà rejeté dans son néant. Il se remet à l'œuvre. Il dénonce au jeune roi l'existence d'un pamphlet contre Marie-Antoinette et offre ses services. Ils sont acceptés ; il obtient même du confiant Louis XVI une commission autographe qu'il suspend à son cou dans une boîte d'or. Ici, Beaumarchais touche à l'épopée. C'est un Roland, un Renaud de Montauban, un preux des anciens âges. Il vole d'Angleterre en Hollande, de Hollande à Nuremberg, de Nuremberg à Vienne ; il atteint dans une forêt le perfide porteur du libelle, le juif Angelucci, lui enlève son précieux dépôt, le dernier exemplaire, mais des brigands fondent sur lui ; il est terrassé, poignardé ; heureusement la boîte d'or amortit le coup et sauve la vie de ce dévoué serviteur. Blessé, exténué, il arrive à Vienne, se présente à la mère de Marie-Antoinette, l'impératrice Marie-Thérèse, qui le fait mettre en prison. Il en sort enfin, revient en France, attend sa récompense. Rien... Le vieux Kaunitz, plus roué que M. de Sartines, a flairé la supercherie et raille agréablement le gouvernement français sur sa crédulité et le choix de ses agents. Selon lui, c'est Beaumarchais qui a fabriqué le pamphlet, c'est Beaumarchais qui a créé le juif Angelucci, c'est Beaumarchais qui a créé les brigands, qui s'est blessé lui-même... etc., etc... [1] Il fallait chercher autre chose. Il

1. Rien de plus vraisemblable. Les dépositions des témoins et surtout du postillon sont accablantes pour Beaumarchais. Il arrangea un roman merveilleux de tous points pour se faire valoir et emporter cette maudite réhabilitation. Quant au pamphlet, il n'est pas démontré qu'il en soit l'auteur, mais cela n'est pas impossible... Quel homme !

se fit donner une nouvelle mission, assez bizarre : il s'agissait d'obtenir de ce personnage mystérieux qu'on appelait le chevalier ou la chevalière d'Eon, qu'il ne parût en France qu'avec des habillements de femme. Beaumarchais fut joué par d'Eon ; d'Eon avoua à Beaumarchais qu'il était une femme, et une femme sensible qui n'avait pu voir Beaumarchais sans avoir le cœur troublé ; que par amour pour lui, il porterait les habits de femme, à condition toutefois que la cour de France reconnût par une pension convenable tant de condescendance. Or d'Eon était un homme ! La réhabilitation se fit encore attendre ; elle vint enfin, et cette fois Beaumarchais l'avait bien gagnée. Il venait enfin de décider le gouvernement à suivre le courant de l'opinion publique et à se déclarer en faveur des insurgés d'Amérique. Quant à lui, il ne s'était pas oublié, il s'était fait donner la fourniture des armes et des munitions aux belligérants. C'est la plus heureuse dans tous les sens des spéculations de Beaumarchais. Il ne rentra pas dans ses déboursés aussi rapidement qu'il l'eût désiré [1], mais il eut l'honneur de servir une cause généreuse et populaire ; il eut sa marine qui se couvrit de gloire au combat de la Grenade contre les Anglais, ce qui lui valut les félicitations de l'amiral d'Estaing ; enfin il fut réhabilité.

J'ai dû entrer dans quelques détails sur cette crise si importante de la destinée de Beaumarchais ; elle est peu connue en général, et, si je ne me trompe, elle explique bien des choses restées obscures même pour les contem-

---

[1]. C'est en 1835 seulement que le gouvernement des États-Unis a consenti à régler le compte de Beaumarchais d'une manière définitive, en offrant à ses héritiers une somme de 800,000 francs.

porains. A partir de 1776, sa vie souterraine pour ainsi dire, cesse, il reparaît en pleine lumière, comme affamé de réputation, impatient de réparer le temps perdu. De quelque côté qu'on se tourne, on se heurte à lui : il est partout. Au théâtre d'abord. Il faudrait tout un volume pour raconter les incidents de tout genre qui précédèrent, accompagnèrent, suivirent la représentation de ses deux pièces, le *Barbier de Séville* et le *Mariage de Figaro*. Je ne parle pas des autres, bien que les transformations successives de *Tarare* soient on ne peut plus curieuses. Interdictions de la police, des ministres, défense formelle du roi, lectures dans tous les salons de Paris, représentation à Trianon par les personnes mêmes de la famille de Louis XVI, réclames lancées, ordre d'arrestation de Beaumarchais écrit au jeu du roi par le roi sur un sept de pique, détention inouïe à Saint-Lazare, maison de correction, soulèvement de l'opinion publique, le gouvernement forcé de s'excuser, d'offrir une réparation à l'auteur, même une pension (Beaumarchais en profita pour se faire payer des arrérages considérables, deux millions, sur les fournitures d'Amérique); l'édition de Voltaire annoncée dans toute l'Europe, entreprise malgré le mauvais vouloir de la cour, poursuivie en pays étranger, à Kehl, au prix de difficultés et de sacrifices énormes; une série de procès qui s'appellent, s'enchevêtrent et, en fin de compte, compromettent de nouveau cet homme qui ne peut rester en paix, l'affaire Kornmann, où le pauvre Beaumarchais, chevaleresque défenseur du beau sexe, s'attire les plus cruelles invectives d'un de ses élèves, le fougueux Bergasse, qui va jusqu'à le représenter comme *suant le crime*; l'affaire Mirabeau [1], où le tribun qui n'a pas encore de tribune, se prépare à ses foudroyantes ripostes, en écrasant un adversaire qui avait raison, et qui après tout le valait bien ; la fameuse maison du boulevard, que tout Paris vient visiter, admirer, et qui aviva encore la haine et les jalousies contre l'opulent Beaumarchais : voilà ce qui remplit les dix ou douze années de sa vie qui précédèrent la Révolution. Il vit de sa maison tomber une à une les pierres de la Bastille, mais la trop grande proximité lui gâta la beauté du spectacle. L'ancien pensionnaire du For-l'Évêque et de Saint-Lazare ne s'associa que froidement aux explosions de l'enthousiasme populaire. Il recevait d'ailleurs de trop fréquentes visites de ses concitoyens émancipés ; on venait faire halte dans ses appartements, dans ses jardins ; on admira d'abord, non sans quelque désordre, puis on s'étonna, on s'inquiéta, on soupçonna ; les perquisitions commencèrent et ne cessèrent plus. Beaumarchais avait beau hisser ostensiblement de grands écriteaux annonçant que tout avait été bien et dûment fouillé ; il y avait toujours des patriotes zélés et défiants qui voulaient juger par eux-même. C'est alors que lui vint l'idée de sa dernière spéculation. Il s'offrit pour fournir 60,000 fusils aux soldats de la République, et il alla en Hollande pour se les procurer. On le traita en émigré ; ses biens furent mis sous le séquestre ; sa femme, sa fille et sa sœur furent menacées. Il fut réduit un moment à la plus cruelle indigence, loin

---

1. Il s'agissait d'une société formée pour fournir des eaux à la ville de Paris, entreprise utile, excellente. Mirabeau, toujours aux abois, avait reçu de l'argent pour attaquer l'affaire. Beaumarchais, qui en avait eu l'idée, et qui y avait placé des fonds, répliqua, et se permit d'émettre des doutes sur la sincérité des convictions de Mirabeau. — Mirabeau le rappela à la pudeur !

de son pays, ne sachant si les siens étaient encore en vie. Sous le Directoire, il obtint une demi-réparation, et mourut en 1799 d'une attaque d'apoplexie.

Tel est l'homme : c'est ce qu'on appellerait aujourd'hui *un faiseur*, mais un faiseur de beaucoup d'esprit, et d'une incroyable audace, puissant par l'invention, rapide et sûr dans l'exécution, toujours en mouvement, toujours en quête du nouveau, d'une habileté incomparable à tenir en éveil la curiosité publique, pratiquant la réclame sous toutes les formes et avec un prodigieux à propos; avec tout cela, rien de bas, rien de rampant, rien de ténébreux; une réelle chaleur d'âme, la passion du bien public, mais sans oublier jamais son propre intérêt, n'étant dupe de rien ni de personne, bien pénétré surtout de cette vérité encore contestée alors, que l'homme vaut par lui-même. Les philosophes l'avaient démontré, il voulut le prouver par les faits. Les contemporains, les journalistes surtout, lui ont été sévères. Le malveillant auteur des *Mémoires* de Bachaumont, le traite avec un sans façon révoltant. Peut-être était-on alors moins indulgent pour ces brasseurs d'affaires, si bien acceptés aujourd'hui, et qu'il annonce. Serions-nous plus accommodants qu'on ne l'était au siècle dernier?

Comme écrivain, il n'a rien perdu, on peut même dire qu'il gagne tous les jours; par ses qualités et ses défauts il se rapproche du goût actuel. De toutes les pièces du XVIIIe siècle, ce sont les siennes qu'on reprend le plus souvent et toujours avec succès : on vient d'en publier des éditions de luxe qui ont trouvé des acheteurs; enfin, pour employer une expression qui ne lui déplairait pas, il est *en hausse*. Les contemporains semblent s'être donné le mot pour ne pas prendre au sérieux le succès inouï du *Barbier de Séville* et du *Mariage de Figaro* ; à les entendre, ce ne sont que des bouffonneries, des drôleries, et il est bizarre de voir le public s'engouer de telles fadaises; mais cela passera, le bon goût reprendra ses droits, on s'apercevra enfin que ces bagatelles ne comptent pas : voilà ce que répètent sur tous les tons les critiques autorisés ou subalternes, Grimm, La Harpe, Suard (plus amer que les autres), Geoffroy, Aubert, tous les *feuillistes* comme Beaumarchais les appelle. Tous se sont trompés; l'œuvre de Beaumarchais dure et durera longtemps encore. Pourquoi? Elle a l'originalité vraie, le mouvement, l'éclat, la verve, enfin elle fait époque. Les défauts sont nombreux et sautent aux yeux, mais cela vit. Un seul homme pouvait écrire ainsi, celui qui s'était jeté dans le combat de la vie avec l'audace, l'esprit, l'impétuosité sans scrupules qui caractérisent Beaumarchais. Au théâtre, comme dans sa conduite, c'est un novateur : il y a entre l'œuvre et l'auteur la plus intime harmonie. Sainte routine, vieux moyens, convenances, bienséances, respect des distinctions établies, des classes, des genres, des règles, tout cela, que les sots, les humbles, les timides s'en contentent : il faut autre chose à Beaumarchais. Ce n'est pas qu'il songe à introduire une poétique nouvelle, qu'il ait en portefeuille une théorie complète de l'art dramatique; la littérature ne fut jamais pour lui qu'un passe-temps, et jamais il ne rêva la gloire de chef d'école; mais il sentit très-vivement, comme il sentait tout, que les vieux cadres, les vieux procédés étaient usés, que l'artificiel, le convenu tuaient le théâtre, et qu'il fallait le rajeunir. Si, comme tous les littérateurs de son temps, il avait été façonné dès le collége à l'admiration des modèles classiques (qu'on admirait à côté), s'il avait de bonne heure accepté le joug de la tradition, s'il avait rêvé des prix, un siége à l'Académie, il eût comme les La Harpe, les Marmontel, les Chamfort et tant d'autres, découpé en scènes des alexandrins sonores et vides, et fatigué de ses hommages Melpomène ou Thalie; mais c'est un ignorant; il n'a pas fait d'études, il est de nature et de tempérament absolument étranger à ce qu'on appelle la haute littérature ; il ne vit que dans le présent, et pour le présent; les préoccupations d'art, le recueillement du travail solitaire, la délicate pudeur du goût, la mesure, l'idéal enfin, tout cela, il n'en a pas la moindre idée, ni le moindre souci. Les critiques fondent sur lui, et démontrent que cela *n'est pas du bon genre*, ni du *bon style*, ni *du bon ton*, ni *du bon français* [1] : que lui importe à lui? Est-ce qu'il a jamais songé à produire une composition orthodoxe? Il sait qu'il y a des règles ; on le lui a assez répété, mais il sait encore mieux qu'il ne veut pas s'y soumettre. Avec quelle irrévérence cet insurgé traite les bonnes doctrines !

— « J'eus la faiblesse autrefois, monsieur, de vous présenter en différents temps deux tristes drames, productions monstrueuses, comme on sait! car entre la tragédie et la comédie on n'ignore plus qu'il n'existe rien : c'est un point décidé, le maître l'a dit, l'école en retentit, et pour moi, j'en suis tellement convaincu que si je voulais aujourd'hui mettre au théâtre une mère éplorée, une épouse trahie, une sœur éperdue, un fils déshérité, pour les présenter décemment au public, je commencerais par leur supposer un beau royaume

---

1. Voir sa lettre *sur la critique du Barbier de Séville*

où ils auraient régné de leur mieux, vers l'un des archipels, ou dans tel autre coin du monde ; certain après cela que l'invraisemblance du roman, l'énormité des faits, l'enflure des caractères, le gigantesque des idées, et la bouffissure du langage, loin de m'être imputés à reproche, assureraient encore mon succès. »

Et dans la préface du *Mariage de Figaro* :

— « Oh! que j'ai de regrets de n'avoir pas fait de ce sujet moral une tragédie bien sanguinaire! Mettant un poignard à la main de l'époux outragé, que je n'aurais pas nommé Figaro, dans sa jalouse fureur, je lui aurais fait noblement poignarder le puissant vicieux; et, comme il aurait vengé son honneur dans des vers carrés, bien ronflants, et que mon jaloux, tout au moins général d'armée, aurait eu pour rival quelque tyran bien horrible, et régnant au plus mal sur un peuple désolé, tout cela très-loin de nos mœurs, n'aurait, je crois, blessé personne; on eût crié *bravo! ouvrage bien moral!* Nous étions sauvés, moi et mon *Figaro* sauvage. »

Voilà justement en effet ce qu'il ne voulait, et, ajoutons, ce qu'il ne pouvait faire. Son génie n'était pas un terrain où pût germer et éclore une tragédie, ni même une comédie aux allures régulières. Si on voulait absolument le rattacher à un chef de file, c'est à Diderot qu'il faudrait faire honneur d'un tel disciple; mais, si vague qu'elle soit, la doctrine dramatique de Diderot est encore trop arrêtée pour lui; il lui faut plus de jeu et d'indépendance. Et puis Diderot a parfois le coup d'aile, Beaumarchais jamais. Il n'a pas non plus la mesure et le fini, le pathétique de Sedaine, le classique des romantiques de ce temps-là. En réalité il est lui-même, le plus oseur des hommes, le plus intempérant, tout en saillies, d'une gaîté vraie, essentielle, de tempérament, ni profond, ni scrupuleux, ni ténébreux, absolument incapable de s'élever au-dessus de la région moyenne où les intérêts sont aux prises, fertile en expédients, en combinaisons, mais dans un horizon borné et quelque peu malsain. Deux choses lui manquent surtout, la composition d'ensemble et l'élévation. Le *Barbier de Séville* fut d'abord joué en cinq actes, et tomba à plat. L'auteur coupa, tailla, retrancha tout ce qui avait déplu, et la pièce allégée d'un acte alla aux nues. Ce sont des opérations qu'on ne pourrait faire subir à une œuvre fortement conçue et où tout se tient; mais une fusée de plus ou de moins, et qui éclate ici plutôt que là, ne compromet pas le succès d'un feu d'artifice. Même impuissance à peindre un caractère noble ou simplement honnête. Almaviva n'est jamais qu'un séducteur et sans aucune poésie. Rosine croit devoir demander pardon au public de jeter de sa fenêtre dans la rue un billet doux à un inconnu. Suzanne n'a rien d'une ingénue; c'est une joyeuse fille qui chante et rit au bord du précipice, et dont la chute n'est que retardée. Chérubin est un souvenir de l'enfance de Beaumarchais, souvenir idéalisé autant que le permettait l'imagination de l'auteur, et d'une pureté fort équivoque. Comme dit Suzanne, ce sera *le plus grand petit vaurien*. Bartholo et Marcelline sont tout simplement révoltants : on ne comprend pas que Beaumarchais, fils excellent, n'ait pas reculé devant cette parodie basse des affections de famille. Autre défaut enfin, tous ces personnages, bien que vivants et grouillants, reçoivent le ton du chef du chœur, Figaro, qui le reçoit de Beaumarchais. Il y a plus de saillies, plus de traits, plus de mots dans une scène du *Barbier* que dans toute une pièce de Molière. Ce pétillement d'esprit est exclusif du vrai comique. Il est fort à la mode de nos jours, comme la hardiesse des peintures et des situations; il est douteux que ce soit un progrès pour l'art, en tout cas, c'est Beaumarchais qui est le premier modèle du genre. Seulement, lui, il a une véritable gaîté qui colore tout, fait tout passer; aujourd'hui on lance des pointes ou on débite des théories. Rien d'exigu en lui, rien de pénible; il s'en faut qu'il soit toujours simple et naturel; mais, même quand il ne l'est pas, il est ample, abondant, touffu, pittoresque surtout. Sous ce rapport encore, il rappelle Diderot, le plus coloriste des écrivains du xviiie siècle; mais les tons de Beaumarchais sont souvent crus et criards : c'est une peinture qui tire l'œil plutôt qu'elle ne le caresse. Il semble avoir fait la gageure de vous faire supporter, aimer même le mauvais goût; et il y réussit presque toujours.

C'est une opinion généralement admise que Beaumarchais contribua puissamment à accélérer le mouvement des idées nouvelles qui amena la Révolution. Il faut s'entendre à ce sujet, et rendre à chacun ce qui lui est dû. Voltaire, Montesquieu, Rousseau, les encyclopédistes, les économistes, avaient accompli leur œuvre quand Beaumarchais commença la sienne; le siècle était engagé dans sa voie; il fallait que les réformes élaborées, réclamées avec tant d'énergie et de persévérance, aboutissent. Quelle est sa part dans ce grand travail? Nulle. Il a d'abord essayé de tourner à son profit tous les abus de l'ancien régime, et il y a à peu près réussi : il ne s'est révolté que le jour où il a voulu pour lui-même plus de priviléges qu'on n'en accordait à personne. C'est alors que l'iniquité de l'état social lui a été révélée. Il n'a jamais fait illusion à ses contemporains; jamais ils ne se sont avisés de saluer en lui l'apôtre de la liberté et du droit. Bien avant ses *Mémoires*, on savait à quoi s'en tenir sur le parlement Maupeou; on n'avait pas attendu le monologue de Figaro pour réclamer la liberté de la presse et la suppression des lettres de cachet. En se faisant l'organe de ces revendications de l'opinion publique, il compromit plutôt qu'il ne servit la plus juste des causes. Il donna peut-être plus d'intensité au mépris, mais il n'en récolta pas plus d'estime. A mesure que le mouvement devient plus rapide, et que l'on sent approcher l'heure des grandes résolutions, Beaumarchais est de plus en plus effacé, laissé à l'écart, déjà traité en suspect : Bergasse et Mirabeau le traînent dans la boue, sans que le public proteste; loin de là, il applaudit. Beaumarchais, c'est un homme de l'ancien régime. Quand la nation, consultée enfin, choisit ses représentants, nul ne songea au père de Figaro. Un infaillible instinct avertissait les hommes d'alors qu'il y a certaines choses qu'il ne faut point faire à certaines gens.

FIN.

TABLE DES MATIÈRES

Pages.

Le dix-huitième siècle. — Caractères généraux du xviiie siècle. — Décadence des pouvoirs établis. — Situation des écrivains dans la société, leur action, leur œuvre. — Un esprit nouveau crée une forme nouvelle. — Légèreté apparente, sérieux réel 1

L'abbé de Saint-Pierre. — L'abbé de Saint-Pierre est l'introducteur des grands écrivains du xviiie siècle : c'est un réformateur universel. — Physionomie et caractère du personnage. — Ses premiers ouvrages et son expulsion de l'Académie. — Ses idées en politique, en religion, en morale, en littérature 21

Fontenelle et La Motte. — Physionomie de Fontenelle : le tempérament, la constitution, les cent années d'existence. — Ses débuts, sa transformation. — Le dogmatisme et le scepticisme de Fontenelle : ses hardiesses; bornes de son esprit. — De la critique littéraire de Fontenelle et de La Motte. — Inintelligence de l'antiquité. — Théorie du progrès dans les arts. — Les *images spirituelles* 43

Montesquieu. — Erreur de Voltaire qui range Montesquieu parmi les écrivains du xviie siècle. — L'homme, la vie, le caractère. — Un même esprit anime les diverses parties de l'œuvre. — Montesquieu est le premier des publicistes. — Les *Lettres persanes*, leur portée. — Les *Considérations*. — Avènement de la critique historique. — L'*Esprit des Lois*. — La composition et le style de Montesquieu 73

Voltaire; sa biographie. — La critique n'a pas encore prononcé d'une façon définitive sur Voltaire. — Pourquoi? —

C'est un homme de lutte. — Ce qui doit tomber, ce qui restera. — Biographie de Voltaire. — Combien il importe de distinguer les diverses périodes. — Le premier milieu, l'éducation, les Jésuites et la société de Ninon. — L'exil en Angleterre. — Ce que Voltaire découvre dans ce pays de liberté. — Voltaire et Frédéric. — Le retour en France. — Voltaire à Ferney. — La dernière période : les Calas, Sirven, La Barre. — La rentrée à Paris, le triomphe. — Mort de Voltaire 116

Les idées de Voltaire. — En quoi consiste la philosophie de Voltaire. — Ses idées sur Dieu, le monde, le mal physique, le mal moral, l'âme, la liberté, l'autre vie. — Caractère de ses attaques contre le Christianisme. — Ce qu'il a détruit, ce qu'il ne pouvait détruire. 142

Voltaire écrivain : 1° Le poëte. — Comment Voltaire se rattache à l'école de Fontenelle et de La Motte. — Faiblesse de l'invention poétique. — La *Henriade*, les allégories. — L'originalité du théâtre de Voltaire. — Voltaire et Shakespeare. — Les tragédies philosophiques. — Ce que l'on appelle les *poésies légères*. — Supériorité de Voltaire en ce genre. — 2° Le prosateur 171

Jean-Jacques Rousseau ; sa vie. — Jean-Jacques et le jugement dernier. — Sa place parmi les écrivains du xviiie siècle. — Les trois périodes de sa vie. — La révolution qui le sépare des philosophes, les persécutions, l'enthousiasme du public. — Les dernières années 215

Les idées de Jean-Jacques Rousseau (Religion et Morale). — Rousseau est-il un philosophe? — Il repousse ce nom avec horreur. — Les contradictions où il tombe par l'emploi simultané de la raison et du sentiment. — Le symbole de la religion naturelle. — Le Christianisme de Jean-Jacques. — La religion de ceux qui ne sont d'aucune Église 234

Les idées de Jean-Jacques Rousseau (Idées sociales et politiques). — La théorie de l'état de nature, ses conséquences, ses applications à la société du xviiie siècle. — Comment les contemporains corrigèrent la doctrine de Rousseau ; ce qu'ils admirent, ce qu'ils rejetèrent. — L'*Émile*, son influence. — Le *Contrat social*; le dogme de la souveraineté, l'intolérance de l'État. — Ce que Rousseau pense de l'éducation des femmes.. 255

Jean-Jacques Rousseau écrivain. — L'éloquence de Jean-Jacques Rousseau. — La matière et la forme, double révélation. — Il inaugure la période déclamatoire. — De l'isolement de Jean-Jacques. 277

Buffon. — Déchet de la gloire de Buffon. — L'homme, le tempérament, les goûts, les habitudes. — Il est de la famille de Bossuet. — Sa place dans le xviiie siècle. — Grand pontife de la nature, il officie majestueusement. — Son mépris pour les détails petits et bas, pour la classification. — Les grandes vues. — Le style de Buffon. — Ses procédés. . . . 290

§ I.

L'Encyclopédie. — L'Encyclopédie marque le moment où le xviiie siècle eut la pleine conscience de son génie : — Elle en est la manifestation souvent tumultueuse, incohérente, mais puissante. — Doctrines de l'ouvrage en philosophie, en théologie, en politique. — Son histoire, les causes des persécutions subies. 311

§ II.

Les Encyclopédistes. — Diderot. — La part que Diderot prend à l'Encyclopédie. Il en est le fondateur ; il rédige la partie philosophique et celle des arts mécaniques. — Sa fermeté au milieu des persécutions. — Le caractère de Diderot ; les trente premières années de sa vie ; sa rupture avec Rousseau. — La philosophie de Diderot. — Il n'est qu'un écho. — l'esthétique de Diderot. — Le poëte et l'auteur dramatique. . 324

§ III.

Les Encyclopédistes. — D'Alembert. — Ce que l'Encyclopédie doit à d'Alembert. — Le *Discours préliminaire,* son esprit ; les hommes du xviiie siècle rattachés à ceux de la Renaissance. — L'article *Genève* et la retraite de d'Alembert. — La naissance, la vie, le roman de d'Alembert. — C'est le stoïcien de son siècle. — Son goût pour Tacite, son style. — L'*Essai sur la Société des gens de lettres et des grands.* . . 352

Les Ennemis de l'Encyclopédie.
§ I. — Le journalisme au xviiie siècle. — Comment il se recrute, comment il fonctionne. — L'abbé Desfontaines, maître de Fréron. — L'*Année littéraire* et Fréron. — Les apologistes modernes de Fréron. — La polémique de Fréron.
§ II. — M. le marquis Lefranc de Pompignan et son discours de réception à l'Académie française. — Les antécédents de cet ennemi des philosophes, son châtiment.
§ III. — Palissot et sa comédie. — Double jeu joué par lui. — Ce qu'il devient.
§ IV. — L'abbé Morellet et la *Vision de Palissot.* 367

Marmontel. — Marmontel, habile metteur en œuvre des idées chères au xviiie siècle. — L'homme de lettres qui veut arriver. — On trouve Marmontel partout, au théâtre, dans les salons, dans les antichambres, à la cour, parmi les Encyclopédistes. — Il a vulgarisé la tolérance et la nature. — *Bélisaire* et les *Incas*, les *Contes moraux*. — Ce qui reste de Marmontel : les Mémoires 402

THOMAS. — Thomas, élève des Jésuites, excellent rhétoricien, n'a jamais pu sortir de la rhétorique. — Sincérité des sentiments, forme artificielle, qu'il n'a jamais su secouer ni renouveler. — Les *Éloges*, la *Pétréide*. — Les hardiesses de Thomas. 422

LA HARPE. — Les diverses époques de la gloire de La Harpe et sa décadence. — La Harpe poëte dramatique et orateur académique. — Le cours public professé par La Harpe avant 1789 et celui qu'il professa après. — La Harpe critique. — Bornes de son savoir, de son goût, de son jugement 430

BEAUMARCHAIS. — Les diverses physionomies de Beaumarchais, horloger, musicien, homme d'affaires, agent secret, plaideur malheureux et *blâmé*. — Les Mémoires de Beaumarchais dans l'affaire Gœzmann. — Le théâtre de Beaumarchais. — De l'influence que l'on attribue à ce personnage. . 450

FIN DE LA TABLE DES MATIÈRES

Coulommiers — Typ. A. MOUSSIN

www.ingramcontent.com/pod-product-compliance
Lightning Source LLC
Chambersburg PA
CBHW050238230426
43664CB00012B/1742